信息资源检索与利用

主　编：赵玉冬
副主编：朱晓菁　徐万超
编　委：赵玉冬　朱晓菁　徐万超
　　　　杨　超　杨韶辉　陈万福
　　　　张再丽　魏先越
主　审：陈　雅

中山大学出版社
·广州·

版权所有　翻印必究

图书在版编目（CIP）数据

信息资源检索与利用/赵玉冬主编；朱晓菁，徐万超副主编. —广州：中山大学出版社，2009.6

ISBN 978-7-306-03290-4

Ⅰ. 信… Ⅱ. ①赵… ②朱… ③徐… Ⅲ. 情报检索—高等学校—教材 Ⅳ. G252.7

中国版本图书馆 CIP 数据核字（2009）第 00196 号

出 版 人：叶侨健
策划编辑：王　辉
责任编辑：王俊辉
封面设计：贾　萌
责任校对：钟　婕
责任技编：何雅涛
出版发行：中山大学出版社
电　　话：编辑部 020-84111996，84113349
　　　　　发行部 020-84111998，84111981，84111160
地　　址：广州市新港西路 135 号
邮　　编：510275　　　传　真：020-84036565
网　　址：http://www.zsup.com.cn　E-mail:zdcbs@mail.sysu.edu.cn
印 刷 者：广州市怡升印刷有限公司
规　　格：787mm×1092mm　1/16　22.25 印张　450 千字
版次印次：2009 年 6 月第 1 版　2015 年 7 月第 2 次印刷
印　　数：5001-5500 册　　　定　价：39.80 元

本书如发现因印装质量问题影响阅读，请与出版社发行部联系调换

前　言

随着网络技术、计算机技术和信息技术的飞速发展，E-learning、E-search 等以 Internet 为基础的学习方式渐渐成为自主学习的主流方式，如何获取和利用信息资源成为信息社会人们学习的前提和基础。而大学教育的目标是增长学生的知识和能力，树立学生求知创新的观念，培养学生自主学习的习惯。在这样的背景下，为全面提高大学生的综合素质，国内外高校纷纷将信息素质教育作为培养人才的重要内容。信息检索课是实施信息素质教育的必修课程，目标是培养学生良好的信息道德修养和敏锐的信息意识，教授学生掌握基本的信息知识，增强学生各种信息能力，尤其是学生信息利用和知识创新的能力。

（一）信息检索与信息素质

信息素质既是一种能力素质，又是一种基础素质。1989 年美国图书馆协会（ALA）将信息素质（information quality）定义为"知道何时需要信息，并拥有获取、评价和有效利用所需信息的能力"；2003 年，国际信息素质专家会议发表的布拉格宣言中，将信息素质定义为一种"能够确定、查找、评估、组织和有效地生产、使用和交流信息，并解决面临的问题的能力"。同时宣称信息素质是人们有效参与信息社会的一个先决条件，是终身学习的一种基本人权。

一般而言，信息素质包括信息意识、信息知识、信息能力和信息道德四方面。信息能力是信息素质中最具活力的因素，同时也是个体在信息社会必备的基本能力。信息能力，即信息查找、评估和使用等方面的能力。网络环境下，信息呈几何级数增长，各种专业数字信息产品层出不穷。信息渗透到社会各行各业，改变和影响着我们的生活和学习方式。学习从阶段化走向人生全过程，成为一种必然的人生态度和不可缺少的技能与习惯。信息社会的竞争力主要体现在对信息的掌握和利用能力上，因此信息检索的重要意义日益凸显。对于用户来讲，信息检索（Information Retrieval）是指了解各种信息检索资源/系统的特点并掌握相应的检索方法，来查找自己所需要的信息。按照检索的对象划分，信息检索的类型有：文本检索、事实和数值检索、声频与视频检索。

（二）信息检索的要素

北京大学赖茂生教授在其所著的《科技文献检索》一书中认为，信息检索有四个要素，我们在此基础上做了一些扩展。

1. 信息检索的前提——信息意识

信息意识也称信息观念，是指个体对信息这一特殊对象敏锐的感受力、持久的注意力和对信息价值准确的判断力。信息意识既是一种观念又是一种意识行为，体现在信息主体对信息的认识过程，及其对外界信息环境变化的能动反应。拥有信息意识，才能够认识自身潜在的信息需求，并将其转化为现实需求，进而充分、正确地表达出来。因此，信息意识是学习和科研的前提，是开展信息检索的内在动因。

2. 信息检索的基础——信息知识

信息检索的效率和质量，主观上取决于检索者对检索主题的解读和领悟、对检索系统及工具的选择和认识、对检索基本知识和技能的掌握以及相关经验等因素。所以，掌握一定的信息知识是开展信息检索的基础，不仅能够提高检索效率和质量，更可以提高对检索结果进行分析、提炼的能力。信息知识包括：信息源、信息检索工具、信息检索语言、信息检索途径、信息检索技术等等。

3. 信息检索的对象——信息源

信息源即信息的来源，是信息检索的对象。信息源有多种划分方式，从读者使用的角度或文献出版的形式可以分为三大类：一、图书；二、连续出版物，包括期刊、报纸、年鉴、丛刊、会刊、连续出版的专著丛书等；三、特种文献，包括会议文献、学位论文、标准文献、专利文献、产品资料、技术档案、科技报告、政府出版物等。每一种信息资源及其数字化形式都各具特点和用途，拥有不同的检索工具和检索系统。

4. 信息检索的核心——信息能力

信息能力是指以各种形式收集、分析、评价、加工、利用和传播信息的能力。它对能否挖掘有价值的信息、满足特定的信息需求、创造性思维的发挥以至终身学习都极其重要。提高大学生综合信息能力是信息素质教育的关键，包括信息的查询、获取、传输、组织加工、应用、交流、分析评价、增值再生的能力和信息系统安全防范的能力。

5. 信息检索的目的——信息合理利用

获取信息的最终目的是通过对所得信息的整理、分析、归纳和总结，结合自己学习和科研的需要，将各种信息进行重组，创造出新的知识和信息，从而达到信息激活和增值的目的。要求学生能够组织信息，读懂或理解获得的信息，了解信息的特定价值，从而创造性地利用信息，最终能够提供信息产品，如学术论文、研究报告等。

（三）信息检索的意义

1. 信息检索是知识体系中不可缺少的组成部分

网络环境下，无论哪一种学科专业的学习与研究，都离不开信息检索。信息检索不单是一种技能，更是现代知识体系中必要的组成部分。

2. 信息检索是获取知识的捷径

科学研究是在继承和借鉴前人的基础上有所发明和创新。掌握科学的检索方法和技能，灵活地利用信息检索工具，是科学研究的向导，治学的指南。信息检索作为一种科学的方法和手段，能够避免重复劳动，最大限度地节省时间，最终提高科研效率。

3. 信息检索是科学研究的重要环节

网络环境下，人们获取信息的方式和途径逐渐向网络转移。信息获取方式的改变直接影响学习和科研的方法。科学研究活动中，从选题、立项、试验到形成研究成果，每一环节都离不开信息检索。可见，信息检索贯穿了科学研究的全过程。

4. 信息检索是知识创新的基础

知识创新就是创新主体运用新思想、新方法进行开拓性劳动并取得成果的过程。科技的迅速发展使知识的总量呈指数增长，而知识的陈旧速度也明显加快，这就要求个体具有终身学习的能力，这种能力在很大程度上与是否有能力获取新知识有关。换言之，信息素质是个体创新能力的重要组成部分，学习必要的信息检索知识，掌握信息检索技术，不断发现和寻找有用的新的信息资源，对每一个人来说都非常重要。

本书旨在为读者揭示信息资源的检索方法、检索基本常识，提供各类信息源，指引读者重视和利用这些信息资源，为自己的学习和科研服务。本书重在实用，针对普通高等院校本科学生的学习特点，重点讲述了电子期刊、电子图书、学位论文、会议论文以及免费网络学术信息资源的检索与利用，同时对学术论文及学位论文的写作也予以详细地论述。每一类型的信息资源以点带面，以一个典型的检索系统为例，详尽地讲述该类型电子资源的检索与利用。此外，书中还收录了大量相关的专业数据库和网站，帮助用户发现和利用这些信息源。

本书是编者长期从事文献检索教学科研和读者服务实践的工作成果，可作为高等学校大学生文献检索课通用教材，也可供从事教学、科研和生产的研究人员、技术人员以及其他相关人员进行信息资源检索时参考。全书分为 11 个章节，其中前言、第 1 章、第 2 章、第 10 章及附录 A 由江苏教育学院图书馆赵玉冬编写；第7章1、2、5节、第8章、第9章及附录B由江苏教育学院图书馆朱晓菁编写；第4章第5节、第6章、第11章及附录C由江苏教育学院图书馆徐万超编写；第4章1~3节、第5章由江苏教育学院图书馆杨超编写；第3章、第7章3、4节由江苏教育出版社杨韶辉编写；第4章第4节由徐万超、杨韶辉编写；此外，江苏省医学情报研究所陈万福副研究馆员、山东东营职业学院图书馆张再丽老师为本书部分章节提供了参考资料，中央民族大学历史文化学院学生魏先越参与了书稿文字校对工作。全书的策划、组织、统稿工作由赵玉冬负责，南京大学信息管理系陈雅教授为本书最后审定。

本书在编写和出版的过程中得到了江苏教育学院教务处和中山大学出版社的大力支持，在此，向他们表示感谢！还要感谢南京大学信息管理系陈雅教授的不吝赐教，在百忙之中，对本书的整体结构提出颇具见地的宝贵意见，并逐章审校。此外，在编写过程中，我们参阅和引用了国内外有关专家、学者、同行的论著，由于篇幅有限，可能未一一列出，在此一并致谢！由于时间仓促加之学识有限，书中难免存在疏漏和错误，敬请同行和读者批评、指正。

编　者

2009年2月

目 录

第一章 信息与信息资源概述 ... 1
- 一、信息及其相关概念 ... 1
- 二、信息资源 ... 8
- 三、数字信息资源 ... 12
- 四、信息社会与信息素质 ... 16

第二章 信息资源检索基本理论 ... 23
- 一、信息资源检索概述 ... 23
- 二、信息资源检索语言 ... 27
- 三、信息资源检索途径 ... 30
- 四、信息资源检索技术 ... 32
- 五、信息资源检索步骤 ... 36
- 六、检索效果评价 ... 39

第三章 文献资源检索与工具书利用 ... 43
- 一、文献 ... 43
- 二、工具书概述 ... 45
- 三、中文工具书的选择和使用 ... 54
- 四、西文工具书举要 ... 61
- 五、工具书指南与工具书书目 ... 69

第四章 网络信息资源搜索 ... 72
- 一、Internet 概述 ... 72
- 二、Internet 常识 ... 74
- 三、搜索引擎 ... 78
- 四、网络信息资源 ... 92
- 五、网络学术信息资源的发现与利用 ... 97

第五章　电子图书检索与利用 … 103
　一、电子图书概述 … 103
　二、超星数字图书馆 … 108
　三、方正 Apabi 数字图书馆 … 119
　四、书生之家数字图书馆 … 123
　五、免费中文电子图书 … 127
　六、John Wiley 数据库 … 128
　七、其他外文电子图书 … 131

第六章　电子期刊、电子报纸检索与利用 … 136
　一、期刊及电子期刊概述 … 137
　二、中国知网与中国期刊全文数据库 … 140
　三、重庆维普与中文科技期刊全文数据库 … 149
　四、其他中文电子期刊 … 152
　五、EBSCO 联机全文数据库 … 154
　六、其他外文电子期刊 … 160
　七、电子报纸查询与利用 … 164

第七章　特种文献检索与利用 … 172
　一、学位论文检索与利用 … 172
　二、会议文献检索与利用 … 181
　三、专利文献检索与利用 … 186
　四、标准文献检索与利用 … 195
　五、科技报告检索与利用 … 200

第八章　事实与数值数据库检索与利用 … 205
　一、概述 … 205
　二、国内事实与数值数据库检索 … 206
　三、国外著名事实与数值数据库 … 218
　四、事实与数值免费电子资源 … 230

第九章　国内书目、索引、文摘数据库检索与利用 … 231
　一、概述 … 231
　二、书目数据库检索与利用 … 233
　三、索引数据库检索与利用 … 243

四、文摘数据库检索与利用 …………………………………………………… 253

第十章　国外著名大型检索工具 …………………………………………… 259
　　一、世界著名三大引文索引检索工具 ………………………………………… 259
　　二、ISI 其他检索工具 ………………………………………………………… 274
　　三、专业外文文摘检索工具 …………………………………………………… 276
　　四、国际联机检索系统 ………………………………………………………… 281

第十一章　信息资源的综合利用 …………………………………………… 288
　　一、信息资源的搜寻与利用 …………………………………………………… 288
　　二、学术论文及学位论文的写作 ……………………………………………… 295

附录A：网络学术信息资源发现途径 …………………………………………… 314
附录B：事实与数值免费电子资源 ……………………………………………… 327
附录C：美国高等教育信息素养能力标准（节选） …………………………… 335

参考文献 …………………………………………………………………………… 342

第一章 信息与信息资源概述

一、信息及其相关概念

"信息"一词古已有之,古人在公元8世纪就已经创造了这个词。古人造字,单就"息"字而言,会意兼形声,从心、从自。可见,古人以为气是从心里呼吸的,对信息所赋予的含义即"人言务经自心语之就是信息"。据不完全统计,唐宋诗词中有42首含有"信息"一词。比如,唐朝诗人杜牧《寄远》一诗"塞外音书无信息,道傍车马起尘埃。"唐朝诗人崔备《清溪路中寄诸公》"别来无信息,可谓井瓶沉。"南宋词人石孝友《鹧鸪天》"别后应怜信息疏,西风几度到庭梧。"南宋词人李清照《上枢密韩肖胄诗》"不乞隋珠与和璧,只乞乡关新信息。"这些诗词中的"信息"一词,表达了"书信、音信、消息"的含义。而南宋词人陈亮的《梅花》"欲传春信息,不怕雪埋藏。"以及周密的《木兰花慢·西湖十景》"觅梅花信息,拥吟袖,暮鞭寒。"这当中"信息"的含义已经有了现代"信息"的意味。

信息与人类认识物质世界和自身成长的历史息息相关,人类在社会实践中认识到获取信息和利用信息的重要性。"知己知彼,百战不殆",就是古人对信息重要性的深刻总结。人类的信息活动经历了使用语言、创造文字、发明印刷术、发明摩尔斯电报技术,到计算机网络的应用的发展过程。信息和信息技术的变革,促进了社会生产力的持续发展,创造了人类光辉灿烂的物质文明和精神文明。随着网络、计算机和通讯技术的发展,从20世纪90年代开始,信息的概念广泛地渗入到人类社会的各个领域。

(一)信息

关于"什么是信息",目前有百余种定义,是理解上分歧最多的术语之一。信息的定义之所以呈现多样化,主要原因有三:第一,信息本身的复杂性。信息是一个多元化、多层次、多功能的综合体;第二,信息科学是一门新兴学科,它的许多分支学科仍在随着社会、经济和科学技术的进步而发展,其内涵和外延还在不断拓展之中；第三，人们出于不同的研究和使用目的，从不同的角度或层次出发，对信息概念做出的解释不同。不同的学科，如经济学、心理学和哲学对信息的定义不同于图书和情报学科。具有代表意义的"信息"定义有以下几种：

(1) 信息，英语"information"源于拉丁语"informatio"。

"informatio"为"解释，陈述"的意思。

"information"译为"报告，消息，报道，情报资料，信息"，港台地区多译为"资讯"。

(2)《新华词典》（商务印书馆，2001年修订版）对"信息"的注释：① 音信、消息；② 信息论中指用符号传送的报道，报道的内容是接收符号者预先不知道的；③ 事物的运动状态和关于事物运动状态的陈述。

(3) 信息论创始人申农（C. E. Sannon）认为"信息是不确定量的减少"，"信息是用来消除随机不确定性的东西"。这个定义明确指出了信息的功用：消除不确定性。申农认为，信息是组织的程度，能使物质系统的有序性增强，减少破坏、混乱和噪音。申农关于信息的定义是图书馆、情报学界引述较多的一种。

(4) 控制论奠基人维纳（N. Wiener）认为"信息就是信息，不是物质也不是能量"，指出了信息是区别于物质与能量的第三类资源。物质、能量和信息之间相互有别：信息对于物质而言具有相对独立性。信息不遵循能量守恒定律，其性质和内容与物质载体的变换无关。信息可以共享而能量不能共享，信息效用的大小并不由其消耗来决定。同时，信息与物质、能量又存在着密切的相互依存关系：世界由物质组成，能量是一切物质运动的动力，物质运动的状态和方式需要借助信息来表现和描述，能量的转换与驾驭也同样离不开信息。信息是人类了解自然及人类社会的媒介。

维纳进一步指出"信息是我们用于适应外部世界，并且在使这种适应为外部世界所感知的过程中，同外部世界进行交换的内容的名称。"可见，信息既是客观事物的特征、运动变化的反映，又是事物之间相互作用、相互联系的反映。这一定义涉及了人与世界的交换关系。

(5) 我国信息学家钟义信在《信息科学原理》一书中指出，信息是事物运动的状态与方式，是物质的一种属性。在这里，"事物"泛指一切可能的研究对象，包括外部世界的物质客体，也包括主观世界的精神现象，信息来源于物质运动，也来源于精神运动。"运动"泛指一切意义上的变化，包括机械运动、化学运动、思维运动和社会运动。信息表现的是具体事物的运动状态和状态变化的方式。他同时指出，信息不同于消息、信号、数据、情报以及知识。

(6) 我国计算机教育大师谭浩强在《Fortran 程序设计》一书中从情报学的角度对信息进行了阐释："简单地说，信息是表现事物特征的一种普遍形式，这种形式应当是能够被人类和动物感觉器官（或仪器）所接受的。确切地说，信息是客观存在的一切事物通过物质载体所发生的消息、情报、指令、数据、信号中所包含的一切可传递和交换的知识内容。"

（7）《情报与文献工作词汇基本术语》（GB/T 4894-1985）的定义。信息是物质存在的一种方式、形态或运动状态，也是事物的一种普遍属性。一般指数据、消息中所包含的意义，可以使消息中所描述的事件的不确定性减少。这一解释基本涵盖了信息的属性（客观存在性）、作用（消除不确定性）及形式（数据、消息等）。

综上所述，从本体论意义上说，信息泛指一切事物（物质的和精神的）运动的状态和方式，包括事物内部结构的状态和方式以及外部联系的状态和方式；即信息是一种客观存在的现象，是事物的运动状态及其变化方式的表征，不受主体意志的影响。从认识论意义上说，信息是事物运动的状态和方式的反映，即信息是主体所感知或所表述的事物运动状态及其变化方式，是反映出来的客观事物的属性。

（二）与信息相关的概念

日常生活中，信息、知识、情报三个术语经常被替代使用。但实际上它们在搜集方式、加工深度、产品形式、用户和用途等方面都存在着差别。

1. 情报

情报来自日语，主要指"信息、资讯、消息"。根据一般理解，情报是一个动态的概念，属于信息范畴，在很大程度上等同于信息。我国著名科学家钱学森认为，"情报是为了解决特定问题所需要的知识。或者说，情报是激活了的、活化了的知识。"《情报与文献工作词汇基本术语》（GB/T 4894-1985）对情报的解释为："被传递着的知识或事实。"由此可见，情报是指传递着的、有特定效用的知识，是人们为解决某个具体问题所需要的知识信息，较一般知识具有明确的目的性和针对性。

情报具有三个基本特性：① 情报属于知识或信息；② 情报是动态的，需要经过传递发挥效用；③ 情报经过用户使用能够产生效益。情报与其他信息活动的本质区别在于其效用性。研究情报的获取、传递与使用的理论、规律与方法以及情报系统管理的学科，称为情报学。情报学是一门新兴的交叉学科。文献学、图书馆学、信息科学与情报学的关系都很密切，但它们又有着各自不同的研究领域。

2. 知识

广义地理解，知识是人们对客观事物运动规律的认识，是人们通过学习、发现或感悟到的对世界的认识的总和与结晶，是人们科学地认识世界、改造世界的力量。狭义地理解，知识是一种有组织的经验、价值观、相关信息和洞察力的组合，是关于事实与思想的陈述。这些陈述能提出合理的判断或实证结果，可以通过媒体传递给他人。简言之，知识是经过人脑加工处理过的、系统化了的信息，是有组织的信息。

根据经济合作与发展组织（OCED）的《以知识为基础的经济》中的阐述，知识分为四类：

（1）"知道是什么（Know-what）"，事实知识，即关于事实方面的知识；

（2）"知道为什么（Know-why）"，原理知识，即关于自然规律和原理方面的知识；

（3）"知道怎样做（Know-how）"，技能知识，即关于技能和能力方面的知识，典型表现是企业开发和保存于其内部的技术诀窍或专有技术；

（4）"知道谁有知识（Know-who）"，人力知识。关于到哪里寻求知识的知识，侧重于创造思想、方法、手段、过程以及特点等的了解。

人们获取知识的途径主要有两个：一是直接来源于产生信息的客观事物，二是通过信息载体或媒介（文献、电视、广播、他人等）的传递、交流而间接获得。然而，获得的信息能否转化为知识，转化是否充分、完整，则取决于受众的认知能力。

3. 文献

山东大学张富祥教授在其著作《宋代文献学研究》中认为，"文献"的本义是指上古先民在祭祀活动中以祝辞颂语等献于祖宗神灵（如商代甲骨文的"贡册"），后来约定俗成，一切可成章句的文字记录并且汇编成册的成文资料即称之为文献。《文献著录总则》（GB/T3792.1-1983）对文献的定义是："文献是记录知识的一切载体。"另一个权威解释来自《文献情报术语国际标准（草案）》（ISO/DIS5127）："为了把人类知识传播开来和继承下去，人们用文字、图形、符号、声频、视频等手段将其记录下来，或写在纸上，或晒在蓝图上，或摄制在感光片上，或录到唱片上，或贮存在磁盘上。这种附着在各种载体上的记录统称为文献。"它在存储、检索、利用或传递信息的过程中，可作为一个单元处理，在载体内、载体上或依附载体存储有信息或数据。

构成现代文献的四要素是：知识信息、物质载体、符号系统和记录方式，四者缺一不可。知识信息是文献的内容，也是文献的主体；信息符号是用以揭示和表达知识信息的标识符号，如：文字、图形、数字、代码、声频、视频等，文献内容借助符号来表达；载体材料是文献信息赖以依存的物质基础，如：纸张、胶片胶卷、磁带磁盘、光盘、穿孔纸带等，文献的内容借助载体来展现；记录方式是指将表达知识信息的符号系统通过特定的人工记录方式使其附着于一定的文献载体上，如印刷、刻录、数字化等，将知识信息的内容与载体统一成为文献。

文献属于信息，具有信息的功能，但也有自身的特点。表现为：第一，文献是经过一系列加工、整理而记录下来的信息，不是指文献符号系统本身的信息；第二，文献所表达的信息内容虽然与符号本身没有必然联系，但文献信息的传递需要通过人工符号系统来实现，因而对文献信息的摄取方式和吸收程度必然受到人工符号的制约；第三，文献相对固化，不随外界的变化而变化；第四，文献与物质载体具有不可分性，但不同的信息载体可以传播同一内容的信息。

4. 数据

在一般意义上，数据是数字、字母与符号的集合，用于表示客观事物未经加工的原始素材，如图形符号、数字、字母等，是对客观事物特征所进行的一种抽象化、符号化的表示。数据包括数字数据、图像数据和文字数据。

数据与信息之间的关系可以表示为：信息 = 数据 + 处理。处理是指将数据转换成信息的过程，一般指数据的收集、存储、加工、排序、检索、输出等。信息是有一定含义的、经过加工处理的、对决策有价值的数据，信息的内容依靠数据来体现。

5. 信息与知识的关系

信息包含知识。同时，信息又是知识的重要组成部分，但并非所有信息都可成为知识，只有将反映自然现象和社会现象的信息经过加工，上升为对自然和社会发展客观规律的认识，这种再生信息才构成知识。

信息与知识在形态、时限及空间上有着不同的存在方式，见表1－1所示：

表1－1 信息与知识的不同

特点＼名称	信 息	知 识
多样性	零散的、片段的	结构的、连贯的
时限性	短时的	持久的、无限的
空间性	跨越空间流动	明确存在，但空间上无限

6. 信息、知识、文献、情报之间的关联

将反映自然现象和社会现象的信息经过人脑加工，形成系统的、有组织的信息，这种再生信息构成知识。散杂的知识经过筛选、归纳、整理等加工过程后，借助特定的符号记录在载体上，构成文献。信息、知识、文献经过传递，被激活而产生特定效用，就是情报。四者之间的关联如图1－1所示：

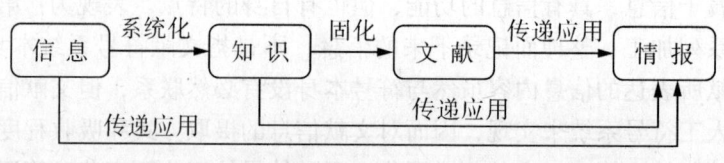

图 1-1 信息、知识、文献、情报之间的关联

(三) 信息的基本特征

信息广泛存在于自然界和人类社会，一般有 4 种形态：数据、文本、声音、图像，这四种形态可以相互转化。信息的积累和传播，导致科技发展，推动社会前进，是人类文明进步的基础，人类的能力因信息的增加而扩大。从宏观上看，信息的特征多种多样，归纳起来有以下 10 点：

1. 客观普遍性

信息是客观事物状态和运动特征的一种反映，这种反映以客观存在为前提。信息作为构成世界的三大要素之一，广泛地存在于自然界和人类社会，其存在不以人的意志为转移。换言之，客观世界中大量地产生、存在和传递着各种各样的信息。信息无处不在，无时不在。

2. 无限性

客观事物的复杂性和动态性决定了信息的无限性。人类对世界的认识是无限的，信息的积累与扩充也是无限的。

3. 时效性

信息的时效性是指信息从发生、接收到利用的时间间隔及效率。由于事物是在不断变化着的，那么表征事物存在方式和运动状态的信息也必然会随之改变。信息的时效性表明信息本身具有生命周期。现代社会中，信息的使用周期越来越短，信息价值的实现取决于对其及时地把握和运用。

4. 真伪性

信息有有用信息和无用信息之分，有用的信息必须是质量较高的、及时的、完全的和相关的信息，否则会影响信息的价值和信息利用。

5. 共享性

一般的物质交换遵循等价交换的原则，而信息交换的双方不会因为交换而失去原有的信息源，相反会为自己增加信息源。同时，因为信息具有扩散性，因此可以被一个用户使用，也可以被一组用户同时使用，而信息的本质不会被改变。信息的共享性可以提高信息的利用率，节约资源。

6. 价值相对性

信息的价值不同于普通商品，信息的价值是相对的，完全取决于人们对它的认识和重视程度，也就是说信息只在特定范围内对特定的用户有价值，而且信息的价值更多地体现在人们对它的开发和使用程度上。

7. 可传递性

信息可以不受时间和地域的限制进行传递，声音、符号和图像是人们常用的信息传递方式。信息通过传递实现其价值。通常，信息传递的速度和渠道是影响其效用和价值的重要因素。

8. 可处理性

信息可以压缩，可以贮存，可以转换，可以积累。信息可以通过压缩或转换存储在电脑、软盘、光盘之中，信息的存储又为信息积累提供了基础。信息可以从一种形态转换为另一种形态，如自然信息可转换为语言、文字和图像等形态，也可转换为电磁波信号和计算机代码。

9. 可再生性

信息经过处理后，可以以其他形式再生。如自然信息经过人工处理后，可用语言或图形等方式再生成信息。输入计算机的各种信息，可用显示、打印、绘图等方式再生成信息。

10. 可识别性

信息可采用直观识别、比较识别和间接识别等多种方式来把握。

（四）信息的类型

信息存在的形式多种多样，决定了信息具有多种类型。可以从不同的角度来把握信息的类型。

1. 按照信息描述的对象划分

（1）自然信息。自然界存在或发出的信息，如生物信息、天体信息。

（2）机器信息。机器产生或发出的信息，如各种自动控制系统产生的信息。

（3）社会信息。人类社会产生和发出的信息，如科技信息、经济信息、政治信息、军事信息、文化信息等。

2. 按照开发程度划分

（1）潜在信息。客观存在、但尚未被认识或被开发出来的信息，包括人在创造性认识和思维过程中存储于大脑的信息。

（2）现实信息。潜在信息被认识、被开发后，通过特定的符号负载于载体，通过传播被人类利用的信息。

3. 按照表达方式划分

（1）口语信息。人们以口头方式表述的信息，如演讲、报告、汇报。

（2）体态信息。在特定的环境下，通过表情、手势、姿势等体态传达的信息，如舞蹈、眼神。

（3）实体信息。通过实物表述的信息，如样品、模型。

（4）载体信息。通过特定的记录符号负载在一定载体上的信息，如书本、报刊、磁带、光盘、计算机文档。

二、信息资源

（一）资源

资源是指一切可被人类开发和利用的物质、能量和信息的总称。它广泛地存在于自然界和人类社会中，是一种偶然存在物，是能够给人类带来财富的财富。也可以说，资源就是指自然界和人类社会中一种可以用来创造物质财富和精神财富且具有一定量的积累的客观存在形态，如土地资源、矿产资源、森林资源、石油资源、人力资源、信息资源等。《中国大百科全书》对"资源"的解释是："广泛存在于自然界的能为人类所利用的自然要素。它们是社会生产的原料和燃料的来源，或是社会生产力布局的必要条件和场所。"

资源按照性质大致分为自然资源和社会资源两大类。自然资源是指一切物质资源和自然过程，通常是指在一定技术经济环境条件下对人类有益的资源。社会资源是指由人类活动所产生的、能直接或间接促进社会和经济发展的物质成果与精神成果的总和。信息资源属于社会资源范畴，广泛存在于社会各个领域，是各种事物形态、内在规律以及其他各种条件、关系的反映。随着社会的不断发展，信息资源与物质资源和能源资源一起，构成现代社会发展的三大支柱，是国民经济和社会发展的重要战略资源。

（二）信息资源

关于信息资源的概念，一般来讲，狭义的信息资源是指文献资源或数据库，或指各种媒介和形式的信息集合，即信息本身或信息内容，如文字、广播、电视、印刷品、光盘、软盘、数据库等。我们通常所说的信息资源是指狭义的信息资源，单独的信息不能称其为信息资源，众多的信息集合才是信息资源。广义角度的信息资源，指人类社会信息活动中积累起来的以信息为核心的各类信息活动要素的集合，包括信息技术、设备、设施、信息生产者等。这里的信息活动包括围绕信息的搜集、整理、提供和利用而开展的一系列社会经济活动。广义概念有助于从整体上把握信息资源的内涵。

信息资源是人类历史几千年文明积累起来的最宝贵的财富,是人类活动的最高级财富,与人力、物力、财力和自然资源一样,同为社会发展的重要资源。信息资源产生于人类的各种活动之中,包括认识自然界的科学研究,改造客观世界的各种生产实践和技术开发活动,认识和改造人类社会和人类精神世界的各种活动等等。信息资源的发展大体经历了三个阶段:

1. 传统管理阶段

20世纪50年代至70年代,以图书馆、档案馆、情报所为代表的文献资料管理。

2. 信息管理阶段

20世纪70年代末至20世纪末,以信息流的控制为核心,计算机应用和数据处理为典型代表,技术因素占主导地位。

3. 信息资源管理阶段

从本世纪初开始,以网络平台、海量数据库、信息处理技术为代表,以信息交换、信息共享、信息应用为内容,将信息资源作为主要经济资源进行管理。

(三) 信息资源的类型

信息资源是人类社会生产活动中不可或缺的资源,是多种多样,也是多方面、多层次的。所以从多种角度划分信息资源,了解信息资源的类型,不仅有助于加深我们对信息资源的内涵及其特征的认识,也有助于丰富信息资源检索的知识。

1. 国标《文献类型与文献载体代码》(GB3469-83) 划分

根据载体把信息资源划分为:印刷本、缩微制品、录音制品、录像制品、机读磁性制品等五种类型。

2. 根据物质载体划分

(1) 印刷型信息资源。指以纸张为载体,通过排版、印刷手段将负载知识的文字固化在纸张上。印刷型信息资源便于直接阅读,使用方便,但加工、保存困难,占用大量存储空间。

(2) 缩微型信息资源。是一种以感光材料如缩微胶片或平片为载体,利用缩微摄影技术和光学缩微技术为记录手段而产生的信息形式。如缩微胶卷、缩微平片、超级缩微胶片和特级缩微胶片等。存储密度大、体积小,但不能直接阅读,需要借助专门阅读机。

(3) 声像型信息资源。又称为视听资料,是指借助特定设备,通过声、光、磁、电等技术将语言、声音、画面和图像等多媒体信息记录在光学材料、磁性材料上而形成的信息资源,如唱片、录音带、电影胶片、激光声视盘(CD-

ROM）、幻灯片等。直观、真切、生动，但成本高，需要借助特殊设备阅读。

（4）机读型信息资源。以数字代码方式将图、文、声、像等信息存储到磁、光、电介质上并通过计算机阅读的信息形式，如磁带、磁盘、光盘等。存储密度高、处理速度快、容易识别，可以融文本、图像、声音等多媒体信息于一体，共享性好。但阅读必须借助计算机。

3．根据形态划分

（1）数字型信息资源。指电子计算机能够生成和处理的所有事实、数字、文字、符号等。

（2）文本型信息资源。是经过人们筛选、归纳和整理后记录下来的信息资源，包括手写的，也包括可以用机器印刷出来的信息资源。

（3）声像型信息资源。借助特定设备，通过声、光、磁、电等技术将语言、声音、画面和图像等多媒体信息记录在光学材料、磁性材料上而形成的信息资源，如唱片、录音带、电影胶片、激光声视盘（CD－ROM）、幻灯片等。

4．根据记录形式划分

（1）记录型信息资源。包括由传统介质（纸张、竹、帛等）和各种现代介质（磁盘、光盘、缩微胶片等）记录和存贮的知识信息，如期刊、数据库、网络等。记录型信息资源是信息资源的主体和存在的基本形式。

（2）实物型信息资源。用事物本身来贮存和表现的知识信息，如样品、样机，本身就代表一种技术信息。这类信息资源不能直接进入信息系统，需要转化成记录型信息。

（3）智力型信息资源。主要表现为人脑贮存的知识信息，包括人们所掌握的诀窍、经验、技能等，又称隐性知识，由人的活劳动携带，根据社会需求提供各类咨询服务。

（4）零次信息资源。指各种渠道中由人的口头传播的、未经记录和加工的信息，人们可以从交谈、聚会、参观、考察等方式中获得零次信息。零次信息资源通常以物或者过程的直观形式表现出来，具有很大的随机性，难于贮存和系统归类，需采取特殊方法搜集、记录、整理和贮存。

5．根据出版形式的不同划分

（1）图书（Book）。是一种具体论述或介绍某一领域知识的出版物。联合国教科文组织规定，凡由出版社（商）出版的不包括封面和封底在内49页以上的印刷品，具有特定的书名和著者名，编有国际标准书号，有定价并取得版权保护的出版物称为图书。图书可分为三类：一是阅读性的图书，包括教科书、科普读物和一般生产技术图书；二是工具性的图书，包括辞典、手册和百科全书等；三是原始文献，含有独创性内容的专著。图书内容比较系统、全面，论点成熟、可靠，但出版周期较长，报道速度相对较慢。

（2）期刊（Periodical）。指名称固定、版式相对固定的定期或不定期连续出版物，通常有数字或年月顺序编号。期刊论文内容新颖，报道速度快，信息含量大，连续出版，是传递科技情报、交流学术思想的最基本的文献形式。

（3）会议文献（Conference Paper）。是指在各种学术或专业性会议上发表的论文和报告。会议文献学术性强，往往代表着某一领域内的最新成就，反映了国内外科技最新发展水平和趋势，是获得科技信息的重要来源。

（4）学位论文（Dissertation）。是指高等院校或科研机构的毕业生为申请各级学位而撰写的学术论文。学位论文质量参差不齐，内容是就某一专题进行研究而做的论述和总结，系统、完整，多数有一定的独创性。学位论文一般不公开出版发行，通常只在学位授予单位的图书馆和按国家规定接受呈缴本的国家版本图书馆保存有副本。

（5）标准文献（Standard）。指标准化工作的文件，主要是针对工农业产品和工程建设的质量、规格和检验方法等的技术规定或共同规范性文件，具有一定的法律约束力、时效性和针对性。

（6）专利文献（Patent Document）。是实行专利制度的国家及国际性专利组织在审批专利过程中产生的官方文件及其出版物的总称。主要由专利说明书构成。专利说明书是指专利申请人向专利局递交的有关发明目的、构成和效果的技术文件。内容比较新颖、丰富、具体、实用、可靠，技术性、实用性强，编写格式统一，统一编号。

（7）产品资料（Trade Literature）。是厂商为介绍、推销其产品而印发的商业宣传品。其内容是对定型产品的性能、规格、构造、用途及使用方法所做的说明。产品资料内容成熟，数据可靠，图文并茂，更新迅速，可直接用于产品设计与制造的参考。

（8）技术档案（Technical Archives）。指在科研或生产活动中形成的，有具体工程和研究对象的技术文件的总称。包括图纸、图表、照片和各类原始记录等。具有明显的保密性，一般由内部控制使用。

（9）科技报告（Scientific & Technical Report）。是指科技人员关于某项研究取得的成果和进展的总结报告或阶段进展报告。出版特点是各篇单独成册，统一编号，由主管机构连续出版，多数不是正式出版物。内容专深、新颖、详尽、可靠，保密性较强。最著名的报告是美国的四大报告：军事国防部的 AD 报告、商务出版局的 PB 报告、能源部的 DOE 报告、宇航部的 NASA 报告。

（10）政府出版物（Government Publication）。指各国政府部门及其设立的专门机构发表的各类文件，主要包括行政性文件和科技性文件两大类。

(四）信息资源的特征

信息资源与物质资源、能源资源一样，具有经济资源的一般特征，但同时它又具备自己的特点：

1. 共享性

信息资源的利用不受人为干扰，不同的使用者往往可以同等程度地共享某一份信息资源，并且不受时空和地域的限制。

2. 时效性

信息的时效性决定了信息资源的时效性，即信息资源随着时间和地点的变化可以不断更新和产生新的功能，因此对信息资源的开发和利用要把握时间，及时加以利用。

3. 不同一性

对于既定的信息资源而言，它是不同内容的信息的集合，集合中的每一信息都具有独特的性质。相同的信息资源在不同的用户中或在不同的地点体现出不同的价值。

4. 驾驭性

信息资源具有开发和驾驭其他资源的能力，不论是物质资源还是能源资源，其开发和利用都有赖于信息资源的支持。科技越发展，社会信息化程度越高，人类利用信息资源开发和驾驭其他资源的能力越强。

5. 动态性

人们对信息资源的获取和利用，不受时空、语言、地域和行业的制约，信息资源可以从一个地方传播、扩散向多个地方，这是实体资源无法比拟的。

6. 可重复使用、不重复生产

信息资源能够重复使用，其价值在使用中得到体现。而且信息生产者为一个用户生产一组信息和为许多用户生产同一组信息，两者所花费的努力几乎没有差别。

三、数字信息资源

（一）概述

数字信息资源是文献信息的表现形式之一，也称为电子文献，是指以数字方式将图、文、声、像等信息存储在磁、光、电介质上，通过计算机、网络或相关设备使用的，记录有知识内容或艺术内容的文献信息资源，包括电子书刊、数据库、电子公告等（GB/T7714 - 2005 文后参考文献著录规则）。它融合了计算机技术、通信技术及多媒体技术，以数字形式生产、发布、存取和利用信息资源。

所谓数字形式，是以能被计算机识别的、不同序列的"0"和"1"构成的形式。数字资源中的信息，包括文字、图片、声音、动态图像等，都是以数字代码方式存储在磁带、磁盘、光盘等介质上，通过计算机输出设备和网络传送出去，最终显示在用户的计算机终端上。

数字信息资源的最早形式是数据库。1961 年美国化学文摘社（CAS）开始发行《化学题录》（*Chemical Title*）的机读磁带，这是数字信息资源的产生标志。60 年代初，以《化学题录》和美国国家医学图书馆的《医学索引》的出现为标志，至 1965 年已有大约 20 个数据库可供使用。1975 年，达到近 300 个数据库。70 年代末到 80 年代末，数据库数量达到 3600 多个。90 年代至今，基于互联网开发的数字资源及其检索系统突飞猛进地增长。

我国数字信息资源的开发与建设起步于上世纪 70 年代，80 年代进入发展阶段，主要是从国外引进技术，而后逐步开发利用。90 年代，受市场驱动，我国自行研制的数据库逐渐成熟，标志是 1989—1992 年间，科技部西南信息中心下属的重庆维普资讯公司（中国科技情报研究所重庆分所）研制开发、出版了国内第一家 CD - ROM 光盘数据库。本世纪初，随着网络的普及，数据库开始联网并形成网络化。

（二）数字信息资源类型

同印刷型文献相比，数字资源的类型更为丰富。

1. 从数据的组织形式上分

（1）数据库。如各种期刊、图书、报纸、论文数据库；

（2）网络信息资源。如搜索引擎、FTP 资源、网页、网站、BBS、新闻组等。

2. 按存储介质划分

（1）磁介质。包括软盘、硬盘、移动硬盘、优盘、磁带等；

（2）光介质。包括 CD、DVD 等。

3. 从生产者来划分

（1）商业化数字资源。包括数据库商、出版商和其他信息机构以商业化方式生产和发行的各种电子资源。商业化数字资源一般内容丰富、数据量大，是目前图书馆馆藏资源建设中的重要内容。

（2）非商业化数字资源。主要指机构自建的特色资源库、开放获取资源、机构典藏和其他免费的网络资源。

(三) 数字信息资源特点

数字信息资源在生产、存储以及利用方式等方面,有着完全不同于印刷型文献信息资源的特点,主要表现为:

1. 存储手段数字化

信息资源表现为以数字化形式存储在磁性介质上的电磁信号或者光介质上的光信息,如磁带、磁盘、软盘、光盘、胶片等,使信息的存储、传递、查询更加方便,而且所存储的信息密度高、容量大,可以无损耗地被重复使用。既可以在计算机内高速处理,又可通过网络进行远距离传送。

2. 表现形式丰富、多样

数字信息资源的内容较传统的印刷型文献更为丰富多彩,可以以文本、图像、音频、视频、动画、软件、数据库等多种形式存在,涉及领域从经济、科研、教育、艺术,到具体的行业和个体,包含的文献类型有电子文献、商业信息、新闻报道、书目数据库、统计数据、图表、电子地图等。

3. 以网络为传播媒介

数字信息资源的存在以网络为载体,以虚拟化的形式来展现,人们得到的是网络上的信息,而不必过问信息是存储在磁盘上还是磁带上的。这也充分体现出数字信息资源的社会性和共享性。

4. 数量巨大,增长迅速

据《中国互联网络发展状况统计报告》,截至2007年12月,我国已有网站150万个。域名总数1193万,与2006年同期相比增长了782万,年增长率达85.2%。其中CN域名900万,占中国域名总数的75.4%,已经居于主流域名地位。网页为84.7亿个,年增长率达89.4%。国际出口带宽已有36.8万多Mbps,年增长率达43.7%,中国与国际互联网连接的能力进一步增强。

5. 传播方式的动态性、开放性

数字信息资源的传播主要借助于计算机网络,通过通信技术、多媒体技术和网络传播技术等来实现。网络环境下,信息的传递和反馈快速灵敏,具有动态性、开放性和实时性等特点。信息在网络中的流动非常迅速,上传到网上的任何信息资源,都只需短短数秒钟就能传递到世界各地的每一个角落。

6. 服务功能多层次

数字信息资源一般都具备检索系统和检索平台,能够快速检索、查询,并且在使用上不受时间、地域限制,可以随时随地存取。提供检索、复制、在线阅读、观看、下载、传递、存储、在线发布、实时交流、上传等多种功能。

7. 更新速度快

数字信息资源由于采用计算机、信息技术,能够快速处理海量的信息,更新

速度快,具有较强的时效性。

8. 信息源复杂多样

网络的共享性与开放性使得人人都可以在互联网上索取和存放信息,由于没有质量控制和管理机制,数字信息资源良莠不齐,给用户选择、利用带来了障碍。一般可以从以下几个指标来评价数字信息资源(见表1-2):

表1-2 数字信息资源评价指标

项 目	评价指标
内 容	准确、权威、广度、深度、适用、有效、独立、唯一
性 能	链接可靠、稳定、易用
界 面	交互、愉快、互操作

(四) 数字信息资源检索系统

数字信息的检索主要依靠计算机来实现。提供计算机信息检索的工具就是数字信息资源检索系统,它是根据特定的信息需求而建立起来的一种有关信息搜集、加工、存储和检索的程序化系统,其主要目的是提供信息查询服务。计算机检索在信息服务领域具有划时代的意义,大大方便和加速了信息资源的交流与利用,并对社会经济的发展和人们的科研方式产生了深刻的影响。计算机检索产生于20世纪50年代,发展于80年代中期,先后经历了脱机检索、联机检索、光盘检索和网络检索四个阶段。

1. 脱机检索

传统意义上的脱机检索不同于网络环境下的"离线检索",而是指50年代中期到60年代中期,根据用户需求,在机读磁带上顺序扫描寻找匹配的文献的一种检索方式,常常是分批处理用户提问,所以也称"批式检索"。它能够同时实现多项检索作业,也能够对复杂的检索词进行处理,但缺乏与用户的交互过程,检索过程慢,检索结果与需求之间存在一定误差等。

2. 联机检索

20世纪60年代中期,计算机检索进入联机检索阶段,出现了一台主机带多个终端的联机检索系统,是科技信息工作、计算机、通讯技术三结合的产物,实现了"人机对话",具有很强的交互功能,检索快捷。联机检索系统包括大型计算机联网系统、数据库、检索终端及通讯设备,能满足较大范围的特定用户的信息检索需求。国际上规模最大的联机检索系统是美国的DIALOG系统,始建于1963年至1964年间,1972年投入运营。

3. 光盘检索

由于国际联机检索费用昂贵，人们开始寻求一种价格低廉的检索方式。20世纪80年代，CD-ROM光盘就是在这种背景下发展起来的以计算机技术、激光技术等为基础的新型电子出版物。它是以大容量的光盘存储器为数据库的存储介质，利用计算机和光盘驱动器进行读取和检索光盘上的数据信息。具有存储密度高、读取速度快、存储的信息类型多等优点，但检索需要借助计算机实现，而且不能及时得到检索结果。

4. 网络检索

从20世纪90年代至今，计算机网络检索风靡世界，图书馆、信息服务机构、数据库商、科研机构等纷纷加入互联网，为用户提供各式信息服务，构成了极其丰富的网络信息资源。网络检索系统包括局域网信息检索系统和广域网Internet信息检索系统。信息用户借助国际通讯网络可直接与检索系统联机，为信息检索提供了前所未有的方便，彻底实现了不受地域限制的国际联机信息检索。联机网络和检索终端几乎遍及世界所有国家和地区，使得网络信息检索拓展到一个更广阔的领域，达到了相当高的水平。目前常用的网络信息检索工具有：WWW信息浏览服务、搜索引擎、电子邮件（E-mail）、文件传输服务（FTP）、远程登陆（Telnet）、信息查找服务（Gopher），等等。

四、信息社会与信息素质

人类社会经过工业社会已经步入信息社会。正如美国未来学家约翰·奈斯比特所说："我们已经进入了一个以创造和分配信息为基础的经济社会，知识是我们经济社会的驱动力。"信息社会的基本特征首推全球信息化、知识化。具体表现为：第一，在信息社会中，起决定作用的是信息和知识，信息成为社会最重要的资源和财富，价值的增长是通过知识来实现的；第二，信息技术将渗透到各行各业；第三，全球化进程加快。在网络化的信息社会里，世界逐渐变小，地球村逐步形成；第四，信息产业将成为支柱产业，成为经济增长的主要因素。

（一）信息社会的学习特征

信息社会给我们工作模式、社会文化模式带来变革，使我们的学习方式、思维方式发生变化，为我们的学习提供了机遇与挑战。信息社会的学习体现出下列一些特征：

1. 终身学习

1994年首届"世界终身学习会议"提出："终身学习是21世纪的生存概念。"由于信息爆炸，知识更新速度加快，稍为停滞便可能落后于人，因此，终身学习的观念深入人心。终身学习是人自身和谐发展的途径，可以使人成为完善的人。联合国教科文组织在《学会生存——教育世界的今天和明天》中指出"我们需要终身学习，去建立一个不断演进的知识体系——学会生存。"

2. 自主式学习

自主，就是为自己做选择并为这些选择负责，这是就学习的内在品质而言的，与传统的接受式学习相对应的一种现代化学习方式。自主式学习是以学习者作为学习的主体，通过独立的分析、探索、实践、质疑、创造等方法来实现学习目标。信息时代主张以人为本，人的潜能将得到充分发挥。个性化学习、网游式学习等自主学习方式将成为常见的学习方式。学习完全是一种自觉自愿行为，并且获取知识的渠道多，为学习者提供多种选择；学习效果高效快捷，符合信息时代人们快节奏的学习特点。

3. 研究性学习

研究性学习是一种实践性较强的学习活动，强调知识的联系和运用。能够培养学习者永不满足、追求卓越的态度和发现问题、提出问题、解决问题的能力。在基于知识、注重创新的信息时代，研究即学习，学什么、怎么学、学到什么程度等完全由学习者自己决定。学习更注重过程探索、思维发散和高效率，同时讲究学习方法，合作与分享式学习盛行，如网上读书会、书友会、知识社区、讨论组等。

4. 开放式学习

信息社会网络无处不在，网络信息资源极其丰富，以现代教育技术为核心的网络教育已成为学习的重要形式，E-learning、E-search等以Internet为基础的网上学习方式渐渐成为自主学习的主流方式，教育从学校延伸到社会。通过开放式学习，既可实现个性化的自主学习，也可以随时加入网上各种实时和异时的讨论组进行互动、交流。同时开放式学习能提供学习者自我驱动的经历，使学习者的学习观念和思维方式有所转变。

信息、知识和每个人都息息相关。创新是知识经济的灵魂，要求个体有追求创新、自觉创新的激情；养成创新思维习惯，包括敏锐的观察力、求异的勇气、丰富的联想；发展创新能力，即依托信息能力解构、重构知识，形成新成果的能力；铸就创新品格，即自主精神、合作精神和坚韧不拔的学习精神。信息社会里，创新意识和创新能力的重要基础是信息素质。

(二) 信息素质

英国文学家塞缪尔·约翰逊（Samuel Johnson）说过，"知识有两种。一种是我们自己掌握的知识，一种是我们知道能从何处找到相关信息的知识。"在信息时代，要想完全掌握所属专业领域的知识是不可能的，因此知道如何去寻找与自身知识结构有关的信息就显得格外重要，这也就是我们通常所说的信息能力。信息能力的高低取决于个人的信息素质。信息素质是由信息意识、信息知识、信息能力和信息道德等四个相互依存、相互作用的要素构成的统一体，是一个动概念，其内涵随着社会信息化程度的提高而不断丰富、发展。关于信息素质的内涵，最早提出是在1974年，美国信息产业协会（IIA）主席保罗·泽考斯基（Paul Zurkowski）认为，信息素质就是"利用大量的信息工具及主要信息源使问题得到解答的技术和技能。"经过数次补充与完善，1989年美国图书馆协会（ALA）将信息素质定义为"知道何时需要信息，并拥有获取、评价和有效利用所需信息的能力"，后被频繁引用。2003年国际信息素质专家会议发表的布拉格宣言宣称信息素质是人们有效参与信息社会的一个先决条件，是终身学习的一种基本人权。提高信息素质，从个体角度来说就是加强自我学习，不断地通过各种途径培养信息意识、锻炼信息能力，借助信息手段提高科研、学习的效率。

1. 信息意识

信息意识也称信息观念，是指人对信息这一特殊对象敏锐的感受力、持久的注意力和对信息价值的准确评估和判断力，既是一种观念又是一种意识行为，体现出信息主体对信息的认识过程，及其对外界信息环境变化的能动反映。信息意识的一个重要特征是具有能动性，能使信息主体在信息活动中体现独立性、自主性。因此，信息意识是人们利用信息系统获取所需信息的内在动因，表现了用户对信息的需求和渴望程度及对信息的敏感程度。有信息意识才能懂得信息的重要性，个体的信息活动是受信息需求驱使的，意识越明确，行动目标越清楚，那么信息活动的动机越稳定、持久和强烈，努力程度也就越高。所以，信息意识的强弱直接影响信息需求程度，同样重要的信息，有的人善于抓住，有的人却漠然视之。

了解信息意识的有无和强弱，可以从以下几方面做出大致的判断：

(1) 是否认识到信息和信息活动的功能和作用；

(2) 是否具有对信息和信息活动的积极体验（依赖感、赞同感和支持感）；

(3) 是否具有与学习有关的信息需求和信息行为倾向，愿以最少的时间高效率地了解、查询自己需要的信息；

(4) 能否自觉地表达出信息需求并及时地查寻或主动利用信息系统来满足这种需求；

（5）是否善于运用创造性思维，从大量信息中分析判断而获取有价值的信息。

信息意识是可以培养的，比如时时关注自己的学科或课题的发展动态和最新进展，在学习、研究以及生活中养成信息记录和资料保存的习惯等。经过教育培训和实践，可以由被动的接受状态转变为自觉的主动状态，而被激活的信息意识又可以进一步推动信息技能的学习和训练。信息意识的教育和培养具体包括信息主体意识、信息需求意识、信息获取意识、信息安全意识、信息传播意识等几个方面。

2. 信息知识

信息知识是与信息相关的知识，包括：信息源、信息检索工具、信息检索语言、信息检索系统、信息检索技术等等。信息检索的效率和质量，主观上取决于检索者对检索系统及工具的认识和选择、对检索知识和技能的掌握等因素。所以，掌握必要的信息知识，是开展信息检索的基础，不仅能提高检索效果，更可以提高对检索结果进行分析、提炼的能力。

3. 信息能力

信息能力是指以各种形式收集、分析、评价、加工、利用和传播信息的能力，包括基本的信息处理能力和开发再生信息的能力。信息能力的掌握在很大程度上取决于信息意识的提高，信息能力对能否挖掘出有价值的信息来满足特定的信息需求起着关键的作用。信息能力是信息素质的核心，提高大学生综合信息能力是信息素质教育的关键。

信息能力具体表现为以下六种技能：

（1）明确需求。了解问题，明确目的，探求与个人兴趣有关的信息，分清任务的轻重缓急；

（2）信息源的识别。识别和选择正确的信息源，快速、高效地获取信息；

（3）信息查询策略。了解各种信息源，能够做出评价并确定优先查找的次序；

（4）信息利用。能够组织信息，读懂或理解查出的信息，了解信息在满足需求中的特定价值，从而精确地、创造性地利用信息，提供信息产品，如论文、报告等；

（5）信息评价。能熟练地、批判性地评价信息；

（6）操作评价。能够自我评价信息查找过程，并从中获取信息检索经验和教训。

4. 信息道德

信息道德是指人们在信息活动中应遵循的伦理道德规范。网络世界里，充斥着海量信息。要恪守信息道德，一方面要形成强烈的自制力，不能沉溺于网络，更不能做违反法律和社会伦理道德的事；另一方面要有知识产权的保护意识，不违反法律、法规；第三要培养鉴别力，信息垃圾、失实信息、计算机病毒、信息误导、甚至信息欺诈等丑陋现象的出现，玷污了网络空间，在利用网络信息资源时，要学会分析和判断。

（1）信息污染。现代信息技术给人们带来了高效、方便的信息服务，同时也使信息环境面临许多前所未有的难题，如隐私权受侵、触犯知识产权、信息污染、信息安全问题等。

信息污染，也称信息障碍，它是信息社会特有的产物，表现形式有信息过载、信息失实、信息重复、信息堵塞、信息误导、信息干扰、信息病毒、信息渗透等。其中最严重、危害最大的三个方面是信息超载、信息垃圾和计算机病毒。信息超载是指个人或系统所接受的信息超过其处理能力或有效应用，过量的信息增加了不确定性和不安全感。信息垃圾即冗余的、无价值的信息。据了解，在全球信息系统中，文献中信息垃圾（包括冗余信息、盗版信息、虚假信息、老化信息、污秽信息等）所占的比例不少于50%，在个别领域甚至更高，严重干扰了我们对有效信息的开发和利用。计算机病毒给因特网乃至社会都带来严重的危害。世界上有几千种病毒传播流行，其数量还在日益增长，不仅造成信息污染，更严重的是引发计算机犯罪，威胁着人类的生存和社会的发展。

信息污染是信息环境被破坏、失衡的表现，产生信息污染的原因，主要是信息存贮的无序化使信息中混入干扰性、欺骗性和误导性的信息，需要严格控制和治理。由于信息污染的存在，耗费了人们大量的精力，因此，信息检索的知识与技能已经构成个体知识体系中一个不可缺少的一部分。

（2）信息犯罪。信息犯罪是信息社会中一种新型的社会犯罪行为。一般是指运用信息技术故意实施的严重危害社会并应负有刑事责任的行为。如：信息污染和滥用、窃取和盗用信息、信息欺诈和勒索、信息攻击和破坏。计算机犯罪产生的原因在于：第一，计算机信息本身的脆弱性。这是诱发计算机犯罪的主要原因，也是此种犯罪产生和发展不可回避的根源性原因之一。第二，计算机信息系统管理的复杂性与软件的先天不足导致的安全性降低。第三，信息与财富的集中。信息代表着财富，各类计算机系统中的数据和信息的价值，往往远远超过计算机系统本身的价值，使其不可避免地成为犯罪分子的首选目标。第四，法律与信息道德的滞后。大多数国家防治计算机犯罪的法律还不健全。在信息道德方面，正如美国社会学家所说，"我们培养了精于使用计算机的新一代，但却没有规定出相应的社会责任和道德观念。"

对于信息污染和信息犯罪，我们一方面有责任和义务控制信息污染，杜绝信息犯罪，另一方面，只要提高个人的信息素质，加强法律意识，完全可以避免出现信息污染和信息犯罪行为。

（三）信息素质教育

开展信息素质教育的目的是引导学生学会和习惯获取学术信息的方法和途径，就是借助信息检索技术获取信息资源并对其进行整理、分析，根据自己学习、研究过程中的需要，将各种信息进行重组，创造出新的知识，从而达到信息激活和增值的目的。大学生是知识创新的主体，拥有"如何获取有用信息"的能力是知识创新的前提。彼得·圣吉在《第五项修炼》中说："在未来，你所拥有的唯一持久的竞争优势，或许是具备比你的竞争对手学习得更快的能力。"信息素质教育越来越受到重视，已成为大学普遍开设的课程。

1. 信息素质教育在国外

信息素质教育在国外开始于上世纪80—90年代，进展较快，发展得比较成熟。1983年，美国信息学家霍顿（Horton）提出教育部门应开设信息素养课程，以提高人们对电子邮件、数据分析以及图书馆网络的使用能力；1987年美国图书馆协会成立了信息数字教育委员会，目的是明确信息素质教育在学生学习、终身教育和成为一个良好公民中的作用，设计在正式和非正式学习环境下的信息素质教育模型，决定继续教育和教育培养的方向；1988年，美国学校图书馆员协会出版了《信息就是力量》指南，指出学校媒体中心应提供各种形式的信息获取途径，培养学生利用信息的兴趣和能力，与其他教育者一起制定适应学生学习的策略；1990年，美国大学与中学教育部协会的高等教育委员会制定了"信息素质教育结果评估大纲"；1996年，确定了"信息素质教育在普通教育计划中的框架"；1998年美国学校图书馆协会和教育通讯技术协会出版了《学生学习的信息素质标准》，作为教师或图书馆评估学生信息素质能力的一个指南。美国大学和研究图书馆协会标准委员会（ACRL），根据多年来美国高校开展的项目，于1999年12月制定了"高等教育信息素质教育标准"，明确了美国高校学生应具备的信息素质标准。该标准共包含5项能力标准、22项表现指标、87项成果指标。该标准侧重于不同水平层次的高等院校学生的需要，成果指标具体，可操作性相对较强，详见书后附录C。

这个标准在欧洲、澳大利亚、南非、墨西哥等地也得到应用。美国的信息素质教育始终与学科教育、信息技术教育相结合，教学形式多样，鼓励学生将信息技能用到专门学科中去等等，值得我们学习和借鉴。除美国之外，日本、英国、加拿大、澳大利亚、墨西哥等国也都非常重视信息素质教育。

2. 信息素质教育在中国

我国开展信息素质教育也较早。1984年，教育部就下达了《关于在高等学校开设〈文献检索与利用〉课的意见》，规定在全国有条件的高校都应开展文献检索与利用课教育，增强大学生的信息意识，提高文献检索能力；1992年，国家教委印发《文献检索课教学基本要求》,标志着我国文献检索与利用的教学开始朝着规范化方向迈进;1996年,高等教育出版社先后出版了《科技文献检索教学大纲》和《社科文献检索教学大纲》,使规范教学内容、指导教学工作有了重要依据。

近年来我国在文献检索教学方面取得了一些成绩,如:建立了一支专兼职相结合的师资队伍;学生的信息意识有所提高;文检课的学术研究也得到发展。但不可否认的是,目前我国信息素质教育还存在一些问题,如:信息素质教材与师资队伍建设滞后;信息课程开设不足;信息素质教育未得到社会的普遍认同;大学生信息素质教育缺乏连续性;重知识传授、轻能力培养,造成能力障碍等,还有待于在文献检索教学中进一步探讨、研究。

总之,通过文献检索教育,最终希望大学生做到以下四点:

(1) 培养良好的信息道德修养。信息道德在信息时代尤其需要加强。网络环境下的信息交流具有隐蔽性,缺乏直接的舆论监督和社会压力,容易让人放松自我约束。具有良好的信息道德修养,就可以在任何情况下都能够自信地运用信息解决问题;信息道德培养目标是培养学生强烈的社会责任心,在遵守相关法律、法规的前提下获取和使用信息。

(2) 培养积极、敏锐的信息意识。面对信息在社会发展中的地位,有"信息第一"的意识;面对学习和科研,能积极主动地借助现代信息技术寻求问题的解决,有积极的信息体验意识;面对信息社会技术进步和知识更新加速,有终身学习的意识。

(3) 熟练地掌握信息知识。掌握基本的信息知识,熟悉与信息技术相关的术语、符号,掌握检索语言,熟练使用检索工具,了解与信息技术相关的文化。

(4) 具备一定的信息能力。信息能力是信息素质教育的核心,同时也是个体在信息社会必备的基本能力。它对能否挖掘出有价值的信息、创造性思维的发挥、以至终身学习都具有重要的作用。综合信息能力包括信息的获取、传输、保存、应用的能力,信息交流的能力,信息评价和批判的能力和信息系统安全防范的能力。

思考题

1. 什么是信息?简述信息、情报、知识、文献四者之间的关系。
2. 什么是信息资源?简述信息资源的特点。
3. 举例说明什么是数字信息资源?
4. 信息社会的学习具有哪些特征?
5. 大学生为什么要加强信息素质教育?
6. 对照信息素质的评价指标,评估自己的信息素质状况。

第二章 信息资源检索基本理论

一、信息资源检索概述

（一）信息检索的含义

检索，一是指检查搜索，如"学官集同舍检索，因得其金。"（宋，吴曾《能改斋漫录·记事一》）；二是指工具书索引。如数学文献检索、历史大事记检索等。"信息检索"萌芽于图书馆参考咨询工作，作为一个比较规范、正式的学术术语，最早由美国学者穆尔斯（C. W. Mooers）在1949年提出并使用。广义地讲，信息检索是指信息的存储与检索，就是将信息按照一定的方式组织和存储起来，并能根据信息用户的需要找出其中相关信息的过程。狭义的信息检索就是指如何从存储的信息集合中快速获取各种需要的信息，也就是我们通常所说的信息查询。

（二）信息检索的基本原理

信息资源检索是一种有目的和组织化的信息存取活动，其中包括了"存"和"取"两个基本环节。"存"是指信息资源的组织过程，即将大量分散的文献信息搜集起来，根据其内容特征或外表特征进行分析、选择、标引、处理，形成表征这些文献信息的特征标识，并存储在一定的载体上，成为有查询功能的有序化集合；"取"是指文献信息需求分析和检索过程，即用户根据自己的信息需求，提出检索提问，然后使用相关的检索语言将拟定的检索提问规范成检索标识，用于检索的过程。信息检索中的"存"与"取"之间是相互依存的：不存储无从检索，不检索存储将失去意义；同时两者又互相制约：从存储的角度看，越简单越好，但过于简单的存储，势必影响到检索的质量与效率，有效的检索需要以增加存储作为前提。

如图2-1所示，信息检索的实质是一个信息提问与信息集合的匹配和选择过程。信息集合是有关某一领域的、经采集和加工的信息集合体，是一种公共知

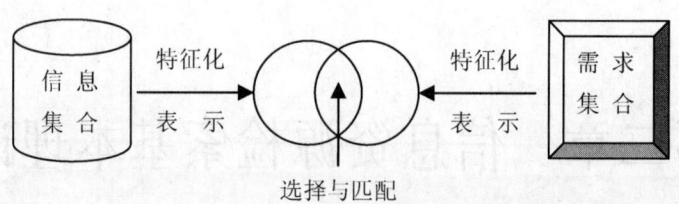

图 2-1 文献信息检索基本原理示意图

识结构。而众多用户不同形态的信息需求的汇集，形成了需求集合。如何在信息集合与需求集合之间建立联系，就需要信息检索提供一种"匹配"机制，能够快速地把需求集合与信息集合依据某种相似性标准，对给定提问与集合中的记录进行相似性的比较与判断。如果两者匹配，则用户所需信息被检中，否则检索失败。

（三）信息资源检索类型

1. 按照检索对象分

（1）文本检索。是最基本的一种检索方式，即以文献为检索对象的检索，是一种相关性检索，对检索的结果还必须进一步分析、判断、查找，才能获取有关信息；文本检索又分为全文检索和书目检索两种。

（2）事实和数值检索。以特定事实或数值、数据（包括数据、图表、公式等）为对象的检索，是一种确定性检索，检索的结果可以直接被利用。

（3）声频与视频检索。以声音、图像、录像等视听资源为对象的检索，检索结果为声频或视频，形象、生动、直观。

2. 按照检索设备分

（1）手工检索。是一种传统的检索方法，是指以手工翻检的方式，利用工具书等各种印刷版的检索工具（包括书本式目录、文摘、索引以及各种卡片等）来检索信息的一种手段。手工检索方法比较简单、灵活、直观，容易掌握。但耗时多，效率低，检索入口少，受时间和地点限制，容易造成误检和漏检等。手工检索主要适用于纸质印刷的书刊文献，特别是早期文献信息的查找，以及一些专指性问题和不太复杂的检索课题，可以弥补机器检索的不足。

（2）计算机检索。是指人们利用数据库、计算机软件技术、计算机网络以及通信系统进行的信息存储和检索，其检索过程是在人机的协同作用下完成的。计算机检索的优点是速度快、途径多、更新周期短、检索范围大、检索内容的专指性强。缺点是回溯性不好、信息过载、要求具有计算机检索常识、费用比较高等。

（四）信息资源检索工具

检索工具是指用以报导、存贮和查找文献信息线索的工具。它是附有检索标识的某一范围文献条目的集合，属于二次文献。

1. 检索工具应具备的五个条件

（1）具备明确的收录范围；

（2）有完整明确的文献特征标识；

（3）每条文献条目中必须包含多个有检索意义的文献特征标识；

（4）全部条目科学地、按照一定规则组织成为一个有机整体；

（5）有索引，能提供多种必要的检索途径或具备必要的检索平台。

2. 信息资源检索工具的类型

（1）按照信息加工的手段或设备划分。① 手工检索工具。指印刷型检索工具，包括目录、索引、文摘、手册名录、百科全书、手册以及各种卡片式目录如穿孔卡片目录、元词卡片目录等。② 计算机检索工具。是指以计算机技术为手段，通过光盘、联机、联网等现代检索手段进行信息检索的方式。计算机检索工具包括各种数据库如全文数据库、数值数据库、视频资源库、多媒体资源库等，以及各种网络资源如 FPT 资源、网站、网页、图片、新闻组、BBS 等。

（2）按照信息载体形态划分。① 书本式检索工具。包括期刊式、单卷式（或多卷）和附录式三种；② 卡片式检索工具。包括普通卡片目录、穿孔卡片、元词卡片等；③ 缩微型检索工具。包括缩微胶卷、缩微平片等；④ 磁性检索工具。包括磁带、光盘、软盘等。

（3）按照著录格式的不同划分。① 目录型检索工具。记录具体出版单位、收藏单位及其他外表特征的工具。它以一个完整的出版或收藏单位为著录单元，一般著录文献的名称、著者、文献出处等。如国家书目、联合目录、馆藏目录等。② 题录型检索工具。以单篇文献为基本著录单位来描述文献外表特征（如文献题名、著者姓名、文献出处等），无内容摘要。它与目录的主要区别是著录的对象不同。目录著录的是单位出版物，题录著录的对象是单篇文献。③ 文摘型检索工具。将大量分散的文献，选择重要的部分，以简练的形式做成摘要，并按一定的方法组织排列起来的检索工具。按详简程度，分为指示性文摘和报导性文摘两种。④ 索引型检索工具。根据需要，把特定范围内的某些重要文献中的有关款目或知识单元，如书名、人名、地名、语词等，按照一定的方法编排，并指明出处，为用户提供文献线索的一种检索工具。常用的索引有分类索引、主题索引、关键词索引、著者索引等。

（4）按照文献收录范围划分。① 综合性检索工具。报道范围广，涉及多门学科，文献语种多和类型广的检索工具。如美国的《科学引文索引》和我国的《全国报刊索引》。② 专业性检索工具。收录范围仅限于某一学科领域，专业性强，适用于检索特定的专业文献。如美国的《化学文摘》、《生物学文摘》。③ 专题性检索工具。收录文献只限于某一特定对象或专题，内容集中，专业性强，适于专题检索。④ 单一性检索工具。收录文献只限于某一特定类型文献，如《专利文献通报》。

3. 检索工具的评价

检索工具的好坏直接影响检索的效果。对检索工具进行评价，主要是为用户选择检索工具提供依据。一般来讲，可以从以下几个方面对检索系统进行评价：

（1）信息收录。系统收录是否准确、全面，覆盖的学科范围是否广泛，是否有足够的信息量；收录内容是否有广度、深度，是否具有适用性、有效性和独立性；更新速度是否快捷，检索格式是否清晰、明确；编辑出版单位是否具有一定的权威性。

（2）著录内容。系统对信息的外表特征和内容特征是否著录详尽，揭示全面、准确，标引是否程度深、质量高，符合标准；著录项是否完备。

（3）检索功能。检索功能是否完备，能否提供多种检索入口或检索途径，能否实现从不同的角度进行信息检索；检索系统是否简单易用，输出结果能否满足个性化需求。

（4）计算机检索系统的性能。系统是否链接可靠、稳定易用，提供多种检索途径，响应速度快；界面是否简洁、愉快、友好，是否具有交互性，能否实现互操作。

（五）信息资源检索的方法

课题检索选用哪一种方法，要根据具体情况而定。一是根据课题研究的需要，二是视所能利用的检索工具和检索手段而定。一般来讲，信息检索有以下一些方法：

（1）追溯法。文献之间的引证和被引证关系揭示了文献之间存在的某种内在联系。以已经获得的文献正文后所列的参考文献、相关书目、推荐文章和引文注释为线索，逐一追查原文，如此反复，获得一批相关文献的方法，就是追溯法。其优点是在没有检索工具或检索工具不齐全的情况下，可较快地获得一批相关文献，但漏检和误检的可能性较高。

（2）顺查法。以所查课题起始年代为起点由远而近地按时间顺序查找的方法。查找前要确定该课题研究的历史背景，从研究开始的年代查起。此法费时，但获得的文献比较齐全。

（3）倒查法。是一种由近而远，逆时间顺序查找的方法。

（4）抽查法。针对学科发展特点以及课题发表文献较集中的年段，抽取一段时间——几年、十几年或一段时间内的几个点，有选择地检索文献。省时，查得文献较多，但要求检索者对课题研究的历史情况有较多的了解和掌握。

（5）循环法。也称综合法、交替法，常规检索和回溯检索分期、分段交替使用。

二、信息资源检索语言

为了使文献能够进行检索，文献标识和信息提问都需要用一定的语言来加以表达。文献标识又称文献标引，信息提问也即信息检索。只有标引者和检索者用同一种语言来标引要存入的信息特征和要查找的检索提问，使它们变成一致的标识形式，信息的存储过程与检索过程才具备了相符性，信息检索正是以此为基础而得以开展的。也就是说，只有检索提问标识和信息特征标识一致，借助于这种语言，文献的标引与检索才能有一个共同的约定，彼此才能沟通，存入的信息资源才可以通过信息检索工具（系统）检索出来。用于描述信息系统中信息的内容特征及外部特征和表达用户信息提问的人工语言，就是检索语言。

检索语言是标引语言也是索引语言，是一种由表达信息资源主题概念及其相互关系的词汇及规则组成的人工语言系统，它依据一定的规则对自然语言进行规范，用于各种检索工具的编制和使用，并为检索系统提供一种统一的、作为基准的、用于信息交流的一种符号化或语词化的专用语言，供信息标引以及检索时使用。编制检索语言目的是为了便于检索文献，它把信息的存储与检索联系起来，把标引人员与检索人员联系起来，以便实现交流，是人与检索系统对话的基础。检索语言有受控语言和自然语言之分。受控语言就是依据特定词表或类表揭示文献主题信息的整序方法。自然语言是直接应用于文献或用户的语言。

信息检索语言的功能：一是对信息的内容加以标引，揭示其外表特征和内在内容；二是对内容相同或相关的信息加以集中或揭示其相关性；三是对大量信息加以系统化和程序化；四是便于用户进行信息检索。

检索语言按照表达文献的特征划分为表达文献外部特征的检索语言和表达文献内容特征的检索语言两种。按照标引的性质与原理分为分类语言、主题语言、名称语言和代码语言四类：

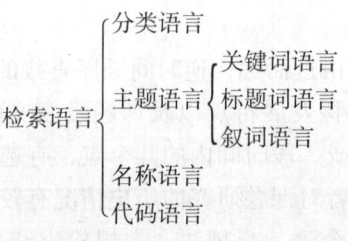

图 2-2 信息检索语言体系

1. 分类语言

分类语言又叫分类法,是将表达文献信息内容和检索课题的大量概念按其所属的学科性质进行分类和排列,构成基本反映科学知识分类体系的逻辑系统,并用号码(分类号)来表示概念及其在系统中的位置,甚至还表示概念与概念之间关系的一种检索语言。分类原理是以学科分类为基础,按照概念划分的原理,将知识概念从一般到具体、从复杂到简单、从高级到低级逐级划分。

分类的主要类型是有关的名词术语、地名、人名、机构名、年代等。分类语言集中体现学科的系统性,反映事物的从属、派生关系,因此具有较强的族性检索功能,查全率高,并且可以根据需要扩大或缩小检索范围。

分类语言的使用和规范工具是分类表。世界著名的分类法有《国际标准分类法》(ICS)、《杜威十进分类法》(DDC)、《美国国会图书馆图书分类法》(LC);我国的分类法有《中国图书馆分类法》(简称《中图法》)、《中国科学院图书馆分类法》(简称《中科法》)、《中国人民大学图书馆分类法》(简称《人大法》)等。

《中国图书馆分类法》是我国图书分类法的基础,是一个层层展开的分类系统,以科学分类为基础,分类结构采用五分法,即分五个基本部类,22 大类,1500 个子类。大类以字母标识,一级子类以下均以数字标识。《中国图书馆分类法》分类结构见图 2-3 所示。

2. 主题语言

主题词是指经过控制的、表达文献信息内容的语词,具有组配功能。主题词的主要类型是关键词、作者、机构名等。主题词需要进行规范,主题词表是规范主题词语言的体现,词表中的词可以作为文献内容的标识和查找文献的依据。主题语言是采用某一事物或概念的名词术语进行标引、存储、检索的一种信息语言,是一种描述语言,它以概念的特性关系来区分事物,具有较强的特性检索功能。主题语言按照主题性质的不同又可分为关键词语言、叙词语言、标题词语言。

(1) 关键词语言(Keyword Index)。关键词语言属于自然语言。关键词是指从文献内容中抽出来的能够表达文献主题且具有检索意义的语词。关键词不需要

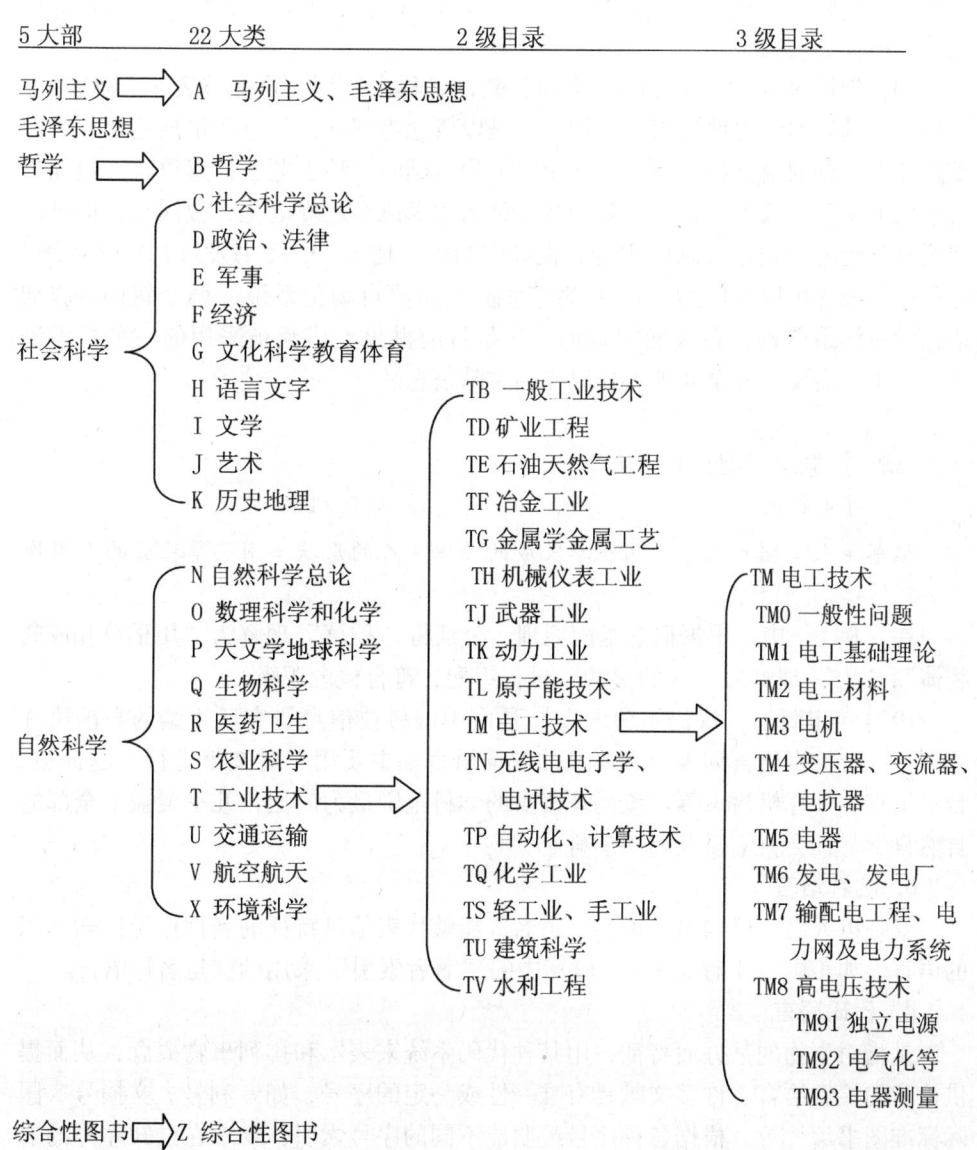

图2-3 《中国图书馆分类法》分类结构示意图

规范化，基本上不对词语加以控制，它广泛应用于文摘索引的编制和计算机检索，适合于检索新近出现的信息，但因其没有规范化，容易引起漏检和误检。

（2）标题词语言（Subject Heading）。标题词，即主题标目，是指用来描述文献的主题内容，经过规范化处理并具有固定组配关系的先组配名词术语（包括词组和短语）。以标题词为标识来存储和检索文献的信息标识系统称为标题词语言。

任何一个标题词都是一个完整的标识,可以独立地标引和检索文献主题,标题词的规范由标题词表实现。

(3)叙词语言(Descriptor Index)。叙词又称主题词,是能够表达文献主题、以概念为基础的动态性词组。叙词语言是以概念为基础,经过严格规范化,具有组配性能和词间语义显示功能的科学名词为基础的一种主题法检索语言。叙词语言本质上是后组式语言,最主要的特征是名词术语经过规范化,叙词与叙词可以通过概念组配来表达文献的主题,提高专指度。比如:"图书发行自动化系统"这一主题概念可以分解为"图书发行系统"和"自动化系统"两个叙词。叙词语言学科体系严密,有成熟的叙词表,是目前世界上广泛被采用的一种检索语言,适用于需要比较全面地查找以往的文献信息。

[例1] 概念组配"稻草人"

字面组配　　　　　　　　　概念组配

稻草+人=稻草人　　用稻草扎成的物体+人的形状=用稻草扎成的人形物

在[例1]中,根据概念组配原理,分别将"稻草"理解为"用稻草扎成的物体","人"理解为"人的形状"进行组配,符合概念逻辑。

1980年出版的《汉语主题词表》是由中国科技信息研究所主编的我国第一部大型综合检索语言词表,是典型的叙词语言。主要用于对文献进行主题标引、目录组织、计算机检索等。该词表覆盖的学科范围最为广泛,几乎覆盖了全部的自然科学、社会科学以及相关学科。

3. 名称语言

就是以人名、机构名、地名、书名等能够代表信息特征的名称作为检索标识的语言。如美国《工程索引》(EI)中的"著者索引"采用的就是名称语言。

4. 代码语言

是指对事物的某方面特征,用某种代码系统来表示和排列事物概念,从而提供检索的检索语言。许多文献具有唯一性或一定的序号,如专利号、文摘号、国际标准图书编号等。根据各种序号编制成不同的序号索引,要求在已知序号的前提下,利用序号途径查到所需文献,满足特性检索需要。

三、信息资源检索途径

检索系统主要从文献的外部特征和文献的内容特征来揭示文献。

（一）根据文献外部特征检索

文献的外部特征是指与文献信息外表关系密切的信息项。包括题名、责任者、机构、代码等。以文献外部特征的各种途径进行检索，比较机械、简单，不易误检和漏检。适用于对已知篇名、著者姓名或序号、代码的文献信息进行查找，可以直接判断该文献信息的有无。

1. 题名途径（Title Index）

根据文献题名检索文献的途径。题名指文献的篇名、书名、刊名、数据库名称等。题名途径一般用于查找图书、期刊、单篇文献，准确、快速，查准率高。

2. 责任者途径（Responsible Author Index）

根据已知文献的著者名称检索文献的途径。著者包括著者、编者、译者、专利权人、出版机构等。对于某些领域的知名学者、专家，通过责任者检索可以比较全面、系统地了解他们的研究成果及最新论著，追踪其研究进展等。

3. 机构途径（Organization Index）

根据已知文献的机构名称进行文献检索的途径。机构包括著者单位、图书出版发行单位、期刊编辑单位、数据库开发单位等。通过机构途径检索文献，查全率高，查准率低，还需要根据检索结果后面所附的著者或题名进行二次检索。

4. 代码途径（Code Index）

根据文献信息出版时的编码进行文献检索的途径。如图书的标准书号、期刊的标准刊号、专利号、馆藏分类号、科技报告号等。

（二）根据文献内部特征检索

文献的内容特征是指文献所载的知识信息中隐含的、潜在的、与文献信息主题内容密切相关的信息。文献的内容特征主要有各种形式的主题词和分类号，适用于查找未知线索的文献。

1. 分类途径（Classification Index）

"类"是指具有共同属性的事物的集合，"分类"是人类逻辑思维的一种最基本的形式。分类途径就是依照分类表、分类目录、分类索引等，按文献学科属性、类别检索某一学科或相关领域的文献的方法，是一种族性检索，检索结果可以使同一领域的相关文献相对集中，故查全率高。

分类途径有利于从学科体系的角度获得系统的文献线索。当检索课题内容宽泛、学科特征明显，可以根据分类途径进行检索。但利用分类途径，首先要熟悉和了解文献的分类法，才能够按照文献所属的类别进行检索，否则容易造成误检。

2. 主题途径（Subject Index）

主题词是规范化的名词术语，其规范工具是主题词表。通过文献的主题概念，依据主题词表、主题目录、主题索引等，按照确定的主题词检索文献的途径，就是主题途径。提取的主题词词意要具体，意义宽泛的词不适于做主题词。主题词适合特性检索，检索结果能够使某一事物或某一主题的不同学科文献相对集中，故查准率高。主题途径不受检索课题的专业程度、类目设置和级位高低的限制，将分散在各学科的同一主题文献的主题词按照字母顺序或笔画多少排列集中在一起，具有较强的直观性，对于检索新兴学科、交叉学科的相关文献十分方便。

3. 分类主题途径

分类途径与主题途径相结合，比分类途径更具体，无明显的学科层次划分，比主题途径更概括。

内容特征除了分类和主题两个典型特征以外，还包括从文摘、全文、字段、参考文献等多种途径进行检索。

四、信息资源检索技术

（一）布尔逻辑检索

布尔逻辑检索是最基本的检索技术，是利用布尔逻辑算符对多个概念进行逻辑组配，规定检索词之间的逻辑关系，以便对复杂的课题进行高效的检索。布尔逻辑运算符有时用"and、or、not"分别表示逻辑"与、或、非"，有时用"*、+、-"分别表示逻辑"与、或、非"。"与、或、非"的逻辑关系如图2-4所示，其中黑色部分表示检索结果。

1. 逻辑与（"and"、"*"、"&"）

它连接的两个检索词必须同时出现才能满足检索条件，用来组配具有相互交叉、限定关系的检索概念。AND算符的基本作用是缩小检索结果范围，减少命中文献量，提高检索结果的查准率。

2. 逻辑或（"or"、"+"）

它连接的检索词只要其中任何一个出现在结果中就满足检索条件，用来组配具有并列关系、概念相同或相近的词。OR算符的基本作用是扩大检索范围，增加命中文献量，提高检索结果的查全率。OR运算符还有一个去重的功能。在实际检索中，同一概念组面中含义相同或者相近的词，相互之间都使用OR运算符。

3. 逻辑非（"not"、"-"）

它连接的两个检索词应该包含第一个检索词而不包含第二个检索词才能满足检索条件。NOT 算符的基本作用是缩小检索范围，提高检索结果的查准率。

图 2-4 "与、或、非"逻辑关系图

在不同的检索系统里，布尔逻辑的运算次序是不同的，因此会导致检索结果的不同。通常运算次序有这样几种形式：

（1）按算符出现的顺序，如果是 and、or、not，就按 and、or、not 的顺序运算。

（2）按照系统默认的优先顺序计算。如果默认 not 优先运算，其次是 and、or；或默认 or 优先运算，然后是 and、not。一般检索系统的"帮助"文件中都会有相关说明。

（3）有括号时：先执行括号内的检索内容。

[例2] 写出"国内外教育"的检索式
关键词：国内、国外、教育
检索表达式1：（国内 or 国外）and 教育
检索表达式2：（国内 and 教育）or（国外 and 教育）

（二）截词检索

截词检索主要用于西文数据库检索，是针对由于近义词、同一词根、单复数等原因，造成对检索词列举不全而造成漏检的现象提出的一种特殊检索技术。在检索时使用词的某一个局部（某些位置上的字符被截去）进行检索匹配，凡满足这个词局部中的所有字符要求的记录，都为命中结果。截词符有"?"、"*"或"$"。截词检索是隐含布尔逻辑"或"的检索，可以扩大检索范围，防止漏检，提高查全率。

（1）右截词检索。即前方一致检索，允许词尾有一定的变化，比较容易实现。如：输入"manage*"，将会检索出包含 manager、management 等词汇的结果。

(2) 左截词检索。即后方一致检索，允许词的前端有若干变化，实现困难，应用较少。如：输入"*sistant"，能够检索出包含有 assistant、resistant、tearresistant 等词汇的结果。

(3) 中间截词检索。即屏蔽检索，允许检索词中间某个字符位置有变化。如：输入"organ*ation"，可检索到包含 organization、organisation 等词汇。

(4) 词根检索。有些检索系统不支持使用截词符的截词检索技术，系统默认的是词根检索，即输入一个词，系统会自动检索出同一词根的一组词，这种检索方式要求系统内必须预先配置词根表。如：输入 popul，可以检索出 population、popular、popularity、populace 等。

(5) 无限截断。不限制被截断的字符数量。如：输入"educat*"，可以检索 educator、educators、educated、educating、education、educational 等等。

(6) 有限截断。限制被截断的字符数量。如：输入"educat**"，表示被截断的字符只有两个，可以检索 educator、educated 两个词。

(7) 注意：① 截词符要紧接在词干后面并且和词干之间不能有空格；② 避免将检索词的词干截得过短，一般词干应保留三个字母以上；③ 合理使用截词，一般不可能出现词尾变化的单词，其后不必再使用截词；④ 从希望出现的单词中取尽可能多的公共字母作为词干，以提高查准率。

(三) 位置检索

位置算符灵活、富于变化，有邻近检索、同句检索、同字段检索等。适用于两个检索词以指定间隔距离或者指定的顺序出现的检索。位置算符是提高检索查准率的一种重要手段。

1. 邻近检索。最为多见的一种位置检索

(1) (N) 算符 Near 的缩写。在两个检索词之间使用 (N) 算符，表示其相邻关系，算符两侧的检索词之间必须紧密相连，词间不允许插入其他任何词或字母，但允许有空格或标点符号，两词词序可以互换，就满足检索条件。

(2) (W) 算符，With 的缩写。在两个检索词之间使用 (W) 算符，表示其相邻关系，With 连接的两个检索词之间必须按输入的前后次序排列且不允许有其他词或字母插入，允许有空格或标点符号，两个检索词不可以互换次序。

(3) (nN) 算符。n Near，具备 (N) 算符功能，同时，在两个检索词之间允许插入 n 个词，词序可以改变。

如：输入"Nanjing (1N) college"，检索的结果包括"Nanjing college"，

"college in Nanjing"、"college of Nanjing"等。

（4）（nW）算符，n With 的缩写。"n"是一个 1 到 25 之间的整数。在两个检索词之间使用（nW）算符，表示算符两侧的检索词之间允许插入 n 个词，两词顺序不能互换。

如：输入"information（5W）retrieval"，可检索出包括"information retrieval"、"information resource retrieval"、"information communication resources retrieval"等内容的信息。

（5）（L）算符，Link 的缩写。表示算符连接的检索词之间有一定的从属关系。

2. 同句检索、同字段检索

分别要求多个检索词在同一自然句或同一字段出现，即符合检索条件。

（1）（S）算符，Subfield 的缩写。在两个检索词之间使用（S）算符，表示由它连接的两个检索词必须同时出现在文献的同一字段、句子或短语中，两个检索词之间允许插入 n 个词，词序可以改变。

（2）（F）算符，Field 的缩写。在两个检索词之间使用（F）算符，表示由它连接的两个检索词必须同时出现在文献的同一字段之中，两个检索词之间允许插入 n 个词，词序可以改变。

（3）（C）算符，Citation 的缩写。在两个检索词之间使用（C）算符，表示由它连接的两个检索词必须同时出现在一条文献的记录之中，两个检索词之间允许插入 n 个词，词序可以改变，字段不限。

3. 注意

（1）位置检索技术通常只出现在西文数据库中，在全文检索中应用较多。

（2）不是每一个检索系统都使用上述位置算符，不同的系统使用的位置算符不同，不同的算符在不同的系统中有时可能含义不同，具体使用可以查阅"帮助"文档说明。

（四）限制检索

1. 字段限制检索

通过限制检索词在命中记录中的出现位置（主要是指记录的不同字段位置）来实现的，也称为"字段检索"。比如文献型数据库中的主题字段：篇名（Title）、关键词（Keyword）、分类号（Classification Cold）、作者（Author）等。

字段限制是调整检索策略的一种重要手段。多数检索系统对不指定字段的检索词，通常在基本字段中进行搜索。如果想指定在某一字段中查找所希望的检索词，就需要使用字段限制。字段限制适用于在已有一定数量输出记录的基础上，通过指定字段的方法，减少输出篇数，提高检索结果的查准率。

2. 二次检索

在检索结果中再检索，可以缩小检索范围，提高查准率。

（五）其他检索

1. 短语检索

是一种固定词组检索，在检索屏幕上选择【短语检索】或【Phrase Search】按钮即可实施，或使用（""）将多个检索词引起来。

如：输入"南京大学"，要求检索结果必须包含"南京大学"这个词组，而不包含诸如"南京工业大学"、"南京的大学校园文化"等结果。

2. 区分大小写检索

查找西文文献时有帮助。

如："Web"专指"万维网"，"web"则指网状物、网；

"Windows"专指"微软的视窗操作系统"，"windows"则指"玻璃窗"。

3. 中英文混合检索

中文检索系统通常提供这样的检索功能。如"甲 A 联赛"、"GRE 考试"等等。

五、信息资源检索步骤

信息检索是一项实践性和经验性都很强的工作，检索课题之前确定检索步骤，就是根据课题要求，明确检索工具、确定检索途径、编写检索式并对检索结果加以分析的过程。检索流程见图 2-5 所示。

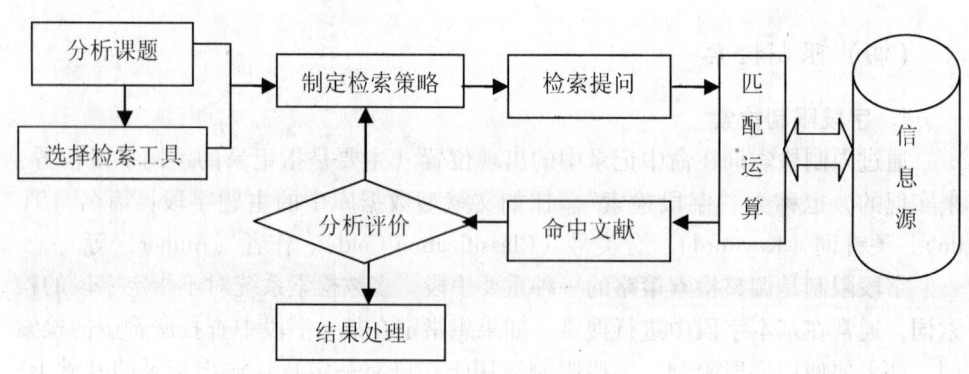

图 2-5 信息检索流程图

(一) 分析检索需求

进行检索作业之前首先应从以下几个方面对检索需求进行分析：

1. 明确检索目的

弄清为了什么目的和任务而需要进行信息检索。检索目的不同，直接影响到检索策略的制定。检索目的不同，主题选取的深度和广度不同。如果做综述，则要求查全率高。如果钻研某一专题，则要求查准率高。

2. 检索内容的特征分析

分析检索课题类别，确定课题所属的学科范围与主题范围，需要使用的主要概念，分析主要概念的相互关系，做出相关名词术语的选择等。

3. 检索形式的特征分析

主要包括信息检索所要获取的检索结果数量的估计（如文献篇数等）、所要求的文献的语种、年代、类型等。

(二) 确定检索范围和检索工具

在对众多检索工具、检索系统全面了解的基础之上，选择最能满足检索要求确认本次检索所要使用的对口工具或系统的检索工具或检索系统（一个或多个）。选择检索系统的关键是对数据库的选择。对选中的数据库还要进一步地详细了解，具体包括收录范围（学科、时间等）、文献类型、检索途径和检索功能等，这些决定了数据库适用的检索对象。要选择与信息需求结合紧密、学科专业对口、覆盖信息面广、报道及时、揭示信息内容准确、有一定深度和知名度的数据库。

(三) 确定检索途径

进行检索前首先要思考从什么途径来进行检索。选择检索途径一般有两个依据：一是检索者已掌握的信息，二是检索系统可提供的途径。在对检索课题的分析和对检索工具了解的基础上，明确是文献的外部特征还是内容特征更能表达检索需求，根据不同的目的选择适当的检索途径，以确保理想的检索效果。一般来说，根据文献的外部特征进行检索，比较机械、简单，不容易误检和漏检。适用于对已知篇名、著者姓名或序号、代码的文献信息进行查找，可以直接判断该文献信息的有无。以文献的内容特征为途径进行检索，适用于查找未知线索的文献，但要求构建科学准确的检索提问式。

（四）拟定并执行具体的检索步骤

1. 构建检索式

检索提问式是信息检索的基本元素，也是计算机检索进行匹配的基本单元，检索式构建得是否合理，直接影响检索效果。构建检索提问式首先要确定检索词，就是将检索课题中包含的各个要素及检索要求转换成检索系统中允许使用的检索标识。然后再利用相关算符将检索词之间通过概念组配，确定检索词之间的概念关系或位置关系，形成检索提问式。检索提问式的核心是构建一个既能表达检索课题要求，又能为计算机识别的检索表达式，准确地表达检索需求，以保证查全率和查准率。

2. 进行检索提问

输入检索式并进行其他检索限制，如时间、来源、输出格式限制等。在执行具体检索步骤的过程中，要根据检索结果与检索需求是否一致，不断地对检索策略、检索提问式进行调整，直到检索结果基本符合检索要求。

3. 获取检索结果

对于比较满意的检索结果，确定获取方式，如确定输出的文件格式、排序方式等，确定是否存储、是否打印等。如果检索结果过多，则需要进行二次检索，缩小检索范围。检索内容过少，则需扩大检索范围。

（五）分析评价检索效果和检索操作

对于检索获取的信息资源，进行整理、分析，评价是否与检索要求一致，如果满意度高，总结本次检索成功的经验是什么；如果满意度低，总结问题主要出在哪里，为以后的检索实践提供借鉴，并根据分析调整检索策略，扩大或缩减信息源，重新进行检索。至此，一个完整的检索过程结束。

（六）提高检索效果的方法

检索效果是可以提高的。任何一项检索作业，主动权都掌握在人的手中，任何一个检索系统，都是由人来操作。检索效果与人的检索知识、检索经验、检索技能分不开，因此，在检索过程中，人的因素占主导和支配地位，通过努力可以提高检索效果。

1. 用心学习检索知识，提高检索技能

信息检索与个体的信息意识有关。信息意识强，则要求检索效果高；信息意识弱，容易浅尝辄止，不求甚解。检索经验和技能不是与生俱来的，检索知识可

以通过教育培训获得，检索技能需要在不断地检索实践中总结、积累和提高。

2. 细心选择信息源

网络环境下，信息源良莠不齐，鱼龙混杂。进行检索作业时，需要细心选择信息源。对于信息源要有一个总体了解，内容过深或过浅都不利于提高检索效果。评价信息源，可以从四个方面进行把握：第一、内容要有一定的广度和深度，具有特征明显的适用范围。第二、时效性。更新速度及时，能够反映最新研究成果或研究进展。第三、权威性。信息源突出代表特定领域的成果。第四、系统稳定、可靠、易用。

3. 精心构建检索式

检索式直接影响检索效果。检索式越准确，检索效果满足检索需求的程度就越高。检索式的构建由两步组成，首先要精心选择检索词，尤其在检索复杂的课题时，检索词也相应比较复杂，要选取能够全面、准确表达检索提问的检索词；其次，对检索词进行灵活组配。检索词可以通过组配达到理想的表达效果，同时注意检索词之间的逻辑关系甚至是位置关系，通过检索技术的应用，来提高查全率或查准率。对检索式的调整应遵循"从少到多，循序渐进"的原则，利用"人机对话"的有利条件，随时根据检索过程中的信息反馈情况，调整检索式。

4. 耐心拟定检索步骤

检索步骤是检索作业需要遵循的程序，因此不能忽视检索步骤，需要耐心地拟定，反复推敲，不断调整，直到贴近检索需求，再按照检索步骤进行检索作业。在检索过程中，遇到偏离检索需求的情况，需要及时调整、修正检索步骤。

5. 专心分析检索结果

检索结果不一定都是我们需要的，也不一定全部都满足检索要求，因此，对检索结果要花费时间和精力进行分析和判断，尤其是当检索结果偏离检索需求较远时，更要专心查找原因，调整检索策略，修改检索式，调整检索词，重新选择检索系统，再次进行检索，以期得到满意的检索结果。如此往复，不但积累了检索经验，还可以使检索技能得到提高。

六、检索效果评价

检索效果是指利用检索系统（或工具）开展检索服务时所产生的有效结果，它反映了检索结果满足用户需求的程度，即检索行为是否趋向检索目标，是否符合检索提问，以及达到或背离检索目标的程度。通俗地讲，检索效果就是检索的"有效性"。查全率和查准率是衡量检索效果常用的两个指标，美国学者克里维顿（Cleverdon）在其著名的Granfield试验中首次将查全率与查准率作为信息检索系统质量的评价指标。此外，漏检率和误检率也从一定程度反映了检索的有效性。

（一）查全率（Recall ratio）

反映了系统在实施某一项检索作业时，检出相关文献的能力。即该系统文献库中实有的相关文献量在多大程度上被检索出来。

查全率(R) = [检出相关文献量/系统中全部相关文献的数量] × 100%

影响查全率的因素，从文献存储来看主要有：文献库收录文献不全，索引词汇缺乏专指性，词表结构不完整，词间关系模糊或不正确，标引不详，标引遗漏了重要概念或用词不当等。此外，从信息检索来看，主要有：检索策略过于简单，选词和逻辑组配不当，检索途径和方法太少，检索系统不具备截词功能，检索时不能全面描述检索要求等。

（二）查准率（Precision ratio）

反映了系统在实施某一项检索作业时，拒绝不相关文献的能力。即每次从该系统文献库中实际检出的全部文献中有多少是相关的。

查准率(P) = [检出相关文献数量/检出文献总量] × 100%

影响查准率的因素主要有：索引词不能准确描述文献主题和检索要求，组配规则不严密，选词及词间关系不正确，标引过于详尽，组配错误，检索时所用检索词（或检索式）专指度不够，检索面宽于检索要求，检索系统不具备逻辑"not"功能，检索式中容纳的词数量有限，截词部位不当，检索式中使用逻辑"not"不当等等。

（三）漏检率（Omission Factor）

与查全率相对应。指未检出的相关文献量与检索系统中全部相关文献数量之比。

关键词本身错误或使用的查找算法错误会引起漏检。

漏检率(O) = [未检出的相关文献量/检索系统中全部相关文献数量] × 100%

（四）误检率（Noise Factor）

与查准率相对应。指检出的不相关文献数量与检出的文献总量之比。关键词的二义性会造成误检。

误检率(N) = [检出的不相关文献数量/检出的文献总量] × 100%

[例3] 使用一个特定检索策略检索某课题,共检索出文献80篇。经过分析,发现该系统中共有与课题相关的文献50篇,检出的文献中实际相关的文献只有20篇。求这次检索作业的查全率,查准率,误检率和漏检率各是多少。

解答：查全率(R) = 20 ÷ 50 × 100% = 40%

查准率(P) = 20 ÷ 80 × 100% = 25%

漏检率(O) = (50 − 20) ÷ 50 × 100% = 60% 或 100% − 40% = 60%

误检率(N) = (80 − 20) ÷ 80 × 100% = 75% 或 100% − 25% = 75%

(五) 提高查全率、查准率的方法

虽然用查全率和查准率可以评价检索效果,实际上它们存在着难以克服的模糊性和局限性。其一,检索系统中相关文献总量是一个模糊量,无法准确估计；其二,相关文献对不同的检索者而言,认识不一致,含有主观因素。所以难以计算查全率。使用公式计算查全率和查准率是相对的,只能近似地描述检索效果。一般认为,一个系统查全率在60%~70%,查准率在40%~50%即能满足需要。

查全率和查准率为互逆关系。使用泛指性较强的检索语言（如上位类、上位主题词）能提高查全率,但查准率下降。使用专指性较强的检索语言（如下位类、下位主题词）能提高查准率,但查全率下降。在实施检索的过程中,采取适当措施加以控制,可以提高查全率或查准率。

1. 提高查全率的方法

（1）扩大检索课题的主要概念,排除次要概念；

（2）扩大检索范围,实施跨库检索,多库检索可以使检索结果更加全面和完整；

（3）逐步扩大检索途径；

（4）适当设置检索限制条件,去除已有的字段限制、位置算符限制。减少逻辑"与"（and）,增加同义词或同族相关词,用逻辑"或"（or）将它们连接起来；

（5）降低检索词的专指度,避免查询结果过于单一；

（6）外文文献单词使用截词检索,截词隐含了逻辑"或"（or）,能够扩大检索范围。

2. 提高查准率的方法

（1）精确检索课题目标,使用专业词汇或专指概念,增加概念限制,用逻辑"与"（and）将它们连接起来；

（2）缩小检索范围,选择专业性强的检索工具,使检索结果比较集中地反映检索需求；

（3）逐步缩小检索途径。

（4）明确检索限制条件。使用字段限制，或限制检索词在指定的基本字段出现，或指定辅助字段，或限制检索结果的类型、语种、出版国家；

（5）提高检索词的专指度，减少同义词或同族相关词；

（6）逐步缩小算符的检索范围，使用适当的位置算符，使用逻辑"非"（not），排除无关概念。

思考题
1. 简述信息检索的含义及检索原理。
2. 信息检索的方法有哪些？
3. 可以从哪些途径进行信息检索？
4. 举例说明布尔逻辑运算符的使用。
5. 评价检索效果的指标有哪些？

第三章 文献资源检索与工具书利用

一、文献（Document or Literature）

"文献"一词较早见于《论语·八佾》："子曰：夏礼，吾能言之，杞不足征也；殷礼，吾能言之，宋不能征也；文献不足故也"。宋朱熹在《四书章句集注》中解释："征，证也；文，典籍也；献，贤也"。文献二字即可理解为典籍资料、文物资料与（贤者的）口述资料。

在英语中，"文献"一般对应 Document 或 Literature。Document 一词除文献含义外，兼有"文件"之意；Literature 则有"文学、文艺、著作"等语义，其词源可以追溯至拉丁文"littera"（意为"字母、字面"），多用于指某一学科或某一专题的文献。我国现行的《文献著录总则》将文献定义为"记录有知识的一切载体。"这个定义极大地扩展了文献的内涵和外延，揭示了文献所包含的知识内容、信息符号、载体材料和记录方式四个基本要素。

在人类文明进程中，文献历经多种载体形态的历史演变。西方最古老的文献可以上溯到古埃及的纸草文献和两河流域的泥板文献，中世纪希腊罗马时代欧洲通行的主要是羊皮文献。在我国，先秦及秦汉文献包括甲骨文、金文、石鼓文，及此后的简牍、石刻、缣帛文献。东汉中后期蔡伦对传统造纸工艺的实用性改进为文献带来了全新的载体。纸张因具有价格低廉、质地柔软、易于书写、携带和收藏等其他一些载体所无法比拟的性能而成为文献载体的主干。10 世纪左右造纸工艺经阿拉伯传播到西亚、欧洲，纸质文献开始大行于世。此后的一千年里，纸质材料一直是文献最主要的载体形式。19 世纪后半叶以后，出现了多种非纸质的新型文献，如音像制品、缩微制品、机读制品等。尽管如此，时至今日纸质文献依然是文献资源的构成主体。

（一）文献资源的结构与分类

文献资源是一个多维复杂的信息集合，依照不同的角度、不同的标准，可以有不同的分类方法。在信息检索领域通常按照文献内容加工的深度将其分为：零次文献、一次文献、二次文献、三次文献和高次文献。

1. 零次文献

是指未以公开形式进入社会流通、发表、使用的文献资料,比如:个人信件、会议记录、内部档案、手稿等。这一类文献内容新颖独特,但由于不公开交流所以比较难以获得。

2. 一次文献

又称为原始文献,指依据作者的研究成果创作撰写并公开发表或出版发行的专著、学术论文、专利说明书、科技报告等。一次文献资源是创造性劳动的结晶,内容丰富,可以直接参考、借鉴和使用。

3. 二次文献

又称为集约文献,是对一次文献信息进行归纳、整理、加工而形成的"产品"。即把大量分散无序的一次文献信息资源收集起来,按照一定的方法进行整理、加工,使之系统化。二次文献是对一次文献进行系统化的压缩,具有汇集性、检索性的特点。它的重要性在于提供了一次文献信息的线索,是打开一次文献知识宝库的钥匙,可节省人们查找知识信息的时间。

4. 三次文献

又称为再生型文献。是指根据一定的目的和需求,在大量利用一、二次文献信息资源的基础上,对有关知识信息进行综合、分析、提炼、重组而再生的文献信息资源。如各种教科书、技术书、参考工具书、综述等都属于三次文献信息的范畴。三次文献信息资源具有综合性高、针对性强、系统性好、知识信息面广的特点,有较高的实际使用价值,能直接提供参考、借鉴和利用。

5. 高次文献

在对大量一、二、三次文献信息资源中的知识信息进行综合、分析、提炼、重组的基础上,加入了作者本人的知识和智慧,使原有的知识信息增殖,生成比原有知识品位更高的知识信息新产品。如专题述评、可行性分析论证报告、信息分析研究报告等。具有参考性强、实用价值高的特点,社会效益和经济效益显著。

从零次文献资源到一次、二次、三次、高次文献信息资源,是一个从不成熟到成熟,由分散到集中,由无序到有序,由博而略,由略而深,对知识信息进行不同层次加工的梯度过程。

(二)文献资源的出版形式

在文献按照加工深度形成的等级结构中,一次文献是"文献金字塔"的主体和基础,也是我们日常文献交流活动中接触最多,关注最多的领域。按照撰写目的或出版形式,一次文献又可划分为:图书、连续出版物、特种文献三个类别。

1. 图书（Book）

（参见第一章第二节）图书是作者或编著者在大量收集、整理信息的基础上,对所研究的成果或生产技术经验进行全面归纳、总结、深化的成果。其内容全面、系统,理论性强,成熟可靠。若要对某学科或某专题获得较全面、系统的知识,或对不熟悉的问题要获得基本的了解时,选择相应的著作是很有效的方法。

2. 连续出版物（Serials）

具有统一题名、印有编号或年月顺序号,定期或不定期并拟无限期连续出版、发行的出版物。包括期刊、报纸、年鉴、丛刊、会刊、连续出版的专著丛书和会议记录等。

期刊（Magazine、Periodical、Journal）是连续出版物的主体。世界上最早的期刊是由法国议院参事戴·萨罗（Da Sall）于1665年1月5日创办的《学者杂志》（Journal des Savants）。两个月之后世界上创办最早、寿命最长的学术期刊《哲学汇刊》在英国出版,该刊于1753年被定为英国皇家学会的机关刊物,至今仍分成两辑出版。相对图书文献来说,期刊由多篇学术文献汇集而成,主题集中、内容新颖、学术性较强,且出版连贯,更能及时反映学术界最新的研究成果及发展动态。由于数量、种类繁多,期刊已经成为现代文献的一种主要类型。

3. 特种文献

特种文献是指具有特定功能,且出版发行和获取途径都比较特殊的科技文献。特种文献一般包括会议文献、科技报告、专利文献、学位论文、标准文献、科技档案、政府出版物等。特种文献特色鲜明、内容广泛、数量庞大、参考价值高,是非常重要的信息源,其中尤以学位论文和会议文献具有高学术价值和检索价值。

二、工具书概述

从读者的角度,可以将图书文献划分为两类:一类是供阅读和学习的图书,比如教材、专著、文学著作等;另一类则是用于查考巡检的辅助性图书,比如字典、辞典、百科全书等,是读者寻访知识或文献的工具,因此被称为工具书。具体来说,工具书是一种依据特定需要,广泛汇集相关知识或文献资料,按一定的体例和检索式编排,专供查找资料线索的图书。工具书是文献、知识的导航仪,学会并善于利用工具书,是专业研究和学习的一项基本功。

(一) 工具书的类型

我国工具书历史悠久，源远流长。公元前8世纪周宣王就有字书《史籀篇》。到了汉代，我国先后出现了《方言》、《说文解字》、《别录》、《七略》等一批定型的字典、词典、书目，为以后工具书的发展打下了坚实的基础。除字典、词典、百科全书外，年鉴、手册在工具书类型中发展较快，品种多，规模大，既有综合性的，也有专门或专科性的；既有学术性的，也有生活方面的。

诸类工具书按照查检功能大致可以归为两个主要类别：检索型工具书和参考型工具书。检索型工具书主要提供文献线索而非文献本身，属于二次文献；参考型工具书主要以词条形式汇集和提供具体的知识内容，属于一次文献（见图3-1所示）。

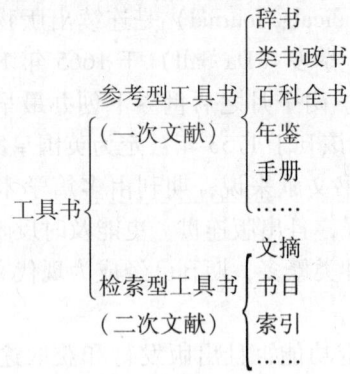

图3-1 工具书按照查检功能划分类别

1. 辞书

以字或词为基本单位标引编排而成的工具书称为辞书，可细分为语文性辞书和知识性辞书两个类别。

(1) 语文性辞书。以解字释词为基本目的辞书，是较早产生的工具书形态。

第一，古代产生的大量语文性工具书又称为字书，按其功能侧重可分为三类：① 以字形为主。着重分析汉字形体结构及其历史渊源。如东汉许慎的《说文解字》，南朝顾野王的《玉篇》，宋王洙、司马光的《类编》，明梅膺祚的《正字通》，清张玉书等的《康熙字典》。② 以字音为主。以韵统字，审音辨韵。如隋陆法言的《切韵》，唐孙愐的《唐韵》，宋陈彭年的《广韵》，丁度的《集韵》，明官修的《洪武正韵》。③ 以训诂为主。重在分析解释汉字字义。如汉代的《尔雅》，三国魏张揖的《广雅》，宋陆佃的《埤雅》，明朱谋㙔的《骈雅》，清吴玉搢的《别雅》。

第二，现代汉语语文性辞书可分为字典和词典两类。① 字典。偏重于单个汉字的汇集解释，如邹华清的《汉语大字典》，收录汉字 56000 余个。② 词典。着重于释词，如罗竹风主编的《汉语大词典》，收录复词条达 35 万余条。

（2）知识性辞书。又称为"辞典"，除解字释词外，兼具百科性质。编排内容，收录范围较语文性辞书更加广泛。知识性辞书按照收录学科属性，可分为综合性辞典和专科性辞典。① 综合性辞典。不仅收录一般的字词，还广收成语典故、名物制度、人名地名等，这类辞典以我国成书于 1979 年的《辞海》为代表。② 专业性辞典。注重于某一学科、某一领域的专业性名词术语的收录，如《简明社会科学辞典》（上海辞书出版社，1982），《地理学辞典》（上海辞书出版社，1982），《中国古今地名大辞典》（中华书局，1959）等。

2. 类书、政书

（1）类书。类书是辑录古籍原文中的部分或全部资料，按类或按韵编排，以供人们查考用的工具书。类书是我国古代百科全书性质的一种资料汇编，由于内容广阔，博采群书，分类编辑而成，所以得名。我国现存著名的类书有：唐代《艺文类聚》、《初学记》，宋代《太平御览》、《册府元龟》，明代《永乐大典》，清代《古今图书集成》。

第一，《永乐大典》（见图 3-2）。该书被称为世界上最大的百科全书，初名《文献大成》，明成祖永乐元年（公元 1403）编纂，次年竣工。永乐三年，再令重修，永乐六年修成，命名为《永乐大典》。该书集中图书 8000 余种，依洪武正韵将有关资料整编。体例是"用韵以统字，用字以系事"，即以洪武正韵为纲，按韵分列单字。每一单字下详注音韵训释，录有篆隶楷草各种字体，字下将有关人物事件、名物制度、山川河流、天文地理、诗词歌赋、号令文章，随字所含之类收载。

《永乐大典》收录古代重要典籍，上至先秦，下达明初，宋元以前的佚文秘典得以保存流传。收录内容包括：经、史、子、集、释庄、道经、戏剧、平话、工技、农艺、医卜、文学等。所辑录书籍，一字不易，悉照原著整部、整篇、或整段分别编入，这就更加提高了保存资料的文献价值。

全书正文 22877 卷，凡例和目录 60 卷，装成 11095 册，总字数约 3.7 亿字，流传至今的不到 4%，到 1959 年为止，收集到《永乐大典》原本两百一十五册，加上复制副本等，共得七百三十卷。今天国内所幸存

图 3-2　《永乐大典》

者有 1960 年中华书局影印的《永乐大典》730 卷，加上后来从世界各地征集的 65 卷，共计 795 卷。

第二，《古今图书集成》。清康熙时陈梦雷等编。康熙四十五年书成，赐名《古今图书集成》。雍正时复命蒋廷锡等重新增删润色。原书分 6 编，34 志，修订后改为 32 典，6109 部，共 1 万卷。全书体例以六汇编为总纲（历象、方舆、明伦、博物、理学、经济），各编下分典，计 32 典。典下分部，凡 6000 余部。部下又分别列有汇考，总论、图表、列传、艺文、造句、纪事、杂录、外篇等细目。所引图书资料，一律注明出处。《古今图书集成》卷帙浩瀚，正如雍正所赞："贯穿古今，汇合经史，天文地理，皆有图记。下至山川草木，百工制造，海西秘法，靡不备具。洵为典籍之大观。"为世界文化史上所罕见。

（2）政书。主要记载典章制度沿革变化及政治、经济、文化发展状况的一类工具书。政书原是历史著作的一个门类——典章制度专史，记载典章制度的沿革及政治、经济、文化发展的情况。政书一般可以分为两类：

第一，记述历代典章制度。如"十通"：唐杜佑《通典》，宋郑樵《通志》，元马端临《文献通考》，清嵇璜、刘墉等《续通典》、《续通志》、《清朝通志》、《清朝通典》，清张廷玉《续文献通考》、《清朝文献通考》，近代刘锦藻《清朝续文献通考》）。

第二，记载某一朝、某一代典章制度。如《西汉会要》、《唐六典》。

（3）类书和政书是我国所特有的历史性工具书，具有重要文化价值，其中类书保存了我国古代大量的接近原作的珍贵资料，以供校勘典籍、检索诗词文句、查检典故成语出处之用；政书则为现代研究者了解古代典章制度提供了专题研究的资料。

3. 百科全书

汇集和记述人类一切知识门类或某一知识门类的工具书称为百科全书。百科全书可供人们广泛查检所需的知识和事实资料，具有"海纳百川"的包容性和"囊括百科"的完备性，常被誉为"没有围墙的大学"。高质量的百科全书的编纂成为衡量一个国家科学文化发展水平的标志之一。古希腊学者亚里士多德曾编写过全面讲述当时学问的讲义，被西方奉为"百科全书之父"；近、现代百科全书的奠基者是法国学者 D. 狄德罗，以他为首的法国百科全书派于 1751—1772 年编纂出版了《百科全书，或科学、艺术和手工艺分类字典》；18—20 世纪，英、德、法、意、苏、日等国相继编纂出版了一批权威性的百科全书，如《不列颠百科全书》、《美国百科全书》、《苏联大百科全书》、《世界大百科事典》等。

中国汉初的《尔雅》，是中国百科全书性质著作的渊源。中国古代的类书本质上是一种百科全书式的资料汇编，我国最早的类书是公元 220 年由魏文帝主持编撰的《皇览》。中文"百科全书"一词是 20 世纪初才出现的。我国现存最大百科全书是自 1978 年起开始编辑出版的《中国大百科全书》，它是中国第一部大型综合性百科全书。

4. 年鉴，手册

（1）年鉴。是汇辑一年内的重要时事、文献和统计资料，按年度连续出版的工具书。具有资料权威、反应及时、连续出版、功能齐全等特点，属信息密集型工具书。年鉴的主要作用是向人们提供一年内全面、真实、系统的事实资料，便于了解事物现状和研究发展趋势。年鉴所收集的材料主要来源于当年的政府公报、国家重要报刊的报道和统计部门的数据。通过年鉴，可查找近年来国际、国内时事，各部门、各行业的进展及各学科、各专业的研究动态；可查找政府颁布的重要法规文献和逐年可比的统计数据资料；还可以查找"机构简介"、"企业名录"及著名人物的生平及一些实用的指南性资料等。年鉴大体可分为综合性年鉴和专业性年鉴两大类。前者如百科年鉴、统计年鉴等，后者如经济年鉴、历史年鉴、文艺年鉴、出版年鉴等。

（2）手册。是汇集某一学科或某一主题等需要经常查考的资料，供读者随时翻检的工具书。手册主要提供某一学科或某一方面的基本材料，如各种事实、数据、图表等公认的、确定的科技知识或社科知识。手册分为综合性手册和专业性手册，前者如带有百科性质的《人民手册》，后者如《地质手册》等。

5. 书目

书目也称为目录，"目"指篇名或书名，"录"是对"目"的说明和编次。将"目"与"录"汇编在一起即谓之"目录"。现代书目是指著录一批相关文献，并按照一定次序编排而成，揭示与报道文献的工具，是联系文献与用户的桥梁和纽带。书目是书籍文章的缩影，是查考图书、辑佚文献的主要工具。我国现有的书目文献大致可以划分为两大系统：古典书目和现代书目。

（1）古典书目。我国历代学者对于目录学的研究历史悠久，源远流长。语言学家、目录学家余嘉锡在《目录学发微》中提到："目录之学，由来尚矣！《诗》、《书》之序，即其萌芽"。11 世纪已有"目录之学"的称谓，当时称熟知文献、善于利用目录增进学识的人为知目录之学。及汉世刘向、刘歆奉诏校书，撰《七略》、《别录》，而其体裁遂以完备。汉代的《七略》是我国第一部综合性的国家藏书分类目录，比西方目录学之父瑞士的吉士纳所编的欧洲第一部图书分类法《万象图书分类治》要早 1500 多年。

文献目录对于我国文献学的发展有着至关重要的作用，"即类求书，因书究学"，古代学者往往依据传世目录"炊事学术，考镜源流"，而展开他们的学术研究。也因此，我国目录编撰在两千年历史中绵延不断，形成了包括国家书目、史志目录、私家目录、版本目录在内的浩繁庞博的古典书目体系。

清乾隆时期是古典目录学的鼎盛时期，目录学被称为显学。编撰于清乾隆年间的《四库全书总目提要》（见图3-3）是我国古典书目发展的顶峰，也是我国古代著述规模最大、最全的目录。

《四库全书总目提要》，（清）永容、纪昀等编纂，1772年开始，经10年编成，是中国古代最大的官修书之一，也是最大的丛书之一。整个目录多达200余卷，44小类，69子目，分为经、史、子、集四部，故名四库。据文津阁藏本，该书共收录古籍3503种，79337卷，装订成3.6万余册，保存了丰富的文献资料。

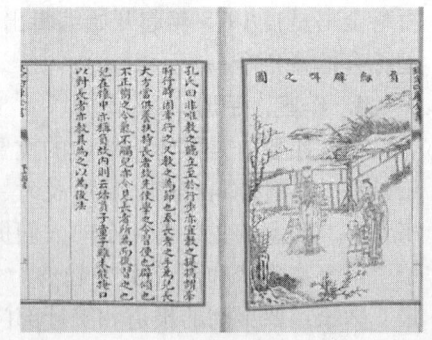

图3-3　《四库全书总目提要》

《四库全书总目提要》著录、介绍了大量的古籍，基本上涵盖了乾隆以前尤其是元代以前我国主要的典籍著作，简练严密、考辨精详，是对18世纪以前我国古代学术文化的一次总结。不足之处在于：重视儒家著作，轻视科技著作，不收戏剧著作和章回小说，而且图书正文多有删节或篡改。

（2）现代书目。按照其性质和功用可以划分为四类：登记性书目，揭示报导型书目，导读书目，科研辅助书目。

第一，登记性书目。负责登记和反映一定时期、一定范围内文献出版情况，包括国家书目、联合目录、馆藏目录等具体形态。国家书目是登记性书目的主要形式，全面、系统地揭示和报道国家范围一定时期内出版的所有图书及其他出版物，包括报道最近出版物的现行国家书目和反映一定时期内出版物的回溯性国家书目。国家书目是对一国文献出版情况的总反映，一般由国家法定的文献著录机构——主要是国家图书馆进行编制，是了解一国文化发展及其历史状态的重要工具。世界各主要国家都编制有国家书目，如《英国国家书目》、《法国总书目》、《德国国家书目》、美国《累积图书目录》、日本《纳本周报》和《全日本出版物总目录》等。我国目前国家书目主要有三种：①《中国国家书目》。由国家图书馆编制，年度累积出版。该书目不但收录我国大陆出版的文献，而且还收录港台和澳门出版的文献和中国与其他国家共同出版的文献。具体收录的文献类型和范围包括图书、连续出版物、地图、技术标准、博士论文、书刊索引、少数民族语言文献、盲文文献等，是目前我国收录文献最全的书目。②《全国新书目》。我国现行国家书目，创刊于1951年8月，是由新闻出版署主管、由新闻出版署信息中心主办的一份书目检索类期刊，每月出版一期，全面介绍当月的新书出版信息。③《全国总书目》。中国现行国家书目，年刊，由中国版本图书馆组编（1949—1955年间由新华书店总店编辑）。以中国版本图书馆征集的样本为依据，收录当年中国出版的公开发行和只限国内发行的各种文字的初版和改版图书（不包括重印书）。由分类目录、专题目录和附录3部分组成，分类目录是主要部分，收录汉文出版的图书；专题目录主要收录技术标准、盲文书籍、翻译图书、丛书等；附录包括当年国内报纸、杂志目录、出版家一览表，书名索引，各类图书分类统计表等。

第二，揭示报导型书目。又称为书业书目，是揭示报导书刊出版信息、传递书刊商品信息、组织书刊营销的商业性书目。揭示报导型书目一般由图书出版商或发行商编制发行，报导内容全面、系统、丰富，能及时准确地反映特定文献的出版发行情况。如由新华书店总店和北京、上海科技发行所联合主办的《科技新书目》，是了解科技类图书出版情况的重要工具；《全国古籍新书目》则是查阅我国最新古籍整理出版情况的重要渠道；《书讯报》、《江苏新书目》、《书目月报》等大量的书业书目不但揭示和报导书刊的出版发行信息，还包含大量的文摘、书评等内容，极具参考性。

第三，导读书目。又称为推荐书目、选读书目、举要书目、参考书目等。是针对特定读者对象的阅读和学习需要，围绕一定的学科范围或主题对文献资料进行选择、推荐和介绍，以指导阅读而编制的专题性参考书目。清末张之洞为指引门生读书治学所撰的《书目答问》是我国可考的较早荐读书目。导读书目往往具有较强的针对性、导引性、思想性、系统性和科学性，是接触、阅读专业文献的重要门径。现代导读推荐书目多以教学参考、书刊附载、书信往来等形式出现，较少独立公开出版发行，流行于世的多是一些名家开具的举要性书目，如吴虞《中国文学选读书目》，（清）龙启瑞《经籍举要》，胡适《一个最低限度的国学书目》，《书林》杂志编辑的《大学文科书目概览》等等。

第四，科研辅助型书目。是应具体研究需要、围绕特定对象或范围搜集文献材料而形成的书目，其中以专题书目、地方文献目录、个人著述目录等为代表。专题书目是围绕某一学科或研究课题形成文献目录，是相当重要书目类型，建国初期的三十年里我国编制出版的书目中，85%属于专题书目；地方文献目录主要反映地区性文献收藏或文献著述出版情况，是进行区域性研究的重要工具；个人著述目录则是辑录个人生平各种著述活动所形成的文献，以及有关该作者生平事业活动的其他记述性评论性文献，是全面系统了解作者生平事迹的重要工具。

6. 索引，文摘

（1）索引。又名引得、通检、备检，是分析摘录文献中具有检索意义的信息，按一定顺序编排并注明出处的工具书。索引有篇目索引、专名索引、古籍词句索引、主题索引等几大类型，可以实现篇名、语词、专题等的快速查询。同书目类似，索引的主要功能是提供文献线索而非文献本身，但索引的著录更有深度，如词句索引深入揭示了散见于文献内容中的语词语句，是书目所无法比拟的。

(2) 文摘。又称为提要、题录、摘要等,是概括介绍文献的主要内容,并按一定方式有序排列起来的检索性工具书。文摘起源于公元前 3600 年苏美尔文化时期,用楔形文字记载在湿粘土表面上,经烧结后保存下来的粘土板。我国学术界从事"书目提要"工作历史悠久,《四库全书总目提要》是典范。在现代,中国科技情报研究所编的《中国科学文摘》作为一种国际性刊物,曾以六个分册用英文出版。文摘大致可以分为三类:报道性文摘、指示性文摘、报道-指示性文摘。指示性文摘文字简约,一般仅说明摘取对象的研究主旨,而不涉及具体内容;报道性文摘较为详尽,涉及摘取对象的研究方法、立论观点及结论。文摘对文献具有一定的替代性,往往是对原文的浓缩和概要性评论,以便使用者在较短的时间内鉴别、了解、掌握相关文献信息。

(二) 工具书编排体例

工具书一般都有固定的编排体例。编排体例既是工具书的结构形式,同时也是读者使用工具书的排检方法。好的编排体例应当周详严密而又简明易用,并具有较高的检索效率。工具书编排体例大致可以有三种:字顺编排、分类编排、主题编排,三种体例各有特点。

1. 字顺编排

所谓字顺编排就是按照著录项所含的字词先后顺序来编辑和组织相应词目。辞书、部分百科全书、书目等常采用字顺编排。在以英语为代表的西文文献中,字顺实际上就是字母拼写顺序。而汉语字词包括形、音、义三方面要素,所以中文文献的字顺包含三种类型:形序、音序、号码序。

(1) 形序。指依据汉字的形体结构或书写方式形成字词排列顺序,比如部首排列、笔顺排列、笔画排列等。形序字顺多用于历史类、古籍类文献和语文性辞书的编排,一些大型的知识性辞书保留了形序字顺作为其编排体例。

(2) 音序。按照汉语字词发音形式归并排列汉字的方法。音序法检索快捷、高效,但要求使用者对汉字发音掌握较为准确。汉语文献历史上曾出现过多种具体形态的音序法,如反切注音、韵部归并、拼音排检;现在中文工具书多采用 1958 年推广的《汉语拼音方案》为基础的现代拼音排检。

(3) 号码序。由形序法演变而成,按照一定规则将汉字分解为若干笔形并配以数字号码,然后依号排序形成一定的字顺。使用较多的号码法是四角号码,其他如中国字庋撷法、五角号码法都未广泛流行。

2. 分类编排

分类编排是将词目或者文献按其内容性质、学科属性分门别类地加以组织、归并、集中,形成固定的分类体系。分类法在各类工具书中都有较为广泛的使用，我国最早的辞书《尔雅》，目录《七略》都采用按类编排。历史上大型工具书、政书、类书也多采用分类体例进行组编。我国古代分类体系多是依据文献内容性质而行，现代分类体系则往往是建立在学科体系基础上，依据文献学科属性进行归类的。较为著名的现代分类体系有：

（1）《杜威十进分类法》（Dewey Decimal Classification，简称 DC/DDC）。由美国图书馆学家 M. 杜威编制的综合性等级列举式分类法，分为详、简两种版本。详本于 1876 年问世，取名为《图书馆图书小册子排架及编目适用的分类法和主题索引》，1951 年的第 15 版改名《杜威十进分类法》；简本主要供中小型图书馆使用。

（2）《国际十进分类法》（Universal Decimal Classification，简称 UDC）。由比利时人 P. M. G. 奥特莱和 H. M. 拉封丹在《杜威十进分类法》第 6 版的基础上编成。1899 年起陆续以分册形式出版法文本（第一册为《物理科学卡片目录手册》），1905 年汇编成《世界书目手册》，1927 年的法文增订版改名《国际十进分类法》。

（3）《美国国会图书馆分类法》（Library of Congress Classification，简称 LC）。美国国会图书馆在馆长 G. H. 普特南主持下根据国会图书馆藏书编制的综合性等级列举式分类法。1899 年参考 C. A. 卡特的《展开式分类法》拟定最早的大纲，然后按大类陆续编制并分册出版，1901 年发表分类大纲，1902 年出版"Z"目录学分册，至 1985 年总共出版 36 个分册。

（4）中国图书分类法。我国近代文献分类编排最早依据的主要是《杜威十进分类法》，30 年代著名图书馆学家刘国钧编制完成《中国图书分类法》，建国后我国先后编制过《中国人民大学图书馆图书分类法》和《中国科学院图书馆分类法》。

目前我国通用的图书分类法是由国家图书馆主持编制的《中国图书馆分类法》（原名《中国图书馆图书分类法》，简称《中图法》）第四版。我国目前分类编排的工具书大都采用《中图法》分类体系，也有部分工具书采用自编分类体系编排，比如《中国大百科全书》，首先按照独立学科分成若干卷，卷内按照知识系统性加以编排。

3. 主题编排

所谓主题编排就是运用经过规范化处理的自然语言来标引文献内容的主题，以指引读者进行文献查检的一种方法。一般来说主题编排就是以一定量的主题词来揭示和记述文献的中心内容或主要对象，然后将文献按照主题词的字顺进行组织和归并。利用主题法编制的工具书，能以事物为中心集中相关文献，适合于揭示文献中的新事物、新概念，而且标识直观、专指，便于检索者利用分散于不同学科中的有关某一特定事物或概念的文献。主题法按其语词标识的构成方式，分为标题法、元词法和叙词法。主题编排方式常用于索引、文摘类工具书。每一种工具书使用的主题语言都有一定差别，因此在使用主题方式编排的工具书要首先熟悉工具书所运用主题语言。

4. 其他编排方式

除以上三种基本编排体例而外，还有一些工具书因其内容性质而采用其他编排形式，如时序编排、地序编排、表格编排等。一些年代性较强的工具书如历史类、日志类、历书类工具书往往采用时序编排更为方便，如《中国历史纪年表》、《中西回史日历》等；而另一些有明显地域、地序倾向的工具书则一般依照地序进行编排，如地图集、地理沿革辞典、名胜辞典、地方文史资料等。

以上各种编排体例各有优劣，但并不相互排斥，一部工具书在以其中某一种编排体例为主的同时通常还会并行采用其他编排体例作为辅助，以方便读者从不同的角度、不同途径对其内容进行排检。如《新华字典》正文采用音序编排，另外又附加有部首、笔画、四角号码等检字索引。

三、中文工具书的选择和使用

查阅工具书是研究治学的一项基本功。中文工具书历史悠久，种类繁多，数量庞大，经过两千年的发展已成长为一个繁博广袤的图书体系。据不完全统计，新中国成立以来发行的工具书，仅字典、词典就有5000多种之多，书目、索引更是上万种。面对这样博杂的工具书体系，根据实际需要选择适当的、优质的、高效的工具书就比较重要了。所谓优质、高效的工具书就是编撰权威、内容丰富、材料准确、结构完备、体例实用、查检快捷的工具书，具体选择什么类型、什么题材的工具书要视读者文献需求而定。

（一）语词性需求

语词性需求主要是指语词、专业术语查检或者文学语汇的检溯，一般选择辞书即各类字典、词典、专业辞典，文学语汇的检溯则可利用各种语词索引、引得。

(1)《中华大字典》。中华书局1915年出版，全书收字4.8万余个，比《康熙字典》多1000个，更正《康熙字典》谬误2000余处。除正文本字外，古文、籀（zhòu）文、省文、俗字、讹字、方言字等均一并收录。是我国近代第一本较大的字典，但其义项排列比较繁复。

(2)《辞源》。商务印书馆1915年出版，1939年出修订本，以语词为主兼收百科，释义书证重在溯源，是我国现代第一部大型百科辞典。1958年出于与《辞海》、《现代汉语词典》分工的考虑，《辞源》经过修订删去了科学技术等新学词目而专注于古籍文史，收词仅限于鸦片战争之前；经1979年再次修订后《辞源》最终演变成为我国古籍阅读和古典文史研究的权威参考书。

（3）《辞海》。1936年由中华书局出版。最初与《辞源》类似，兼有字典和百科性质，但更偏重于百科类新词的收录。1979年经过全面修订，收单字14872个，词目91706个；1989年再次修订后收录词目达到12.5万多条，成为一部大型百科性质的综合性辞典。

（4）《现代汉语词典》。中国社会科学院语言研究所词典编辑室编撰，商务印书馆1965年出版，后经多次修订。2005年第五版收录词目6.5万余条，是一部中型的以记录现代汉语普通话语汇为主的词典。

（5）《汉语大字典》。我国现行最大的字典，四川辞书出版社1986年出版。收录楷书单字5.6万多个。古今皆收，源流并重，对汉字的形、音、义做了较为完整、准确地诠释和整理。

（6）《汉语大词典》。1986—1993年由汉语大词典出版社分卷出版，收录汉字20902个，复词34.3万多条，成语23649条，释义51.5万多项，全文5000余万字，是目前最大一部中文汉语词典。

（7）《汉语外来词词典》。刘正埮等编，上海辞书出版社1984年版。

（8）《古汉语常用字字典》。商务印书馆1979年出版，收古汉语单字3700多个。

（9）《甲骨文编》。中华书局1965年出版。正编收录甲骨文字1723个，附录2949个。

（10）《诗词曲语辞汇释》。中华书局1953年出版。收录唐以来流行于诗词曲中的特殊语汇2000余条。

（11）《古今典故词典》。收录先秦至清古籍典故5400余条，内容包括释义和出处。

（12）《唐诗鉴赏辞典》。萧涤非等编，上海辞书出版社1984年出版。

（13）《十三经索引》。叶绍钧编，中华书局1983年出版。

（二）人物生平、人物传记查找

查询人物姓名、籍贯、生平事迹，可使用名录、姓氏辞书、传记资料索引、人物年谱、碑传墓志汇编等专门工具书。此外对于古今中外的名人大家，还可查考史志、百科全书、类书、政书这一类参考型工具书。我国自《史记》以及"二十四史"以来多以纪、表、志、传的纪传体形式撰写，既是史书又是人物传记汇编；另外，我国古已有之的各地方志，天文、地理、人物、事件无所不记，记载的人事资料往往比正史还要详尽；现代的百科全书对于各学科各领域的代表人物也有详尽的记录；类书、政书这一类我国古代兼具百科性质的工具书也收录大量历史人物生平事迹。

（1）《世本》。我国最早的姓氏书，记述黄帝家族从先秦至秦末流传嬗递的情况。

（2）《万姓统谱》。亦称《古今万姓统谱》，明代万历年间凌迪知撰，140卷，另附《历代帝王姓系统谱》6卷和《氏族博考》14卷。内容以韵为纲，以姓为目，每姓下先注郡望和五音，并考出姓氏所出，而后依时代先后，分列各姓下人物，记述人物的生平事迹，计收姓氏3700个。

（3）《中国人名大辞典》。商务印书馆1921年出版，1958年曾重印。共收人名4万多个，起自太古，止于清末。

（4）《当代中国名人录》。樊荫甫编，良友图书印刷公司1931年出版。收录清末至1931年社会政治、经济、文化等各方面名人4000多人。

（5）《古今同姓名大辞典》。彭作桢著，北京好望书店1936年版，上海古籍书店1983年重印。收录上古至1936年的同名同姓者5.6万多人，词条下分别注明同姓名者的简况。

（6）《中国姓氏大全》。陈明远、汪宗虎编，北京出版社1987年出版。收录中国历代姓氏5600多条，全面反映了姓氏起源、发展、分布、演变的历史情况和现状。

（7）《室名别号索引》。陈乃乾编，中华书局1957年出版。收录先秦至清末有关人物的室名别号1.7万余条。

（8）《古今人物别名索引》。陈德芸编，岭南大学图书馆1937年刊行。收录人物4万余个，别名7万余条。其《补遗》、《续补遗》补收明清、特别是清末民初人物别名。

（9）《中国历代书画篆刻家字号索引》。商承祚、黄华编，人民美术出版社2002年出版。收集自秦至民国年间书画家的字号约1.6万余人，分上下两卷。

（10）《唐人行第录》。岑仲勉编，上海古籍出版社1978年出版。

（11）《历代名臣谥法汇考》。（清）刘长华编撰，江苏广陵古籍刻印社1989年影印。辑录汉至清名臣、宗室、外戚等谥号及部分私谥。

（12）《现代中国人物笔名录》。北京图书馆参考研究部编，收录20世纪初至70年代末我国学术界和少数政界人物共4000多人的笔名1.2万多个。

（13）《民国人物传》。李新、孙思白主编，中华书局1978年起分卷出版。收录从1905年同盟会成立到1949年结束45年间的人物约1000余人，皆附简传。

（14）《中国文学家辞典》。四川人民出版社1979年出版。包括古代和现代两部分，附录文学流派、社团等。

（15）《中国艺术家辞典》。北京语言学院编，湖南人民出版社1979年起出版。体例同上。

（16）《历代职官表》。（清）黄本骥编，上海古籍出版社2005年出版。

（17）《历代名人年谱》。（清）吴荣光编，上海书店1989年影印。

（18）《历代人物年里碑传综表》。姜亮夫编，中华书局1937年出版。收录历史人物1.2万余人，上起公元前479年，下至公元1919年。

（19）《唐五代人物传记资料综合索引》。傅璇琮等编，中华书局1982年出版。收录人物近3万人，引书达83种。全书包括姓名索引和字号索引。

（20）《清代碑传文通检》。陈乃乾编，中华书局1959年出版。汇集1025种清人文集中的碑传文，涉及人物近万。

（21）《明清进士题名碑录索引》。朱保炯、谢沛霖编，上海古籍出版社1980年出版。

（22）《四朝学案人名索引》。张明仁编，世界书局1936年出版。共收200多卷书中所载有传及附传宋、元、明、清四代学者3000余人，按姓氏笔划排列。

（三）图书、文献、古籍查检

我国是一个文献大国，从古至今图书文献撰写和出版都相当繁盛，著书立说、弘扬思想一直是我国学者的优良传统。面对浩瀚的书海，图书文献的查找一般可以按时代划分为三类，即古籍图书查考、近代图书查检和现代图书检索。

1. 古籍图书查考

所谓古籍，一般是指辛亥革命之前撰写出版的图书文献。我国古籍文献经两千年的传承，虽历经各种毁损传至当今不过十之一二，但数量依然可观。《汉书·艺文志》记载汉代国家藏书达13269卷，《隋书·经籍志》记载隋代藏书达4191部49467卷，清《四库全书总目》收录典籍3461部79307卷，另有存目6793种93551卷。据估计，我国现存古籍约有10万余种。古籍类图书流传情况查考一般使用特定的古籍目录，包括历代官修书目、史志目录、私家藏书目录以及近现代编撰的各类古籍类书目。

（1）《艺文志二十种综合引得》。原燕京大学引得编纂处编，中华书局1960年影印本。"艺文志"或"经籍志"是古代的史志目录书。本书就是把历代十五种艺文志、经籍志以及清代《禁书总目》等五部书目汇编而成的索引。以书名和作者姓名为条目，按中国字庋撷法编排，书前有笔画索引。

（2）《贩书偶记》。孙殿起编，通学斋书店1936年出版，1982年中华书局重印。收录清代著作及1911—1935年间的有关古代文化的著作，初版及其续编收录古籍共约1.6万余种。

(3)《中国史学名著题解》。张舜徽编,中国青年出版社1984年版。

(4)《敦煌遗书总目索引》。王重民编,北京商务印书馆1962年出版。收录有:《北京图书馆藏敦煌遗书简目》8691种,《斯坦因劫经录》7000多卷,《伯希和劫经录》2500卷,《敦煌遗书散录》3000多种。

(5)《中国古籍善本书目》。我国大型古籍联合目录,上海古籍出版社出版。共著录除台湾地区以外中国各省、市、自治区公共图书馆、博物馆、文物保管委员会、高校图书馆、名人纪念馆和寺庙等781个单位的藏书约6万多种,13万部。

(6)《中国丛书综录》。上海图书馆编,由中华书局1959至1962年间出版,上海古籍出版社1982年出版新版。收录我国41个图书馆实藏历代丛书2797种,单行古籍38891种。另有《中国丛书综录补正》(阳海清编撰,江苏广陵古籍刻印社1981年出版)。

(7)《中国地方志联合目录》。中科院北京天文台主编,中华书局1985年出版。著录中国各省、市、自治区的图书馆、博物馆、历史馆、档案馆等192个单位所收藏的自南朝宋至1949年的方志8264种。

(8)《全上古三代秦汉三国六朝文篇名目录及作者索引》。中华书局1965年出版。《全上古三代秦汉三国六朝文》(清)严可均编,汇集了从上古到隋代的3400多人的文章,而本索引则是供检索该书之用。

2. 近代图书查检

近代图书文献又称为民国图书文献,主要是指辛亥革命至新中国成立之间在我国出版发行的图书文献。这一阶段是我国由封建社会向现代社会的转型阶段,新思想和新技术对我国文化发展产生了深刻、深远的影响,图书出版事业也获得了空前的发展。查检这一时期图书一般利用各种回溯性书目、专题目录或者丛书目录。

(1)《民国时期总书目》。北京图书馆编,书目文献出版社1986—1997年陆续出版。我国大型回溯性总书目,收录1911年至1949年9月间中国出版的中文图书12.4万余种,基本反映了民国时期出版的图书全貌。

(2)《生活全国总书目》。平心编,生活书店1935年出版。著录1911—1935年间全国出版的图书约2万种。

(3)《中国近代现代丛书目录》。上海图书馆编,上海图书馆1979年印行。收录中国1902—1949年出版的丛书5549部,包括图书30940种。

(4)《抗战时期图书书目(1937—1945)》。重庆图书馆编,收录重庆、桂林、上海、汉口、长沙、昆明等抗日战争时期大后方出版的图书1.7万多种。

3. 现代图书检索

现代图书是指建国以后我国出版的各类图书文献,这一类图书文献可以直接查阅我国历年编制的国家书目，如《全国总书目》、《全国新书目》；1985年以后的图书可以查阅《中国国家书目》，此外还可以查阅一些专科书目、联合书目等。

（1）《外国文学名著题解》。中国青年出版社1983年出版。收录32个国家371名作家726部作品题录。

（2）《建国以来文艺作品专题目录》。收录1949至1961年900多位作家3000多部作品。

（3）《八十年来史学书目》。社科院历史研究所编，社会科学出版社1984年出版，收录1900至1980年我国学者史学著作1.24万种。

4. 报刊资料查阅

报刊资料包括了期刊和报纸两类重要文献。鸦片战争以后，现代报纸和期刊伴随我国思想文化的变革和发展，在全国各省纷纷涌现。报刊资料包含丰富的时事、政治、经济、文化以及学术信息，是读者文献需求的重要内容。与报刊资料相关的工具书包括题录、索引、文摘等，也可以查考部分刊物自编的单刊索引。

（1）《中国近代期刊篇目汇录》。上海图书馆编，上海人民出版社1965至1985年间出版。共三卷，收录中文期刊495种，侧重于哲学、社会科学方面。

（2）《辛亥革命时期期刊总目》。上海图书馆1961年出版。收录辛亥革命时期国人在东京编辑出版的期刊20种。

（3）《东方杂志总目》、《国闻周报总目》、《新中华总目》。均由三联书店1957年出版。

（4）《中文杂志索引》。岭南大学图书馆编印。收录清末至1929年中文杂志105种。

（5）《新华日报索引》。北京图书馆1963至1964年印行，收录1938至1947年《新华日报》，后附《人名索引》。与《新华日报索引》体例相同的还有《新中华报索引》（人民出版社1965年出版）、《解放日报索引》（人民出版社1956年出版）、《（晋冀鲁豫）人民日报索引》（人民出版社1961年出版）。

（6）《全国报刊索引》。月刊，前身是1951年山东图书馆编印的《全国主要资料索引》，1956年更名为《全国主要报刊资料索引》并由上海图书馆编印。1973年改为现名。1980年分为"哲学社会科学版"与"自然科学技术版"，分别按月出版。收录全国包括港台地区期刊8000种左右，年报道量44万条左右，提供了国内外最新学术进展信息。

（7）《复印报刊资料索引》。年度索引，人民大学书刊资料社编印，配合分专题的报刊资料文摘性刊物《复印报刊资料》使用。

（8）《中国社会科学文献题录》。社科院文献信息中心编，收录全国社会科学期刊上发表的论文及对社会科学研究有参考价值的资料。分月刊、双月刊、季刊3种，共8个分册。

(9)《（1833—1949）全国中文期刊联合目录（增订本）》。书目文献出版社1981年出版。收录全国50家图书馆馆藏旧中国期刊19115种，著录详尽。

(10)《解放前中文报纸联合目录草目》。全国图书联合目录编辑组1967年编印，收录我国九家大型图书馆入藏的新中国成立前国内外中文报纸1000多种。

5. 数据、知识、百科性资料查找

地名沿革、典制制度、历法历表、数据、概念、公式、法律等统称为知识性需求，一般可以查阅对应的参考型工具书，如类书、政书、百科全书、专业辞典、年鉴、手册、图录等。

(1)《中国大百科全书》。我国第一部大型综合性百科全书，也是世界上规模较大的几部百科全书之一，先后由2万余名专家学者历时15年编撰而成，于1993年8月出齐。全书共收7.8万个条目，计1.26亿字，并附有近5万幅图片，册叶浩瀚，内容宏富。内容涉及66个学科领域，按学科或知识门类分74卷出版，以条目形式全面、系统、概括地介绍科学知识和基本事实。各学科分卷条目按汉语拼音顺序排列。在正文条目前一般有一篇介绍该学科卷内容的概括性文章，并附有反映该学科体系的条目分类目录。在正文条目后有介绍对该学科发展有重大影响的大事年表和供寻检的条目汉字笔画索引、条目外文索引、内容索引。卷内条目有完备的参见系统，部分条目附有参考书目。

(2)《中国百科年鉴》。中国大百科全书出版社出版，1980年创刊。收录百科，内容广泛，具有较为完备的检索系统。

(3)《中华人民共和国年鉴》。我国唯一的综合性国家年鉴，新华通讯社主办，以中、英文两种版本在北京、香港两地同时编辑出版，发行国内各省市及海外100多个国家和地区，以资料全面、翔实而著称。内容采用部类编辑法，分设42个部类，200多个分目。

(4)《中华人民共和国法规汇编》。法律出版社逐年出版，每年一册。收录当年全国人民代表大会及其常务委员会通过的法律和有关法律问题的决定，国务院公布的行政法规和法规性文件，还选收国务院部门公布的规章。汇编按大类分类，其下再按内容设二级类目。

(5)《两千年中西历对照表》。薛仲三、欧阳颐编，三联书店1956年增订重印。

(6)《世界知识年鉴》。1953年创刊，世界知识出版社编辑出版。原名《世界知识手册》，1958年改为现名。收录世界200多个国家和地区的基本情况，内容包括四部分。

(7)《艺文类聚》。（唐）欧阳询等编，唐高祖李渊下令编写的一部大型类书，100卷。1982年上海古籍出版社出版新一版。

(8)《太平御览》。（宋）李昉等奉宋太宗诏命所编宋代"四大书"之一，有 1960 年和近年中华书局影印本。全书 55 部，58 个子目，1000 卷。

（9）《永乐大典》。（详见第三章第二节）

（10）《四库全书》。（详见第三章第二节）

（11）《格致镜原》。清康熙年间陈元龙编。共 100 卷，分乾象、坤舆等 30 类，类下分目，共 886 目。汇辑古籍中有关博物和工艺的记载，包括天文、地理、建筑、器用、动植物等。"采撷极博"，体例井然，是研究我国古代科学技术和文化史的重要参考书。

四、西文工具书举要

随着我国社会科学和自然科学的发展，以英文为主的西文文献资源成为近年来我国学术界的重要参考资源。据统计，全世界每年科技文献增长量高达 40%，全世界几乎每天都有近万篇科技文献诞生。查找西文文献资料应使用相应的西文工具书。同中文工具书类似，西文工具书也可以分为两大类，一类是指示性工具书，包括书目（Bibliography）、索引（Index）、文摘（Abstract）等；一类是参考型工具书，包括百科全书（Encyclopedia）、年鉴（Almanac）、辞典（Dictionary）等，但在编排体例上与中文工具书有所差别。

（一）语文性词典（Dictionary）

西方语言中，没有字和词的区别，词汇类工具书通称为 Dictionary。词典按照功能可以分为单语词典、双语词典、多语词典。单语词典重在词义解释，双语以上的词典则重在词语翻译。

（1）《韦氏新国际英语词典》（*Webster's New International Dictionary of English Language*）。1828 年美国词典编纂家 N. 韦伯斯特自行出版《美国英语词典》二册，该书成为继英国约翰逊《英语词典》之后的经典辞书。之后 G. 梅里厄姆和 C. 梅里厄姆买断韦氏版权，以梅里厄姆·韦伯斯特公司的名义出版《梅里厄姆韦氏词典》。1890 年改为《韦氏国际英语词典》，1909 年又改称《韦氏新国际英语词典》。《韦氏新国际英语大词典（第三版）》收词 45 万条，是最大型的单卷本英语词典，其中收录大量的俗语俚语。

（2）《韦氏新世界美语词典》（*Webster's New World Dictionary of American English*）。初版于 1953 年，收录单词 17 万条，注重产生于美国的新词汇（以 * 号标注）和科技用语、俚语、习语，并有美国地名语源。其他美国出版的冠有韦氏字样的英语词典还有《韦氏新编同义词词典》等。

(3)《牛津英语大词典》（The Oxford English Dictionary 简称 O. E. D. 或 OED）。1858 年英国学者 R. C. 特伦齐和 F. J. 弗尼瓦尔拟订了详细的编写客观记录英语词汇的新型词典计划，书名定为《新英语词典》。后由于交给牛津大学出版社出版，故又称《牛津英语大词典》。该词典几乎收录了 12 世纪中期以来文献记载的全部英语单词，详细追溯了每个词的历史沿革，对其最早出现年代有明确的标注，释义和引证繁复，是英语词汇的最高权威词典。全书包括 20 卷，收录词条数 50 万个，例证 241 万多条，总字数 5900 万。

(4)《首字母和缩略语词典》（Acronyms Initialisms and Abbreviations Dictionary）。初版于 1960 年，现为 3 卷本，收词 50 万条，涵盖范围从古罗马到现代科技领域。

(5)《牛津英语词源词典》（The Oxford Dictionary of English Etymology）。在 OED 的基础上扩充而成，收词 2.4 万个。

(6)《拉鲁斯法汉双解词典》（Dictionnaire de La Langue Francaise）。中型词典，收词 3.8 万条，含 5 万个同义词及 2 万条短语。

（二）书目（Bibliography）

西方书目类工具书也是起源较早的工具书类型，公元前 3 世纪亚历山大图书馆已编有按类编排的 120 卷书目 Pinakec。现代意义上的书目是西方"目录学之父"德籍瑞士人格斯纳（Konrad Gesner）于 1545 年编制的《世界书目》，该书目囊括了当时拉丁语、希腊语、希伯来语著作 1.2 万种。现代西方各国都编制有本国的国家书目，另外还有一些世界知名的全球性书目。

(1)《累积图书索引》（Cumulative Book Index：a World List of Books in the English Language，简称 CBI）。由美国图书馆学家、著名出版商威尔逊（Halsey William Wilson）于 1898 年创办，收录美国及世界各地出版的重要英语图书。年度累积，每年收录 5.4 万种图书，既是一部现期国际英语书目，又是一部高质量的回溯性书目。

(2)《美国出版商目录年报》（Publishers Trade List Annual，简称 PTLA）。美国出版商在版书目汇编，按出版商名称字顺排列。

(3)《惠特克在版书目》（Whitaker's Books in Print）。1961 年名为《近期文献参考书目》，是英国出版商目录总汇；1965 年起改为《英国在版书目》（British Books in Print），1988 年起改用现名。每年 10 月出版，收录 18 万家出版商出版的 55 万种图书。

(4)《英国国家书目》（British National Bibliography，通称 BNB）。由英国图书馆编制，报导英国及爱尔兰出版的图书及新版期刊。著录准确、报导及时、索引体系完备。

（5）《国际在版书目》(*International Books in Print*)。收录除英美以外世界各国的英语在版图书。编排体系包括著者/书名目录和主题索引两个部分。

（6）《英国印本书总目录》(*British Library. General Catalogue of Printed Books*，简称 GK3)。记录英国图书馆在 1955 年以前已编目的全部西文藏书。

（7）《美洲书目》(*Bibliotheca Americana*，通称 Sabin)。一本重要的美国回溯性书目，收录 1500 至 1892 年美洲出版的以及关于美洲的图书、期刊。

（8）《美国书目》(*American Bibliography*)。美国最著名的回溯性书目，收录 19 世纪以前的图书、手册、期刊 3.9 万种，60 年代以后新增了索引和 1 万种图书。

（9）《美国全国联合目录》(*National Union Catalog*：*Acumulative Author List*，简称 NUC)。是目前以美国国会图书馆馆藏为基础的规模最大的联合目录，以西文为主，兼收希腊文、西里尔文、阿拉伯文、希伯来文、中文、日文出版物。

（10）《英国期刊联合目录》(*British Union-Catalog of Periodicals*)。收录了分藏于英国 440 个图书馆的 14 万种国内外期刊，是重要的期刊联合目录。

（11）《美、加图书馆连续出版物联合目录》(*Union List of Serials in Library of U. S. and Canada*)。收录美、加 956 个图书馆于 1949 年底以前收藏的 15 万多种期刊。

（12）《麦格劳·希尔基本科技书目》(*McGraw-Hill Basic Bibliography of Science and Technology*)。依照《麦格劳·希尔百科全书》，收录 7400 个主题的教科书、手册等。

（13）《新剑桥英国文学书目》(*The New Cambridge Bibliography of English Literature*)。英国文学和英语研究领域中的权威书目。收录的文献有图书、期刊论文、学位论文、文摘、百科条目、评论和笔记。资料收录的时间范围从公元 600 年到 20 世纪 70 年代，涵盖了古英语、中世纪英语、现代英语以及拉丁文学。

（14）《读者顾问》(*The Reader's Adviser*：*a Layman's Guide to Literature*)。历史悠久的推荐书目。所选图书来自《美国在版书目》的 70 万种图书。

（15）《乌利希国际期刊指南》(*Ulrich's Periodicals Directory*)。权威的、反映世界各国期刊和报纸出版信息的综合性指南。目前收录 200 多个国家的 15 万种期刊、7000 种美国报纸及 4000 多种其他国家的报纸，涉及 600 多个学科，以西方的刊物为主。收录刊物著录详尽，并指明被哪些索引和文摘收录。

（16）《威林出版物指南》(*Willing's Press Guide*)。收录各国报刊 1.1 万种。

（17）《盖尔出版物和传播媒介指南》(*Gale Directory of Publications and Broadcast Media*)。收录美国、加拿大、波多黎各共约 3.6 万种报刊和 1 万个广播、电视台。

(18)《标准期刊指南》（Standard Periodicals Directory）。收录美国、加拿大8.5万种报刊，包括娱乐性、专业性报刊，收录较全。

(19)《连续出版物指南》（The Serials Directory）。收录各种定期不定期出版物3万种，著录详尽，是《乌利希国际期刊指南》的有力竞争对手。

（三）索引（Index）

索引类工具书在西文工具书中占有及其重要的地位，它在西方几乎和书目同时起源，公元前5世纪就出现了犹太法典的索引，18世纪后出现了主题索引，二战以后社会情报意识的增强带来了所谓的"索引黄金时代"。在计算机的辅助下，以美国为首的西方国家编制了大量的索引类工具书。

(1)《读者期刊文献指南》（Reader's Guide to Periodical Literature，简称RG）。由美国威尔逊公司出版，历史悠久。目前共收录发行量较大的大众性通俗期刊200多种，按著者和美国国会图书馆主题表的字顺统一编排。以政治、历史、时事、文娱体育、保健等内容为主，但也涉及天文、宇航、物理、建筑、电影、戏剧等内容。卷末附有按图书著者编排的书评索引。有半月刊、月刊和年度累积本。

(2)《普尔氏期刊文献索引》（Poole's Index to Periodical Literature）。著名的回溯性索引，RG的前身。该索引最初反映的是1802至1881年间479种美国和英国的综合性期刊论文，能提供大量19世纪期刊资料的线索；以后又陆续出版了5卷补编，使涉及的内容延续到1906年末。

(3)《社会科学与人文科学论文索引》（Social Science and Humanities Index）。收录英美期刊200种左右，学术价值高，在学术界享有一定的声望。1974年起，Wilson公司分别出版季刊《社会科学论文索引》（Social Sciences Index，简称SSI）和《人文科学论文索引》（Humanities Index，简称HI）。分开后两刊收录期刊数量大幅增加，SSI和HI各收录415和332种期刊，兼收英国、加拿大、澳大利亚、新西兰、南非等国的英语期刊，还酌收少量中国、俄罗斯等国的英语刊物。SSI注重政、经、法，而HI偏向文、史、哲。

(4)《教育索引》（Education Index）。收录404种美国期刊以及公报、年鉴、会议记录和部分图书中的论文和书评。内容涉及教育技术、教学辅导、教员评估、成人和特殊教育、课程建设、课堂管理，还酌收语言学和图书馆学等。月刊，有季度及年度累积本。

(5)《英国人文科学论文索引》（British Humanities Index）。由英国图书馆协会出版的社会和人文科学报刊索引，收录政治、经济、历史、法律等领域英国报刊313种。

(6)《纽约时报索引》(*New York Times Index*)。《纽约时报》是美国最有影响力的报纸之一，与《华盛顿邮报》、《洛杉矶时报》并称为美国三大报。《纽约时报索引》提供新闻事件、专文、社论、述评、体育新闻、商务和财经消息等及其评论，以及与新闻有关、读者所关心的广告、新闻、社论、专文的索引条目，附有简单的摘要。

(7)《泰晤士报索引》(*The Times Index*)。《泰晤士报》是英国的一张综合性全国发行的日报，是一张对全世界政治、经济、文化发挥着巨大影响的报纸，隶属于鲁伯特·默多克新闻集团。《泰晤士报索引》与《纽约时报索引》同是西方两大报纸索引。

(8)《散文和一般文献索引》(*Essay and General Literature Index*，通称 Essay Index)。文集索引的代表作之一，历史悠久。收录英语文集、专集和单本书刊中有价值的文章。每期收选美、英、加拿大约 300 余卷文集，以及少量连续出版物。重点以社会科学、人文科学，尤以文学评论为主，也涉及经济、政治、历史等。传记和人物研究的资料特别丰富，常作为传记索引使用。半年出版一次，有 1 年、5 年和 7 年累积本。

(9)《书评摘要》(*Book Review Digest*)。每年收录美国出版发行的英语综合图书 6500 种，是历史悠久的书评类索引。

(10)《基辛氏世界时事记录》(*Keesing's Record of World Events*)。历史悠久的新闻类摘要，收集世界各国政治、经济、军事大事，每月以活页形式出版。

(11)《牛津引语词典》(*The Oxford Dictionary of Quotations*)。收录 2500 名作家以及 20 世纪世界名人引语 1.75 万条，按著者字顺排列附说明。

(12)《史蒂文森引语大全》(*Stevenson, Burton E. The Home Book of Quotations, classical and modern*)。收录世界各国 5000 名作家的引语 7.5 万条，是引语书中涉及范围最广，内容最丰富的一种。编者史蒂文森为美国作家兼图书馆学家。

（四）引文索引（Citation index）

引文索引是二战后出现的一种全新的索引形式，以某一文献（包括作者、题名、发表年份、出处等基本数据）作为标目，标目下著录引用或参考过该文献的全部文献及出处。引文索引多用于新兴学科、交叉学科及其他复杂课题的文献检索。

(1)《科学引文索引》(*Science Citation Index*，简称 SCI)。

(2)《社会科学引文索引》(*Social Science Citation Index*，简称 SSCI)。

(3)《艺术与人文科学引文索引》(*Arts & Humanities Citation Index* 简称

A&HCI)。

详见第十章介绍

(五) 文摘 (Abstract)

文摘是索引的延伸。西文文摘也包括综合性文摘和专业文摘两个类别。

(1)《应用社会科学索引和文摘》(Applied Social Sciences Index and Abstracts,简称 ASSIA)。双月刊,有年度累积本,按主题排列,有著者索引。收录 578 种英文期刊中有关社会科学和行为科学的论文。

(2)《心理学文摘》(Psychological Abstract,简称 PA)。美国心理协会编制,收录 38 种文字的 1000 多种期刊,年报道量 4.2 万篇。

(3)《社会学文摘》(Sociological Abstract,简称 SA)。收录社会科学领域 19 种语言的 1000 多种期刊论文及会议报告和专题文章,以社会学核心期刊为主兼收相关学科期刊的社会学文章。

(4)《历史学文摘》(Historical Abstract)、《美加:历史与生活》(American-History & Life)。西方社会科学领域中最著名的历史学检索工具,由 ABC - CLIO 出版。收录 2200 种期刊、纪念文集、杂录。

(六) 百科全书 (Encyclopedia)

英语中"encyclopedia"一词来源于希腊文"enkyklios",意为"循环,周期性的","paideia"意为"教育",两个词根合起来意为"一个想接受通才教育的人所应该学习的艺术和科学知识"。

西方百科全书历史悠久,古希腊时代就出现了大量百科式教材、讲义等书籍。古罗马时瓦罗 (Marcus Terentius Varro) 编写的《学科要义九书》和《圣俗事物古迹》以及老普林尼 (Pliny the Elder) 的《博物志》等著作均属百科全书性质。18 世纪狄德罗 (Denis Diderot) 和达朗贝尔 (d'Alembert) 主编的《百科全书》,规模宏伟,具有历史意义,狄德罗也因此成为法国思想界"百科全书学派"的创始人。19 世纪以后,西方百科全书编撰日盛,英、法、美、德等国纷纷出版综合性百科全书。

(1)《新不列颠百科全书》(The New Encyclopedia Britannica,简称 EB)。被公认为全球最具权威的大型综合性百科全书。1771 年成书出版,共 32 卷,其中包括 2 卷《索引》,为著名英语百科全书 ABC 中之"B"。其中包括:《百科简编》(Micropedia) 12 卷,既是一套简明百科全书,又是详编内容分析和简编以条目为单位的索引;《百科详编》(Macropedia) 17 卷,共有 4207 个大条目(现归并为675个更大的条目），均由世界著名学者、专家撰写，对主要学科、重要人物、事件都有详尽的介绍和叙述；《百科类目》（Propedia）1卷，全书知识分类框架，将人类知识分为10大类；《不列颠世界资料卷》，1985年新设的单行本，回顾前一年的世界大事以及若干对《详编》的修订条；《索引》2卷，共17.2万多条，按主题、人名混排，指向47.5万处。

（2）《美国百科全书》（Encyclopedia Americana，简称EA）。共30卷，是标准型的综合百科全书，为ABC百科全书之"A"。全书条目按字顺编排，选收内容偏重美国和加拿大的历史、人物和地理资料，人物条目和科技内容条目篇幅较大，历史分世纪设条，给读者以全世界政治、社会和文化的世纪总览，提供完整的历史背景情况。

（3）《科利尔百科全书》（Collier'Encyclopedia，简称EC）（科利尔，英国的著名出版家）。为著名英语百科全书ABC中之"C"。美国科利尔出版公司1949年创编、出版，现出版者为美国纽约麦克米伦教育公司。共24卷，内容主要是反映中学、大学及研究生课程内容。适用对象广泛，材料新颖及时，参考书目的编选为各家百科全书之冠；分析索引范围广泛，注重事实，理论性阐述较少。全书2100万字，插图约1.7万幅，2.3万个条目根据字母相比排列。

（4）《世界图书百科全书》（World Book Encyclopedia）。1917年出版，原名《世界图书》。是广为青年或中学生所喜爱的百科全书。该书着重收集有关历史、社会科学、传记、地理的内容。全书1.75万个条目，由3000名专家、学者撰写，行文深浅依条目性质而定，但尽量避免使用晦涩的词汇，对文中涉及的不常见的科技词汇都有说明和读音。特色是插图丰富，有2.9万幅，占全书的1/3，为所有百科全书之冠。卷22的"索引和研究指南"提供了大量"阅读和学习指导"，作为主卷中书目的补充。

（5）《康普顿百科全书》（Compton Encyclopedia and Fact Index）。由F.E.康普顿接续著名的《学生百科全书》创办，与《世界图书百科全书》属于同一档次。

（6）《麦克米伦科学百科全书》（Macmillan Encyclopedia of Science）。英国书商为美国初高中生编撰的科技百科全书。全书12卷，每卷8至10个主题，内容新颖，插图、照片、表格丰富。

（7）《新哥伦比亚百科全书》（The New Columbia Encyclopedia）。著名的小百科全书，以小条目为主。传记和地理内容丰富，占75%。侧重收录有影响、有意义的历史文献和名胜，涉及世界各国地理的条目占30%，人物条目约占45%。

（8）《剑桥百科全书》（The Cambridge Encyclopedia）。收录条目2.4万余条，约400万字，其中自然科学、工程技术等学科的概述和专名、术语条目约占47%；其余为社会科学、文学艺术等学科的概述和专名、术语条目以及介绍世界各国人物、历史、地理、团体、机构条目，共有插图、地图400多幅，彩色插图16页。

（9）《拉鲁斯法国大百科全书》（Encyclopèdie Francaise）。法国综合性百科工具书。400余万字，按字母顺序排列，近2万个条目，8000多幅彩图，400余幅地图。

（10）《苏联大百科全书》（Bol'shaia Sovetskaia Entsiklopediia）。66卷，6.5万条目，多为大条目。内容侧重社会科学和文学艺术，科技占35%。1949至1958年出版第2版，减为51卷，另有2卷索引，条目比第1版增加50%。为研究当时的苏联和社会主义制度提供了大量资料。1970年第3版，卷数减至30卷，共32册，条目数增至10万条。内容突出反映苏联和社会主义国家的成就、世界革命斗争、国际共运、马列主义理论。全书关于苏联的内容特别丰富，科技部分的内容占44%。

（11）《国际社会科学百科全书》（International Encyclopedia of the Social Sciences）。美国自由出版社1968年出版，权威的学术性百科全书。在麦克米伦公司1930至1935年出版的《社会科学百科全书》的基础上重新编撰。侧重社会科学各个领域的最新发展成果，并进行了较为系统的总结与评价。编纂上采用大条目主义，全书不过3000条目，却覆盖了社会科学的各个领域，而且释文详尽，该书被称为"具有国际水平的学术论文精选"。全书各条目的编撰人，来自世界30余个国家，均为各个学科的代表人物。

（12）《国际教育百科全书》（The International Encyclopedia of Education）。国际性教育百科全书。全书收录4.5万条目，其中有1500篇概述性论文，分为25个主题领域，涵盖人类发展、教育政策制度和规划、教育经济学、教育活动、成人和继续教育、比较教育以及与教育相关的学科。

（七）人物传记资料（Biography）

西文传记资料方面的检索工具比较丰富，古罗马时代就有如尼波斯的《名人传》的列传样式出现。实际上，欧洲中世纪的书目往往带有传记词典的特征，以作者为中心记载其生平事迹，附加学说著述，所以这类书目又称为传记书目。近代以后西方出现大量人物索引、传记书目、人物词典、名录等工具书。

（1）《传记词典及相关著作》（Biographical Dictionaries and Related Works）。收录公元1世纪以来100多个国家和地区的传记类参考书目1.6万种，包括传记合集、传记书目、家谱、人名辞典等。

（2）《传记与家谱总索引》（Biography and Genealogy Master Index）。提供散落在1000多种重要的当代和回溯性传记词典和名录中的被传人条目，包括近500

万个被传人的1500万条传记信息。被传人来自不同历史时期、不同国家和不同领域。

（3）《马奎斯名人录索引》（Index to Marquis Who's Who Books）。该索引收录了12种主要名人录，包括：《美国名人录》（Who's Who in America）、《尖端科学名人录》（Who's Who in Frontier Science and Technology）、《世界名人录》（Who's Who in the World）、《美国已故名人录》（Who Was Who in America）等。

（4）《传记索引》（Biography Index）。美国威尔逊公司出版，季刊，有一年和两年累积本。提供分散在约2700种现期英文期刊和2100种新书中的传记资料以及对人物的最新研究成果。一般不收词典和名人录中的条目，与《传记、家谱总索引》有明确的分工。最大优点在于可以查到大量一次文献。

（5）《韦氏新人名词典》（Webster's New Biography Dictionary）。1943年出版，多次修订。收录3万名人传记资料，最早包括埃及法老曼涅斯。

（6）《剑桥世界名人百科全书》（The Cambridge Biographical Encyclopedia）。收录全世界古今名人共计2.5万位，附有250余帧照片；刊有43个附插图的专栏；相关史料部分叙述50个重大主题，包括欧洲史、美国史、两次大战史、思想与艺术史、科技史等。

（7）《国际名人录》（The International Who's Who）。常用的国际性名人录。信息密集，按年度出版，可与《世界名人录》（Who's Who in the World）配合使用。

（8）《英国名人录》（Who's who）。是当代资料型人物传记词典的先驱，1849年开始出版，辑录政治人物、学者、科学家等传记资料。条目内容详尽，年度出版，影响广泛。凡去世人物，均移入《英国已故名人录》（Who Was Who）。

（9）《美国传记大词典》（Dictionary of American Biography，简称DAB）。共20卷，美国第一部国家传记词典。收录700个领域2.2万多人。

（10）《美国名人录》（Who's Who in American）。美国当代名人录，初版由马奎斯（Albert. N. Marquis）创办于1899年，收录8602人。现收录近8万人。

五、工具书指南与工具书书目

无论是中文工具书还是西文工具书，发展到今天，其本身也已形成了极为庞大的体系，这就需要有相应的文献介绍、指引读者选择、使用适当的工具书，这类文献就是关于工具书的工具书——工具书指南与工具书书目。工具书指南与工具书书目专门全面、系统地收录、报道和评论工具书文献，包括各种工具书教材、综录、纵览、辞典、索引等，是读者利用工具书的入门之径。

(1)《中文参考书指南》。何多源编,收录1938年10月以前出版的有价值的参考书2081种,含工具书1834种、边缘工具书243种。收录范围包括字典、词典、类书、百科全书、书目、年鉴、年表、舆图、指南、法规、统计、一览、传记、史料等。

(2)《中国古今工具书大辞典》。盛广智等主编,吉林人民出版社出版。目前我国最大的一部工具书书目。收录我国古代、近代及现当代中国内地、港澳台各类工具书2万余种,每种工具书都详细介绍了性质特点、体例形式、编著出版等情况。

(3)《国内工具书指南》。上海交通大学辞书编辑部编,收录新中国成立以来出版的各个学科专业的各类辞书2400种。

(4)《中外工具书使用指南》。林申清、胡卓澄编著,江苏科学技术出版社1988年出版。一部可作教材的小型工具书指南,收录中外工具书1700种。

(5)《中国工具书大辞典》。徐祖友、沈益编纂,福建人民出版社出版。收录我国1989年以前工具书1.2万种。

(6)《工具书辞典》。任宝祯主编,山东教育出版社1990年出版。一部小型实用的工具书书目,收录我国历代主要工具书2300种。

(7)《参考书指南》(Guide to Reference Books)。西方最重要的工具书指南,初版《参考书学习及使用指南》(Guide to the Study and Use of Reference Books)于1902年由美国图书馆教育学家、参考馆员的先驱者克罗格女士(Kroeger, Alice Rertha)编辑,收录800种英文工具书。1997年出版的第11版,收录5大类1.8万种工具书。

(8)《参考资料指南》(World's Guide to Reference Material)。英国当代工具书专家沃尔福特(W. J. Walford)编撰,是英国图书馆界广泛采用的指南。1989年出版的第6版收录工具书2.2万种,按国际十进分类法编排,提要、评论详尽。

(9)《书目手册》(Manuel de Bibliograpie)。法国目录学家马尔克莱编,工具书指南。收录4000种工具书。

(10)《美国工具书年鉴》(American Reference Books Annual,简称ARBA)。回溯性工具书书目。收录美国、加拿大工具书,5年出累积本。

(11)《参考工作导论》(Introduction to Reference Work)。美国纽约州立大学情报学家卡茨(Katz, W. A.)编,以教科书形式反映西文工具书和参考工作的研究专著。文体流畅,影响广泛。

(12)《社会科学情报源》(Sources of Information in the Social Sciences)。初版于1964年,被西方评论家誉为"一部优秀的著作"。全书分9章,收录8100条各类情报源。

思考题
1. 工具书按照查检功能分为哪两类，举例说明各包括哪些工具书。
2. 简述类书和政书的历史价值及作用。
3. 名词解释：《四库全书总目提要》。
4. 现代书目有哪些类型，各有什么特点和作用？
5. 著名的"英语百科全书ABC"是指哪三种百科全书？
6. 举例说明工具书指南与工具书书目的作用。

第四章 网络信息资源搜索

21世纪把人类带入了信息时代，信息技术的发展使得人们在获取信息时不再局限于传统的纸质媒介。随着计算机技术及计算机网络的成熟发展，以Internet为代表的全球性网络信息资源日益受到关注。

一、Internet 概述

Internet又称因特网或国际互联网，是当今世界上规模最大、覆盖面最广、信息资源最丰富、发展最为迅速的信息资源系统。Internet是由许多小的网络（子网）互联而成的一个逻辑网，每个子网中连接着若干台计算机（主机）。Internet基于一些共同的协议，并通过路由器和公共互联网连接而成，以相互交流信息资源为目的，是一个信息资源和资源共享的集合。Internet的最可贵之处在于，它可以提供全球计算机用户互相交换信息，共享信息资源。

（一）Internet 的发展

Internet的发展大致经历了三个阶段。

1. ARPAnet（美国国防部计算机网络）

ARPAnet是世界上第一个实现资源共享的计算机网络。20世纪60年代末冷战时期，美国国防部高级研究计划局（ARPA）建设了一个军用网，即ARPAnet（阿帕网），目的是保证即使军方部分网络被摧毁，其余部分仍能保持通信联系。ARPAnet 1969年正式启用，当时仅连接了4台计算机。70年代，ARPAnet有数十个计算机网络，但不同计算机网络之间不能互通。为此，ARPA又设立了新的研究项目，主要内容是用一种新方法将不同的计算机局域网互联，形成"互联网"，研究人员称之为"internetwork"，简称"Internet"，中文译为"因特网"，这个名词一直沿用到现在。

2. NSFnet（美国国家科学基金会网络）

1985年，美国国家科学基金会组织（NSF）将分布在美国各地的5个为科研教育服务的超级计算机中心互联，形成了全国范围的科学技术网 NSFnet，并以此为基础实现同其他网络的连接。很多大学、研究机构纷纷把自己的局域网并入 NSFnet 中，NSFnet 逐渐替代 ARPAnet 成为 Internet 的主干网。该网络由美国 13 个主干节点构成，由主干节点向下连接各个地区网，再连接到各个大学的校园网络、政府或私人科研机构的网络，采用了在 ARPAnet 中已证明非常成功的 TCP/IP 技术作为统一的通信协议标准。1995 年，NSFnet 正式宣布停止运作。

3. 现代 Internet

Internet 的发展引起了商家的兴趣。1992 年，美国 IBM、MCI、MERIT[①] 三家公司联合组建了一个高级网络服务公司 ANS，建立了一个新的网络：ANSnet，成为 Internet 的另一个主干网，推动了 Internet 的商业化进程。Internet 的骨干网已覆盖全球 91 个国家，主机超过 400 万台。Internet 的迅速发展进一步发挥了它在通信、信息检索、客户服务等方面的巨大潜力。

Internet 是 20 世纪人类最伟大的发明之一，目前它已遍布全球，逐步进入社会生产和日常生活的各个领域，改变着人们的生活、工作和思维方式。人们对信息的意识，对开发和使用信息资源的重视也越来越强。今天的 Internet 涉及自然科学、人文科学的各个专业，渗透教育科研、医疗卫生、公司企业等各种机构，覆盖政治经济、文化教育、新闻出版和娱乐等各个领域，对社会各行业的发展和人类的生产、生活都产生了深远的影响。网络从根本上改变了人类信息的生产、流通、分配和利用模式，为人类创造了最先进、快捷的信息传播和交流方式。

（二）中国的互联网建设

我国 Internet 的发展，按其应用性质和时间来分，大致可划分为四个阶段：
第一阶段：萌芽时期。1986—1993 年，电子邮件使用阶段；
第二阶段：初创时期。1994—1995 年，教育科研应用阶段；
第三阶段：低速发展时期。1996—1997 年，商业应用阶段；
第四阶段：高速发展时期。1998—2000 年，快速发展阶段。

2000 年以后 Internet 的发展有所放缓，但技术上更加成熟、人性化、智能化。继成功建成我国第一个"下一代互联网"试验网后，我国第一台基于"互联网协议第 6 版"——IPv6 核心路由器已经由清华大学计算机系和清华紫光比威公司共同研制成功，从而标志着我国下一代互联网关键技术获得重大突破。下一代因特网 NGI（Next Generation Internet）指的是比现行的因特网具有更快的传输

---

① IBM：国际商业机器公司；MCI：美国第二大长途电话运营商；MERIT：美国著名的网络公司。

速率，更强的功能，更安全和更多的网址，能基本达到信息高速公路计划目标的新一代因特网。

目前，我国可以与 Internet 互连的、全国范围的公用计算机网络有 10 个：

（1）中国公用计算机互联网（ChinaNET，即中国电信网）。中国最大的 Internet 服务提供商。1994 年建设，1995 年 5 月正式开放，是中国第一个商业化的计算机互联网。

（2）中国教育和科研计算机网（CERNET）。是全国最大的公益性学术计算机互联网络，主要面向教育和科研单位。已基本具备连接全国大多数高等学校的联网能力，并建成了一个大型的中国教育信息搜索系统。

（3）中国科学技术网（CSTNET）。1994 年首次实现和 Internet 直接连接，同时建立了我国最高域名服务器，标志着我国正式接入 Internet。目标是将中科院各地分院的局域网互联，同时连接其他科技单位，为科研、教育和政府部门服务。

（4）中国长城互联网（CGWNET）。其网络信息中心是信息产业部唯一指定的负责国家".CN"、国防".MIL"类别域名的注册管理和注册服务的机构。

（5）中国网通公用互联网（CNCNET，包含金桥网 ChinaGBN）。

（6）中国移动互联网（CMNET）。

（7）中国联通互联网（CNUNINET）。

（8）中国 CHINA169 网（CHINA169）。

（9）中国卫星集团互联网（CSNET，建设中）。

（10）中国国际经济贸易互联网（CIETNET，建设中）。

二、Internet 常识

（一）三个著名的标准化组织

1. International Standard Organization（简称 ISO），国际标准化组织

ISO 是世界著名的国际标准化组织之一，主要由美国国家标准学会 ANSI 及其他各国的国家标准化组织的代表组成。ISO 对网络最主要的贡献是于 1981 年建立并颁布了开放系统互联 OSI 参考模型，即七层网络通信模型格式，通常称为"OSI 参考模型"。它的颁布促使所有的计算机网络走向标准化，从而具备互联的条件。OSI 作为网络协议参考模型，对每一层的功能和每一层向上一层提供的服务都有明确的定义。但由于该协议和模型比较复杂，实现起来比较困难，因此，并未真正流行开来，但它是学习网络理论知识的一个理想模型。

2. Institute Electrical and Electronic Engineer（简称 IEEE），电气和电子工程师协会

IEEE 是世界上最大的专业标准化组织之一。对于网络而言，IEEE 最了不起的贡献就是对主要用于局域网标准的 IEEE802 协议进行了定义。该标准相对于 OSI 七层参考模型协议标准来说，局限于只描述了较低两层（物理层和数据链路层），其余的高层协议并未制定。

3. Advanced Research Projects Agency（简称 ARPA），美国国防部高级研究计划局

ARPA 从 20 世纪 60 年代开始致力于研究不同类型计算机网络之间的互相联接问题，成功地开发出著名的 TCP/IP 协议，提供了联接不同厂家计算机主机的通信协议。TCP/IP 协议是由一组通信协议所组成的协议集，其中两个主要协议是网际协议和传输控制协议。

（1）Internet Protocol（简称 IP）。网际协议，网络层的协议。作用是将信息封装成数据包，然后将数据包传送至其他主机或网络，保证数据的成功传输。

（2）Transfer Control Protocol（简称 TCP）。传输控制协议，传输层的协议。作用是将数据段进行格式化并传输到 IP 层进行发送，保证数据的可靠传输。TCP 将对从 IP 层接收到的数据包进行记录并校验，从而确保安全无误地接收。

TCP/IP 协议能够把全世界各种各样的计算机、异构网络互联起来，已经成为事实上的工业标准。因此，将 Internet 网的协议模型又称为 TCP/IP 模型，该模型分为四层：物理层、网络层、传输层和应用层。OSI 与 TCP/IP 分层模式及常用协议对照见表 4－1。

表 4－1　OSI 与 TCP/IP 分层模式及常用协议对照表

OSI 分层模式	TCP/IP 分层模式	TCP/IP 常用协议
应用层	应用层	DNS、HTTP、SMTP TELNET、FTP
表示层		
会话层		
传输层	传输层	TCP、UDP
网络层	网络层	IP、ARP、ICMP
数据链路层	物理层	IEEE802 协议
物理层		

（二）网络的分类

网络的分类标准有很多，较常用的是以网络覆盖范围为划分的标准。

（1）局域网（Local Area Network，简称 LAN）。一般指覆盖范围在 10 公里以内，一座楼房或一个单位内部的网络。局域网内的通信由于传输距离短，传输的速率一般都比较高，可达到 10Mb/s—100Mb/s，高速局域网可达到 1000Mb/s。

（2）城域网（Metropolitan Area Network，简称 MAN）。覆盖范围在局域网和广域网之间，一般指覆盖范围为一个城市的网络。

（3）广域网（Wide Area Network，简称 WAN）。指远距离的、大范围的计算机网络。跨地区、跨城市、跨国家的网络都是广域网。由于广域网的覆盖范围广，联网的计算机多，因此广域网上的信息量非常大，共享的信息资源最丰富。Internet 是全球最大的广域网，覆盖范围遍布全世界。

（三）IP 地址和 DNS 域名系统

在 Internet 中，连接在互联网上的计算机设备，是通过 Internet 的域名系统 DNS 和计算机的 IP 地址来相互识别，从而提供信息服务和通信的。

1. IP 地址（Internet Protocol Address）

网际互联 IP 协议规定，每台正式入网的计算机都要有一个唯一的网络 IP 地址以区别于其他计算机。这个地址代表了每台联入网络中的计算机的身份名，并且该身份名是唯一的。通常，IP 地址分为四段数字，中间用"·"隔开。按网络规模的大小，可将 IP 地址分为 A、B、C 三大类。A 类地址适用于大型网络中，可容纳 1600 多万台主机；B 类地址适用于中型网络，可容纳 6.5 万多台主机；C 类地址适用于小型网络，可容纳 254 台主机。

2. DNS 域名系统（Domain Name System）

IP 地址用一串数字来表示，比较难记。因此 Internet 专门设计了一种字符型的主机命名机制，这种管理机制叫域名系统，域名分层次管理和命名。当用户使用计算机的域名与 Internet 上的其他计算机建立通信联络时，域名服务器将自动完成从计算机域名到 IP 地址的转换。常见的 Internet 最高层域名有两类：一类是以两个字母组成的国家域名，如中国 CN、美国 US；另一类是用三个字母组成的美国国内的网络域名，如教育部门 EDU，政府机构 GOV。

在最高层域名下，我国也将计算机网络的第二级域名分为两类，一类是纵向域名，按照网络所有者的性质分类，如 AC（科学院）、COM（商业机构）、GOV（政府机构）等；另一类是横向域名，包括直辖市和省（自治区）的名称缩写，如 BJ（北京）、TJ（天津）等。此外我国还有几个特殊的一级域名：TW（台湾)、HK(香港)、MO(澳门)。

(四)统一资源定位(URL)

由于网络信息资源是分散存储的,为了使联入Internet的主机能够准确无误地定位所需要的信息资源,特别制定了一个标准的资源地址访问方法,它将Internet上提供的各类服务统一编址,以实现网络信息资源的交流与共享,即统一资源定位符(Uniform Resource Locator,简称URL)。URL在格式上由三部分组成:

protocol://hostdns(or ip)[:port/path/file]

通讯协议://服务器地址[:通讯端口/路径/文件名]

protocol指TCP/IP的具体协议,该协议包括http、ftp、telent、gopher、wais等;hostdns(or ip)是服务器地址,即具体的主机域名或IP地址;[ ]内为可选项,port表示主机端口,path/file表示主机上具体路径名和文件名。一般情况下,[ ]内容可以缺省,相应的默认文件会被自动载入。

[例1] 分析网址:http://libserver.jsie.edu.cn/[index.asp]的构成格式
通讯协议:超文本传输协议http
主机域名:libserver.jsie.edu.cn
文件名:index.asp

(五)Internet提供的主要服务

Internet给人们开辟了一个交换信息的虚拟空间,主要提供以下一些服务:

(1)电子邮件服务(E-mail)。是指发送者和指定的接收者利用计算机通信网络发送信息的一种非交互式的通信方式。这些信息包括文本、数据、声音、图像、语言视频等内容。

(2)远程登录服务(Telnet)。属于客户机/服务器模型的服务,是指用户使用Telnet命令,使自己的计算机暂时成为远程主机的一个仿真终端的过程。仿真终端等效于一个非智能的机器,它负责把用户输入的每个字符传递给主机,再将主机输出的每个信息回显在屏幕上。通过Telnet,Internet用户可以与全世界许多信息中心、图书馆及其他信息资源联系。

(3)WWW信息服务。是一个基于超文本方式的信息查询工具。WWW把位于全世界不同地方的互联网上的数据信息有机地组织起来,形成一个巨大的公共信息资源网。WWW带来的是最广泛的世界范围的多媒体服务。

(4)文件传输协议(FTP)。文件传输是信息共享的重要内容之一。文件传输协议用于 Internet 上控制文件的双向传输。用户可以通过它把自己的 PC 机与世界各地所有运行 FTP 协议的服务器相联，访问或下载服务器上共享的大量程序和信息，或把本地计算机的文件上传到远程计算机去。

（5）网络新闻服务（Usenet）。是具有共同爱好的 Internet 用户相互交换意见的一种无形的用户交流网络，使用 Usenet 的自愿者共同遵守一些约定的网络使用规则。

（6）Gopher 服务。Gopher 是 Web 早期使用的一种分布式信息查询工具，是基于多级菜单的交互式检索工具和信息浏览方法，可将用户的请求自动转换成 FTP 或 Telnet 命令，在一级一级的菜单指引下，用户通过选取自己需要的信息资源，对互联网上远程联机信息系统进行实时访问。

（7）其他。除了上述服务之外，Internet 还提供网络交流（Talk、IRC）、名址服务（Finger、Whois、X.500、Netfind）、文档查询索引服务（Archie、WAIS）、公告牌系统或电子公告板（BBS）等等。

三、搜索引擎（Search Engine）

搜索引擎是指 WWW 环境中能够进行网络信息的搜集、组织、并能提供查询服务的一种信息服务系统。搜索引擎利用自动索引软件对网页进行标引，建立成万上亿条记录的索引数据库，以供网络用户进行查检。到目前为止，搜索引擎大致经历了三个发展阶段：

第一代：基于内容分析算法的搜索引擎。1994 年，代表：Lycos、Infoseek；
第二代：基于超链接分析算法的搜索引擎。1998 年，代表：Google、DirectHit；
第三代：智能化搜索引擎，2004 年前后出现。特点是互动式搜索，分类导航，查询精确相关。

（一）搜索引擎的工作原理

搜索引擎是对 WWW 站点资源和其他网络资源进行组织和检索的一类检索机制（如图 4-1 所示），其机制一般包括数据采集机制、数据标引机制、数据组织机制和用户检索机制。

搜索引擎有一个人工或自动（"机器人"Robots 或"蜘蛛人"Spider）的网络信息采集工具。数据采集就是网络信息采集工具按照一定的规律和方式对网络上 WWW 站点进行搜索，并将搜索到的 WWW 页面信息通过从网页中自动抽取能表达网页主题意义的词作为标引词来构建网页标引记录，存入搜索引擎的临时数据库中；然后由数据组织机制利用数据库管理系统来组织所采集标引的网页信

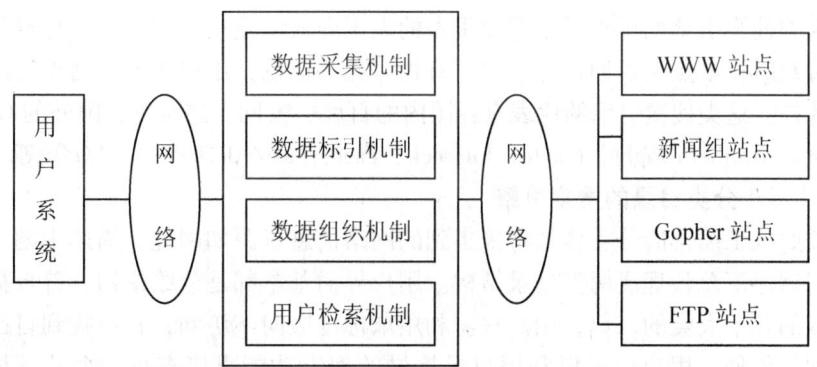

图 4-1　搜索引擎的工作原理流程图

息，即对 WWW 页面信息进行整理以形成规范的页面索引，并建立相应的索引数据库。索引数据库是用户进行检索的基础，其数据质量直接影响检索效果；最后由用户检索机制帮助用户以一定方式检索搜索引擎的索引数据库，以获得符合用户需要的 WWW 站点或页面，从而完成搜索引擎的整个工作流程。

需要注意的是：一、搜索引擎并不真正搜索互联网，它搜索的是各种网页，然后建立自己的索引数据库；二、搜索引擎不能真正理解网页的内容，只能机械地匹配网页上的文字，所以，对于搜索结果需要人工分析和判断。

（二）搜索引擎的种类

随着 Internet 的发展，搜索引擎发展速度之快、应用之广是其他检索工具所无法比拟的。对同一个检索课题来说，使用不同的检索工具所获得的检索效果不尽相同，甚至会有很大差别。因此，对目前众多的搜索引擎进行功能性的归类，很有必要。搜索引擎的分类标准很多，如：按搜索引擎特色分为普通、特色和专业搜索引擎，按搜索引擎自身组成分为独立搜索引擎和元搜索引擎，按搜索方法分为分类式（目录式）、索引式、混合式搜索引擎等。比较典型的是按照信息搜集方法和提供服务的方式，将其分为基于关键词的搜索引擎、基于分类目录的搜索引擎和元搜索引擎。

1. 基于关键词的搜索引擎

基于关键词的搜索技术是搜索引擎和网络信息检索的核心。它主要采用 Robots/Spider 自动搜索和标引方式来建立和维护其索引数据库，供用户查询使用。用户查询时，可以用逻辑组合方式输入各种关键词，搜索引擎通过特定的检索软件，查找索引数据库中使用该关键词标引过的信息资源，并将查到的所有记录集的 URL 以 Web 页面的形式反馈给用户。

这类搜索引擎的优点是不需要很多的人工介入，搜索范围广、信息量大、更新相对及时；缺点是返回信息较多，有很多无关信息，用户必须从结果中进行判断、选择。这类搜索引擎的代表有：国内的百度、天网、悠游等；国外的 Google、Altavista、Northern Light、Excite、Infoseek、Fast、Fast/AllTheWeb、Lycos 等。

2. 基于分类目录的搜索引擎

按照人工编排的分类体系将采集到的网络信息资源如网址、描述主题、字顺或时间顺序汇总整理成树型目录结构。用户界面基本都是分级结构，首页提供了最基本的几个大类的入口，用户只需利用鼠标逐级向下访问，直至找到自己需要的类别。另外，用户也可以利用目录提供的搜索功能直接查找一个关键词。不过，由于目录只对保存的站点进行搜索，因此站点本身的动态变化不会反映到搜索结果中来，这也是基于分类目录与基于关键词的搜索引擎之间的一大区别。

这类搜索引擎的优点是将信息系统地分门归类，用户可以清晰、方便地查找到某一大类信息，符合传统的信息查找方式；不足之处在于所需人力较多，搜集组织和维护信息较为困难，对网页信息更新的实时反应能力较差。这类搜索引擎代表有新浪、雅虎、搜狐、网易/有道等。

3. 元搜索引擎（Meta Search Engine）

元搜索引擎的提出实际上是针对独立搜索引擎。独立搜索引擎拥有自己独有的、用于存储 Web 页面地址的数据库，并且在实施搜索时只搜索自己的后台数据库。元搜索引擎，也称之为集成搜索引擎，没有自己的数据库，而是将多个搜索引擎集成在一起，提供一个统一的检索界面，通过调用其他搜索引擎进行搜索。用户将检索要求提交给元搜索引擎后，它将这个检索要求同时交给多个独立的搜索引擎进行查找，各独立搜索引擎返回检索结果后，便对这些结果进行重复排除、重新排序等处理后，作为自己的结果返回给用户。

元搜索引擎的优点在于查全率高、搜索范围广、信息量大；其缺点是在现有技术条件下不能充分使用所有搜索引擎的功能，用户需要做更多的筛选。这类搜索引擎的代表有：WebCrawler、Metacrawler 等。万纬搜索是第一个中文并行元搜索引擎，此外还有：Bbmao 搜索引擎（http://www.bbmao.com/）、Seekle 元搜索引擎（http://www.seekle.cn/）等。

（三）搜索引擎的功能

1. 检索功能

检索功能是搜索引擎的核心功能。目前中西文搜索引擎不下几十种，各种搜索引擎尽管都有自己的信息搜集方式、检索算法和结果排序方法，在查询范围、检索功能等方面各具特色，但其基本功能却是相似的。不过需要注意的是，并非每一种搜索引擎均能提供全部的检索功能,也并非每一种检索功能在不同的检索工具中的表现都完全一样。

(1) 布尔逻辑检索。支持多个关键词进行布尔逻辑组合。正确地使用布尔逻辑检索式,可以提高检索效果和质量。

(2) 模糊检索。模糊检索又叫"任意匹配"。当输入一个关键词时,搜索引擎就把包括关键词的网址和与关键词意义相近的网址一起反馈给用户。例如,查找"光盘"一词时,模糊检索就会把"阳光"、"发光"、"磁盘"等内容的网址一起反馈回来。

(3) 精确检索。精确检索又叫词组检索,是将一个词组或短语用双引号括起来作为一个独立运算单元进行严格匹配,以提高查准率。例如:"计算机硬件"就等于告诉搜索引擎只反馈网页中有"计算机硬件"这几个关键字的网址,但是会忽略包含:"计算机"、"硬件"等的网站。

(4) 截词检索和位置检索。大部分搜索引擎只提供右截词检索功能,即前方一致检索。

(5) 字段检索。搜索引擎常用的字段有:Title(或 TI)标题,URL:(或 U),Link 链接,Subject 主题,Text 文本。此外还有 AB(摘要)、BN 或 SN(国际标准书号或刊号)、CS(机构)、DT(文献类型)或 PT(出版物类型)、JN(刊名)或 JA(刊号)等。

(6) 概念检索。是指使用某一检索提问词进行检索时,能同时对该词的同义词、近义词、广义词、狭义词进行检索,以提高查全率。例如,检索词为"自行车"时,检索结果除"自行车"的内容,还包含"脚踏车"、"单车"等内容。

2. 其他功能

搜索引擎在网络信息检索中发挥着至关重要的作用,除基本功能外,还具有以下功能:

(1) 基于目录的搜索和基于关键词的搜索相结合。如"Yahoo!"主要是目录搜索,但也可以获取网页搜索结果。

(2) 多样化和个性化的服务。绝大多数搜索引擎都提供多样化的服务以吸引更多的用户,商业搜索引擎尤其注重这一点。以百度和 Google 为例,用户可以从中查看新闻、图片、视频、音乐、辞典、百科知识、卫星地图等多方面的服务,甚至还可以拥有自己的空间和贴吧。

(3) 强大的查询功能。与早期的搜索引擎相比,现在的搜索引擎在查询功能方面已有了很大的改进,除了具备最基本的查询功能外,不少搜索引擎还支持诸如音频检索、翻译等高级查询功能。

(4) 自然语言检索。目前大多数搜索引擎都允许用户用自然语言进行检索,即直接采用自然语言中的字、词甚至整个句子作为提问式进行检索。如用户可以用"What is the Weather Like in London"作为检索提问式。利用自然语言进行检索，选词自由度大，表达方式更随意。

（5）智能化检索。近来智能信息检索作为人工智能的一个分支发展迅速。智能化检索通常是指计算机会对用户的检索需求分析，通过对网页的重要性进行计算，把最满足用户需求的网页检索出来并按相关度由近及远排列；或者是通过在表达概念的各词或描述性的语言中建立链接，若用户输入某词或某类描述，计算机会把相应的其他内容相似而具体内容不一样的信息也检索出来，如查找"微型计算机"，系统会检索出诸如"电脑"、"笔记本"、"台式机"、"PC"等与之相关概念的信息。

（四）搜索引擎的不足

虽然搜索引擎给我们搜索信息资源带来极大的便利，但其自身还存在着不足，如：

（1）逻辑检索有限，在支持全文检索方面做得不是太好。

（2）仅使用关键词提问，不能完全满足用户的要求，且多为盲目的匹配，自然语言表达概念的随意性太大，若用户不能充分考虑词的各种形式而选用适合的词，则漏检率很高。

（3）对已检索过的历史记录利用率不高，二次检索或者在检索结果中再检索的深度不够，不断进行重新检索导致重复检索，效率不高。

（4）结果显示简单，不能提供更多的与主题相关信息。

（5）对元搜索引擎的开发力度不够，在检索过程中受到单个搜索引擎的限制。

（6）对于学术性及其学科前沿的信息内容由于版权保护等问题导致更新不及时，有一定的滞后性。

（五）常用中文搜索引擎

1. 百度（http://www.baidu.com）

百度公司1999年创建于美国硅谷，2000年回国发展推出百度搜索引擎。是一个类似于图书馆分类方式的主题目录。百度是第一个为中国人设计的商业化搜索引擎，也是目前最大的中文搜索引擎，拥有全球最大的中文网页库，目前收录中文网页已超过20亿，每天以千万级的速度递增；搜索速度快，信息量大，相关性好，返回结果的准确性也较高。

"百度"一词来源于辛弃疾的词句"众里寻她千百度……"（《青玉案》），象征百度对中文信息检索技术的执著追求。百度图标的含义是"猎人巡迹熊爪",喻示百度的分析搜索,利用独有的"超链分析"技术,向用户提供"简单,可依赖"的信息获取方式。

图4-2 百度搜索界面

(1)百度产品。百度产品包括:百度知道、百度百科、百度博客搜索、百度词典、百度地图、百度法律搜索、百度国学、百度黄页、百度MP3、百度视频搜索、百度贴吧、百度图片、百度图书搜索、百度新闻、百度邮编、百度政府网站搜索、百度词典、百度游戏、百度专利搜索、百度股票、统计数据、百度娱乐等数十种。

第一,百度知道。全球最大中文互动问答平台,是基于搜索的互动式知识问答分享平台。用户可以根据自身的需求,有针对性地提出问题;同时,这些问题答案又将作为搜索结果,进一步提供给其他有类似问题的用户(图4-3)。

图4-3 百度知道搜索问题的结果界面

第二，百度百科。全球最大的由网友共同编辑的中文百科全书，有"进入词条"和"搜索词条"两种方式提供给用户。"进入词条"推荐给用户的是百度精选答案，同时还提供扩展阅读、相关词条、开放分类以及该词条在英汉词典中的解释等相关服务；"搜索词条"推出的结果类似于"百度知道"搜索的结果，是相关信息的列表，可点开浏览。

第三，百度国学。目前能提供上起先秦、下至清末历代文化典籍的检索和阅读。可以从全文、作者、书名三个字段进行选择，提供目录浏览和国学公告。

第四，百度文档。查找各类研究报告、论文、课件等各类型文件。提供Word、PDF、EXCEL、RTF等格式。

第五，百度图书。查找图书信息，有普通和高级两种搜索途径。检索结果包括书名、作者、出版社、简介等相关信息。

第六，百度词典。提供搜索式英汉双语词典。

第七，百度图片。有普通搜索和高级搜索，可以按照大图、中图、小图和壁纸等进行搜索。

第八，百度视频。分"热门分类"和"精彩专题"两个栏目。提供热门搜索、普通搜索和高级搜索。热门搜索由计算机系统根据搜索热度自动排列。

第九，网站目录导航。采用主题分类的方法，人工维护、更新，及时推荐优秀的网络资源，是互联网上查找信息的快速指南。目前百度网站导航总共分5个大类：娱乐休闲、电脑网络、生活服务、文化科学、教育就业，下面细分为70多个子类目。可以通过浏览类目，选择需要的网站进入，如"论文→百度文档搜索→百度文档"。

(2) 特色搜索。

第一，高级搜索（图4-4）。包括：① Intitle。把搜索范围限定在网页标题中。如输入intitle："Browser Launch Page"，表示搜索标题关于网络摄像头的内容。② Site。把搜索范围限定在特定站点中。如：输入"金庸 古龙 site：sina.com.cn"，表示搜索包含"金庸"和"古龙"的中文新浪网站页面。③ Inurl。把搜索范围限定在url链接中。如查找关于excel的使用技巧，输入excel inurl：jiqiao。④ 双引号和书名号。精确匹配。将检索词加上双引号或书名号，检索词不会被拆分。另外，书名号会出现在搜索结果中。⑤ 减号（-）。要求搜索结果中不含特定查询词。如果搜索结果中有某一类网页是不需要的，而且这些网页都包含特定的关键词，那么用减号语法，就可以去除所有这些含有特定关键词的网页。如"红楼梦 -电视剧"表示将搜索结果中关于红楼梦电视剧的内容舍掉。需要注意的是前一个关键词和减号之间必须有空格。

第二，专业文档搜索。支持对Office文档（包括Word、Excel、PowerPoint）、Adobe PDF文档、RTF文档进行全文搜索。在普通的查询词后面加一个"file-

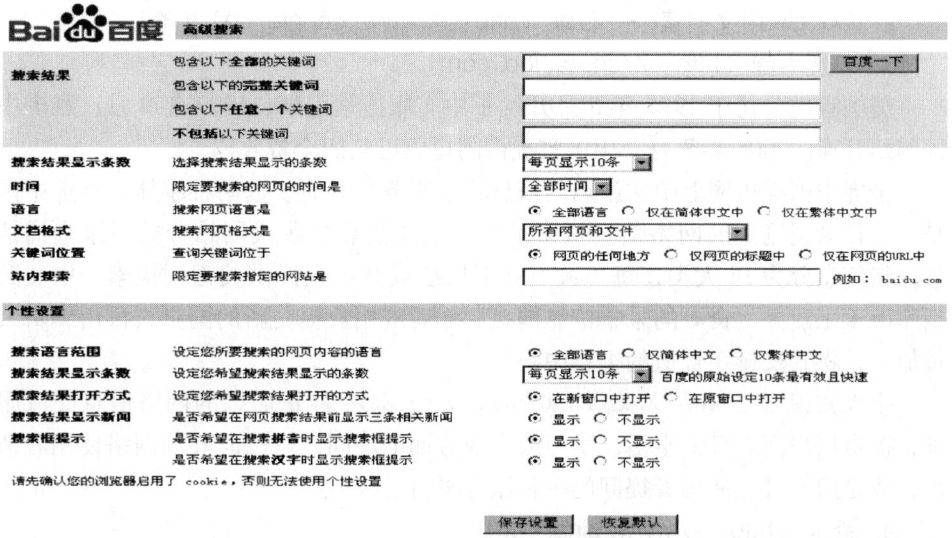

图4-4 百度高级搜索页面

type:"文档类型限定,其后可以跟:DOC、XLS、PPT、PDF、RTF 文件格式或 ALL(搜索所有文件类型)。也可以通过"文档搜索"直接使用专业文档搜索功能。

例如,查找"doc"格式的个人简历。输入"个人简历 filetype:doc",点击结果标题,直接下载,或点击标题后的"HTML版"快速查看该文档的网页格式内容。

第三,相关搜索。有时搜索结果不合需求,是因为查询词不妥当。百度的"相关搜索",就是提供与检索词相似的一系列查询词,排布在搜索结果页的下方,这些词按搜索热门度排序。比如"小说"的相关搜索有"小说网"、"网络小说"、"小说下载"等,点击即可连接,可以扩大搜索范围,提高查全率。

第四,百度快照。每个未被禁止搜索的网页,在百度上都会自动生成临时缓存页面,称为"百度快照"。当用户无法打开某个搜索结果,或者打开速度特别慢时,可以通过"快照"快速浏览页面文本内容。但百度快照只是临时缓存网页的文本内容,所以图片、音乐等非文本信息,无法实现联接。

第五,错别字纠正提示。用户在搜索时经常会输入一些错别字,导致搜索结果不佳。百度会给出错别字纠正提示,显示在搜索结果上方。如:输入"舫然泪下",提示"您要找的是不是潸然泪下",点击即可按照"潸然泪下"再次搜索。

第六,实用查询。在网站目录导航的"生活服务"栏目下有"实用查询"子类目,点击即可进入。列出了天气预报、列车时刻、IP查询、手机号码、货币转换查询等在内的实用网络工具网站。

2. Google 中文搜索——谷歌（http：//www.google.cn）（略）

3. 雅虎中国（http：//cn.yahoo.com）

美国雅虎公司于 1998 年 5 月开发了中文版搜索引擎，1999 年 9 月，雅虎中国网站开通。2005 年 8 月，中国雅虎由阿里巴巴集团全资收购。

雅虎中国提供网上中文站点的信息检索服务，有简、繁两种字体。雅虎中国是一个目录浏览型的网络信息检索工具，主要依靠主题式网站分类目录查询信息，将信息分为 14 大类，每一大类往下层层展开；也提供关键词检索。中文数据库由人工建立，资源的采集依靠网页制作者或用户提交新的网页，再由编辑人员加工，将其安排在合适的类目中。

雅虎知识堂（http：//ks.cn.yahoo.com/）是一种新形态的网络信息交流服务，提供用户面对日常生活、学习或专业方面的疑问，可以向其他网络使用者请教，或是回答其他使用者提问的一种服务平台。

4. 新浪（http：//www.sina.com）

新浪（NASDAQ：SINA）是一家服务于中国及全球华人社群的在线媒体及增值资讯服务提供商。新浪网主要提供网络媒体及娱乐服务，设在中国内地的各家网站提供了三十多个在线内容频道，24 小时提供全面及时的中文资讯，可以提供关键词检索和分类检索。

新浪爱问搜索（http：//iask.com/）提供图片、新闻、博客、地图、音乐、资料等的搜索。其中新浪爱问知识人（http：//iask.sina.com.cn/）汇聚了众多百科性知识，帮助用户解决问题。如果用户在网上搜索不到想要的答案或资料，可以试试搜索"爱问知识人"。

5. 悠游中文搜索引擎（http：//www.goyoyo.com/）

是国内开发较早的一种搜索引擎，该搜索引擎融入了人工智能技术，可以自动对信息请求做分词和断句处理，并能够以关键词的方式对网页内容及文章内容进行理解和储存，支持自然语言检索，进一步提高了"人机对话"的互动能力。在此基础上，悠游为广大用户提供了包括个性化服务、各类专业搜索引擎等更多的延伸服务。需要注意的是，该搜索引擎在进行布尔逻辑运算时是从左到右的顺序，没有优先级和括号。另外，AND、NOT、OR 都要大写。在内地、港台均有网站。

6. 网易（http：//www.163.com）

网易（NASDAQ：NTES）是中国领先的互联网技术公司，在开发互联网应用、服务及其他技术方面，网易始终保持国内业界的领先地位。

有道搜索（http：//www.youdao.com/? keyfrom = so163redir）是网易自主研发的全新中文搜索引擎，致力于为互联网用户提供更快更好的中文搜索服务。于 2006 年底推出测试版，2007 年 7 月正式成为网易旗下搜索引擎 so.163.com 的内核,并于 2007 年 12 月推出正式版。目前有道搜索已推出的产品包括网页搜索、博客搜索、图片搜索、新闻搜索、音乐搜索、海量词典、桌面词典、工具栏和有道阅读。

7. 搜狐(http：//www. sohu. com)

搜狐公司成立于 1996 年,1998 年 2 月正式推出搜索引擎系统,是一个分类查询的网络信息资源检索工具。该系统建立了大容量的中文词库,不断更新,大多数日常用词可以在指定的文章中精确地定位和评估,在很大程度上解决了中文的分词问题。进行全文检索时,对关键字在文章里出现的次数、位置和每个关键字的权值进行综合评估,以对每个检索结果进行合理的排序。支持"and"和"or"算符。

搜狐开发的搜狗搜索(http：//www. sogou. com/),提供新闻、网页、图片、地图、视频等的搜索。

7. 其他

(1) QQ 搜搜(http：//www. soso. com/)

(2) 雅虎 LiveSearch(http：//www. live. com/)(测试版)

(3) 易搜(http：//www. yisou. com/)

(4) 中搜(http：//www. zhongsou. com/)

(六) 国外著名搜索引擎

1. Google(http：//www. google. com)

Google 是第二代搜索引擎最优秀的代表,由斯坦福大学博士生 Larry Page 与 Sergey Brin 于 1998 年 9 月创建。Google 一词来源于 googol,表示一个 1 后面跟着 100 个 0 这样一个巨大的数字概念,体现了公司整合网上海量信息的远大目标。Google 是世界上最大的综合型搜索引擎,包括 35 个国家和地区的资源,目前目录中收录了 80 多亿个网页,支持 130 多种语言,搜索速度较快,精确度高。Google 还专门针对中国推出了 Google 中文搜索——谷歌(http：//www. google. cn),是收集亚洲网站最多的搜索引擎之一。

(1) Google 产品。提供包括博客、大学、地图、图书、图片、学术、生活、视频等内容的搜索。(Google 的中文网址后缀名为. cn)

第一,网站导航。(http：//daohang. google. cn/,中文测试版)。

第二,图书搜索(http：//books. google. com/)。可搜索并预览来自全球各地图书馆和出版商的千百万册图书。

第三,新闻搜索(http：//news. google. com/)。搜索和浏览 1000 多个资讯源的最新消息。

图 4-5 Google 搜索界面

第四，图片搜索（http：//images.google.com/）。图片超过 4 亿。分五大类，提供普通搜索和高级搜索。

第五，视频搜索（http：//video.google.com/）搜索并观看从整个网络中检索出的数百万视频。也可以上传视频。

第六，地图搜索（http：//ditu.google.com/）。查找本地商户、查看地图和获取行车路线。

第七，翻译（http：//translate.google.com/）。免费的在线语言翻译服务可即时翻译文本和网页。该翻译器支持多国语言。

第八，Google Earth（http：//earth.google.com/）。整合 Google 的本地搜索以及驾车指南两项服务，采用的 3D 地图定位技术把 Google Map 上的最新卫星图片推向一个新水平。用户可以在 3D 地图上搜索特定区域，放大、缩小虚拟图片，可以看到卫星图像、地图、地形和 3D 建筑，包括外太空的银河系以及大洋峡谷。

第九，学术搜索引擎（http：//scholar.google.com/，beta 版）。可搜索来自学术著作出版商、专业性社团、预印本、各大学及其他学术组织的经同行评论的文章、论文、图书、摘要和文章。有普通搜索和高级搜索两种途径。高级搜索提供作者搜索、出版物限制搜索、日期限制搜索，支持"＋"、"－"、"or"、短语搜索、"标题："等操作符。

（2）搜索特色。

第一，高级搜索。Google 高级搜索（见图 4-6）的结果相关性很强，可以解决绝大部分查询问题。① 限定搜索。可以进行 site、link、intitle、allintitle、inurl、allinurl 等限定。限定网址，如输入"英语试题"site edu.cn，表示限定在教育网内进行查询；查找引用情况，如输入"link：libserver.jsie.edu.cn"，表示搜索所有多少网址引用了江苏教育学院图书馆首页的链接。② 查找文件格式，如：输入"filetype：lit（books？ebooks）"表示搜索网络图书；也可以利用后缀名来搜索电子书。

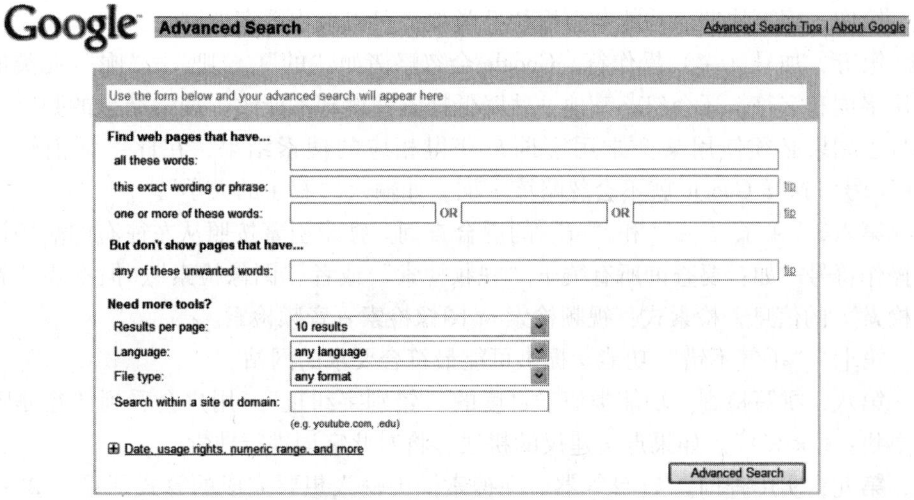

图4-6 Google 高级搜索页面

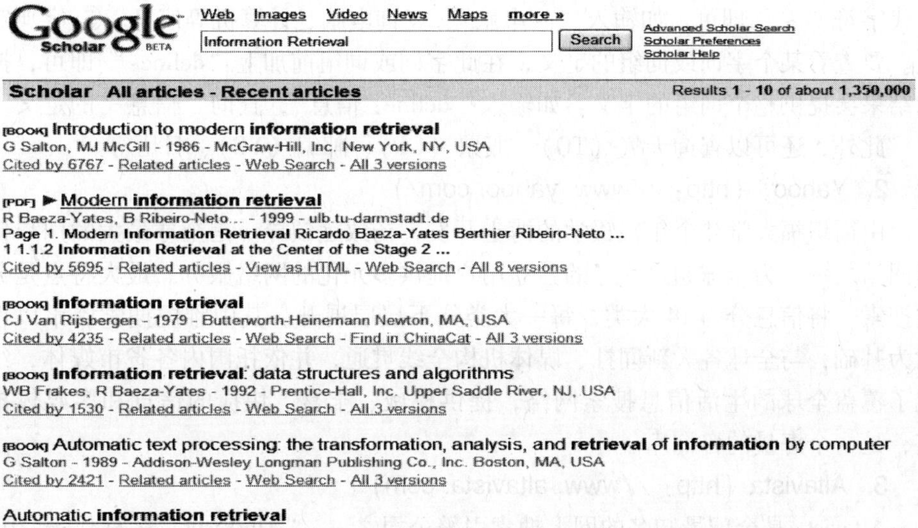

图4-7 Google 高级搜索"Information Retrieval"搜索结果界面

第二，相关搜索。要搜索与指定网站有相似内容的网页，在搜索框中键入"related："，并在其后键入相应的网址，如输入"related：www.google.com"，可以搜索与 Google 类似的网站。

第三，填空搜索。对于搜索问题不确定时，可以在搜索框中键入句子的一部分,然后加星号(*),如输入"*田李下",查询成语"瓜田李下"。

第四,网页快照。功能与百度快照类似,可以取出缓存的网页。

第五,加号(+)操作符。Google 会忽略诸如"的"、"吧"、"呢"此类的常用字词和字符,还会忽略其他一些降低搜索速度却不能改善搜索结果的数字和字母。如果必须使用某个常用字词来获得相应的搜索结果,在此字词前输入"+"号,这样 Google 就不会忽略该字词。如输入"我+的大学"。

第六,"+"、"-"和"or"的混合查询。搜索引擎按照从左往右的顺序读取操作符号。如:要查询所有关于"视频检索"或者"图像检索"、但不要"音频检索"的信息,检索式:视频检索 or 图像检索 - 音频检索。

第七,"手气不错"功能。提供可能最符合要求的网站。

第八,拼写检查。功能类似于百度的"错别字纠正"。用户会看到"您是不是要找:(××)"。如果点击建议的拼法,将对此字词进行搜索。

第九,实用查询。① 计算器。在搜索框中输入想要完成的算式即可。② 单位换算。直接在搜索框中输入想要进行的换算。③ 货币换算。直接在搜索框中输入想要完成的换算即可,如"10 欧元等于多少人民币"。④ 同义词搜索。如果并不仅仅想搜索单个字词,而是想一并搜索其同义词,则在搜索字词前加上一个代字符"~"即可,如输入"~电脑",查询电脑、计算机等信息。⑤ 字典定义。要查看某个字词或词组的定义,在此字词或词组前加上"define:"即可,搜索结果会提供整个词组的定义。如输入"define:信息",查询"信息"的定义。

此外,还可以查询天气(TQ)、股票(GP)、邮编(YB)、日历等。

2. Yahoo!(http://www.yahoo.com/)

由斯坦福大学几个年轻辍学的博士开发,杨致远领导。是全球最大的门户搜索网站之一,为全球超过 5 亿的独立用户提供多元化的网络服务。最大特点是分类搜索,将信息分为 14 大类,每一大类往下层层展开。其中雅虎搜索资讯以搜索为基础,与全球各大新闻社、媒体机构全线贯通,并依托国内各省市媒体,组成了覆盖全球的生活信息搜索网络,提供权威、丰富、快捷的信息和多媒体报道,是一个海量的咨询库。

3. Altavista(http://www.altavista.com)

Altavista 是全球最知名的网上搜索引擎公司之一。"AltaVista"名称代表"从高处望下",于 1995 年由迪吉多公司(Digital Equipment Corporation)创立。AltaVista 是功能最完善,搜索精度较高的全文搜索引擎之一。提供常规搜索、高级搜索和主题搜索,主题包括图像(Images)、MP3/Audio & Video 等。高级搜索向用户提供以日期、语种、布尔逻辑和近似条件分类的搜索。常规及高级搜索均允许针对 Title、URL 或特定的域名等进行限定。允许以 25 种不同的语言进行搜索,并提供英、法、德、意、葡萄牙、西班牙语双向翻译。

4. Lycos（http：//www.lycos.com）

最初由美国卡内基·梅隆大学的 Michael Mauldin 开发，1994 年 7 月投入运营，是最早的网络搜索引擎之一。Lycos 的目录指南包含 5000 万网页。检索对象包括 WWW、FTP、Gopher 以及图像、音频、视频文件。主要分类信息来自于 Open Directory，其次来自 Direct Hit 或 Lycos 自身的数据。2000 年以后 Lycos 逐渐以主题索引为主，在搜索图像和声音文件上的能力较强。其优点是数据库大，能给出综合性的结果，并显示搜索结果的简要说明，搜索结果按搜索频率排序。Lycos 允许使用布尔逻辑算符及截词符号"＄"等来控制检索词之间的关系。

5. Alltheweb（http：//www.alltheweb.com）

Alltheweb 是当今成长最快的一个搜索引擎，包括 10 亿多网站、数百万文档的索引式，支持 36 种语言，专门针对中国用户提供了中文简体搜索。它利用 Yahoo 的索引库，由 Yahoo 定期对其收录网站和其他文档进行更新。Alltheweb 可以检索网站、视听文件、图片、新闻、FTP 文件、PDF 和 WORD 文档等多种类型的网络资源。

6. Ask Jeeves（http：//www.askjeeves.com）

是第一个实现了查询系统智能化的搜索引擎。用户只要输入简单的问句，如"Where can I find …"，"How can I do …"等，数据库在对提问进行结构和内容分析后，或直接给出答案，或引导用户从几个可选择的问题中进行再选择。同时，它更着力于开发数据搜索的功能。该数据库提供目录搜索服务和元搜索服务，并提供集成的搜索结果。

7. AOL Search（http：//search.aol.com）

1999 年 10 月发行。前身是由 Excite 支持的 AOL NetFind。该搜索引擎允许用户同时使用其本身的内容和网络数据信息，其结果在很大程度上与 Google 的结果相同。但对于 AOL（美国在线）的用户而言，能够比较方便地同时检索 AOL 和整个 Web；对于非 AOL 用户而言，Google 的检索结果往往更全面些。

8. 其他

（1）MSN（http：//search.msn.com/）

（2）Windows Live Search（http：//search.live.com/）

（3）HotBot（http：//www.hotbot.com）

（4）LookSmart（http：//www.looksmart.com）

（5）Netscape Search（http：//search.netscape.com）

9. 总结

（1）每种搜索引擎都有不同的特点，只有选择合适的搜索工具才能得到最佳的结果。

（2）任何一个搜索引擎的收录范围都非常有限，尽量选用多个不同的搜索引擎，扩大查询范围，提高查准率。

（3）搜索引擎一般采用自动搜索软件收集网络资源，无法对信息的质量和可靠性做出正确判断，需要用户进行分析、选择、判断。

四、网络信息资源

（一）网络信息资源的含义

从提供信息资源的角度看，因特网是一个集各个机构、各个领域内的各种信息资源为一体的超级资源网。网络信息资源也称虚拟信息资源，是以数字化形式记录，以多媒体形式表达的，存储在网络计算机磁介质、光介质以及各类通讯介质上的，并通过计算机网络通信方式进行传递的信息内容的集合。简言之，即通过计算机网络可以利用的各种资源的总和。网络信息资源是一种以网络为依托，通过信息技术支持的全新的信息资源，与传统的信息资源相比，它在数量、结构、分布和传播的范围，载体形态，内涵，传递手段等方面都显示出新的特点。

（二）网络信息资源的内容

网络信息资源丰富多彩，一般具有及时、丰富、有用、动态、开放、共享、无序、分散等特性，免费与收费并存。网络信息资源一般包括以下一些内容：

（1）联机数据库和网络数据库。联机数据库包括综合性和专业性数据库等多种信息资源。许多著名的国际联机数据库检索系统都开设了与 Internet 的接口，用户可通过远程登录或 WWW 方式进行付费检索。另外，有许多从事传统信息服务的机构开发了网络数据库，如中国科技信息所与万方数据公司开发的万方数据资源系统、清华大学与清华同方开发的 CNKI 中国知网数字出版平台等。这些数据库由专门的信息机构或公司专业制作和维护，信息质量很高。

（2）联机馆藏目录。网络上有许多图书馆和信息机构提供的馆藏书目信息、中外文期刊联合目录信息，包括图书馆的公共联机检索（OPAC）馆藏书目、地区或行业图书馆的联合目录等。如江苏省高校图书馆基本采用的是汇文公司开发的汇文系统来进行馆藏书目信息资源的查询。该系统在网上提供图书目录在线检索，有题名、责任者、出版者等多个检索途径。此外，全国高等教育文献保障体系（CALIS）提供多个高校馆藏期刊、书目和学位论文联合查询；江苏省高等文献保障系统（JALIS）针对本地区资源建成江苏省高校联合目录数据库和一批具有特色的专题文献数据库。

(3) 电子文献。由于网上信息传播速度快，越来越多的出版商注重将传统的纸质文献资源转化成电子刊物的形式进行网上出版发行。这类电子出版物有电子图书、电子期刊、电子报纸及电子参考工具书等。

(4) 搜索引擎与网络资源指南。搜索引擎强调的是检索功能，能提供多种方式查询信息。搜索引擎的数据库主要是由机器人自动建立的，不需要人工干预，如百度、Google 等。网络资源指南则是按主题等级排列的主题类目索引，类别目录按一定的主题分类体系组织，用户可通过逐层浏览类别目录，逐步细化的方式来查寻具体资源。网络资源指南是人工编制和维护的，在信息的收集、编排上要花费大量的人力、物力，如 Yahoo！，新浪等。

(5) 网络学术资源学科导航。将 Internet 上的信息资源进行整理加工，按学科组织起来，构成完整的学科导航系统，为教学、科研、技术人员提供各类学术信息。网络学术资源学科导航数据库多由图书馆或科研机构单独或联合建设。

(6) 软件资源。网上的软件资源十分丰富，许多可供免费下载或共享，具有较大的吸引力。

(7) 动态信息资源。各级政府机构、学校、公司、团体在网上发布的消息、政策、研究成果、产品目录和广告、网络新闻、休闲娱乐信息等。

（三）网络信息资源类型

网络信息资源内容包罗万象，广泛分布在整个网络之中，既没有统一的组织管理机构，也没有统一的目录，其类型划分标准也多种多样。

1. 按照所采用网络信息传输协议的不同划分

(1) WWW 资源。包括文字、图像、声音和多媒体等多种超文本信息。90 年代中后期 WWW 得到迅速发展，因特网上的 WWW 服务器以每年翻几番的速度增长，成为因特网信息资源的主流。

(2) FTP 资源。是指用户可以从提供了匿名 FTP 机制的远程主机上访问、下载的资源。

(3) Telnet 信息资源。用户将自己的计算机作为某一个因特网主机的远程终端与该主机相连，从而使用该主机的信息资源。

(4) 网络新闻资源。包括新闻组（Usenet Newsgroup）、电子邮件群（List-serv）、邮件列表（Mailing List）、专题讨论组（Discussion Group）等，都是由一组对某一特定主题有共同兴趣的网络用户组成的电子论坛，工作原理、使用方法与电子邮件也非常相似，但又各具特色和用途，锁定各自特定的用户。

(5) Gopher 资源。基于菜单的网络服务，类似万维网的分布式客户机/服务器形式的信息资源体系，还可提供与 WWW、FTP、Telnet 等多种信息资源系统的连接。

（6）WAIS 资源。也称广域信息服务系统。是一种网络数据库文本检索系统，为用户提供几百个数据库（包括图书馆联机目录）的入口信息，并对用户选择的数据进行检索。

（7）Bulletin Board System（简称 BBS）信息资源。电子布告栏系统，提供一块公共电子黑板，用户可以在上面"书写"，发布信息或提出看法。BBS 按不同的主题分成若干版块。

（8）Blog 资源。Web log 即网络日志。是继 E-mail、BBS、ICQ 之后出现的第四种网络交流方式。是以网络作为载体，方便迅速地发布自己的心得，及时、有效地与他人进行交流，集丰富多彩的个性化展示于一体的综合性平台，代表着新的学习方式。

（9）Really Simple Syndication（简称 RSS）资源，也叫聚合内容。通过 RSS，可以实现用户对感兴趣内容的订阅，只要将需要的内容订阅在一个 RSS 阅读器中，这些内容就会自动出现在用户的阅读器里，而且一有更新，RSS 阅读器就会通知用户。

2. 按照信息资源的有偿性划分

（1）收费类信息资源。用户需要先注册登记，并通过一定的付费方式付费后方可使用。对于局域网内用户来说，一旦主机系统成为某系统的注册用户后，所有网内用户即可登陆该系统免费使用其数据库，不过有些系统会控制局域网内并行用户的数量（并发数）。一般来说，商业性机构开发的大型的、历史悠久的、成本费用高的系统采用收费方式的较多。

（2）免费类信息资源。这是一些无偿服务的电子资源，多为非赢利性公司开发，或小型的、实验性的、新上网的数据库，多数不需要注册，用户可直接连接使用，但也有些系统虽然免费，却要求用户注册，从而达到了解和掌握用户信息。另外，近年来兴起的开放存取资源，也是网上较大的免费资源，且多以学术资源为主。

3. 按照信息资源的内容划分

（1）学术研究类信息资源。针对大学、研究所以及图书馆所设计的数据库，大多是在有着悠久历史、有着大量用户的印刷版的工具书或检索刊物的基础上开发，以检索目的为主，多为收费数据库。

（2）教育类信息资源。针对各类学校，尤其是中、小学学生、教师以及家长开发的数据库，以教育目的为主。很多数据库联系学校开设的各类课程，并结合学生用户的特点设计页面，多为免费数据库。

（3）政府信息资源。由各级政府机构、部门开发，向公众公布政府信息或用于政府部门间信息的交流，是电子政府的重要组成部分。既有全公开的，也有只面向特定对象的；有收费也有免费的。

（4）商业经济类信息资源。是一种为特定行业、特定对象服务的网络信息资源，如各类机构名录、产品目录、经济贸易、市场、金融证券等，有收费也有免费的。

（5）生活娱乐类信息资源。为普通公众服务的信息资源，也是内容最庞杂、形式最多的一类网络信息资源。

（6）广告信息资源。出于经营的目的而设计，一般不单独存在，而是附属于其他网站的一类网络信息资源。

（四）网络信息资源的检索技巧

1. 常规的检索技巧

（1）分类查询。不能准确地确定搜索内容或者搜索的主题范围很广时，应该首先考虑使用网易、新浪、雅虎一类的分类搜索引擎，它们基于目录式管理，将网上信息归入不同的主题中，以便对主页的内容加以区分。用户可以根据主题由上而下逐级地进入一层层的子目录中去查找所需要的信息资源。

（2）关键词查询。使用关键词进行检索时要注意检索策略的有效制定及检索词的合理搭配。一般来说，开始不要把条件限制得过于严格，最好检出一些结果后再使用其他限定条件来排除。此外，过于专业、生僻的词汇（如一些产品名称、人名及专业名词）可能导致检索不到结果，不恰当的限定条件也会导致有用的信息被滤掉，因此，对于生僻的词汇尽量考虑使用众所熟知的词汇或者相同概念的词汇来代替。

（3）多次查找。看上去简单的问题并不一定是容易查找的问题。例如"哈佛法学院中的外国学生所占的比例有多大"，这种基于自然语言的搜索往往太过随意而导致无法检索到所需要的信息。可以考虑进行内容分析，去检索"哈佛法学院网站"、"留学生情况"等内容，通过多次查找来获取所需要的信息。

（4）查询最新信息。搜索引擎从抓取网页、解析、索引到提供检索是有一个周期的，各搜索引擎的信息滞后周期从一周到一月不等，所以查找最新内容应该去看门户网站的新闻。

（5）其他搜索技巧。尽可能缩小搜索范围，对于页面已删除（改名）的情况，可以通过尝试进入上一层目录或者利用网页快照来获取原始页面信息；此外，利用交叉话题，像新闻、体育、气象、娱乐信息以及免费电子邮件、聊天、RSS 定制内容等等来获取有价值的信息。

2. 高级检索技巧

（1）中英文混合搜索。如：输入"Thank you 德语谢谢"，可以查找"谢谢"

的德语说法;也可以使用"fy apple"或"翻译苹果"来分别查找苹果的中文意思或英文表示法;当中英文混合输入:"雪莱 snow spring 冬天已经来了,春天还会远吗"可以查找到雪莱的名句"冬天已经来了,春天还会远吗"的英文原文。

(2)限定检索。在有关百度与 Google 的内容里已介绍一些限定检索,如:限定网站检索(site),限定网页检索(inurl),限定标题检索(intitle),限定文件类型检索(filetype),限定相似类型检索(related)等。

(3)其他类型检索。如查找定义(define),查询引用情况(link)等。

这里只是简单概括了一些大多搜索引擎所通用的检索技巧,还有更多的检索技巧,不一一赘述。用户可登陆相关搜索引擎站点,通过"帮助"来获取更多的有特色的检索技巧。

(五)网络信息资源与知识产权保护

信息社会引领我们进入了一个知识信息大生产、大消费的时期,网络已经逐渐成为信息资源的主要载体,进而形成了庞大而丰富的网络资源。由于网络资源无限制的复制性、传播性和交互性,如何规范网络资源的运用和共享,是目前知识产权保护研究中的一个新领域,也是信息科学中值得探讨的问题。网络信息资源的知识产权是指因网络应用、网络技术的创新而产生的知识产权,是一个内涵十分丰富且不断发展变化的概念。网络环境下侵权行为的技术特征比其他类型的知识产权侵权更难鉴别,主要包括以下一些内容:

1. 以网络形式侵犯传统作品的著作权

如:擅自将他人传统形式的作品进行数字化并上传至网络。

2. 以传统形式侵犯网络作品的著作权

如:擅自将他人数字化作品进行文字化处理。

3. 网络作品之间的著作权纠纷

(1)网页抄袭。

(2)侵犯网络数据库。如:数据库越权使用,恶意下载等。

(3)数字作品和 Web 网页的下载、转发和传播等问题。

(4)多媒体作品的著作权归属问题。

4. 计算机软件与专利权保护

5. 网络商标权保护

如:域名抢注和商标侵权问题。

自 1999 年以来,保护数字版权为核心的数字版权管理(Digital Rights Management,简称 DRM)技术出现并发展。该技术避免播放和复制未经授权的数字内容,是对著作权法的有效和必要的补充。随着科技和人类文明的发展,知识产权和网络的关系更加密不可分。网络是人类共有的虚拟空间，合理利用网络信息资源，就是在法律许可范围内的合理使用。《伯尔尼公约》认为合理使用必须满足三项标准：一、属于特殊情况；二、不与作品正常利用相冲突；三、不过分损害著作权人的合法利益。关于法定许可，我国《著作权法》第32条规定："作品刊登后，除著作权人声明不得转载、摘编的外，其他报刊可以转载或者作为文摘、资料刊登，但应当按照规定向著作权人支付报酬。"要切实保护网络信息资源的知识产权，不仅要加强知识产权保护的法律意识，更需要每一个网民身体力行，从我做起。

五、网络学术信息资源的发现与利用

网络学术信息资源是指网络信息资源中渗透到学科领域，并具有学术价值的那部分资源。网络学术信息资源的特点是丰富、新颖、广泛、无序、无限、廉价，是对商业数据库资源的补充，同时也是我们在书本外学习的重要知识来源。下面介绍几种常见的网络学术信息资源的发现途径，资源网址列举详见书后"附录A"。

（一）网络学术资源导航

网络学术资源导航是以学科为单元对 Internet 上的相关学术资源进行搜集、评价、分类、组织和有序化整理，并对其进行简要的内容揭示，建立分类目录式资源组织体系、动态链接、学科资源数据库和检索平台，发布于网上，为用户提供网络学科信息资源导引和检索线索的导航系统。

网络学术资源导航不仅仅是对网站简单的搜集与整理，更是一项系统化的工程，它包含了诸多人工分析、整合、评估等细化工作。一个规范的学术资源导航库需要一整套标准的检索体系，以提高网络信息的查全率与查准率；使某一学科的网络资源由分散变为集中，由无序变为有序，方便用户查询，节省时间；强调所搜集信息的学术性，依据学科体系分类建立专业化检索工具，包含了该学科最前沿的理论动态、会议综述、科研报告等，能及时、动态地反映该学科领域最新的科研成果。网络学术资源导航的内容来源主要有：

（1）搜索引擎。目前网上有许多学术搜索引擎，可以用来专门搜索学术信息资源。它与普通搜索引擎的区别在于其学术性、针对性和规范化，其中著名的如：Google 高级学术搜索（http：//scholar google. com）。

（2）学术网站。这类网站一般都含有大量学术信息资源。

（3）网上著名的数字资源平台。这些数字平台不仅拥有较为齐全的学术资源，还为用户提供了方便的检索途径，如超星数字图书馆。

（4）主题网关或学科信息门户网站。是针对特定学科或某一主题领域，按照一定的资源选择和评价标准，以规范的资源描述和组织体系，对具有一定学术价值的网络资源进行搜集、描述和组织，并提供浏览、检索、导航等增值服务的专门性信息门户。它提供发现资源的途径，本身并不提供文献的全文和被链接网站的内容。一般国内外大学图书馆、科研机构等都建有学科门户。

（5）专家学者的个人主页或Blog。常常是探讨专业理论研究、交流学习和研究成果的平台，通常提供详细的论著列表，有些带有引文链接，有些则可以直接下载到原文。

（6）国内外著名大学与科研机构的网址。许多从事科学研究的学会、协会、研究中心等学术团体机构，都在网上建立了自己的网站，主要介绍其研究领域、在研项目以及相关成果。定期访问这些网站，可以得到大量学科专业的学术资源线索，其中不乏正式和非正式出版的论文专著，可以把握专业科研领域的最新进展和发展趋势。

（7）学科专业论坛。是交互式学术讨论园地，通常设有探讨和交流学术信息资源来源与挖掘技巧以及资料互助的平台。

（8）学术期刊的网络版和电子版。随着网络的发展与普及，一些学术期刊建立电子版，其中包含着大量的学术信息。

（二）开放存取（Open Access）资源

开放存取运动源于学术期刊的价格上涨和出版界商业垄断，出版界、图书情报界出现了所谓的"学术期刊危机"。为了解决这一问题，构建一个真正服务于科学研究的学术交流体系，开放存取运动于20世纪90年代末在国际出版界、学术界和图书情报界大规模兴起。它是在资源共享的思想基础上、在网络环境下发展起来的一种新型学术信息交流理念和交流机制，目的是恢复研究成果的公共品性质，强化各领域的研究论文都能通过网络自由取得。开放存取采取作者付费、版权为作者所有的运行机制，投稿方便，出版快捷，费用低廉。作者允许用户对其作品的学术性使用，即只要用户正确承认作者的权利，尊重作者版权，就可以通过数字媒体对作品进行合理使用。世界著名检索系统如SCI、EI等对开放存取期刊收录的数量越来越多，部分开放存取期刊的影响因子在本领域期刊中名列前茅，开放存取期刊还被英国等国家或组织纳入了学术评价体系。

1. 相关概念

（1）开放存取（Open Access）。Open Access简称OA，国内使用较多的翻译

是"开放存取"或"开放获取"。在内涵的界定方面,国外广泛引用的是2001年"布达佩斯开放存取首倡计划"(Budapest Open Access Initiative,简称BOAI)的完整定义,即"对于某文献的Open Access,即意味着它在因特网公共领域里可以被免费获取,并允许任何用户阅读、下载、复制、传递、打印、搜索、超链接该文献,也允许用户通览并为之建立索引,用作软件的输入数据或其他任何合法用途。用户在使用该文献时不受财力、法律或技术的限制,而只需在获取时保持文献的完整性,对其复制和传递的唯一限制是作者有权控制其作品的完整性,以及其作品被正确接受和引用。"

(2)预印本(Preprint)。是指科研工作者的研究成果还未在正式刊物发表,而出于和同行交流的目的自愿通过邮寄或网络等方式传播的科研论文、科技报告等文章。美国的洛斯·阿拉莫斯国家实验室建立的 e – print Arxiv 系统是最早的预印本系统。

2. OA 的运行模式

(1)Open Access Journal(简称OAJ),OA期刊。OAJ是BOAI最初提出实现OA的途径,内容主要包括期刊论文、学位论文、会议论文、研究报告等,是OA的主体,一般都实行严格的同行评议制度,以使其有质量保障。

(2)Open Access Repositories(简称OAR),OA仓储。OAR以预印本为存储主体,要求作者将其已经发表的期刊论文或者尚未发表的预印本的电子文档保存在开放电子文档中,即时存取,实现学术成果的交流。OAR又分为学科OA仓储和机构OA仓储两种类型。目前全球最有影响力的OA仓储是由剑桥大学、哥伦比亚大学等七家著名学府直接参与的联合机构库。

3. 开放存取的外文电子资源

比较著名的开放存取外文电子资源有美国斯坦福大学图书馆创立的 HighWire (http://intl.highwire.org/lists/freeart.dtl)以及瑞典 Lund 大学图书馆和学术出版与学术资源联盟创建的 Directory of Open Access Journals(简称 DOAJ)(http://www.doaj.org)等。HighWire Press(图 4 – 8)是全球最大提供免费全文学术文献的出版商之一,目前已收录电子期刊文章 497 万多篇,其中超过 200 万篇文章可免费获得全文,数据每日更新。

4. 我国免费学术电子资源

(1)预印本系统。如:中国科技论文在线(http://www.paper.edu.cn/)、中国预印本服务系统(http://prep.istic.ac.cn/eprint/index.jsp)等。

(2)开放存取电子期刊。如:Socolar 开放存取一站式检索服务平台(测试版)(http://www.socolar.com),收录 OA 期刊 8200 多种,OA 仓储 1000 多个,收录文章总计 1500 多万篇。

(3)开放存取机构库。如:国家科技图书文献中心(NSTL)(http://

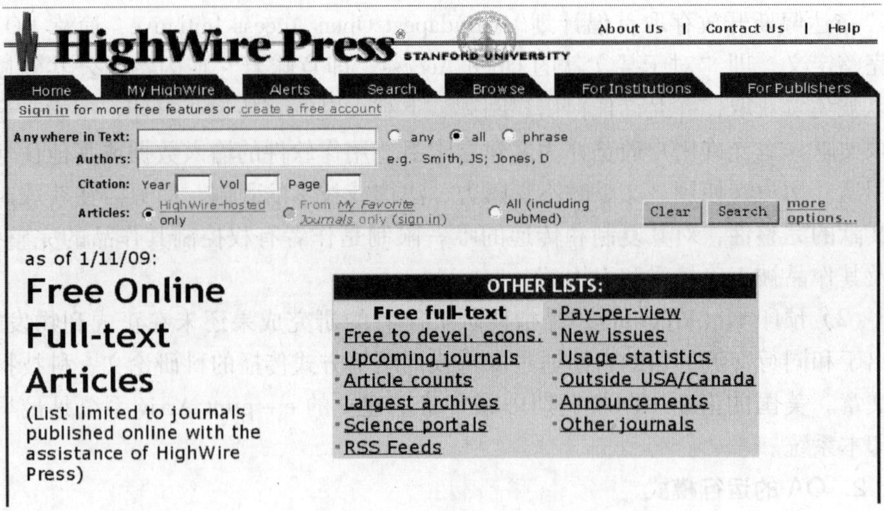

图 4-8　HighWire Press 界面

www.nstl.gov.cn），目前该系统已累积约 70 万条预印本文献记录。

（三）FTP（File Transfer Protocol）资源

不同的操作系统有不同的应用程序，为解决各种操作系统之间的文件交流问题，需要建立一个统一的文件传输协议，这就是 File Transfer Protocol（简称 FTP）协议，即文件传输协议。所有应用程序都遵守同一种协议，用户就可以将文件从自己的计算机中拷贝至远程主机（上传，upload）或从远程主机将文件拷贝至自己的计算机（下载，download）。

1. 匿名 FTP 机制

使用 FTP 资源必须首先登录，在远程主机上获得相应的权限以后，方可上载或下载文件。也就是说，要和哪一台计算机交换文件，就必须具有这台计算机的适当授权。并不是所有的远程主机都提供开放权限，用户也不可能拥有所有远程主机的账号、密码，这种情况下如何使用 FTP 资源？匿名 FTP 解决了这一问题。当远程主机提供匿名 FTP 服务时，用户便可以连接到远程主机上下载文件，而无需成为其注册用户。系统管理员建立了一个特殊的用户 ID，名为"anonymous"，Internet 上的任何用户都可使用该用户 ID。同时，远程主机会指定某些目录向公众开放，允许匿名存取。目录名一般叫做"pub"，其余目录则处于隐匿状态。用户在登录时，以 anonymous 作为用户名，以自己的电子邮箱地址作为口令即可。作为一种安全措施，大多数匿名 FTP 主机都允许用户下载文件，而不允许用户上载文件，以避免病毒等有问题的文件。FTP资源涉及几乎所有主题，尤其是一些大学教育网，拥有很多高质量的学术信息资源，匿名FTP使用户有机会存取到大量有价值的信息。

2. FTP搜索引擎和搜索软件

FTP搜索引擎的功能是搜集匿名FTP服务器提供的目录列表以及向用户提供文件信息的查询服务。由于FTP搜索引擎专门针对各种文件，因而相对于WWW搜索引擎，寻找软件、图像、音乐等文件时，使用FTP搜索引擎更加便捷，如：北大天网搜索引擎（http：//bingle. pku. edu. cn）、星空搜索（http：//sheenk. com/ftpsearch/search. html）等。

3. 我国高校FTP资源站点

关于高校FTP站点，互联网上公布有很多，在此不一一列举。由于FTP资源是有限制地使用，所以用户不一定都能完全打开站点，要看对方站点的远程主机是否提供匿名FTP服务，另外也要看本地电脑设置是否支持FTP协议。

（四）隐形网络（Invisible Web）资源

1994年，Dr. Jill Ellsworth最先提出"Invisible Web"这一概念，又称为"Deep Web"或"Hidden Web"，国内译为"看不见的网"、"深网"或"隐形网络"，是指用户通过一般搜索引擎无法获取的那一部分网络资源。隐形网络资源的特点：① 信息海量。信息量约7500TB，是WWW资源的400—550倍。拥有近5500亿个文档，而表层网络只有10亿个。2004年，隐形网络大约有30.7万个站点、45万个数据库和125.8万个界面；② 发展迅速。信息在2000－2004年间增长了3~7倍；③ 内容比表层网站更专业、更深入，信息质量高，50%以上的隐形网络资源内容存贮在专题数据库中；④ 免费开放。95%的隐形网络资源对公众免费开放。

1. 资源类型

（1）未被链接的网页，即非ASCII文本格式的内容，如执行文件、压缩文件、声音、图像、主流媒体文件等；

（2）动态产生的网页和实时信息；

（3）部分专业数据库。

2. 隐形网络形成的原因

（1）搜索引擎的索引技术无法跟上Internet的发展，spider只能索引静态网，而Internet上大部分为动态网页，二者之间存在矛盾。

（2）不透明网络或灰色网络，指搜索引擎可以索引但没有索引的网页。受搜索深度制约，搜索引擎无法爬行任何站点的任何网页；即使在搜索深度之内，

spider 爬行的网页数也有可能超过其最大容量；互联网上的信息时时更新，而 spider 爬行速度有限，二者的时间差形成了不透明网络或灰色网络。

（3）私人网络，即个人限制访问的网页。这些网络通常设置口令，spider 无法获取密码自动完成"输入内容"；有些网站出于保护知识产权或个人隐私的考虑，会使用协议阻止 spider 的爬行；有些网站使用"不索引"标签，令 Spider 无法索引。

（4）专有网络，只对注册用户开放的网页。机械式的搜索引擎无法填表注册，也就无法索引。另外收费的商业在线信息服务商，如 DIALOG、OCLC 或在线百科全书等，对未付费用户也是不可见的。

（5）真正的隐形网络，主要包括非 HTML 格式的文档、动态网页、实时数据及网络数据库。目前大部分搜索引擎只能索引 HTML 网页文档，无法索引动态网页及结构化的数据库信息。

3. 隐形网络资源的搜索

（1）专业目录。专业目录是一个主题指南，类似于网络资源导航，按照一定的规则排列大量 Invisible Web 的链接，如 Direct Search（http：//www.freepint.com/gary/direct.htm）。

（2）专业搜索引擎。可对所有类型的文件或网站进行检索，能够索引普通搜索引擎搜索不到的网页，如 LexiBot（http：//www.brightplanet.com）。

（3）主题数据库。主题明确的数据可以提供动态信息和数据库中的资源，如 Librarians' Index tothe Internet（http：//lii.org）。

（4）普通搜索引擎。在搜索多种非 HTML 文档方面功能强大或独具特色的普通搜索引擎，如 Google、Yahoo!、Gigablast、Altavista 等，也是搜索隐形网络资源不可忽视的工具。

总之，网络学术信息资源的查找与搜集是一项长期的日常工作，要注意平时的实践积累与经验总结。网络学术信息资源也是学术研究的一个方面，定期阅读信息情报类最新图书与研究论文，是了解信息行业发展动态的有效方法。

思考题

1. Internet 主要提供哪些服务？
2. 什么是网络信息资源，有哪些特点？
3. 网络信息资源包括哪些内容？
4. 什么是搜索引擎，主要功能是什么？
5. 举例说明百度和 Google 的搜索特色。
6. 网络学术信息资源的发现途径有哪些？

第五章 电子图书检索与利用

从结绳记事到文字出现，从竹简、泥盘刻字到祖先发明造纸印刷术，从铅与纸到电与光，知识载体发生了三次质的飞跃，把人类带入了电子书时代。在计算机技术、通讯技术、网络技术等现代信息技术飞速发展与不断融合的今天，纸质图书的数字化表现形式越来越丰富，电子图书是电子出版物的重要类型之一。与印刷型图书相比，电子图书具有高密存贮、快速检索、体积小、出版周期短、制作简单等特点，一问世就受到人们的广泛关注，并取得了快速的发展。

一、电子图书概述

（一）电子图书的产生与发展

电子书的概念最早出现于 1940 年左右出版的一部科幻小说中，书中幻想未来可以在某种特制的电子设备上阅读图书。

1971 年，迈克尔·哈特（Michael Hart）获得了伊利诺伊大学学校材料研究实验室中一台大型计算机的使用权限，并得到一个几乎没有时限的账号。哈特认为有朝一日公众都可以接触计算机，因而他决定把一些对整个人类而言有一定意义的书籍输入电脑，放置在计算机网络上供人们免费阅读和下载，这项计划被命名为"古腾堡工程"。《美国独立宣言》是"古腾堡工程"的第一份电子文本。通过这项工程，纸质书第一次被规模化地转化为电子书。

1981 年出版的 The Random House Electronic Thesaurus 被认为是世界上第一本可用于商业目的的电子图书。早期电子书是用 PC 屏幕阅读的，有 PDF 格式、微软的 Reader 格式等。用 PC 屏幕阅读目前仍然占据电子书阅读领域的大半壁江山。它在阅读形式上的缺点就是必须借助电脑，不如传统的书轻巧、灵便。

20 世纪 90 年代初，真正意义上的电子书诞生了。一个书本大小的电子书阅读器硬件，重几百克，用户可以通过调制解调器，以每分钟 100 页的速度从因特网上下载自己喜爱的书目。如索尼公司 1992 年研制的名为 Bookman 的产品，我国早期的翰林电子书等。

随着计算机技术和网络经济的迅速发展，相关的设备、软件以及诸多提供电子书下载的网站纷纷推出。1995年，最大的网上书店Amazon.com（亚马逊网上书店）开始通过互联网销售可本地打印的图书（print books）。1998年，在电脑信息展销会上，电子图书作为一个即兴消费类电子热点产品受到广泛关注。

当现代电子技术取得了突破，特别是有了高清晰度显示屏、可联网下载、内容丰富的电子书库之后，电子图书不仅成为可能，而且对传统印刷型图书形成了强劲的挑战。微软公司甚至认为，电子图书的销售额将于2009年超过传统书籍。

（二）电子图书的概念

电子图书（Electronic Book）简称e-book，也称数字图书。是以数字化方式将图、文、声、像等信息存储在各种磁或电子介质上，并通过网络通信、计算机或终端等方式再现出来的一种新型"书籍"，它是多媒体技术和超文本技术发展的产物。

电子图书使读者可以方便地阅读和检索，具有章节导航、定位等功能，有些电子图书还实现了真正意义上的全文检索。另外，电子图书一般均可进行下载或打印，也可摘录其中的部分文字进行编辑修改，为读者基于网络环境的学习和科研带来极大的方便。

（三）电子图书的类型

电子图书的类型多种多样，其划分标准不一，通常有以下几种划分方法：

1. 按信息采集的来源划分

（1）原生型电子图书。是一种通过数码方式记录在以光、电、磁为介质的设备中，借助特定的设备来读取、复制、传输的数字出版物，比如现在常见的网络原创性图书作品。

（2）非原生型电子图书。也就是所谓的图书电子化，其实质就是纸质文献资源数字化，即将各种印刷型的书籍，通过扫描等处理技术转换为数字格式的、用电子方式发行，借助计算机阅读和存储的电子读物。经过数字处理后的电子读物保留了原印刷型读物的所有插图、图表、照片等，并可实现全文检索。

2. 按载体形式划分

（1）光盘版电子图书。即CD-ROM，是一种借助于计算机光驱进行单机光盘阅读的电子图书。

（2）网络型电子图书。又称为在线电子图书，是一些网站将经过扫描、录入或原创的电子图书放到网络服务器上，供用户直接从网上阅读或下载，这类提供在线电子图书服务的站点通常称为网络书屋。近年来，多媒体技术和超文本技术广泛应用于电子信息的处理中，使电子图书具有"图、文、声、像"的特征，赢得了更多的用户，获得了广泛的发展。

（3）便携式电子图书。这是特指一种存储了电子图书内容的电子阅读器（见图5－1），也称"Pocket eBook"。电子阅读器是一种终端显示设备，通过它可以阅读存放在其中的成千上万页的图书内容。存储容量大，图书内容可直接连接到特定网站进行更新，但功能比较单一。

3. 按内容划分

（1）综合性。电子图书就其内容而言，涉及了多学科领域。大多数网络书屋收录的内容都比较丰富，学科综合性强。

（2）专业性。有些网站侧重于对某方面电子图书的收集，其中涉及最多的如专业性工具书、文学艺术类图书、计算机类图书，有一定的收录重点。

4. 按存储文件格式划分

电子图书的格式有多种类型，由不同公司提供。下面简单地介绍当前比较流行和比较常见的几种电子读物文件格式。

图5－1 电子阅读器

（1）文本型电子图书。这类电子图书代表有：① TXT 文件格式。这种格式的电子书容量大，所占空间小，存储简单方便，是电脑和很多移动设备的通用格式。② DOC 文件格式。是 Microsoft 开发的 Office 办公软件中关于 Word 文档的存储格式。功能强大，是制作电子图书的一种比较方便的软件。

（2）网页型电子图书。这类电子图书代表有 EXE、HTML/HTM、CHM、HLP 等。

第一，EXE 文件格式。是目前比较流行的一种电子读物文件格式，这种格式的制作工具也是最多的。最大的特点就是阅读方便，制作简单，电子读物精美，无需专门的阅读器支持就可以阅读，在 2004 年以前主要应用于文本型的图书阅读。不足之处在于：多数 EXE 文件不支持 Flash 和 Java 及常见的音频、视频文件，需要 IE 浏览器支持；无法直接获取文字图像资料。2004 年以后，电子杂志和数字报纸大都采用了 EXE 格式，并支持 FLASH、多媒体，展现的内容更加丰富，成为当前最流行的电子杂志格式。

第二，HTML/HTM 文件格式。这种格式基于超文本链接技术而产生，是一种利用 IE 浏览器阅读的电子图书。大多数网络书屋都提供该格式电子图书，方便读者在线浏览。

第三，CHM 文件格式。是微软 1998 年推出的基于 HTML 文件特性的帮助文件系统。

第四，HLP 文件格式。是早期的操作系统所使用的帮助文件系统。

（3）图文型电子图书。就是把已有的纸质图书扫描到计算机中，以图像格式存储。这类电子图书使用比较广泛，专业性强。数据商为保护自己的权益，在制作电子书时制定了特殊的格式，并开发出与其对应的阅读软件。代表有 PDF、CEB、PDJ、CAJ、WDL、NLC、SWB、LIT、EBX、OEB 等。

第一，PDF（Portable Document Format）文件格式。是美国 Adobe 公司开发的电子读物文件格式，需要该公司的 PDF 文件阅读器 Adobe Acrobat Reader 来阅读，与操作系统平台无关。它是在 Internet 上进行电子文档发行和数字化信息传播的理想文档格式，目前已成为数字化信息事实上的一个工业标准。PDF 具有许多其他电子文档格式无法比拟的优点：可将文字、字型、格式、颜色及独立于设备和分辨率的图形图像等封装在一个文件中。该格式文件还可以包含超文本链接、声音和动态影像等电子信息，集成度和安全可靠性都较高，易于传输与储存。Adobe 公司以 PDF 文件技术为核心，提供了一整套电子和网络出版解决方案。对普通用户而言，用 PDF 制作的电子书具有纸版书的质感和阅读效果，可以"逼真地"展现原书的原貌，显示大小可任意调节，提供了个性化的阅读方式，阅读起来很方便，这些优点使用户能很快适应电子阅读与网上阅读。

第二，CEB（Chinese eBook）文件格式。由北京方正阿帕比技术有限公司开发，相应的阅读器是方正 Apabi Reader。是完全高保真的中文电子书格式，能够保留原文件的字符、字体、版式和色彩的所有信息，包括图片、数字公式、化学公式、表格以及乐谱等。CEB 的优势在于，在不同的软硬件环境下保持显示不发生变化，生成后不可修改；融合了当前主要字型表示技术，支持少数民族文字（蒙、维、藏、韩文等）的转换；提供全面图形处理技术，提供全面的图像和颜色处理支持及压缩；转换方便，很多格式都可以转换成 CEB 格式等；文件的数据量小，只有原来 DOC 文件的 1/10；可以在 CEB 上制作目录、链接跳转、增加声音、动画和视频。CEB 文件直接通过免费的 Apabi Reader 阅读器浏览，也可以嵌入到 IE 浏览器。

第三，PDG 文件格式。是超星公司推出的作为其数字图书馆浏览器的专有格式，具有多层 TIFF 格式的优点，图像压缩比高，阅读软件为超星阅读器 SSReader。

第四，CAJ（Chinese Academic Journal）文件格式。是清华同方公司的文件格式，使用阅读软件 CAJViewer 在本机阅读。

第五，除以上常见的几种文件格式外，还有 WDL 文件格式、NLC 文件格式、SWB 文件格式、LIT 文件格式、EBX 文件格式、OEB 文件格式等多种文件格式，不一一介绍。

(4) 其他格式电子图书。电子图书还有许多其他格式，例如基于掌上阅读器（PDA）格式的 SOFTBOOK、ROCKET BOOK、MICROSOFT READERRB 等。

（四）电子图书的特点

电子图书拥有许多与传统书籍相同的特点，如：包含一定的信息量，有一定的文字量、彩页；其编排延续传统书籍的格式，以适应读者的阅读习惯；通过被阅读而传递信息等。但是作为一种新形式的书籍，电子图书又拥有许多传统书籍所不具备的特点，如：必须通过电子计算机设备读取，并通过屏幕显示等。具体如下：

1. 优点

（1）容量大。存储介质相对传统书籍而言容量更大，可以容纳更多的信息量。

（2）成本低。相同的容量比较，存储体的价格可以是传统纸质价格的 1/10～1/100，甚至更低，因而有更高的性价比。

（3）内容丰富。数字化资料可以包含图文声像等各种资料，增强了可读性，可以以更灵活的方式组织信息，方便读者阅读。

（4）操作简便易行，降低了工作量，提高资料的利用率。电子图书方便信息检索，可以任意缩放、复制，在电脑上处理各种资料，更加方便、快捷，大大提高了工作效率。

（5）更具系统性。通过超文本技术，网络通讯技术，将各种资料有机组合，互相参照，能更好地理解资料。

（6）易典藏。相对于纸质书籍来讲，保存时间更长，不受空间限制，存储容量大。

2. 不足之处

（1）内容形式单一。目前，电子图书内容所涉及的主题范围比较有限，多为文学艺术或计算机类图书以及工具书等。专业化、系统化、内容形式丰富多样是电子图书的发展趋势。

（2）制作质量良莠不齐。网络上的大量免费电子图书多为个人业余制作，错别字、内容不全等情形随处可见，不能有效地提供全文检索，总体制作质量不高。由一些专业技术开发商或网络服务商所提供的大型电子图书服务系统，如美国的 NetLibrary、中国的超星、书生之家等，其所制作及提供的电子图书，内容和质量相对较好，服务也有保障，但是大多需要付费使用。

（3）版权解决方案尚不成熟。版权问题在电子图书制作及服务方面表现得最为突出，尤其是中文电子图书，早期对知识产权的保护比较薄弱。国外在这方面做得相对较好,一般是取得出版社的电子版权,且在服务等方面也充分考虑出版社及著者个人的利益,采用复本控制、权限控制等方式贯彻版权保护原则。

(4) 格式多样,给用户阅读带来不便。出于对版权的保护,不同的电子图书系统常常采用不同的阅读软件,给用户带来了极大的不便。用户在阅读这些电子图书时必须先安装相应的阅读软件,这些阅读软件通常有不同的版本,更新非常快,导致用户要花费时间与精力来熟悉它们的使用以及跟踪这些阅读器的升级。

二、超星数字图书馆(http://www.ssreader.com/index.asp)

(一)概述

超星数字图书馆是由北京世纪超星信息技术发展有限责任公司开发的,目前国内规模最大、功能完备的数字图书馆,也是世界上现有的、最大的中文在线电子图书馆。成立于1993年的北京世纪超星,是我国较早的专业数字图书馆技术服务商和数字图书馆解决方案提供商。公司利用自主开发的图文资料数字化技术(PDG)和相应的软件平台,与国家图书馆及国内多家出版社合作,展开大规模的中文图书文献资源数字化加工。1999年超星数字图书馆正式开通网络运营,2000年6月被列为国家863计划中国数字图书馆示范工程项目。

1. 资源特点

与国内其他数字图书馆项目相比,超星数字图书馆具有其自身的资源特点:

(1) 资源丰富,规模巨大。截至2008年,超星电子资源包括文学、经济、计算机等50余大类,100多万种电子图书,300万篇论文,全文总量累积4亿余页,数据总量3万GB。就资源量而言,超星数字图书馆的规模在世界范围内也是不多见的。

(2) 软件平台技术成熟,功能完备。PDG数字化技术采用PDCT2标准,具有较高的压缩效率,图文显示也比较清晰。超星浏览器作为超星数字图书的综合服务平台,功能完备、界面友好。SSReader内嵌了.PDG、.PDF、.TXT、.HTML、.MP3等阅读功能,除阅读PDG数字图书以外,还可作为网络浏览器、资源管理器、数字图书采集制作平台、读书互动社区等。

(3) 版权解决情况较好。超星数字图书馆兴建之初就比较注重版权问题。目前,超星数字图书版权主要采用三种方式予以解决:一是通过国家新闻出版署下属"中国版权保护中心"集体代理解决;二是取得出版社签约授权。2000年以后,超星先后与480多家出版社签订授权协议;三是直接与作者签订授权协议,超星是目前同行业中唯一一家直接取得作者授权资格的单位,目前已经拥有16万多位作者与超星签约,其中包括很多知名的专家、学者、院士;有30万位作者同意将自己的作品授权超星数字图书馆;

(4)服务模式多样。超星数字图书馆查检及借阅服务主要有三种形式:主站资源查检、镜像服务、读秀检索。在具体的检索方式上包括分类检索、关键词检索及目次检索等形式。

2. 会员服务

(1)注册成为会员

首次登录超星数字图书馆,要先下载和安装超星阅览器,并进行新用户注册。① 登录 http://www.ssreader.com,点击【新用户注册】;② 阅读超星数字图书馆用户申请协议书,选择"我接受"进入下一步;③ 输入用户名→点击【下一步】→填写密码及个人资料→点击【我要注册】→注册成功。

(2)提供的会员服务。① 阅读免费阅览室的图书。阅读免费阅览室提供近一万种流行、通俗的大众性或知识性图书阅读。② 订阅会员图书馆服务。会员图书馆提供数十万种图书的在线阅读、借阅下载等服务。③ 在电子书店内购书。电子书店提供数万本电子图书的按本付费购买服务。④ 在读书社区及原创平台发表文章。读书社区是为广大书友提供阅读、创作、交流的互动平台。

(二)超星数字图书网

超星数字图书网是超星数字图书馆的门户网站(图5-2)。网站包括会员图书馆、电子书店、免费阅览室、名师讲坛等资源库,并有社区、原创、博客等读书互动频道。

(1)会员图书馆。为注册用户提供数十万种图书的在线阅读、借阅下载等服务,需要订阅。现有14个主题馆,分别是:工业技术、医学主题馆、计算机通信主题馆、经济管理主题馆、建筑交通主题馆、社会科学主题馆、数理化主题馆、文化艺术主题馆、教育主题馆、历史地理主题馆、文学主题馆、自然科学主题馆、语言文字主题馆、哲学宗教主题馆。注册用户可以选择读书卡、星币、网络银行、手机付费等形式借阅或下载会员图书馆资源。

(2)电子书店。主要提供与超星合作的出版社近期出版的数万种电子图书,用户可以按主题、类目或出版社进行图书查检和购买。所有图书一经购买即可永久阅读。

(3)免费阅览室。提供1万余种流行、通俗的大众性或知识性图书,可免费阅读和下载。

(4)名师讲坛。超星视频邀请国内众多知名专家学者、学术权威,将他们

● 信息资源检索与利用

图5-2 超星数字图书馆门户网站界面

多年的学术研究成果制作成视频,建立起视频资料库。所有学术视频资源配有插图、提纲、文字,并提供字幕检索、字幕下载。整个资料库包括国内百余名知名教授和学者的4000部学术专题片。

(5)原创平台。主要供超星注册用户发表文章或长篇连载,是一个集作品发布、管理、阅读、交流、销售为一体的综合网络平台。所有原创作品多以PDG格式存储,内容多为网络小说、诗词散文、教育励志等类型。原创作者可以与超星签订作品授权协议并获得稿酬。

(6)读书社区。超星的设立的一个读书论坛,是一个为广大书友提供阅读、创作、交流的互动平台,注册用户可以创作和发布读书笔记,可以使用社区短信功能和志同道合的好友即时联系,可以通过发贴、回贴与书友进行互动交流。

(三)超星镜像

对于高校、科研院所这一类的集团用户,超星数字图书馆主要采用镜像站点的方式提供服务,各个镜像站点的资源情况有所差别,网站结构及查检方式是一致的(图5-3)。镜像站点主要提供关键词检索和分类检索两种查检方式:

第五章 电子图书检索与利用

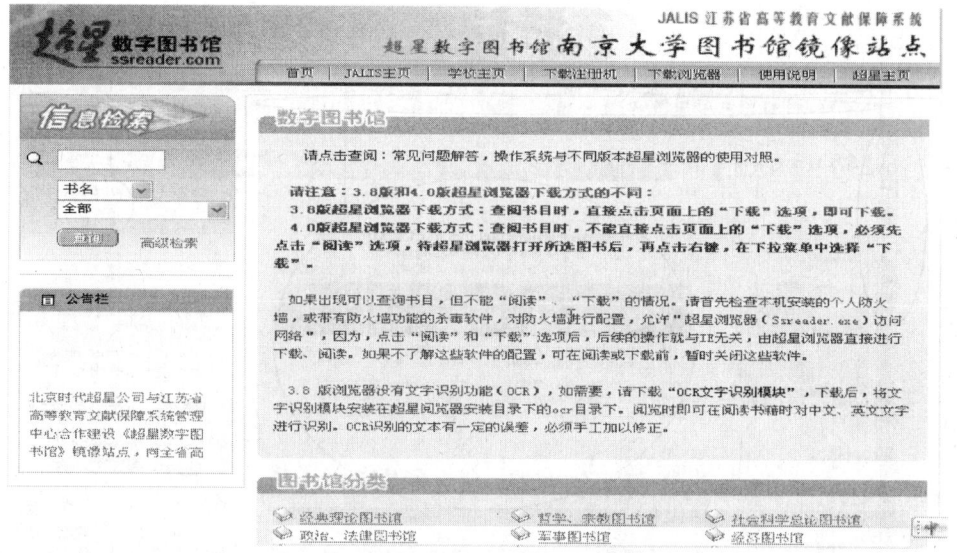

图5-3　超星数字图书馆南京大学图书馆镜像站点

1. 关键词检索

提供书名、作者、索书号、出版日期四个字段的关键词检索，包括单入口的【信息检索】和多入口组合的【高级检索】。

2. 分类检索

即将所有的图书资源按照中图法分为22个分类图书馆，每一分类图书馆下进一步按类层层细分，即以中图法分类树来组织和编排图书资源，用户可以按照图书所属的类目选择相应的分类图书馆，层层点击获得所需的资源。

检中的图书资源以列表形式呈现，每一条记录包括书名、作者、出版日期等简要信息，并有【阅读】和【下载】两个功能链接，点击相应链接将直接启动超星浏览器（SSReader）阅读或下载指定图书。

（四）超星阅览器

超星阅览器（SSReader）是超星数字图书馆的终端管理器，是用户与数字图书馆的信息中介，用户的主要阅读及相关活动都是在这一平台上完成的。超星阅览器除阅读 PDG 数字图书外，还具有资料光学扫描、电子图书采集制作、资源上传下载、用户本地及网络资源管理等多种完备的功能。

1. 超星浏览器的构成

如图5-4所示，超星浏览器主要由菜单栏、工具及地址栏、功能耳朵、窗口等几个部分组成。

● 信息资源检索与利用

图 5-4 超星浏览器 SSReader4.0

(1) 菜单栏

集成了文件、网页、书签、设置、注册等菜单。① 文件。包括基本的文件存取操作，以及光盘检索、光盘刻录等功能；② 网页。是与网络浏览相关的一些功能和命令；③ 书签。专门针对图书阅读的书签管理功能；④ 设置。是对整个浏览器各个功能参数的设定，包括下载线程、采集功能、页面显示、代理服务器等参数设置；⑤ 注册。主要是用户管理功能，包括登录、注册、登出、离线注册等。

离线注册。离线注册码是对应机器码使用的，用哪台电脑的 SS 机器码去申请获得的离线注册码，就只能在哪台电脑上使用。机器码可在超星阅读器菜单中的"注册→用户信息"中查看。离线注册码获得网址：http：//offline.ssreader.com，离线注册码有效期为 31 天。不同版本的超星阅读器对应的机器码不同，申请的时候注意选择对应的版本；若 ss 机器码前带"－"，也不能丢掉。

离线登录。由于所有的超星电子图书都是依据注册用户账号及图书所在计算机机器码加密的，当用户将一本图书从一台计算机拷贝到另外一台计算机时，就必须依据该计算机的机器码和用户账号对图书进行解密，如果该计算机无法提供用户联网登录，就必须以离线方式登录。

(2) 功能耳朵。即分布于浏览器左侧的资源、历史、交流、搜索、采集五个标签，点击相应的功能耳朵，可以打开具有对应功能的窗口。①资源耳朵。对应资源窗口，用于浏览、查检和管理本地硬盘或光盘、远程数字图书馆的数字图资

· 112 ·

源或网页、文本、PDF 文档等资源。其中数字图书馆资源包括超星数字图书馆的所有资源，并按类编排，用户可以很方便的查找所需图书。② 历史耳朵。开启历史记录窗口，详细记录了浏览器资源浏览情况，包括阅读过的图书、文档、网页等内容。③ 交流耳朵。可以直接链接到超星数字图书网的各个读书互动频道。④ 搜索耳朵。可以启动超星的资源搜索页面，提供数字图书、期刊文献、目次等搜索。⑤ 采集耳朵。可以打开电子图书制作窗口，主要供用户制作自己的 PDG 文件。

2. PDG 数字图书阅读与下载

（1）PDG 数字图书阅读。在资源窗口选择相应的图书，或者通过搜索、镜像站点查检所得图书都可以在阅读窗口打开（图 5-5）。阅读窗口以图文方式展现出图书页面原貌，供用户浏览；同时系统还集成了多种阅读功能，如标注、书签、评论、文字识别、图像拷贝等。所有阅读功能均集中于右键菜单中。

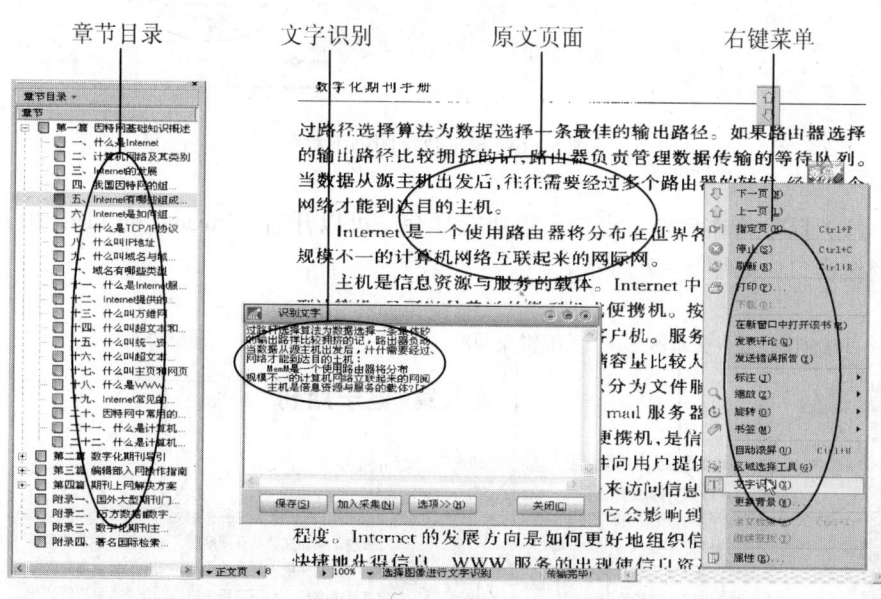

图 5-5 超星 PDG 数字图书阅读

（2）PDG 数字图书下载。在资源窗口、镜像站点选择图书下载，或者在阅读过程中点击右键选择下载，都会启动超星浏览器下载窗口，如图 5-6 所示。SSReader的下载是多任务、多线程的下载，图书主要按页存储。

文件存放路径包括虚拟路径和物理路径两个，虚拟路径按照资源窗口本地资源分类进行存储，文件最终下载到浏览器根目录下；物理路径则是由用户直接选择指定。

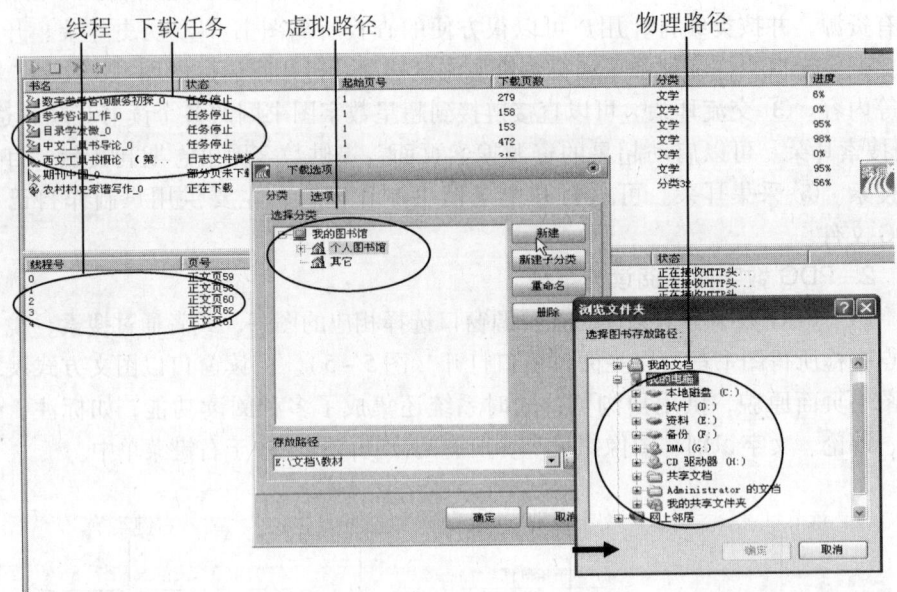

图 5-6 超星数字图书下载

（3）PDG 文本制作。点选采集功能耳朵，可以开启 SSReader 的 PDG 电子文档制作窗口，如图 5-7 所示。

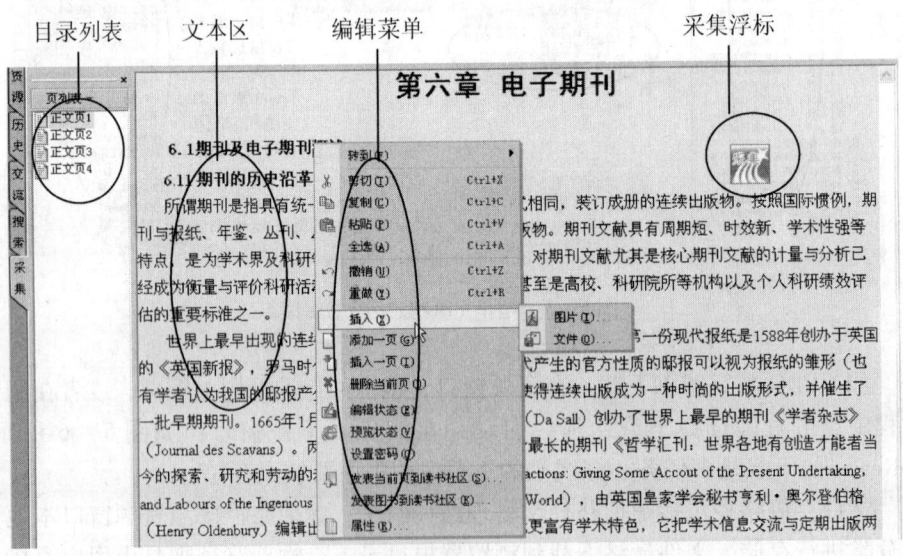

图 5-7 超星数字图书 PDG 文本制作

在这里，用户可以制作自己的 PDG 文档，并可利用采集浮标从采集网页、图片、链接、多媒体等素材来充实自己的文本。

3. 检索结果处理

下载的资料可以被刻成光盘或拷贝到其他电脑上阅读使用。用户在其他的电脑上需要阅读这些资料时，需要在这台电脑中的超星浏览器中进行用户登录。点击"注册"菜单下的【用户登录】，在页面中输入用户名和密码，点击确定提示注册成功后，就可以阅读这些书籍了。如果需要阅读书籍的电脑不能上网，需要进行离线登录。

（五）读秀知识库（http：//www.duxiu.com）

"读秀"是超星开发的一个面向全球的互联网图书资源查询系统，它集文献搜索、试读、传递、参考咨询等多种功能为一体，以海量的数据库资源为基础，为用户提供切入目录和全文的深度检索；提供部分文献的全文试读，用户通过阅读文献的某个章节或通过文献传递来获取想要的文献资源，可以对文献资源及其全文内容进行深度检索并提供文献传递服务；还提供本馆纸本馆藏图书的查询和所购买的超星电子图书的链接，为用户提供全面、特色的数字图书馆整体解决方案和资源功能整合服务。

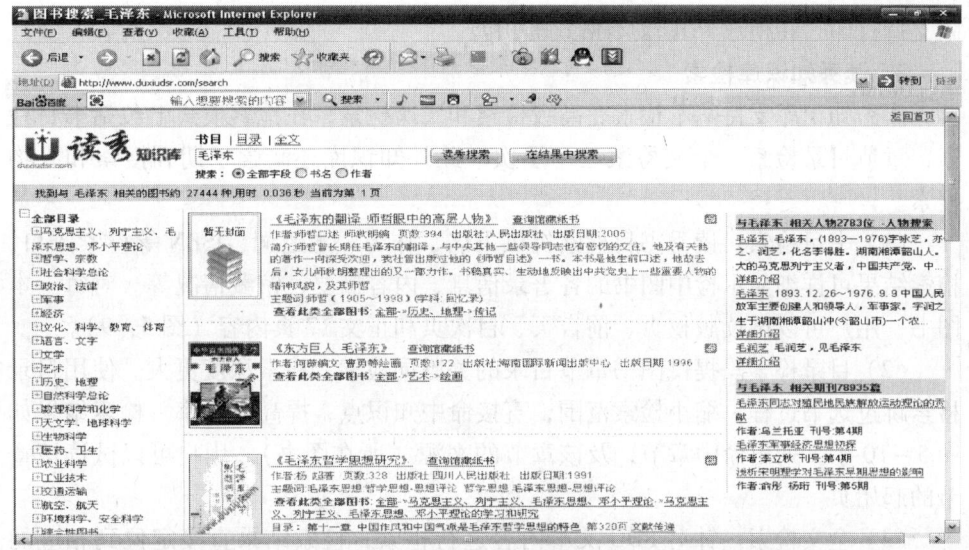

图 5-8　读秀知识库界面

1. 资源特色

与超星数字图书馆相比,"读秀"在资源整合及服务上更具特色:

(1) 资源量进一步增大。截至2008年,"读秀"可检索到228万种中文图书题录信息,占已出版的中文图书的95%以上;其中包括160万种图书全文,信息量超过6亿页;2700万条中文期刊数据,2亿条目次;每年以10万种以上的速度更新图书。

(2) 文献资源可深度检索。"读秀"突破传统的图书检索局限,检索结果不仅限于书名、作者、主题词等MARC字段,而且围绕关键词深入到的章、节、目,直至全文之中进行检索,使用户能在短时间内获得深入、准确、全面的文献信息,扩大知识搜索的范围,提高查全率和查准率。

(3) 全文显示更加便捷。读秀不但提供图书的元数据信息,还能提供70%的图书的原文试读,可阅读图书17页的内容。通过网上浏览图书的目录及章节内容以及试读,能帮助用户判断和选择合适的图书。

(4) 系统开放,易于整合。"读秀"系统开放透明,机构用户可以将图书馆的馆藏OPAC系统整合到"读秀"中,用户可以很方便地了解哪些图书馆有收藏,提高了查询、借阅图书的效率。此外,还提供获取该图书的各种渠道,可直接链接到出版社、网上书店及其他收藏单位,方便用户购买或借阅。

(5) 高效快捷的文献传递。读秀可以按照用户的咨询请求,通过E-mail的方式在最短时间内提供任意文献不超过全文内容20%的任何局部资料。传递的文献支持打印、转换成PDF文本格式等功能

2. 读秀知识库检索

读秀知识库支持基本检索、高级检索和二次检索,在检索模式上包括书目检索、章节目录检索、全文检索三个层次,此外知识库还暗含了期刊搜索和人物搜索。

(1) 书目检索。读秀书目检索提供书名、作者、主题词、ISBN等检索入口,检索结果可详细显示检中图书的各著录信息、内容摘要、馆藏情况等。对每一本图书,用户可以试读版权页、前言页、目次页和正文17页内容(图5-9)。

(2) 目录检索。提供图书章节目录的关键词检索,检索深度更大。使用目录检索跳过选书过程,缩小检索范围,直接命中知识点,提高查准率。检索结果如图5-10示,列出命中章节,及该章节的来源(所在图书)。用户可以试读该章节的起始页。

(3) 全文检索。针对PDG文本内容进行检索,检索结果直接定位到相应的图书章节及页面(图5-11)。用户可以试读关键词前后共12页内容。

(4) 期刊检索。点击检索页面右侧【与……相关期刊】可以进入期刊检索模式,对于期刊文章,用户可以试读一页。

第五章 电子图书检索与利用

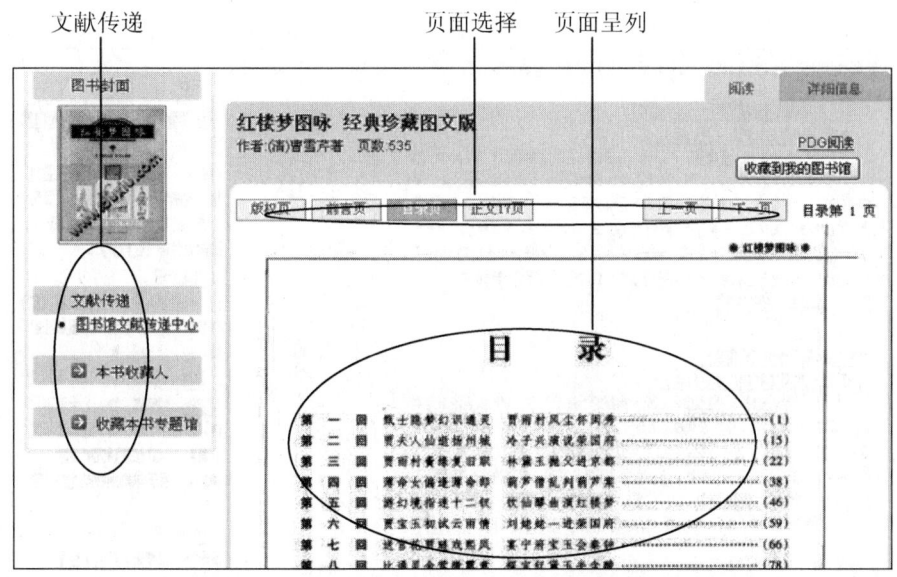

图 5-9 读秀图书试读页面

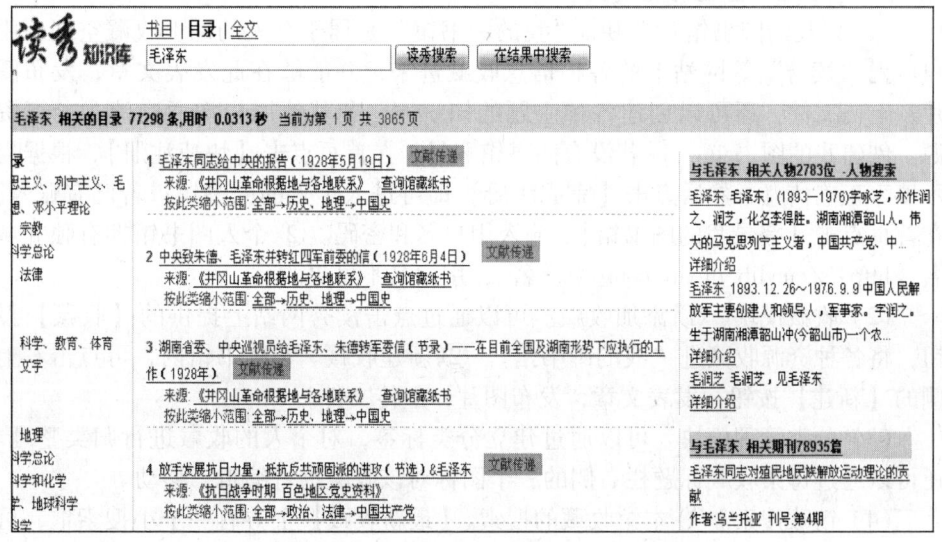

图 5-10 读秀目录检索界面

(5) 人物检索。点击检索页面右侧【与……相关的人物】可进入人物检索模式。检中的人物资料包括简要介绍、备选信息以及详细信息。备选信息是提供人物同名情况，详细信息则是以 PDG 文件格式展示人物情况。

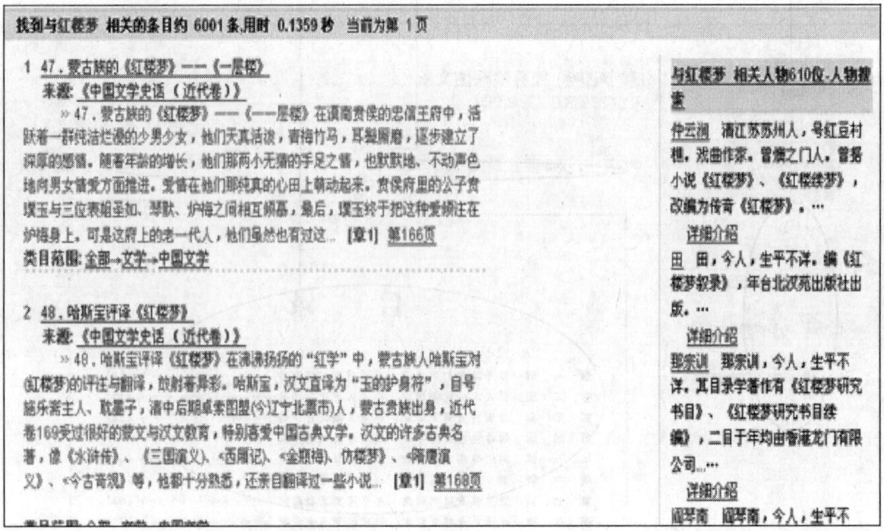

图 5-11 读秀全文检索界面

3. 个性化及管理功能模块

（1）"我的图书馆"模块。"我的图书馆"是属于个人的网上收藏空间，用户可把"读秀"等网站上的各种信息收藏进来，并能够在此发表文章，发布图片，上传文件，还可以创建各种主题的知识库，和其他用户沟通交流、分享资源。创建我的图书馆：① 若没有图书馆账号，在首页点击【快速注册】，根据提示填入正确信息，然后点击【完成注册】即可进入个人的图书馆；若已有账号，在首页点击【登录我的图书馆】，输入用户名和密码。② 个人图书馆拥有独立域名［http：//mylib.duxiu.com/用户名］，用户名不可更改。

（2）收藏模块。① 添加收藏。可以通过点击读秀网站上提供的【收藏】按钮，将各种资源收藏进"我的图书馆"。② 新建收藏。在图书馆内，可点击右上侧的【新建】按钮，发表文章，发布图片，上传文件。

（3）分类管理模块。可以通过建立分类标签，对个人的收藏进行归类整理。还可以通过每条收藏标题栏右侧的三个图标对该收藏进行编辑、移动。

（4）馆藏搜索。① 本馆收藏的搜索。【最新收藏】上方有一个小搜索框，可以对所有收藏进行全文搜索，包含标题和内容，检索词至少为两个汉字。② 馆内收藏的读秀知识搜索。在收藏区域选中文字后，即会弹出【读秀知识搜索】，点击后立刻在读秀内进行全文检索。如果不需要此功能，可在【馆内设置】里将其关闭。

（5）其他功能。如：我的好友、我的消息、馆内设置、个人设置、最新收藏、我的专题图书馆、其他热键等。

三、方正 Apabi 数字图书馆（http://ebook.lib.apabi.com）

方正 Apabi 数字图书系统由北大方正电子有限公司制作，收录了全国 400 多家出版社出版的最新中文图书，绝大部分为 2000 年以后出版的，并与纸质图书基本同步出版。内容涵盖社会学、哲学、宗教、历史、经济管理、文学、艺术、数学、化学、地理、生物、航空、军事等多个领域。

Apabi：A 代表 Author（作者），P 代表 Press（出版社），第二个 A 代表 Artery（分销渠道），B 代表 Buyer（买者），I 代表 Internet（因特网）；整合起来理解，Apabi 即是指：以互联网为纽带，将传统出版的供应链连接起来，eBook 是贯穿始终的元素。作为技术解决方案，Apabi 为网络出版提供源动力，为用户阅读电子书、领略电子书的魅力开拓新视界。

（一）系统构成

1. 登录系统

位于页面的左上方。点击【方正 Apabi Reader 下载】，下载并安装最新的 Apabi Reader，进行登录后，就可以选择电子资源下载阅读。

（1）有密码用户。输入管理员分配的用户名和密码，点击【登录】。第一次登录时，在弹出的页面中填写用户信息（显示和必填的信息可在后台管理的"读者管理→首次登录时填写信息设定"中设置）。要注意：① 如果选中【记住我】，该用户使用同一台计算机下次进入该数字图书馆将不需要再登录。② 有密码用户将借阅的资源全部归还后，还可以在其他计算机上使用该账号登录。

（2）无密码用户。点击【匿名登录】。第一次登录时，在弹出的页面中填写用户信息（显示和必填的信息，可在后台管理的"读者管理→首次登录时填写信息设定"中设置）。如果其 IP 地址属于无密码用户，会提示登录成功。

（3）阅览室用户。在要注册为阅览室的机器上，以管理员或注册员身份登录后台管理的"读者管理→阅览室注册"中，输入姓名（标识）。如果 IP 地址允许，则可以注册成阅览室用户。

不同的用户登录后，借阅规则与自己所在的用户组的设定相关。阅览室用户借期只有一天，但没有借阅量的限制。点击【用户借阅流程】，可阅读在数字资源平台的借阅说明。

2. 检索系统

（1）全面检索。可以同时输入多个检索词，用空格分隔，各检索词之间默认为"or"的关系，选择资源来源，点击【检索】。

信息资源检索与利用

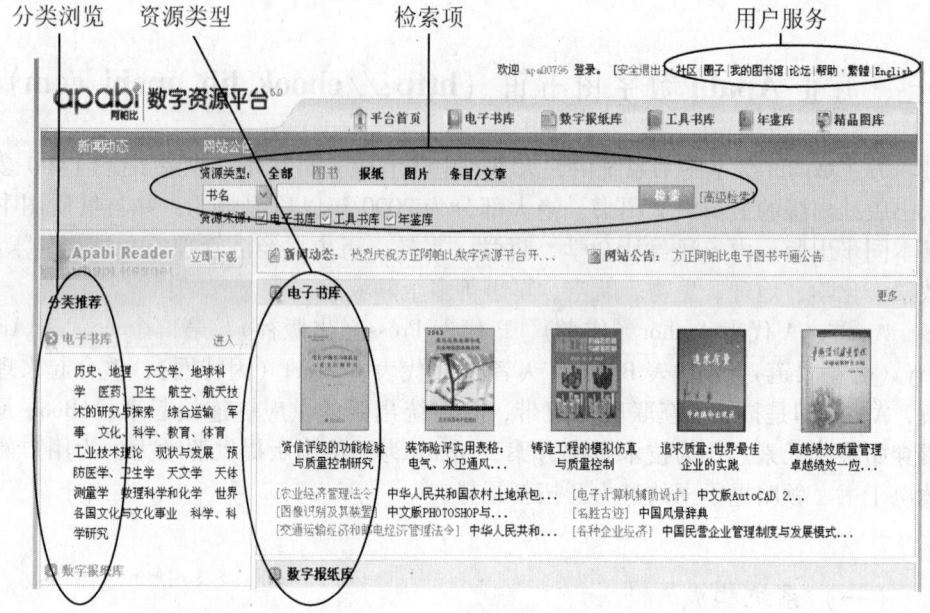

图 5-12 方正 Apabi 数字图书馆首页

（2）按资源类型检索。在【资源类型】中选择某一资源类型，然后选择检索字段，输入检索词，在可选择的资料来源里进行选择，最后点击【检索】。

（3）高级检索。使用高级检索可以输入比较复杂的检索条件，在一个或多个资源库中进行查找。点击【高级检索】，分为"本库查询"和"跨库查询"。

可以在列出的项目中任选检索条件，所有条件之间可以用"and"或"or"进行连接。跨库查询需要选择要查询的库。所有的选项设置完成后，点击【查询】开始高级检索。检索结果可选择图文显示或列表显示。点击【关闭高级检索】结束检索。

（4）分类检索。用户可以根据显示的分类，方便地查找出所有该类别的资源。点击【显示分类】，可以查看常用分类和中国图书馆图书分类法（常用分类在后台管理的"资源管理→管理资源库"中设置）。点击类别名，页面会显示当前库所分类的所有资源的检索结果。可选择图文显示或列表显示。

（5）二次检索。系统支持二次检索。

（二）方正 Apabi 数字图书馆用户借阅流程

用户在方正 Apabi 数字图书馆的借阅流程如图 5-13 所示：

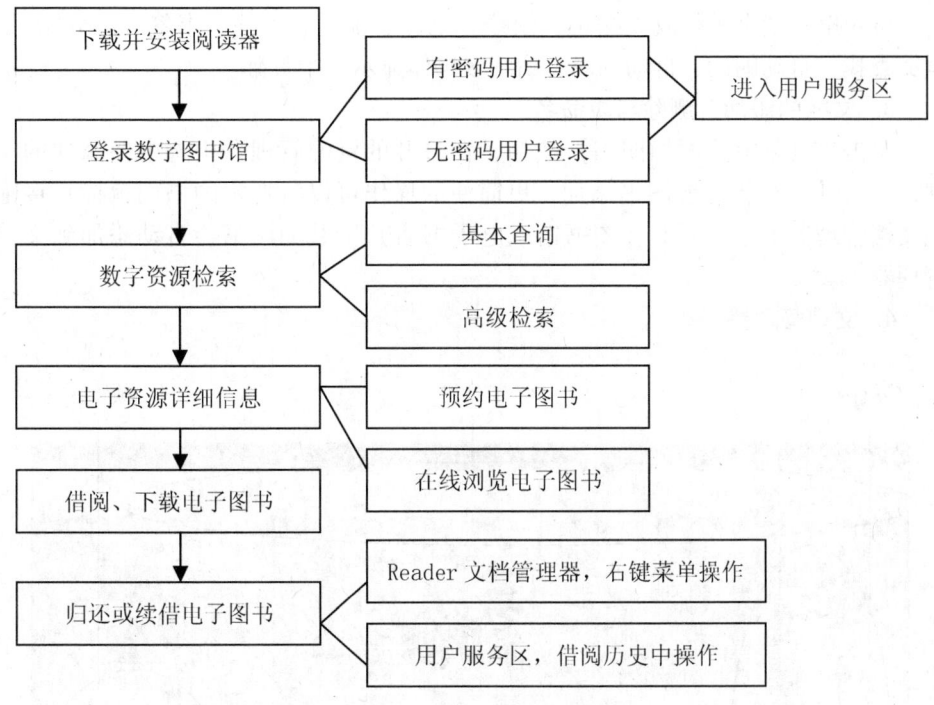

图 5-13 方正 Apabi 数字图书馆用户借阅流程图

（三）方正 Apabi Reader 阅读器

方正电子图书使用方正 Apabi Reader 阅读和下载。Apabi Reader 是一个为中文电子书环境设计的阅览软件，集电子书阅读、下载、收藏等功能于一身，既可看书又可听书，还兼备 RSS 阅读器功能。可阅读 CEB、PDF、HTML、TXT、OEB 等多种数字化的书籍或文件。还可以直接使用翻译软件、关键词查找，能很方便地在 eBook 上进行批注等处理，同时也具备快速点选网上书店、书架管理及网页浏览等功能。

1. 图书借阅、续借、归还与清空

登录数字图书馆找到要借阅的图书，在页面中点击【借阅】按钮，图书下载完成后会自动加入文档管理器的"我借阅的图书"中。

在文档管理器中右键点击借阅图书，选择"借阅信息"菜单项可以查看图书馆名、借出时间、到期时间和当前时间等信息。在右键菜单中选择"归还此书"和"续借此书"可以主动还书和续借。另外，软件会从图书到期的前一天开始提示用户，在提示窗口中点击图书名称即可完成续借。

2. 阅读功能

可对电子图书进行放大缩小、划线、批注、加亮、圈注、书签、部分摘录、全文查找、自动朗读、自动翻译、动画多媒体显示、半页翻。

3. 文档的添加、删除与重命名

单击工具条中【添加图书】按钮，在打开的资源管理器中选中要添加的文件，点击【打开】完成图书添加；更简便的操作可以将选定的书用鼠标直接拖到文档管理器中。从网上（图书馆或电子书店）下载的图书会自动添加到文档管理器中。

4. 文档管理器

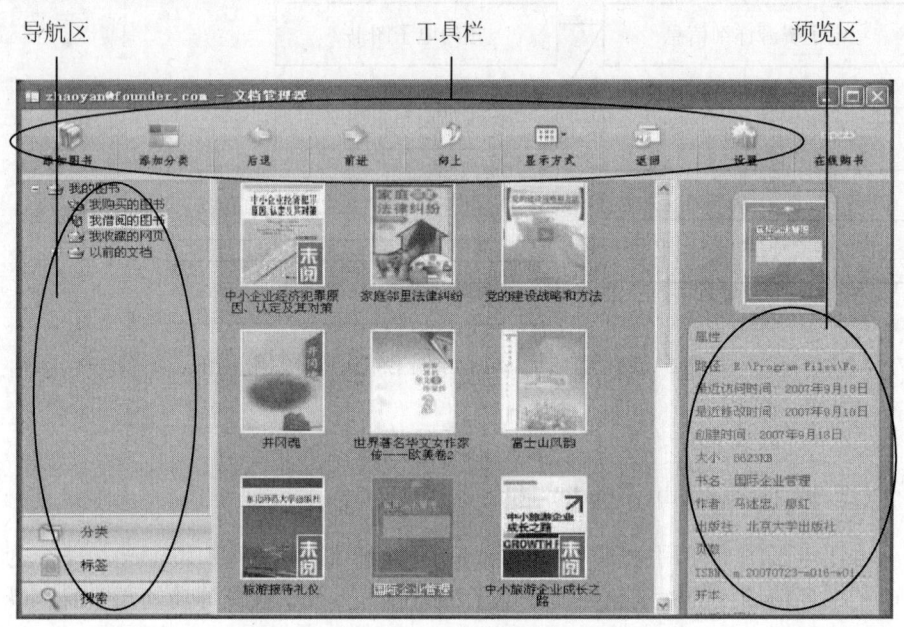

图 5-14 方正 Apabi Reader 文档管理器界面

（1）工具栏。可以添加图书、添加分类、后退、前进、向上、显示方式（可以选择四种查看文件的方式，即大图标、小图标、列表、详细资料）、返回、设置、在线购书。

（2）导航。① 分类。"我的图书"分类中默认包含"我借阅的图书"、"我购买的图书"和"我收藏的网页"三个分类。点击某分类在预览区中将显示该分类下的文件数量和未阅数量；在分类内容显示区的空白处单击鼠标右键，在弹出的菜单中可以选择用不同的方式显示和对文件进行排序，还可以添加分类和图书；在已有分类上点击鼠标右键，可以打开、添加图书、重命名和删除，其中默认分类不能删除和重命名；在已有文件或网页上点击鼠标右键，可以打开、重命名、删除、添加/删除未阅标记、添加标签和查看属性。② 标签。"我的标签"文件夹，点击某标签显示添加了该标签的文件和网页，在预览区中也显示该标签的文件数量和未阅数量；在"我的标签"上点击鼠标右键，可以添加新标签；在标签文件夹内容显示区的空白处单击鼠标右键，在弹出的菜单中可以选择用不同的方式显示和对文件进行排序；在已添加标签的文件或网页上点击鼠标右键，可以打开、重命名、删除、添加/删除未阅标记、添加标签和查看属性。同一文件或网页可以添加多个标签。③ 搜索。选择一个或多个类别并输入关键字，在文档管理器的所有文件和网页中搜索与输入关键字匹配的文件。注意，"名称"类别指的是文件在文档管理器中的显示名。

(3) 预览区。在设置中选择在预览框显示图书属性点击文件或网页，则在预览区中显示相关属性，如：书名、作者、出版社、书号、页数等信息。如果设置成不显示该预览区，则在要查看的文件上点击鼠标右键并选择"属性"菜单项，可以在弹出窗口中查看信息。

（四）用户服务

(1) 社区。进入社区页面可以查看最新资源推荐、热门话题、热门标签、热门圈子、特色个人图书馆，最近书评等信息。

(2) 圈子。在圈子页面可以进行圈子搜索、查看圈子最近话题、推荐圈子、最新圈子等信息。对于有密码用户，还可以在圈主信息栏目中选择创建圈子、进入"我的圈子"和浏览所有的圈子。还可以退出圈子，发表或回复圈子话题，指定圈子成员成为管理员，管理或委托管理员对圈子话题进行置顶或删除等操作。

(3) 论坛。进入论坛页面可以查看论坛的各个模块以及各模块中的贴子。对于有密码用户，进入某论坛模块可以在其中发表新的帖子。

(4) 帮助。点击弹出数字资源平台5.0以及各资源库的在线帮助文件。

(5) 我的图书馆。有密码用户进入系统，用户服务区中相应会增加"我的图书馆"链接。进入个人图书馆后，可以查看个人资料、借阅信息（电子书库资源的借阅历史和预约信息），并提供了收藏管理、读书笔记管理、书评管理、批注管理、好友管理、圈子管理、留言管理和消息管理等功能。

四、书生之家数字图书馆

(http：//edu.21dmedia.com，或http：//www.21dmedia.com)

（一）简介

书生之家数字图书馆由北京书生数字技术有限公司开发制作，是建立在中国信息资源平台基础之上的综合性数字图书馆。目前已发展到第三代的书生之家数字图书馆系统，是使书生公司成为中国信息资源产业的龙头企业之一。第三代数字图书馆技术是为构建基于用户信息活动及互动性的数字图书馆而设计的，信息活动将从原来的单向转入"双向"，用户可以实现信息的提交、获取、交换及实时咨询等。

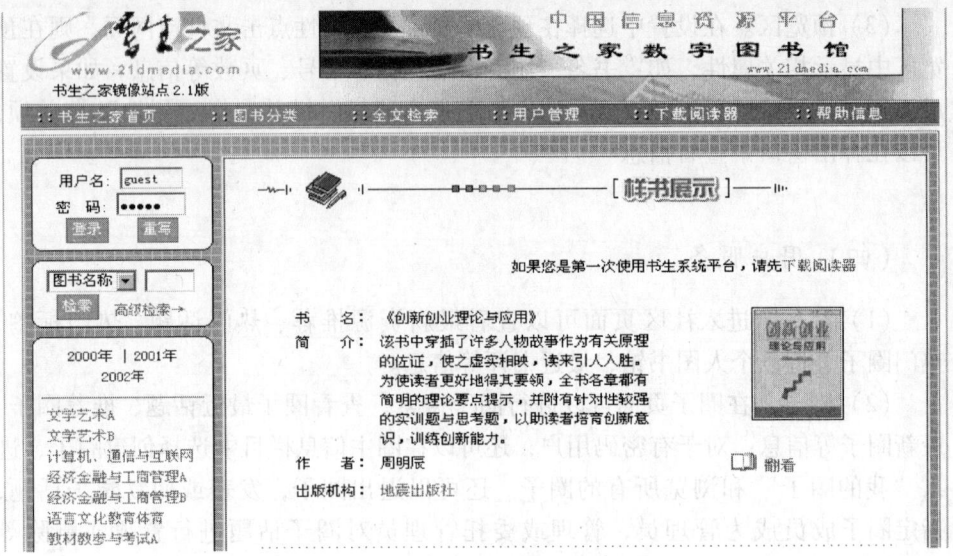

图 5-15　书生之家数字图书馆镜像站点首页

（二）资源状况及特点

（1）目前总资源近 70 万册，70% 左右为 2000 年后的新资源。以 8 万册/年速度递增，每年更新的主要为当年出版的新书。所收图书涉及社会科学、人文科学、自然科学和工程技术等所有类别。

（2）全息电子图书 20 多万册，主要为 2004 年后新资源（全息书最大限度保持纸本图书原貌，保持插图、版式和颜色外貌，文字图片可随意获取使用，无须通过 OCR 识别）。

（3）电子书的全息技术制作文本格式符合中国软件协会推广的国际文档库技术标准（UOML 开放技术标准），解决了不同厂家的文档资料无法相互操作及阅读的瓶颈。

（4）子书采用四级目录导航，方便用户阅读和全文检索，精确定位到页。

（5）跨库检索功能把不同厂家的电子图书、期刊、馆藏纸质图书数据库统一起来，方便用户查找。

（6）专题库和视频资源库能最大限度地满足用户对专业类和多元化数字资源的需求。

（三）系统频道构成

1. 图书频道

（1）阅读器。由书生之家开发的电子图书格式为 sep、ifr 格式，需要其专用阅读器来阅读。用户首次使用书生之家数字图书馆时，需要先下载、安装"书生电子图书阅读器"。可以到"软件下载"频道进行下载安装，然后方可在线阅读或借阅图书。

（2）在线阅读图书。点击图书页面左边图书分类列表中的"任意分类"，进入图书分类页面后，点击【全文】，可以自动调用书生阅读器，进行全文阅读。

（3）借阅图书。进入图书分类页面后，点击【借阅】，可以自动调用书生阅读伴侣进行借阅。

（4）数据库检索途径。① 简单检索。是在所选定的数据库字段中进行检索。检索的关键词（字）只有一个。检索结果为中选图书书目列表，点选图书名称，输出该书的文摘等详细信息；点击【全文】按钮，输出该书的全文。② 分类检索。是根据图书所属类别，从大类到小类逐步推进，层层点选，直到检中所需图书。点击【全文】按钮，输出该书的全文。③ 高级检索。在高级检索中，用户可以根据图书名称、出版机构、作者、丛书名称、ISBN、主题、提要及它们之间的"and/or"逻辑关系来进行查询，是对多个检索入口的检索条件进行逻辑组配后进行检索（图 5-16）。检索结果为中选图书书目列表；点选中图书名称，输出该书的文摘等详细信息；点击【全文】按钮，输出该书的全文。④ 全文检索。是对图书全文中包含某个词的全部图书内容进行检索。在检索中，用户可根据书生分类，从一个分类或者全部分类中分别检索到自己所需要的内容。具体操作：点击【全文检索】按钮，在第一个查询文本输入框中输入检索词；点选所检图书的分类；点击【检索】按钮，输出中选图书书目列表；点选【图书名称】输出该书的文摘等详细信息；点击【全文】按钮，输出该书的全文。⑤ 高级全文检索。可以在高级全文检索中从书生分类中，根据全文或者目录，进行单词、多词、位置、范围等方面进行检索。高级全文检索是非常专业的检索，因此使用几率比较低。⑥ 二次检索。是对所检出的图书进行年代限定，可与上述任意一种检索方法配合使用，以达到缩小检索范围的目的。上述任意一种检索，在任意一步检索结果的基础上，点选界面左侧的【年代】，即可输出在上述检索限定及年代限定条件下的中选图书书目列表；点选【图书名称】，输出该书的文摘等详细信息；点击【全文】按钮，输出该书的全文。

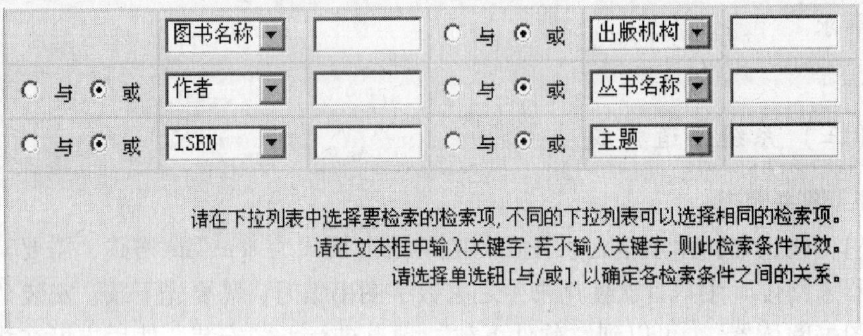

图 5-16 书生之家电子图书高级检索项

2. 音频频道

音频可以根据音乐分类列表来查找相关分类音乐。可以实现在线音乐检索，看到唱片的详细内容和演唱者所有录制的歌曲，可在线播放。具体操作如下：

（1）音频检索。可以根据名称、表演者、主题词、出版日期等来检索所需要的音乐。

（2）音频播放。点击单曲后，进入到单曲详细介绍的页面；然后点击播放，即可以调用书生播放器进行播放。

3. 视频频道

视频可以根据视频分类列表或视频页面右上角的检索功能来查找相关分类的影片。可以看到影片的详细信息，可在线播放。具体操作如下：

（1）视频检索。视频页面右上检索部分可以根据影片外文名称、中文名称、导演、主演、内容介绍、类型来检索所需要的视频。

（2）视频播放。选择视频点击后进入到视频详细介绍的页面，点击播放，即可以调用书生播放器进行播放。

4. 期刊频道

进入期刊页面可以看到最新期刊信息或根据期刊分类列表进行相关期刊的查找。又或者可以根据右上角的检索功能来检索相关期刊的信息，当检索到相关期刊时可进行详细阅读。

（1）期刊检索。可以根据篇名、关键词、作者、机构、中文摘要、中文刊名、英文刊名、ISSN、年、期进行"and"和"or"的检索。

（2）期刊在线阅读。选择期刊进入期刊详细页，点击【全文】即可在线阅读期刊。

5. 互联网信息频道

显示各个网站检索相关内容得到的信息。所检索的网站以及检索内容在服务器端设置。

6. 论坛

可以与书友分享读书心得。

7. 一站式检索系统

通过标准接口，可以整合各家数字图书馆（包括纸质书）的元数据资源，从而实现一站式检索。查询结果以超链接形式提供。查询条件可以为标题、出版社、作者、描述或全部。

（四）系统功能

1. 用户管理。包括个人管理、新用户注册、个人详细资料管理、修改密码等。
2. 广播管理。用户根据各自需要，在创建广播邮件的表单中输入关键字，点击【创建】按钮，则在广播列表中添加一条广播信息项，系统会将所查询到的信息保存起来，通过用户注册的电子邮箱发给用户。
3. 系统设置。包括借阅 IP 设置等。

五、免费中文电子图书

除了前面介绍的三个著名的数字图书馆外，网上还有很多免费的电子图书资源，包括各种类型和题材，但质量参差不齐，需要用户进行选择和判断。下面列举一些：

1. 亦凡公益图书馆（http：//www.shuku.net：8082/novels/gaoshi/gaoshi.html）
2. 白鹿书院（http：//www.oklink.net/）
3. 书香门第（http：//www.bookhome.net/）
4. 天涯在线书库（http：//www.tianyabook.com/）
5. 锦绣中华（http：//www.chinapage.com/china.html）
6. 我爱e书（http：//www.52ebook.com/）
7. 百万书库（http：//www.millionbook.com/）
8. 书吧（http：//www.book8.com/）
9. e书久久（http：//www.eshu99.com/）

10. 书海博览（http：//dadao.net/htm/book/index.php）
11. 犀鸟天地站（http：//www.hornbill.cdc.net.my/hbnews.htm）
12. E书吧（http：//www.eshuba.com/）
13. 爱搜书网（http：//www.isoshu.com/indexcn.html）
14. 思恩E书网（http：//www.sienw.com/default.aspx）

六、John Wiley 数据库

（http：//www3.interscience.wiley.com/cgi-bin/home）

（一）John Wiley 数据库简介

John Wiley 数据库是由 John Wiley & Sons Inc.（约翰威利父子出版公司）创建。John Wiley & Sons Inc. 创立于 1807 年，是全球历史最悠久、最知名的学术出版商之一，享有世界第一大独立的学术图书出版商和第三大学术期刊出版商的美誉。

Wiley InterScience 是 John Wiley & Sons Inc 的学术出版物在线平台，主要出版科学、技术、医学类图书和期刊；专业和生活类图书；大学、研究生等使用的教材和其他教育资料；Wiley InterScience 的大型在线参考工具书（Online Reference Works）在一些专业领域也有很大影响力。John Wiley 数据库涉及化学化工、生命科学、医学、工程学、高分子及材料学、数学及统计学、物理及天文学、地球及环境科学、计算机科学、工商管理、法律、教育学、心理学、社会学等 14 学科领域。Wiley 公司目前约有 2.27 万多种书目和 400 多种期刊，每年出版约 2000 种各类印刷和电子形式的新书。

（二）数据库学科分类

Wiley InterScience 中期刊、图书和专业参考书分别采用各自的学科分类。

（1）期刊学科分类：商业、金融和管理、化学、计算机科学、地球科学、教育学、工程学、法律、生命科学与医学、数学统计学、物理、心理学。

（2）图书学科分类：分析化学、物理化学和光谱学、有机化学和生物化学、官能团化学、聚合物、材料科学和工业化学、通信技术、电子和电气工程、无线通信、医学、分子生物学、药学、数学统计学。

（3）专业参考书学科分类：商业、金融和管理、化学、地球和环境科学、工程学、一般科学、生命科学与医学、心理学。

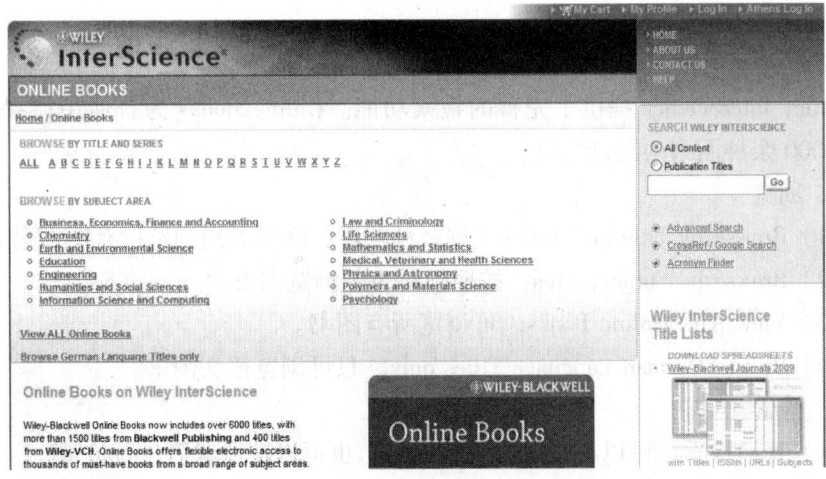

图 5-17　John Wiley Online Books 界面

（三）Wiley InterScience

Wiley InterScience 是 John Wiely & Sons 公司创建的动态在线服务系统，1997 年开始在网上开通。通过 InterScience，Wiley 公司以许可协议形式向用户提供在线访问全文内容的服务。Wiley InterScience 收录了 360 多种科学、技术、医疗领域及相关专业期刊、90 多种大型专业参考书、13 种实验室手册的全文和部分 Wiley 学术图书的全文。其服务具有以下特殊特点（主要针对期刊）：

（1）Alerts service 通过电子邮件向用户提供新刊物的题录信息，所有个人注册用户，无论是否订阅期刊全文，均可享受这种免费服务。

（2）Early View 是 Wiley 独有的服务，在文章尚未印刷出版之前，先提供给用户在线阅览，这些文章是完整和可被引用的。

（3）Cross Ref 是创新的多出版商参考链接系统，允许用户从一篇期刊文章链接到位于不同服务器和不同出版商出版的被引用出版物，能链接到生物科学核心期刊的医学文摘。

（4）Mobile Edition 允许 PDA 用户拥有一些 Wiley 最著名期刊的最新信息，使用 AvantGo 免费软件，就能随时收到题录和文摘。

（5）Article Select 使用户可以获取非订购的期刊或电子图书的单篇全文。

所有用户均可免费查阅题录和文摘。文摘有标准模式和扩展模式，扩展模式仅对订阅用户有效。注册用户拥有专用个人主页来存贮和管理用户提示、常用的检索指令、期刊和论文，以免再次重新查询，并能免费阅览在线样刊和从专业参考书中选择的预览资料。订阅团体用户及其授权用户可以获取 PDF 格式或 HTML 格式的全文。

（四）检索

Wiley InterScience 提供了完善的检索功能。Online Books 为普通用户提供了超过 6000 余种图书的题录信息。

1. 浏览

（1）Browse by Title and Series。按字母顺序、学科类别浏览所有图书书名。

（2）Browse by Subject Area。按照学科主题浏览图书。

（3）View ALL Online Books。可浏览所有图书。

（4）Browse German Language Titles only。只可浏览德文图书。

2. 检索

（1）普通检索。可以在全库内进行检索，也可以按照题名进行检索。

（2）高级检索。提供了更为详细的检索选项，可以使检索更为精确。（图 5-18）

（3）跨平台检索（CrossRef/Google Search）。是由近 30 家领先的出版商参与的跨出版商搜索平台，运用 Google 技术，搜索结果仅为参与平台的出版商的出版内容。

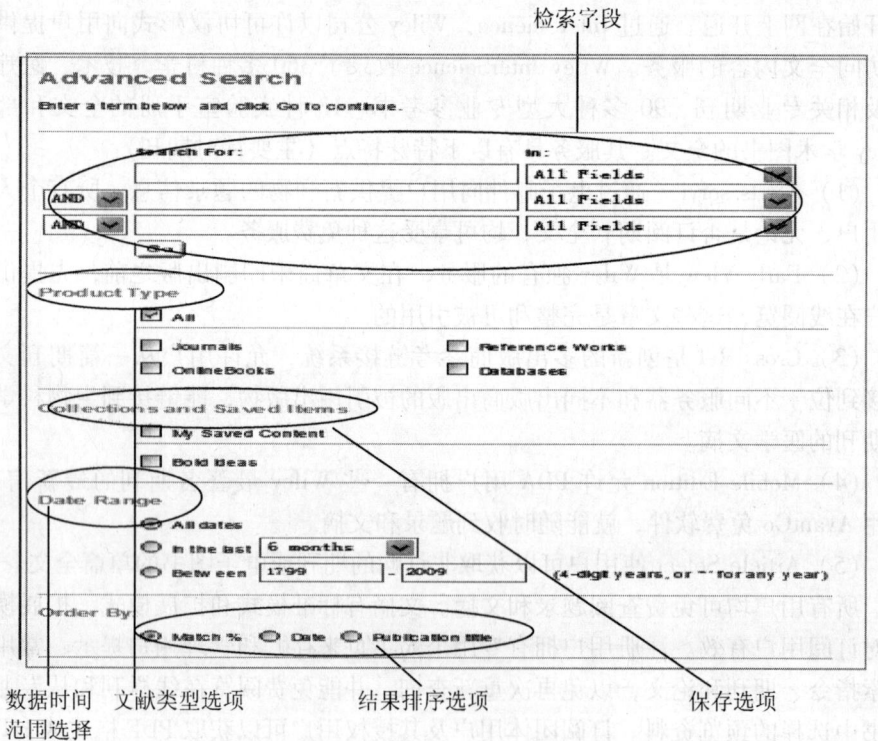

图 5-18　John Wiley Online Books 高级检索界面

七、其他外文电子图书

（一）Ebrary（http：//www.ebrary.com/corp/）

Ebrary 公司于 1999 年 2 月成立，由 McGraw – Hill Companies、Pearson plc 和 Random House Venture 三家出版公司共同投资组建。整合了来自 220 多家学术、商业和专业出版商的权威图书和文献，覆盖了商业经济、计算机、技术工程、语言文学、社会科学、医学、历史人文、科技和法律等主要科目的书籍种类。

1. 资源概况

Ebrary 的综合学术类收藏（Academic Collection）超过 4 万册图书，约 70% 是 2000 年之后出版的，其中 2005 年以后出版的书超过 8000 册。2008 年 1 月至 7 月图书增加 3000 余册，一般每个月都新增几百种图书。最近，Ebrary 公司将 1500 多种原本仅供购买的电子图书也增加到学术类书库中，这些图书大多出版于 2006—2007 年，涉及工程、科学、技术、医学和商业。

2. Ebrary 电子图书

Ebrary 电子图书采用 PDF 文档格式，用户使用 Ebrary 电子图书，要先下载 Ebrary Reader 软件；一般来说，该软件在用户首次阅读电子图书时会自动下载和安装。对电子书的任何操作只能通过 Ebrary Reader 软件进行。

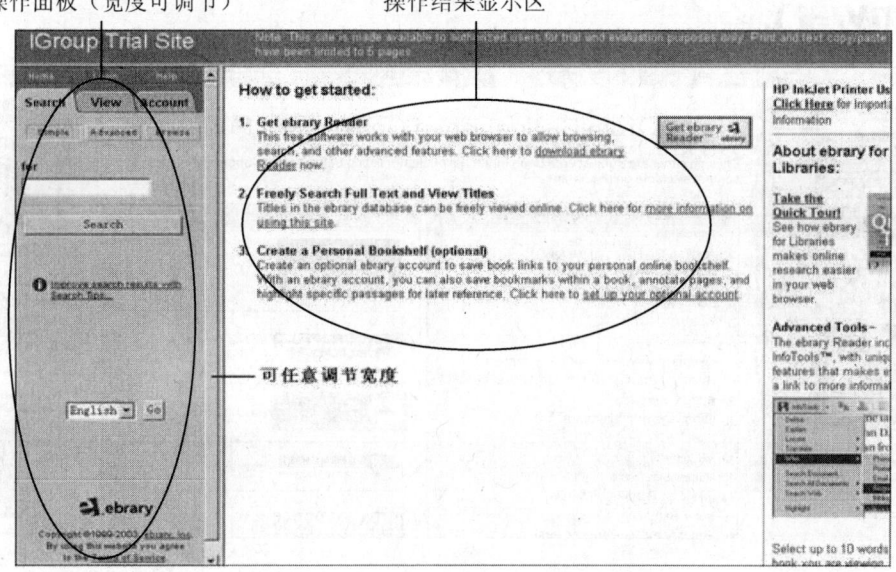

图 5 – 19　Ebrarian for Library 系统首页

用户登录后首先建立个人图书账户，可以帮助建立个人书架。用户在检索、浏览、阅读时不需要个人账号，只有在使用注解、高亮、书签和管理个人书架时需要。系统提供简单检索和高级检索两种检索途径，简单检索字段支持自然语言检索。在检索结果中，用户可以直接点击感兴趣文章的全文链接，进行阅读、浏览；可以复制文本，但是在粘贴时，版权信息会自动和文本信息一起粘贴；可以打印，每次只能打印一页。

3. 个人书架

登录个人账号，点击【View Your Bookshelf】进入个人书架。个人书架按照添加时间的先后排列被添加的图书，显示每本书的书签、名称、高亮标注等，点击书签或标注可以直接链接该处；点击书名可以链接到该本图书，允许进行删除操作。

（二）MyLibrary（http：//www.myilibrary.com/company/home.htm）

MyiLibrary 电子图书数据库由英格拉姆数字集团（隶属于世界上最大的图书产品提供商之一英格拉姆图书产业集团）制作发行。它是一个集成性电子书平台，目前收录了世界上近 300 个学术和专业出版商出版的内容，其中包括 Springer 全部电子书、CRC 全部电子书、联合国机构组织出版物、Wiley 全部 STM 电子书（超过 5000 本）。目前提供 8 万多种电子书，80% 以上为 2000 年以后出版，90% 以上为 1996 年以后出版。每周增加约 1000 个新图书品种。

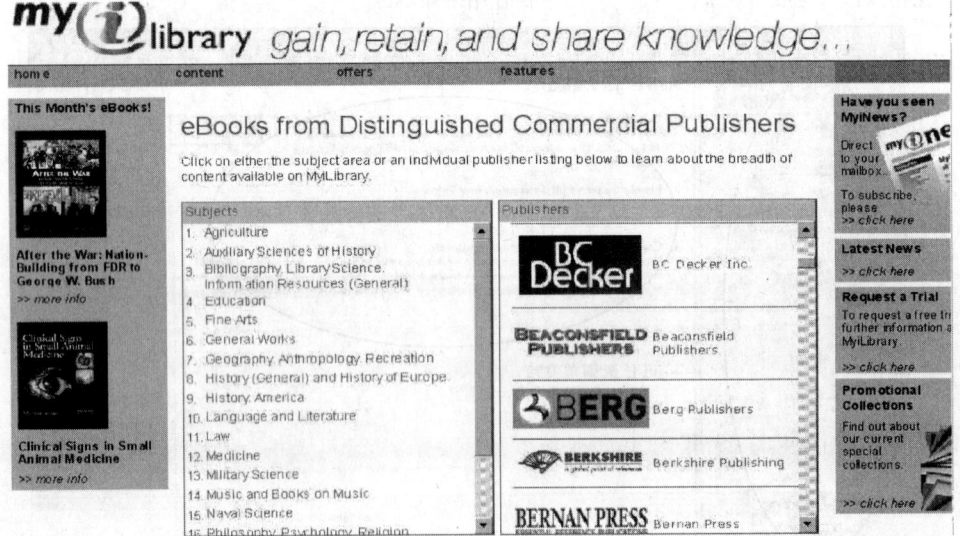

图 5-20 MyiLibrary for Libraries 界面

1. 资源概述

MyiLibrary 电子书按学科划分，几乎涵盖所有重要领域，许多内容为 MyiLibrary 独有。MyiLibrary 电子图书涵盖的学科领域包括：

音乐及音乐理论 Music and Books on Music　　美术 Fine Arts
综合类 General Works　　语言与文学 Language
哲学 Philosophy　　自然科学 Science
心理学 Psychology　　医药科学 Medicine
历史学 History　　农业科学 Agriculture
地理学 Geography　　技术科学 Technology
社会科学 Social Sciences　　军事科学 Military
法律 Law　　教育学 Education
图书情报及信息管理学 Library Science & Information Resources

2. MyiLibrary 平台

MyiLibrary 平台是一个功能强大的电子书平台，用户可以通过该平台的各种检索功能，获取所需要的内容。该平台的主要功能有：

（1）全文检索。用户既可以直接浏览各电子书的内容，也可以按书名、作者、ISBN 号、出版社、出版日期、学科、关键词或全文内容等检索字段进行检索。

（2）复制、粘贴和打印。用户可以从书籍中复制文本和图像到 Word、Excel 和 PowerPoint 文件中（各出版社的限制有所不同）。

注意：MyiLibrary 电子图书的图片和文字均可以"选定－复制－粘贴"的方式按页拷贝到 word 文档中进行保存。因受国外版权保护的限制，该平台不提供整本书下载和打印功能，但提供单页的复制和打印。

（3）写字板。用户可以进入自己独有的写字板，通过该写字板，可以实现：① 书签。标记某页或某章节；② 复制项目。复制某些段落、某页或建立自己的文档。

（4）提醒功能。新书提醒服务，保证用户及时获取相关领域内的最新书目。

（5）实时报告。直接生成各个方面使用情况的实时报告，包括浏览过的书目、浏览某书目的起始时间、浏览时间长度等。

（三）NetLibrary（http：//www.netlibrary.com/Gateway.aspx）

NetLibrary 是电子图书的主要提供商之一，创建于 1999 年，总部在美国科罗拉多州的 Boulder 市。2002 年 1 月，NetLibrary 被 OCLC 收购，成为其下属部门。NetLibrary 整合了来自 400 多家出版机构的 10 万多册电子图书，近 90% 是 1990 年后出版的，每月增加 2000 多种。NetLibrary 80% 的电子图书面向大学读者，涉及自然科学和人文科学各个领域，涵盖科学、技术、医学、生命科学、计算机科学、经济、工商、文学、历史、艺术、社会与行为科学、哲学、教育学等学科等。用户还可以免费访问3400多种无版权图书，点击首页的【What's Available】浏览所有可阅读的电子图书。

1. 检索

NetLibrary为用户提供了丰富的检索途径，包括：

（1）普通检索（Basic Search）

提供从Keyword（关键词）、Full Text（全文）、Title（题名）、Author（作者）、Subject（主题）、Publisher（出版商）、Publication Year（出版年）、ISBN（国际标准刊号）等字段进行检索。注意，在使用题名检索时，若首字为stop words（the，a，an etc）则不键入第一个字母。

（2）高级检索（Advanced Search）

可以在一个或多个检索字段中输入检索词，字段之间的逻辑关系为"and"；在Language栏可选择限制图书的出版语言；Include publicly accessible eBooks栏，如钩选，表示同时检索NetLibrary提供的无版权的图书；如不选，则表示检索范围为订购图书。

（3）命令检索（Command Search）

点击页面上方的【Search Tools】，再选择【Command Search】，即显示命令检索页面。命令检索需要输入检索表达式，要求用户熟悉命令格式、字段缩写、逻辑算符等，适合专业的检索人员使用。

检索支持逻辑算符（and、or、not）、位置算符（near）、截词符（*）等。可进行二次检索。

3. 检索结果显示

在检索结果显示页面，有六种排序方式可供选择。"Occurrences"词频，即检索词出现的次数，一般来说，检索词出现的次数越多越相关。还可以按Author（作者）、Title（题名）、Publisher（出版商）、Date, Oldest First（出版日期，早出版的排在前）、Date, Newest First（出版日期，新出版的排在前）等方式排序。

4. 阅读

NetLibrary电子图书采用通用的HTML格式，在线阅读无需下载特殊阅读软件，但是每一本书同时只能供一个用户在线阅读。

点击题名，即可显示该书的详细题录信息。点击【Browse this eBook online】，可在线阅读图书。在阅读页面的左上方，可回到检索结果页面【Return to Search Results】或该书的题录信息页面【Return to eBook summary】；在阅读页面的左下方，首先显示该书的目录（TOC, Table of Contents），点击相应的章节名，可阅读该部分内容；点击页面右上方的箭头，可向前或向后翻页；在"Page #"后输入页码，点击【go！】，则跳到指定页；在页面的左下方，除了"TOC"选项卡栏，还有其他 5 个不同的选项卡：

【eBook Info】：显示该书的题录信息；

【Dictionary】：整合了 American Heritage Dictionary，提供在线词典查询，共有"美语词典、英西（西班牙）词典、西英词典"等四种词典，可输入单词，查阅该词的解释。

【Search】：可输入检索词，在该书的全文中检索。检索结果会在检索框下显示。页面右侧会自动显示检索词在该书中首次出现的页面，检索词以加深红色显示。点击【next】按钮，可跳到检索词下一次出现的页面。点击【previous】按钮，则显示检索词前一次出现的页面。

【Bookmarks】书签功能和【Notes】注释：使用这两个功能首先需要注册个人账号，并登录。

5. 保存、打印

在阅读窗口，可按页保存或打印，每次只能保存或打印一页。点击【Show Acrobat Tools】，即显示保存、打印按钮。

（四）Safari（http：//proquest. safaribooksonline. com/）

Safari 由世界两大著名 IT 出版商：O'Reilly & Associates，Inc. 和 The Pearson Technology Group 共同组建，主要提供 IT 方面的电子图书。Safari 系统中共有图书 2700 多种，其中 70% 出版于 2000 年以后，约 22% 名列亚马逊网上书店最畅销的 1 万种图书清单中。覆盖的主题包括 Programming、Internet/Online、Operating Systems、Networking 等。

Safari 电子图书检索与阅读：

（1）按主题分类浏览、简单检索/高级检索、检索特定图书。

（2）阅读全文可由检索结果中的"Table of Contents"直接跳到书中章/节，也可点击图书封面，再选择右侧"Start Reading"从头开始阅读。通过点击检索工具与检索结果之间的【Hide】按键实现全屏阅读。

要注意的是图书内容不能整体下载，但可以复制和单页打印。持续打印数量过大，会收到系统发出的警告。

思考题

1. 电子图书主要存储文件格式有哪些？
2. 电子图书对读者而言有何意义和价值？
3. 电子图书有哪些特点？
4. 举例说明有哪些中、外文电子图书检索系统。

第六章 电子期刊、电子报纸检索与利用

按照国际惯例,期刊与报纸、年鉴、丛刊、丛书、会议录等都属于连续出版物。

世界上最早出现的连续出版物类型是报纸。人类历史上第一份现代报纸是1588年创办于英国的《英国新报》。罗马时代的《每日纪闻》以及我国唐代产生的官方性质的邸报可以视为报纸的雏形(也有学者认为我国的邸报产生于西汉初年)。报纸的产生使得连续出版成为一种时尚的出版形式,并催生了一批早期期刊。

1665年1月,法国议院参事戴·萨罗(Da Sall)创办了世界上最早的期刊《学者杂志》(Journal des Scavans)。两个月之后世界上最古老且寿命最长的期刊《哲学汇刊:世界各地有创造才能者当今的探索、研究和劳动的若干总结》,由英国皇家学会秘书亨利·奥尔登伯格(Henry Oldenbury)编辑出版。该刊比《学者杂志》更富有学术特色,它把学术信息交流与定期出版两者清楚地联系起来,并删去了有关历史、法律、宗教方面的内容,着重辑录皇家学会成员所做的实验以及他们与欧洲同行的书信往来。1753年《哲学汇刊》被定为英国皇家学会的机关刊物,至今仍分成两辑出版。

17世纪欧洲的期刊往往收录范围比较广,既有自然学科也有人文社会学科,具有百科性质。18世纪以后科学体系逐步成熟,随着各学科的分化和细化,期刊开始向专业化方向发展,出现了大量专科型期刊。1778年《化学杂志》创刊,1823年第一种医学期刊《柳叶刀》和技术期刊《机械杂志》在英国发行。到了20世纪,期刊已经成长为一个庞大的文献群体,二战前全世界每年有30到40种期刊创刊;70年代,位居世界第三的日本已拥有期刊12963种,全世界期刊达15万种。

我国近代期刊事业肇始于1792年的《吴医汇讲》,这是我国最早的医学期刊,主编是清代名医唐大烈(字立三,号笠山)。十八世纪末,苏州雕版手工业兴盛,且名医云集,讲学之风盛行。唐大烈亲自联络医林高手,广泛征集医门佳作,别出心裁地创办了《吴医汇讲》。自清乾隆五十七年到清嘉庆六年,前后历时10年刊出11卷,汇集江浙41位名医94篇文稿。《吴医汇讲》虽然只能视为我国的期刊雏形,但其出版形式和组稿过程与后世的杂志编刊已经完全相符。

1815年由英国传教士马礼逊在马六甲创办的月刊《察世俗每月统计传》是第一份现代中文期刊，此后陆续有《六合丛谈》、《遐迩贯珍》、《中西见闻录》等杂志。这一时期的中文期刊主要由外国人创建，学术性并不强，多用于基督教教义宣扬和新闻时事报道。我国国内报刊创建的高峰出现在甲午战争之后。1895年前后伴随维新运动，我国先后出现200多种期刊报纸，包括强学会的《中外纪闻》，上海强学会的《时务报》，南学会《湘报》等，这一时期的报刊致力于开启民智、宣扬救国。一战后，我国先后出现了对思想文化界影响深远的《新青年》等杂志，期刊出版再次繁荣。至此为止，我国的期刊的社会功能限于政治及时事方面。1915年以后我国集中出现了一批学术性期刊，如《科学》杂志、《清华学报》、《北京大学日报》、《史地学报》、《自然界》等。至建国前我国共有约2万余种期刊出现，但多数期刊刊行寿命都不长。

建国以后，我国期刊出版发行逐渐规范和稳定。目前我国长期公开出版发行的期刊多达1万多种，其中邮发期刊8400余种、非邮发期刊1700余种，科技期刊达到6500余种，社会科学及人文科学期刊3500种左右，另外还有大量内部发行期刊。

一、期刊及电子期刊概述

（一）期刊文献资源的特点

期刊是指具有统一题名，连续定期出版，且版式相同，装订成册的连续出版物。与传统的图书文献相比，期刊是另外一种重要的文献资源类型，它的出版形式决定了其具有很多全新的资源特点，是为学术界及科研领域广为重视的一类文献资源。

（1）时效性强，具有前沿性和前瞻性。定期出版的期刊同报纸一样有很强的时效性，能及时反映最新的学科发展情况。最早的《学者杂志》更像是百科性质的时事通讯，每一期不仅登载化学、物理以及艺术科学的最新成就，而且还提供大量欧洲最新出版的图书。查检和阅读新近期刊文献，可以方便地了解学科前沿情况、研究热点及发展趋势。

（2）定期出版，形式规范。期刊的出版形式及编排体例相对固定，一般都有统一的题名、刊号、版式、论文行文及著录规范，除特殊原因外，期刊都会按照约定的周期出版发行，是诸多科技文献中较为稳定的一类信息源。

（3）主题集中，内容专业。现代学术期刊一般都属于分科期刊，一般都有明确的学科收录范围，专业特色明显，即便是部分综合性期刊，如高校学报也都有更细的版块划分，因此期刊文献的主题聚类相对比较容易。

（4）学术性强，参考价值高。期刊的产生主要是为学者及学术团体提供充分的学术交流空间，尤其是学术性期刊，其收录的文献内容往往是学者的原创见解或者研究成果，具有很高的学术价值。现代科技的许多研究结果往往选择期刊作为首发媒体，科学史上重要的原创文献也多是期刊论文，而学者在撰写专业论著时也往往需要汇集、整理和参考一大批相关的期刊文献。

（5）兼纳百家，促进争鸣。期刊收录的文献具有很强的包容性，一些久负盛名的优秀期刊拥有相当广泛的作者群体，在其稿件的采录和编辑方面都有明确的中立原则，文献内容也往往见解各异、百家杂陈，即便是对立的学说和观点也可以在共同的期刊平台上展示，科学史上许多著名的学术争论都是在期刊平台上进行的。

（6）时效性强，体系连贯。期刊文献一经发表就不再进行修订，它能够比较真实地保留文献的历史面貌。期刊的连续出版使得大量知识信息和文献不断地累积、延续，新的学科也在这种文献累积和延续中形成、发展和成熟，既往的期刊文献往往可以完整、连贯地反映出一个学科的发展历程和脉络。

（二）期刊的电子化与电子化期刊

电子期刊实际上包含两种形式：电子期刊与电子化期刊。前者是指从投稿、编辑、出版、发行、订购、阅读及读者意见反馈全过程都以计算机及网络方式进行，所有环节无纸化的新型出版物，称为狭义电子期刊或者原生型电子期刊；后者是指与印刷型期刊平行出版的电子型期刊，如 CD – ROM 型出版物或联机型期刊数据库。它实际上是将印刷型期刊通过扫描或转录方式加工成电子文本，所以又称为电子化期刊。目前电子化期刊是期刊的构成主体，国内外诸多联机数据库都由电子化的期刊文献构成。

1976 年 10 月的 Electronic Information Exchange System（EIES）项目首开纸质期刊电子化的先河。20 世纪 70 年代，美国出现大量联机的电子期刊——机读磁带版期刊数据库。首先被电子化的主要是世界知名的一些工具性检索型期刊，《化学文摘》（CA）、《工程索引》（EI）、《科学文摘》（SCI）等磁带数据库先后建立，并通过 DIALOG、ORBIT、BRS 等大型联机系统向世界各地用户提供检索服务。

1986 年美国著名征订发行商 EBSCO 公司开始进行全文数据库建设。90 年代以后，互联网在全世界范围内迅速扩展，许多著名的电子期刊检索系统，包括一些大型联机中心纷纷以互联网为平台开展服务。1994 年，EBSCO 所属的系列数据库整合成网络服务中心 EBSCOhost 开通，Dialog 等联机系统也相继推出网络版。互联网普及所带来另一个效应是原生型电子期刊的增多，美国"纯"网络电子期刊1997年就达到了1700多种。近几年国际许多实体出版社都开始直接以电子方式创办和发行期刊，如德国著名的科技出版社施普林格（Springer）先后开办了530余种电子期刊。这些期刊的特点是办刊全程数字化，并且优先发行电子版，印刷版仅作为期刊的副本保存。

我国的电子期刊目前主要以电子化期刊为主。上世纪80年代我国文献数据大量增长，第一代电子期刊数据库出现。我国期刊类数据库的成长大致经历了三个阶段：

（1）文摘型期刊数据库阶段。上世纪80年代中期—90年代初，我国有条件的信息机构陆续开始建设一些大型文摘型期刊数据库。1989年中国科技信息所西南信息中心开发出我国第一个软盘型的期刊文摘库《中文科技期刊篇名数据库》，该数据库几乎涵盖了我国当时公开出版的全部科技期刊，成为科技部首个用于科技查新的指定中文数据库。

（2）全文数据库阶段。上世纪90年代初，计算机逐步普及到各个中小型图书馆及图书情报机构，国内出现了全文型电子期刊。这一阶段的全文数据库主要以光盘杂志的形式发行，相对软盘来说，光盘的大容量和高稳定性可以很方便地存储全文数据及相应的检索系统。1996年由清华大学主办的《中国学术期刊（光盘版）》创刊，《中文科技期刊篇名数据库》也开发出了相应的全文版，电子文献检索更加普及。

（3）网络数据库阶段。上世纪90年代中期以后，我国五大主干计算机网络相继建成，互联网建设在我国由点到面逐步推开。1998年，国家科委信息司、中国科技信息研究所主办的万方数据系统（ChinaInfo）网络中心推出了120种同步入网科技期刊。网络为电子期刊数据库提供了全新的服务平台，分布式存储、远程联机检索使期刊数据库存储容量更大，传播的范围更广，检索速度更快，资源管理更为高效。

我国建设的电子期刊数据库借助互联网逐渐成长为目前国内的三大中文电子期刊集群：① 中国科技信息所西南信息中心开发出《中文科技期刊全文数据库》以及《外文科技期刊全文数据库》网络版，并组建重庆维普资讯有限公司市场化运营；② 清华同方光盘杂志社开通了《中国期刊全文数据》网络检索系统；③ 万方数据股份有限公司逐年增加入网科技期刊形成了万方数字化期刊群。

（三）电子期刊的资源特点

与传统的印刷型期刊相比，现代电子期刊除了具有纸质期刊文献所有的特点外，其全新的组织方式和传播模式更为它注入了新的资源特点：

（1）跨时空共享，低成本高效传播。现代电子期刊基本上都采用网络运营方式，文献信息可以远程浏览，并可全文下载，传播不受地域和时间限制，一方面节省了大量印刷和发行成本，另一方面也是文献资源在共享中实现价值最大化。

（2）资源高度集成，便于检索和深度加工。电子期刊多以数据库形式组织和存储文献信息，信息内容高度结构化、系统化，具有良好的检索性，可以实现多层次、多类型、智能化的批量检索。同时，高度整合的信息资源为期刊文献的深加工提供了便利，基于期刊数据库的文献计量、数据挖掘、知识分析已经成为文献情报工作的重要内容。

（3）良好的交互性。借助网络平台，编者、作者、读者可以方便地相互交流，通过对话、讨论。一方面编者可以改进期刊及具体文稿的编辑，另一方面作者与读者直接交流有利于文献内容进一步阐释，促进了期刊文献的编辑和利用。

（4）信息扩展性好，知识表现形式多样。借助超链接技术，期刊文献可以方便地实现引文、相似文献、相关文献链接，极大地扩展了文献的外围资源。而多媒体技术为期刊文献内容提供了丰富多彩的表现形式，图像、动画、音频和视频信息都丰富了文献的内涵。

二、中国知网与中国期刊全文数据库

（一）CNKI 与中国知网（http：//www.cnki.net/）

1998 年世界银行提出了国家知识基础设施（National Knowledge Infrastructure，NKI）的概念。1999 年 6 月，清华大学、清华同方光盘杂志发起中国国家知识基础设施工程（CNKI）。该工程以实现全社会知识资源传播共享与增值利用为目的，是我国世纪之交大型的信息化建设项目之一。CNKI 工程的最终目标是大规模集成、整合包括期刊、图书、报纸、学位论文、会议论文等在内的各种类型的知识信息资源，并基于统一的知识资源网络传播与服务平台，为用户提供资源共享、数字化学习、知识创新的信息化条件。

1. 中国知识资源总库（http：//dlib.cnki.net/kns50/）

2004 年 CNKI 的基础平台——网格资源共享系统"中国知识资源总库"启动。该系统集成了清华同方光盘股份有限公司独立开发或国内外合作加盟的 2600 个数据库。根据数据库的用途、信息加工深度和知识信息形态划分，《中国知识资源总库》分为三个层次，即基本信息库、知识仓库、知识元库（图 6-1）。

（1）基本信息库。是构成总库的基础知识资源，包括"中国期刊全文数据库"(CJFD)、"中国优秀博硕士学位论文全文数据库"(CDMD)、"中国重要会议论文全文数据库"(CPCD)、"中国重要报纸全文数据库"(CCND)等,以及各种涉及自然科学、工程技术、人文与社会科学的源数据库,如年鉴、史志、多媒体资源、科普、教参、互联网知识信息等。总体目标是完成国内80%的公共知识资源的数字化,国内馆藏国外知识资源的50%数字化。

(2)知识仓库。是在基本信息库的基础上,针对特定专业领域需求,对基础知识资源进行横向筛选和重组而形成的具有特定功能、能满足专业需求的数据集。如"中国医院知识仓库",包含1300种医药期刊及2000种相关期刊、2万本博硕士论文、2万本会议论文、200多种医学相关的报纸;"中国基础教育知识仓库"收录500余种教育类期刊、2000多种相关期刊、400余种相关报纸、多媒体教育、教学素材、备课资料、教研资料、题库、主题阅读资料、整合教案。

(3)知识元库。由具有独立意义的知识元素构成。包括理论与方法、事实、数值型三类基本知识元。由各学科专家根据知识体系结构和知识发展脉络对基本信息库所收录文献进行梳理,确认知识点及其在相关知识体系中的地位,并将知识提炼为知识元,与其出处一并组织形成知识元链接数据库。知识元数据库可以独立使用,也可以与基本信息库、知识仓库关联使用。① 数值型知识元库。从科学数据库、年鉴、期刊中抽取的约1000万条数值记录;② 理论与方法型知识元库。从期刊、学位论文、图书、报纸、百科全书等数据库中抽取300多万条概念及方法词条;③ 事实型知识元库。从图书、期刊、博硕士论文、报纸、年鉴、

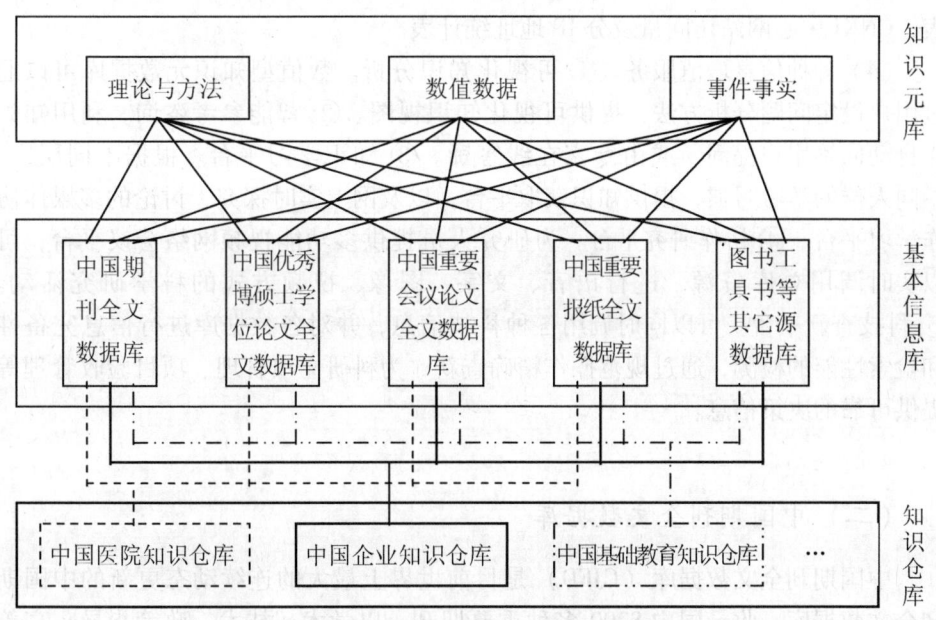

图6-1 中国知识资源总库系统结构示意图

地方志等数据库中抽取的 500 万条事件及事实记录。

2. 中国知网（http://www.cnki.net/）

中国知网由原中国期刊网升级建设而成，是"中国知识资源总库"的网络门户，网站在总库基础上集成了数字出版与文献评价等外围系统，可以提供包括通用检索、编辑、输出、文献分析及其他信息增值服务：

（1）知识资源服务。中国知网包容"中国知识资源总库"所有的信息资源，可以通过文献检索、引文检索、文献出版检索、知识元检索、智能聚类检索等多种方式查检各类源数据库以及知识元库，并可方便地下载、输出所需文献资料。

（2）数字出版平台。提供学科专业数字图书馆和行业图书馆。用户可以借助各知识仓库资源创建个性化服务平台，如个人数字图书馆、机构数字图书馆、数字化学习平台等。在这里用户可以建立独具特色的个人的资料库、并可以电子形式发布自创资源；向总库的相关数据库投稿，经审查后可以进入总库出版发行，并按照稿费或版税的方式获得报酬。

（3）文献数据评价。中国知网集成了"中国学术期刊文献评价统计分析系统"，这是一个面向各入编期刊编辑部以及机构用户的应用子系统，其基础数据来源于"中国学术期刊全文数据库"与"中国引文数据库"，以及 CNKI 中国期刊网中心网站的日志记录。系统的主要统计内容包括：中国正式出版的 7000 多种自然科学、社会科学学术期刊发表的文献量及其分类统计表；各期刊论文的引文量、引文链接量及其分类统计表；期刊论文作者发文量、被引量及其机构统计表；CNKI 中心网站访问量及分 IP 地址统计表。

（4）各种信息增值服务。① 可视化知识分析。数值型知识元数据库可以通过用户设定问题分析方法，提供可视化知识视图。② 智能参考咨询。利用知识库自动回答用户提问，或由专家在线答疑。③ 知识学习平台。根据不同层次、不同人群的学习习惯，提供知识获取平台，以及网上实时探究、讨论的多媒体协作学习平台。④ 协作研究平台。为研究人员提供多功能视频网络会议平台，可以实时调用总库资源，进行语音、文字、图像、视频方式的科学研究活动。⑤ 科技查新平台。可以同时调用各种科技信息，并对各数据库进行信息完备性和检索性能的检测，通过规范操作精确查新，为科研立项管理、项目验收管理等提供可靠的决策信息。

（二）中国期刊全文数据库

中国期刊全文数据库（CJFD）是目前世界上最大的连续动态更新的中国期刊全文数据库，收录国内 8200 多种重要期刊，以学术、技术、政策指导、高等科普及教育类为主，同时收录部分基础教育、大众科普、大众文化和文艺作品类刊物，内容覆盖自然科学、工程技术、农业、哲学、医学、人文社会科学等各个领域，至 2008 年底，数据库积累全文文献总量 2200 多万篇。

该库是"中国知识资源总库"的主体组成部分，文献总量占据了总库文献总量近一半，是总库资源的核心支柱，在全国范围内拥有广泛的用户，是各大高校以及科研院所检索率较高的期刊资源库之一。

1. 特点

（1）文献收录完整，检索形式多样。数据库中文献记录集题录、文摘、全文信息于一体，1994 年至今的入库期刊文献数据完整率在 98% 以上。系统设有众多检索入口，用户可以进行单项检索，也可以运用布尔算符等组织适当的检索提问进行高级检索。

（2）数据规范，信息扩展性好。数据库参照国内外通行的知识分类体系组织知识内容，并按照标准的文献著录规范加工数据记录。同时，系统具有引文连接及相关文献聚类检索等功能，可以以文献为单位扩展和构建相关的知识网络外。

（3）全文信息数字化，输出方便。数字化的全文信息保留了文献的原始版面结构与样式，可以方便地进行文本处理或者打印。

（4）与总库其他资源有良好的对接，可以方便地进行文献扩展。在统一的总库资源平台下，借助引文及相关文献检索，可以直接方便地跨库调用非期刊文献。在 7.0 以上版本的 CAJViewer 中浏览全文时可以使用知识元链接功能，调用相关的知识元信息。

2. 文献检索与全文信息浏览

（1）初级检索。标准的通用检索方式，默认显示一个检索入口，但可调节为多入口检索，支持多项单词逻辑组合检索、词频控制、最近词、词扩展以及二次检索。

（2）高级检索。比初级检索略微复杂。默认多入口模式，并可实现多项双词逻辑组合检索、双词频控制等功能。所谓双词是指一个检索项中可输入两个检索词，且两词间可进行五种组合：and、or、not、同句、同段，两个检索词可分别使用词频、最近词、扩展词等功能。支持二次检索。

（3）专业检索。需要检索人员根据系统的检索语法编制检索式进行检索。适用于熟练掌握检索技术的专业检索人员。总库系统提供的专业检索分单库检索和跨库检索。单库专业检索执行各自的检索语法表，跨库专业检索原则上可执行所有跨库数据库的专业检索语法表，但各数据库的不同设置使有些检索式不适用于所有选择的数据库。支持二次检索。

如：题名 = 地质 # 石油 and（作者 = 刘伟 not 机构 = 清华大学）

3. 检索系统

中国期刊全文数据库的检索系统是"总库"统一的 KNS5.0，如图 6 - 2 所示 CJFD 检索界面。包括导航区、检索区和记录区。

(1) 导航区。位于界面左侧，主要的功能是进行文献分类导航、学科分类限定和相似词扩展。导航区的上半部分是一个层层细分的分类树，这个分类树由基础科学、工程科技、哲学与人文科学、社会科学等 10 个专辑构成，10 个专辑又被细分为 168 个专题。分类树一方面可用于检索过程中学科范围的划定，另一方面也可以以分类检索的方式按专辑、专题、子目来进行文献导航。文献分类导航是指选定相应的专辑或专题、子目后直接空检索（不输入任何检索词）所得到的结果。

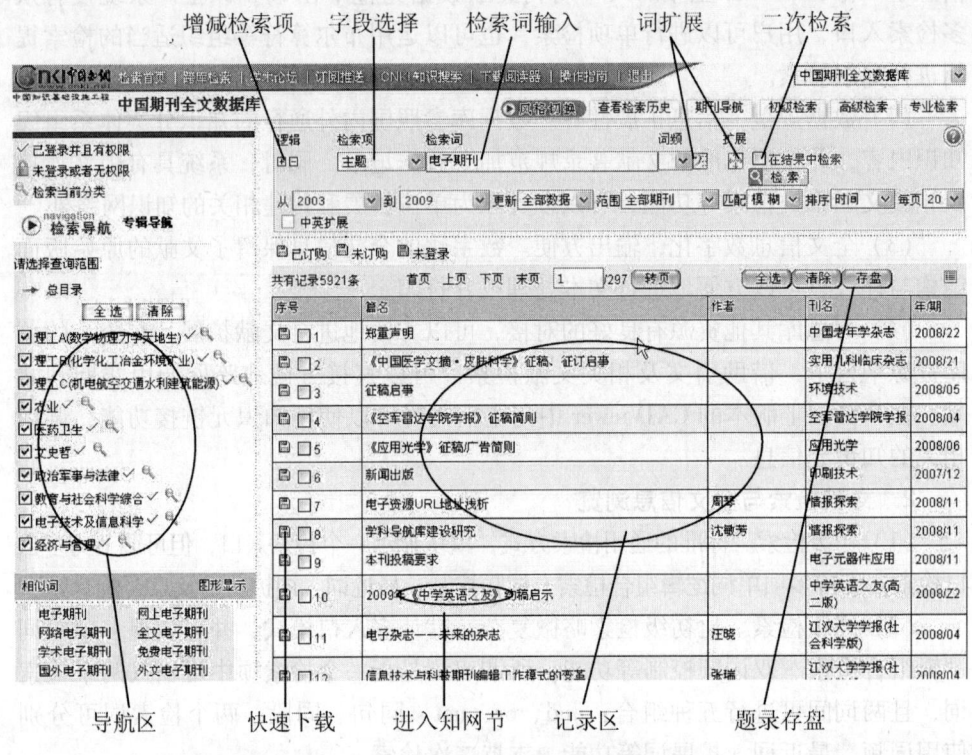

图 6-2 中国期刊全文数据库检索界面

(2) 检索区。检索区位于界面右上，包括检索词输入口以及各种限定或修饰检索的辅助选项。

【逻辑 + -】：增加或者减少检索入口数目，当检索入口有一个以上的时候，检索口之间会自动出现"并且"、"或者"、"不包含"三种逻辑选项，用以限定前后输入口之间的逻辑关系。

【检索项】：选择检索的字段范围，期刊数据库可检字段包括"篇名"、"主题"、"关键词"等 16 个，其中"主题"字段同时包含"篇名"、"关键词"、"摘要"三个常用检索字段。

【检索词】：检索词或者检索式的输入口。

【词频】：控制检索词在选定检索字段中的个数。

【扩展】：点击图标可以查看检索词的扩展词即相似或相关词的词表，用户可以在词表中勾选所需的扩展词，点击"确定"后所选词语就会自动以逻辑"and"的关系添加到检索框中；另外"图形显示"可将检索词与众多扩展词的关系以图形的方式显现出来（如图 6-3）。点击词扩展选项前的图标，可以展示最近输入的 10 个检索词。

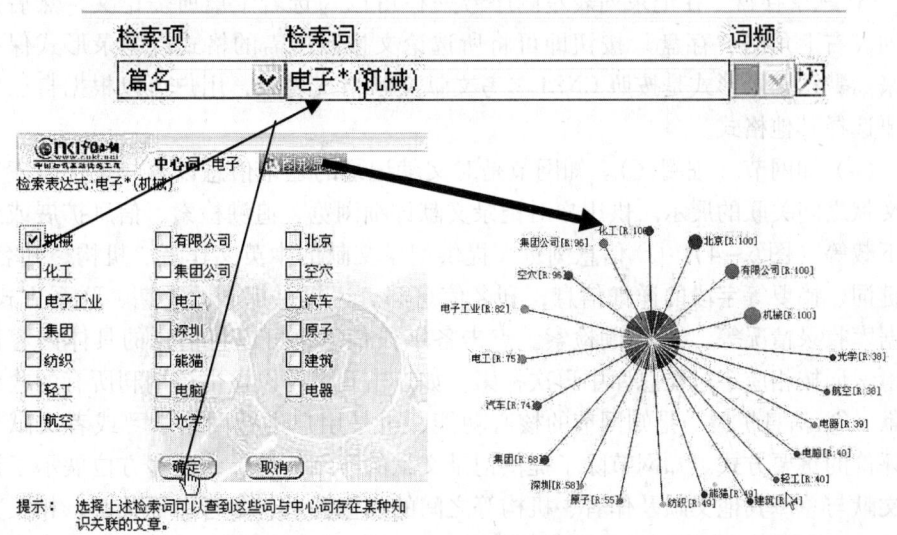

图 6-3　中国期刊全文数据库 - 词扩展

【在结果中检索】：进入二次检索状态，即在既有的检索结果中做进一步的检索，以缩小检索范围，提高检索的准确率。

【从……到】：限定检索的起止时间，CJFD 中部分期刊可以上溯的创刊号，因此这里起止时间一直可以到 1911 年，但只有 1980 年以后的数据可以逐年检索。

【更新】：按文献加工时间浏览查阅最近半年内的入库文献，具体回溯期可设为"半年"、"三月"、"一月"、"一周"。

【范围】：选择检索的期刊范围，包括三个范围：SCI 来源期刊、EI 来源期刊、核心期刊。核心期刊是指由北京大学图书馆编制的《中文核心期刊要目总览》收录的社会人文科学、自然科学及应用科学领域的中文期刊 1800 种，是国内质量较高的期刊。

【匹配】：选择检索词与相应检索字段的匹配方式。

【排序】：设定检中文献的排序方式，包括发表"时间"和检索词"相关度"

两种排序。

(3) 记录区（概览区）。记录区位于检索区的正下。用户输入检索提问后，检中的文献记录就以列表的形式罗列在记录区，每一条记录概要性的显示出检中文献的篇名、作者、刊名、刊期等信息。记录区可供用户概要性的浏览检中记录，同时提供快速下载、题录存盘和知网节链接：① 快速下载。每一条检中记录左边都有一个图标，点击该图标即可按照".CAJ"格式下载对应的全文文件。② 知网节链接。点击每一条记录的"篇名"，调出该记录对应的"知网节"页面。③ 题录存盘。在记录列表左侧序号一栏可以勾选若干篇所需论文，然后点击列表右上角的"存盘"按钮即可将所选论文按照所需的格式以题录形式保存下来。默认题录形式是按照 CNKI 参考文献文献格式著录，用户可以根据自己的需要选择其他格式。

(4) 知网节（细阅区）。知网节是对文献记录的题录信息以及与整个总库其他文献之间关联的展示。供用户对记录文献详细浏览、追溯检索、信息扩展或全文下载等（图 6 - 4）。① 信息浏览。提供记录文献的中英文作者、机构、刊名、关键词、摘要等字段的详细信息，刊名信息部分还提供期刊的卷期、联系方式、数据库收录情况等。② 追溯检索。点击各字段信息，可以将信息的具体内容作为检索词按相应字段在总库中再次检索，如点击刊名可以检出该期刊所有的收录文献。③ 信息扩展。是知网节的核心功能，也是用户进行网络学习或者文献分析评价的重要方式。知网节除了提供记录文献的详细信息外，还多方位展示了记录文献与总库其他文献及作者、机构等之间的相似关系、参考引证关系、相关关系等。知网节主要的信息扩展链接有：参考文献、引证文献、共引文献、读者推荐文章、相似文献、相关研究机构、相关文献作者、文献分类导航、相关期刊、相同导师文献。这些链接信息是动态的，将随着系统中资源的增减而变化。其中当前文献与其他文献的引证参考关系对于文献分析尤为重要，如图 6 - 5 示，知网节所展示的信息扩展关系：

全部信息扩展链接点可分为三类：文献、机构、人名（作者、导师）。点击【文献链接点】，直接查看文献信息及全文；点击【机构】和【人名】，则显示知网数据库列表，通过知网数据库列表上的各数据库，可获得相应机构和人名在知识元库中的基本信息以及在相应数据库中的相关文献信息及全文。

(5) 全文下载：可以按照 .caj 或者 .pdf 的格式下载。

(6) 全文浏览。CAJViewer 是 CNKI 各库通用的全文阅读器，无论 .caj 还是 .pdf 文件都能在 CAJViewer 上正常浏览。浏览器支持全文显示、文字识别、图像拷贝、知识元链接以及信息查询、章节目录显示、标注、书签等各项功能。① 全文显示。以分页形式按照文献原貌显示全文内容，包括文字、图片、表格、公式页眉、页脚等。② 文字识别或图像拷贝。点击工具栏文本工具 T，即可

第六章 电子期刊、电子报纸检索与利用

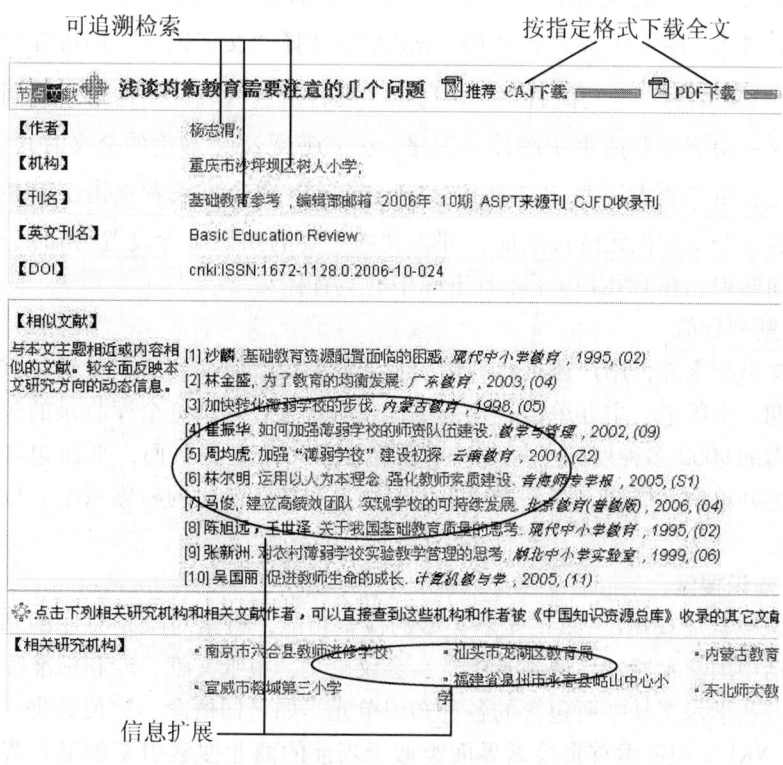

图6-4 中国期刊全文数据库-知网节

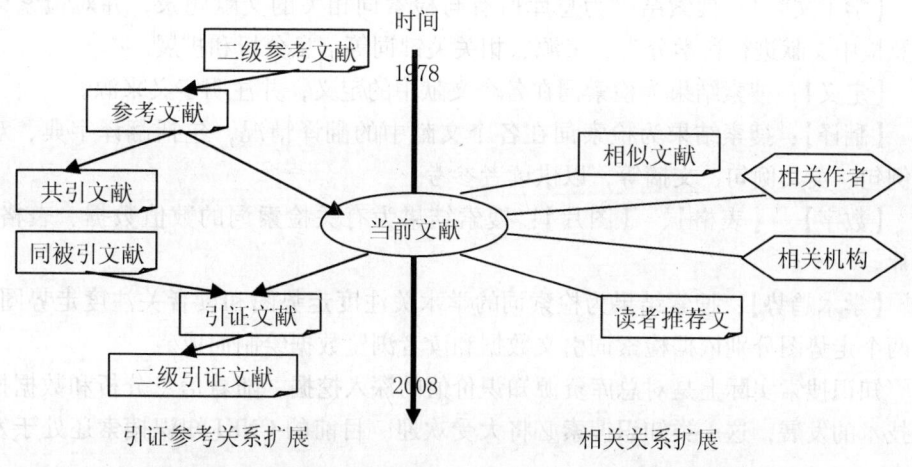

图6-5 中国期刊全文数据库-知网节信息扩展关系示意图

直接对全文文本进行选择、复制等操作处理。部分加工较早的文献该工具不可用，须点击 ▨ 圈定所需文字并于右击菜单中选择"文字识别"即可提取文本信息。▨ 工具的另一个功能就是图像拷贝，即将所选区域以图像形式复制到剪贴板上，这一功能主要适用于图片、表格、公式等无法文本化的全文片段。③ 知识元链接：由"查看"菜单选择"知识元链接"命令，或者点击工具栏 ▨ 工具可以启动全文知识元链接功能，即将文内重要的知识概念设置为知识元链接，链接指向知识元在 CNKI 电子工具书库中的所有释义。

4. 期刊导航

除文献检索外，用户还可以利用期刊导航系统按照期刊所属专辑、数据库刊源、刊期、出版地、主办单位、发行系统、所获荣誉等浏览全库收录的包括世纪期刊在内的 9000 多种期刊。每一种期刊都配备一个专属页面，页面包含期刊的刊名、主办单位、周期、联系方式等出版信息和期刊专属的检索系统，以及相关期刊信息。

5. 知识搜索

知识搜索是 CNKI 开展的全新类型的检索功能，检索对象是总库的基本信息库，包括中国学术期刊、博硕士论文、会议论文、报纸文献、专利标准等近 4000 多万篇专业学术文献中所包含的各种知识单元，如名词概念、数值数据、图片表格等。CNKI 知识搜索首页检索界面类似于当前的商业搜索引擎的通行界面，默认为文献检索，其他专项检索包括：定义、翻译、数字、工具书、图片、表格、学术趋势等多个。

【学术文献】：搜索结果为总库所有与检索词相关的文献题录，并对检索词以及检中文献进行科学分类、来源、相关关键词等信息分析和扩展。

【定义】：搜索结果为检索词在各个文献中的定义，并注明定义来源。

【翻译】：搜索结果为检索词在各个文献中的翻译情况，包括翻译字典、双语例句、英文例句、文摘等，以供读者参考。

【数字】、【表格】、【图片】：搜索结果为有关检索词的数值数据、表格、图片。

【学术趋势】：搜索结果为检索词的学术关注度走势图和读者关注度走势图，这两个走势图分别依据检索词引文数据和读者浏览数据绘制而成。

知识搜索实际上是对总库资源知识价值的深入挖掘，随着信息分析和数据挖掘技术的发展，这一类知识搜索必将大受欢迎。目前的 CNKI 知识搜索还处于发展中。

知识检索、文献检索、期刊导航共同构成中国学术期刊全文数据库的三个层次。这三个层次彼此相互联系。文献是知识检索的来源，文献的全文浏览又通过

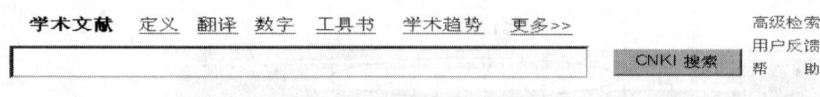

图6-6 CNKI知识搜索

知识元链接反过来调用知识元内容,文献检索支持刊名检索,而期刊导航亦可直通期刊刊载文献。

三、重庆维普与中文科技期刊全文数据库
(http://www.cqvip.com)

重庆维普资讯有限公司成立于1989年,是国内大型的专业化知识信息服务公司,其前身为国家科学技术部的西南信息中心。维普资讯是中文期刊数据库建设事业的奠基人,公司一直致力于对报刊数据进行研究、分析、采集、加工等深层次开发和推广应用。

重庆维普资讯有限公司营运的网站——"维普资讯网"于2000年建立。2005年,维普资讯网成为GOOGLE在中国的重要合作伙伴,并且成为"Google学术"网站最大的中文内容提供商。

中文科技期刊全文数据库是我国最早的大型电子期刊数据库之一,收录1989年以来我国自然科学、工程技术、农业科学、医药卫生、经济管理、教育科学和图书情报等学科1.2万余种期刊的2300余万篇文章的全文,每年递增100万篇,引文3000万条。

该数据库具有检索入口、辅助手段较多、查全查准率高和人工标引准确的传统优点。配备了专用全文浏览器。内嵌OCR技术,能直接把图像文件转换成文本格式进行编辑,还具有题录下载、将图像文件另存为TIF或PDF文件格式等功能。

(一) 文献检索

1. 检索模式

维普资讯网的文献检索分为快速检索和高级检索两种模式（如图 6-7），界面分为快速检索区、高级检索区、检索条件扩展区三个部分。

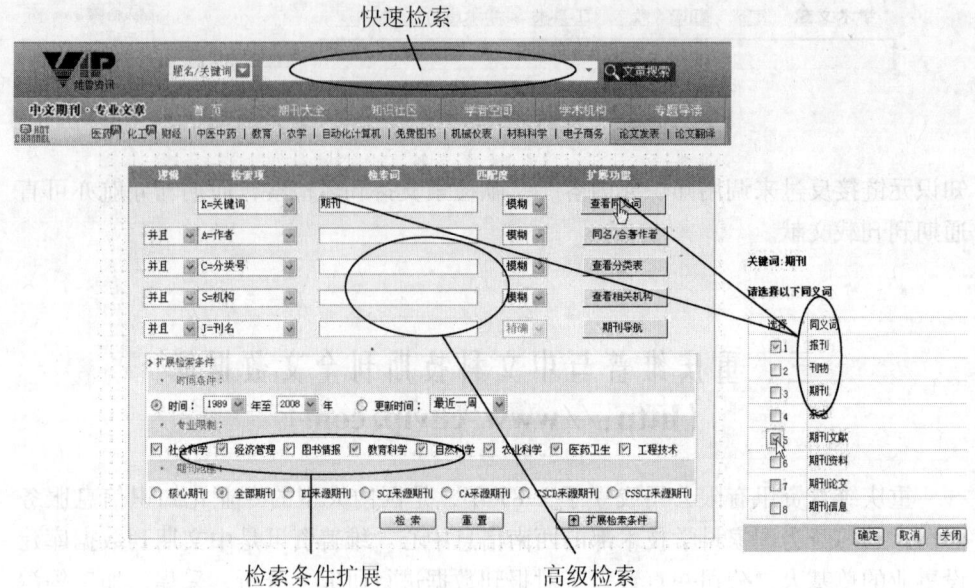

图 6-7　维普资讯网检索界面

（1）快速检索区。选择所需检索字段，填入检索词或检索式直接检索。

（2）高级检索区。由多个检索入口组成，可以实现多字段交叉检索。

【逻辑】：检索入口之间的逻辑关系选择。

【检索项】：检索字段限定，用户可以选择"题名"、"关键词"、"作者"等13个字段作为检索切入点。

【检索词】：检索词或者检索式的输入口。

【匹配度】：选择检索词与检索字段的匹配方式。

【扩展功能】：对检索词按对应字段进行词义扩展，包括"同义词"、"同名/合著作者"、"分类表"、"相关机构"、"期刊导航"等多个扩展功能。检索词的扩展词以词表形式罗列，用于可以选择所需扩展词并将其添加的输入口中。

（3）检索条件扩展区。为高级检索添加其他检索条件，如时间条件、专业限制、期刊范围等。

2. 检索结果

如图 6-8，检索结果以列表形式出现，列表之前是关于检索词的热门文章展列，列表中每一条文献记录包括一段文摘和作者、刊源等信息，用户点击相应链接可进一步查看追溯查询记录文献的作者、刊源、相关文献等。

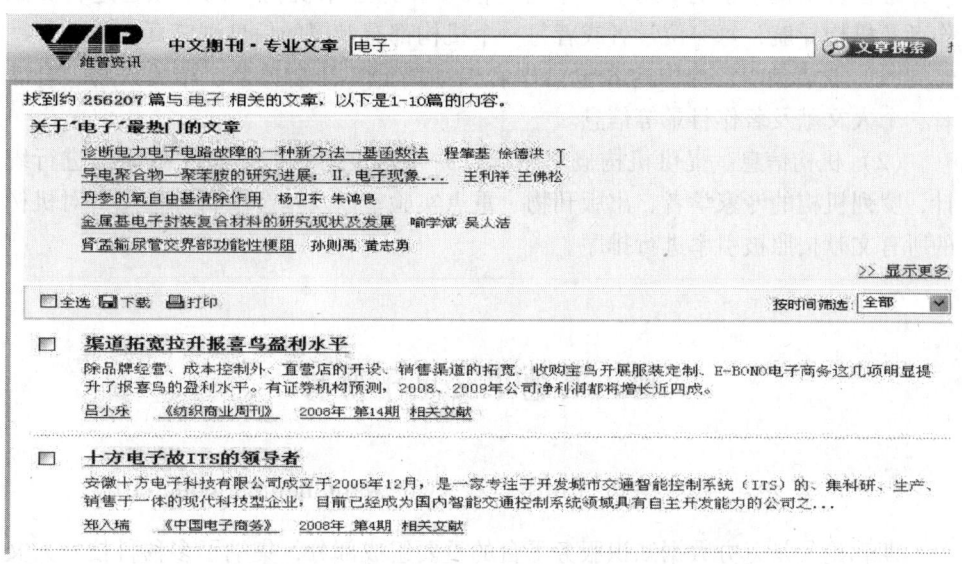

图 6-8 中文科技期刊全文数据库检索结果列表

3. 全文下载及浏览

用户在检索文献列表中可以勾选所需下载的记录文献，然后点击列表前的【下载】图标即可。维普资讯的所有资源都是.vip 格式存储，可以统一使用维普全文浏览器阅读。

（二）期刊大全

除了文献检索以外，中文科技期刊全文数据库还提供期刊视角的导航服务，即维普"期刊大全"。

【期刊搜索】：根据刊名或 ISSN 号搜索相应期刊。

【分类检索】：按照期刊所属的学科、专辑及专题导航。

【国外收录数据库】：按照期刊被国外著名的检索型数据库收录情况进行导航。

【字母检索】：按照刊名字母顺序检索对应刊物。

每一种期刊都有相应的期刊信息浏览页，介绍期刊的主办单位、出版地、周期、价格等出版信息和各年度文献收录情况,以及最新一期文章列表。

(三)学者空间和学术机构

维普资讯检索系统专列了"学者空间"和"学术机构"两个频道进行文献作者及机构导航,每一位学者或者每一个机构都有专属的信息浏览页。

(1)学者信息。提供内容包括作者生平简介、社会关系、相关人物、合著者、个人文献及著作目录等信息。

(2)机构信息。提供机构概略情况,并按年度对机构学科文献情况进行统计,罗列机构的专家学者、出版刊物、重点实验室以及基金项目等信息,对机构的所有文献按照被引率进行排序。

四、其他中文电子期刊

(一)万方数字化期刊(http://www.wanfangdata.com.cn/)

期刊论文是万方数据知识服务平台的重要组成部分,集纳了多种科技及人文和社会科学期刊的论文,总计约1300余万篇,其中,绝大部分是进入科技部科技论文统计源的核心期刊。内容包括论文标题、论文作者、来源刊名、论文的年,卷、期、中图分类法的分类号、关键字、所属基金项目、数据库名、摘要等信息。

万方数据所有期刊按理、工、农、医、人文等5大类划分,集纳了70多个类目的3267种,自然学科占83%以上,人文和财经管理570种。万方数据数字化期刊对于核心期刊的收集完整程度较高,所收录的科技类核心期刊遵循两个核心期刊标准:即北大图书馆《中文核心期刊要目总览》和中国科学技术信息研究所研制的《中国科技论文与引文数据库》。

万方数字化期刊检索有一般检索、高级检索、经典检索、专家检索四种模式,检索所获取的全文为.pdf格式的文件,使用AcroReader系列的浏览器阅读。

(二)复印报刊资料全文数据库(http://ipub.zlzx.org/)

复印报刊资料全文数据库是中国人民大学书报资料中心(详见第9章9.3.4介绍)5个系列光盘产品之一,是纸质人大《复印报刊资料》的电子版。数据库收录了《复印报刊资料》从1978年至今的全部全文,其中部分专题追溯到创刊

第六章 电子期刊、电子报纸检索与利用

图 6-9 万方学术期刊检索界面

号，信息内容基本上涵盖了国内人文社科领域的核心及重点期刊报纸，截至 2008 年底收录报刊总量达到 3500 种。与国内其他期刊全文数据库相比，《复印报刊资料全文数据库》具有以下资源特点：

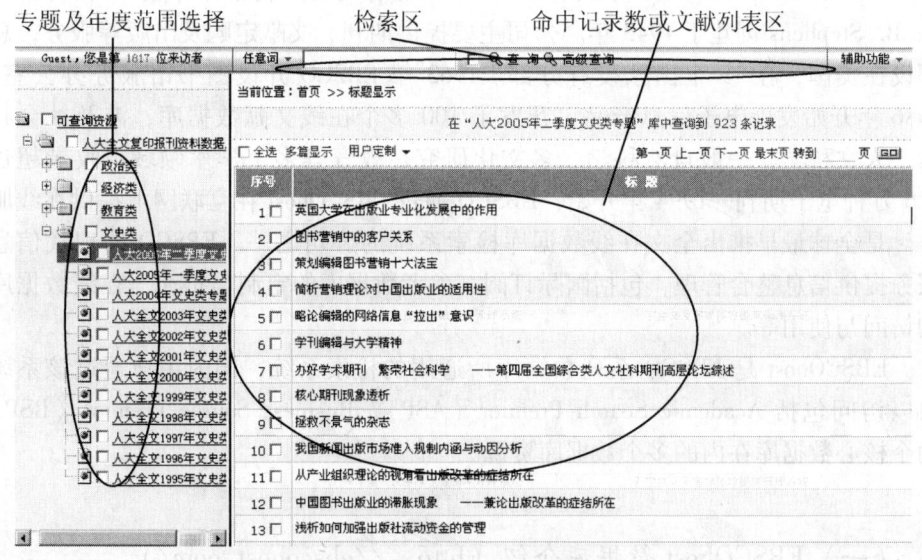

图 6-10 人大复印报刊资料全文数据库检索系统

(1) 文献经过严格筛选，具有较高的质量。纸质的《复印报刊资料》一直是我国国内质量最高、收录最权威的文摘产品，由此保证了相应电子版的文献质量。

(2) 继承并发扬了纸本《复印报刊资料》的信息功能和评价功能。《复印报刊资料》不整刊收录，而是依据文献本身质量为收录标准，从而《复印报刊资料》除了信息功能外，也具有相当权威的评价功能。电子化后形成的全文数据库完全集成了这一功能，同时因为可以分别以作者、来源进行高效检索，而使得评价功能实现起来更加快捷方便。

(3) 主题集中，针对性强。《复印报刊资料》本身是以专题形式编辑出版的，文献按照学科性质、主题范围和内容特点进行集中，主题鲜明、针对性强、易于检索，便于根据具体的课题对文献进行批量组织。

(4) 检索功能有特色。《复印报刊资料全文数据库》支持 14 个字段检索，包括原刊页码、地名、分类号等特有字段。支持关联检索，输出结果为纯文本网页形式。

五、EBSCO 联机全文数据库（http://www.ebsco.com.cn/）

EBSCO Publishing 是一家具有 60 多年历史的大型期刊服务专业公司，由 Elton B. Stephens 创建于 1943 年。公司主要提供期刊、文献定购及出版等服务，总部设在美国，在 19 个国家设有分部。1963 年 EBSCO 开设图书馆服务办公室，1986 年开始发展电子信息产品，开发了 100 多个在线文献数据库，涉及社会科学、人文科学、一般自然科学、多文化研究、教育等多个学术领域，收录超过 1.6 万种电子期刊。1994 年开始，EBSCO 通过 EBSCOhost 在互联网上提供在线服务。是全球最早推出全文在线数据库检索系统的公司之一。EBSCO 的现代信息服务提供信息整合管理，包括国际订阅、参考数据库的定制与扩充、在线数据库的访问与使用等。

EBSCOhost 是 EBSCO 系列数据库所通用的检索系统，国内用户通过该系统可以访问包括 Academic Search Premier（ASP）、Business Source Premier（BSP）两个核心数据库在内的多个数据库资源。

（一）EBSCOhost 数据库介绍（http://ebscohost.com/）

进入检索界面之前，用户可以从 EBSCO 系统数据库列表中按照课题需要选择数据库，可以同时选择多个数据库。数据库列表中提供的数据库包含 EBSCO

开发的期刊报纸数据库以及加盟 EBSCOhost 的美国许多知名文献数据库，列表介绍了每一个数据库的简要情况、收录期刊或报纸目录、可检字段、逻辑匹配规则等。

1. Academic Search Premier（简称 ASP）

ASP 是当今世界最大的综合型学术期刊数据库，收录期刊 7700 多种，并为近 4000 种出版物提供全文检索，其收录文献自 1975 年至今，范围几乎覆盖所有研究领域，所有期刊来自二十几个国家及地区，包括除美国之外的美洲、欧洲、澳大利亚、亚洲地区的多个国家。许多知名的世界性学术期刊如 Science、Nature 等杂志在数据库里都有收录。ASP 数据库的数据信息通过 EBSCOhost 每日更新。

表 6-1 ASP 收录的部分学科期刊种数

航空与空间科学	89	数学	126	经济	118	图书馆与信息科学	68
农业	77	生物学	511	教育	639	哲学	133
健康	362	商业	106	心理学	402	科学通论	106
人类学	184	化学	159	社会学	612	地理与地质	223
法律与犯罪	182	医学	938	工程技术	333	物理学	218
文学和文艺评论	261	计算机科学	399	环境科学	264	历史	413
区域研究	256	政治	357	种族和文化	204	国际关系	172
艺术	149	军事和防御	77	食品与营养	77	语言学	112

2. Business Source Premier（简称 BSP）

BSP 是国际最大的全文商业资源数据库，包括 4400 多种期刊的索引和摘要，其中 3600 多种为全文期刊。有 350 种期刊回溯到 1965 以前或期刊创刊年。内容包括产业报告、学术专著、公司概况、国家经济报告。

常规字段外还可检索 Industry Code，Product（s）/Brand（s），Company/Entity，Duns Number 和 Ticker Symbol。期刊规范文档（Journal Authority File）可按期次浏览，大部分期刊可提供简介，并有新刊出版提示。商业辞典几乎覆盖所有与商业相关的主题。

3. ERIC（the Educational Resource Information Center）

教育资源信息中心。由美国教育部、国家教育图书馆和教育研究与发展办公室资助的国家信息系统。提供 2200 个文摘和来自于 1000 多种教育学和与教育有关的期刊的索引和摘要，提供了最完备的教育书刊的书目信息，覆盖从 1966 年到现在的资料。

4. MEDLINE

美国国家医学图书馆制作的医学文献数据库。提供关于药学、护理、牙科、兽医药学、保健制度、临床科学等领域的权威研究资料,收录 4600 余种现刊的索引和摘要,提供 MeSH(Medical Subject Headings)检索。

5. Professional Development Collection

专业开发收藏库。为专业教育人员提供的高度专业化的信息资源。内容包括从儿童健康与发育到教学理论及其实践的各个方面。提供 500 多种专业期刊全文、167 种教育手册和部分教育学专著,同行评议的全文期刊近 350 种。

6. Newspaper Source

提供 180 多种美国报纸、世界报纸、新闻专线、新闻专栏和其他国家报纸的索引和文摘,每日更新。

7. Regional Business News

提供美国地区性商业出版物的全文检索,其收录范围包括美国各主要城市和乡村的商业期刊、新闻报纸及有线新闻。

8. Econlit(the American Economic Association's electronic database)

是当今世界一流的经济学文献参考资源,收录了 1969 年至今的超过 61 万条记录。

9. Legal Collection

数据库收录 250 多种世界最有影响的法律学术期刊,是关于当今国际法学界出版、研究、讨论等学术信息的权威来源。

(二)EBSCOHost 检索

1. 基础检索(Basic Search)

单个检索入口的快速检索。

2. 高级检索(Advanced Search)

具有多个检索入口及检索条件选择,可以实现比较复杂的检索(图 6-11)。高级检索区界面由三个主要部分构成:

(1)主工具栏。为用户选定的数据库的特有字段提供特色检索。

【Subject Terms】:即主题检索,以文献主题词为检索对象。

【Publications】:出版物检索,以数据库所收录的出版物为检索对象,以期刊、报纸、专著、教育报告等为主,类似于国内许多期刊数据库的期刊导航功能。

【Index】:索引检索,针对数据库的索引词表进行检索,包括作者索引、题名索引、来源索引等。

第六章 电子期刊、电子报纸检索与利用

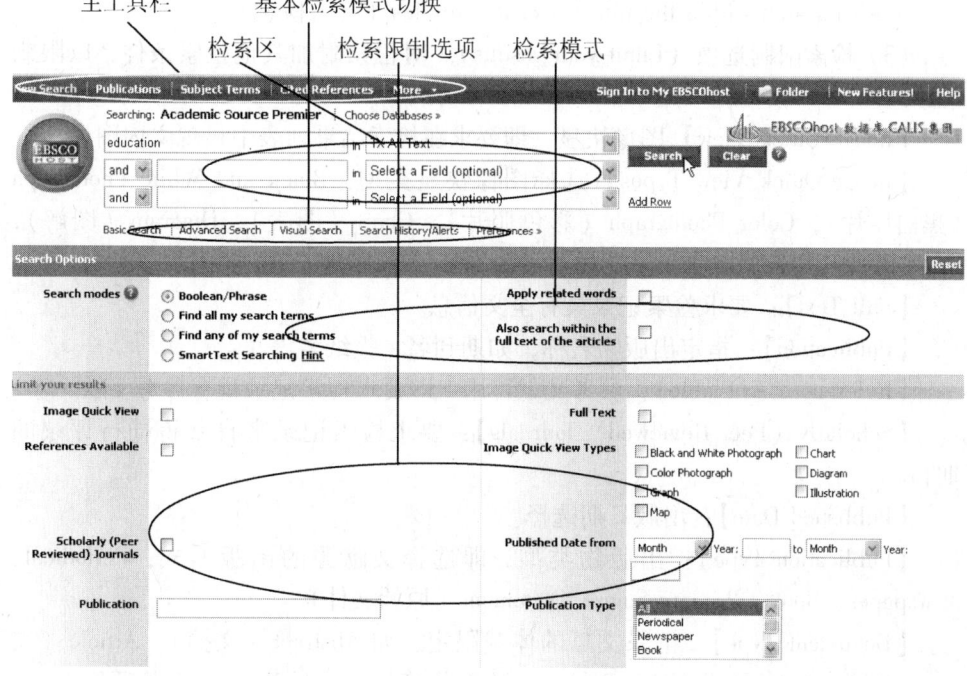

图 6-11 EBSCOHost 2.0 高级检索界面

【Image】：图片检索，直接以文献中提取出的图片为检索对象。

【Cited References】：引文参考文献检索，专门针对文献引证参考关系进行检索。

【Company Profiles】：工商企业概念检索，BSP 的特色检索。

(2) 检索区。检索词或检索式的输入区，包括检索词框及字段、逻辑选择等功能，允许用户以布尔逻辑和字段限定的方式输入检索词，也可以输入复杂的检索式，并可初步检查用户的拼写正误。

【in】：选择检索字段或者查看字段代码。TX（Text 全文），TI（Title 题名），AB（Abstract 文摘），AU（Author 作者），KW（Key Word 关键词），SU（Subject 主题词），AN（Accession Number 数据库存取号），AS（Abstract Source 文摘来源），FM（图像），IS（ISSN 国际统期刊号）。

【Search Modes】检索模式，选择检索词或检索式的匹配及字段扩展：
- Boolean/Phrase（逻辑/词组检索）
- Find all my search terms（匹配用户预先指定的所有检索字段）
- Find any of my search terms（匹配用户指定的任意字段）
- SmartText Searching（句、段或章节匹配）

● Apply related words（检索词相关性扩展，即对检索词的相关词自动检索）

● Also search within the full text of the articles（文内检索）

(3) 检索限制选项（Limit your results）。对检索附加其他检索条件，以限制检索结果。

【Image Quick View】图像快显，即要求在检索结果列表中显现文内图片。

【Image Quick View Types】选择图像快显类型：Black and White Photograph（黑白照片），Color Photograph（彩色照片），Chart（图表），Diagram（图解），Graph（统计图），Illustration（插图、图例），Map（地图）。

【Full Text】：要求检索记录具有全文信息。

【Publication】：指定出版物名称，如期刊名、报纸名等。

【References Available】：参考文献可用，即要求检索记录具有参考文献。

【Scholarly（Peer Reviewed）Journals】：要求检索记录来自获得同行评议的期刊。

【Published Date】：出版日期选择。

【Publication Type】：出版物类型，即选择文献源的出版形式：Periodical、Newspaper、Book、Primary Source Document（原始文件）

【Document Type】：记录文献的体裁限定，如 Abstract（文摘）、Article（文章）、Bibliography（书目）、Book entry（书摘）、Book Review（书评）、Case Study（案例研究）、Dictionary（词典）、Poem（诗歌）等。

【Number Of Pages】：页数限制。

【Cover Story】：要求检索结果是封面文章。

【PDF Full Text】：要求检索结果具有 PDF 格式的全文。

3. 可视化检索（Visual Search）

可视化检索是 EBSCO Host 的新功能。系统以主题分类在数据库及视觉图进行查找。用户能从【Display Style】选择以窗口方块或是字段显示搜寻结果。注意：可视化检索需要预装 Adobe Flash Player 8.0 或更新版本的浏览器。

(三) 检索结果处理

执行检索所获得的检中文献列表如图 6-12 所示，列表中每一条记录包含文献题名、作者、详细来源信息、内容概要（图片数、图表数等）、国内馆藏情况、全文下载链接、图片快速浏览等信息，同时支持对检中记录按照体裁、主题、出版物等标准进行再分，或者对检索进行修正、题录保存等操作，并可查看文献的相关信息。

第六章 电子期刊、电子报纸检索与利用

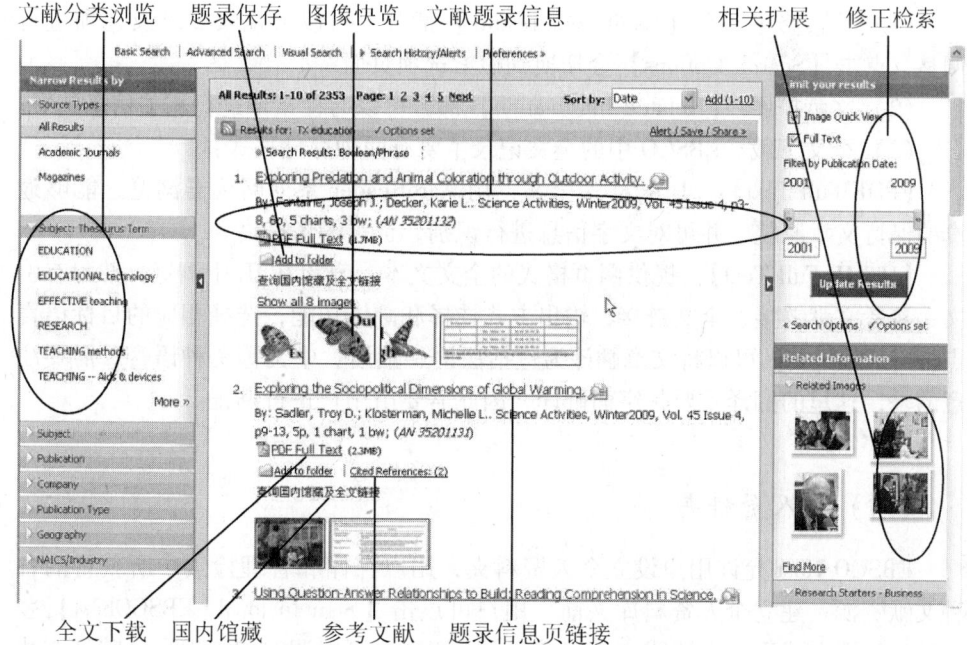

图 6-12　EBSCOHost 2.0 检中文献列表

1. 文献分类浏览

点击页面右侧可以按照特定的标准对检中文献进行分类筛选和浏览。

【Source Types Toggle】：将检中文献按照文献源的出版形式，如 Academic Journals、Magazines、Newspapers、Books/Monographs、Educational Reports 等进行分类筛选。

【Subject：Thesaurus Term】：将检中文献按照体裁，如 BOOKS Reviews、REHABILITATION counseling、NONFICTION、TEACHING methods、EDUCATION、COUNSELING 等进行分类。

【Subject】：按主题对检中文献进行分类。

【Publication】：将检中文献按照文献源名称（主要是期刊名）进行分类。

……

2. 文献题录信息查阅

点击文献题名即可查看文献详细题录信息，题录信息后还附有全文链接（PDF 格式）或全文（HTML 格式）。

3. 多篇文献题录保存或输出

点击【Add to folder】，相应记录会缓存到文件夹【Folder】中，可以多选。

在【Folder】文件夹中用户可以对所选记录按照特定格式输出或保存。

(1) 检索修正。在【Limit your results】部分,可以对检索要求及选项进行调整,点击【Search Options】会切换到检索选项页面。

(2) 文献扩展。【Related Information】部分可以对检索词进行相关信息扩展。

(3) 全文下载。EBSCO 中的全文记录主要有两种存储格式:

【PDF Full Text】:.PDF 格式全文,用 AcroReader 系列阅读器浏览,能够逼真的保持文章原貌,并可对文字信息进行识别,也可图像拷贝。

【HTML Full Text】:提供网页格式的全文文本,直接在 IE 中浏览,并附有引文、参考文献链接、全文链接、输出方式选择和翻译功能,选择相应的目标语言点击【Translate】可以将文章翻译为包括法语、俄语、中文等 9 种语言。需要注意的是,这里的翻译主要是字面翻译,因此需要由用户进行勘正。

(四) 个人资料夹

EBSCO Host 允许用户设立个人资料夹,用以存储和管理检索中所获得的各种文献资源。建立个人资料库夹前,用户可点击【Sign In to My EBSCOhost】登录到自己账户或重新申请账户,登录到个人资料夹可以调阅和管理自己曾经查找的所有资料。

六、其他外文电子期刊

(一) Springer Link (http://www.springerlink.com/home/main.mpx)

德国施普林格(Springer - Verlag)是世界上著名的科技出版集团,其出版物的出版形式包括印刷版、光盘版和网络版。Springer Link 是该公司的网络信息发行与服务系统,施普林格公司通过它发行电子图书并提供学术期刊文献的检索服务。目前共出版有 530 多种期刊,其中 498 种已有电子版。Springer Link 系统分为 11 个学科数据库,由此构成了 11 个全文电子图书馆:

Chemical Sciences (37 种)　　Computer Science (45 种)

Economics (30 种)　　Engineering (58 种)

Environmental (37 种)　　Life Science (105 种)

Mathematics (73 种)　　Medicine (179 种)

Geoscience (53 种)　　Law (法律): 5 种

Physics and Astronomy (61 种)

国内用户主要是通过清华大学镜像访问 Springer Link 电子期刊，所有期刊全文以 .pdf 或者网页格式存储，检索系统支持快速检索、高级检索、检索历史调用等功能（如图 6-13）。

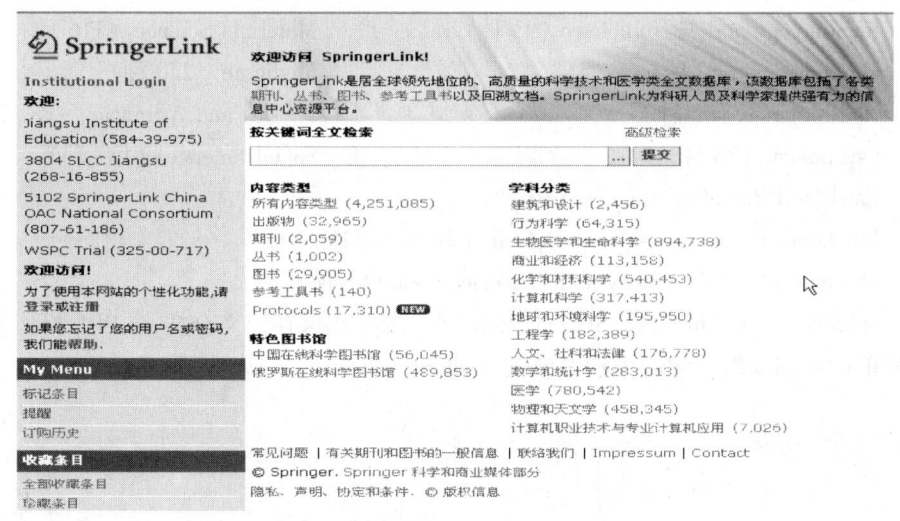

图 6-13 Springer Link 电子期刊清华镜像

（二）Elsevier Science（http：//www.sciencedirect.com/）

荷兰 Elsevier 出版社创建于 1580 年，是欧洲历史最悠久、规模最大的出版集团之一，它由爱思唯尔科学出版社（Elsevier Science Publishers）、北荷兰出版社（North Holland）、医学文摘社（Excepta Medica）及培格曼出版社（Pergamon Press，Oxford）等 12 个出版公司组成荷兰最大的联合集团。2001 年 Elsevier 收购了全球主要科学出版商 Academic Press，并将其科学期刊加入了 Science Direct 数据库。爱思唯尔出版社中国区科技部网站网址：http：//china.elsevier.com/。

Science Direct On Site（SDOS）是 Elsevier 电子期刊全文数据库的服务系统。它由 Elsevier 全文杂志数据库发展而来，是世界上最大的科学、技术和医学文献数据库。该数据库不仅收录 Elsevier 的 1800 多种期刊，还收录超过 300 万篇相关文章和 5900 万篇相关文摘。部分文章甚至在影印版还没出版之前就已出现在数据库中。大部分期刊被 SCI、SSCI、EI 收录，是世界上公认的高品位学术期刊。资源情况：

　　Agricultural and Biological Sciences（138 种）　　Arts and Humanities（28 种）
　　Business，Management and Accounting（84 种）　　Chemistry（116 种）

Chemical Engineering (93 种)　　Civil Engineering (58 种)
Computer Science (116 种)　　Decision Sciences (37 种)
Economics, Econometrics and Finance (66 种)　　Energy and Power (53 种)
Engineering and Technology (184 种)　　Environmental Science (74 种)
Immunology and Microbiology (93 种)　　Materials Science (116 种)
Mathematics (60 种)　　Medicine (270 种)
Neuroscience (75 种)　　Physics and Astronomy (88 种)
Psychology (76 种)　　Social Sciences (131 种)
Earth and Planetary Science (86 种)
Biochemistry, Genetics, and Molecular Biology (156 种)
Pharmacology, Toxicology and Pharmaceutics (51 种)

Science Direct On Site (SDOS) 支持网上浏览或保存论文全文（.PDF 格式），有简单检索和高级检索两种检索模式（如图 6-14）。

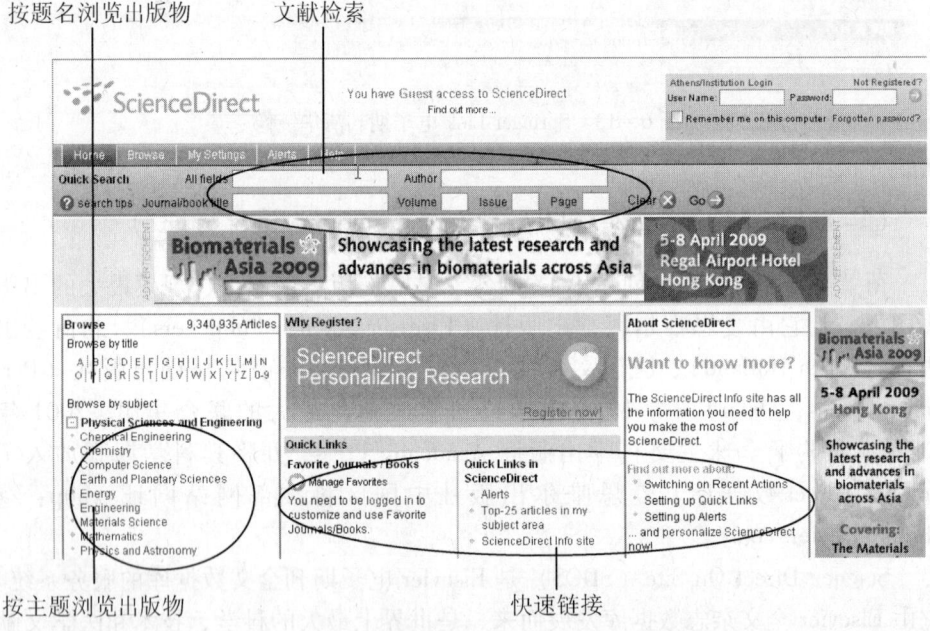

图 6-14　Science Direct On Site (SDOS) 首页

（三）Kluwer 电子期刊（北京大学镜像 http://kluwer.calis.edu.cn/）

荷兰 Kluwer Academic Publisher 是具有国际声誉的学术出版商。Kluwer Online

Journals 是 Kluwer 出版的 700 多种期刊的网络版，涵盖 24 个学科专题，775 种刊，17 万多篇文章，提供 Kluwer 电子期刊的查询、阅览服务。目前，Kluwer 已被 Springer 公司合并，可通过 Springer 查阅 Kluwer 的所有电子期刊。其学科分类及其期刊种数如下：

Archaeology（5 种）	Astronomy（10 种）
Biological Sciences（96 种）	Business Administration（28 种）
Chemistry（54 种）	Computer Sciences（51 种）
Earth Sciences（27 种）	Education（27 种）
Electrical Engineering（14 种）	Environmental Sciences（14 种）
Engineering（30 种）	Humanities（5 种）
Law（60 种）	Linguistics（9 种）
Materials Sciences（26 种）	Mathematics（49 种）
Medicine（90 种）	Philosophy（39 种）
Physics（29 种）	Psychology（68 种）
Social Sciences（37 种）	Operations Research/Management Science（4 种）

Kluwer 的电子期刊有期刊浏览、检索和篇目检索功能，篇目检索包括简单查询和复杂查询两种方式。

（四）其他

1. UnCover 数据库（http：//calispku. library. ingentaconnect. com/）

是 CARL（Colorado Alliance of Reasearch Libraries）的一个主要产品，建于 1988 年，是目前世界上规模最大、内容更新最快的期刊数据库之一。收录期刊 1.8 万多种，期刊文章索引（或文摘）700 多万篇，每天扩充 5000 篇。自然科学、工程技术、医学、农林等约占 51%，社会科学、政法、商业等占 40%，其余 9% 为艺术与人文科学。UnCover 数据库是一个文献传递数据库，期刊文章进入数据库的时间与期刊递送到当地图书馆的时间差为 2 天，基本同步。CALIS 集团订购了 UnCover 数据库。

2. Academic Press（IDEAL）电子期刊（http：//www. idealibrary. com）

美国学术出版社（Academic Press）创立近 60 年，是非常著名的学术出版公司，出版物学科范围涉及医学、生物、计算机、经济、法律、物理、历史、社会学等多个学科。出版的期刊学术品质高，被 SCI 收录的核心期刊有 109 种。Academic Press 电子期刊的网络版"国际数字电子访问图书馆（International Digital Electronic Access Library，简称 IDEAL），收录 Academic Press 210 种期刊，回溯到 1993 年，提供全文及文摘信息。

3. ProQuest Academic Research Library（简称 ARL），学术期刊研究图书馆（http：//proquest. umi. com/login）

"期刊文摘研究版"（PARII）的升级版本，专为大学图书馆和研究图书馆设计的综合性学术期刊数据库，收录期刊 3100 多种，其中全文期刊 200 多种。涉及社会科学、人文科学、商业与经济、教育、历史、传播学、法律文化、科学、医学、艺术、心理学、社会学等学科，可检索 1971 年来的文摘和 1986 年来的全文。

4. World Scientific Publishing 电子期刊（http：//worldscinet. lib. tsinghua. edu. cn/）

世界科学出版社（World Scientific Publishing）成立于 1981 年，总部设于新加坡，是亚洲少数专门出版理工专业书籍的集团。每年出版约 400 种不同主题的丛书，60 多种专业期刊。电子期刊检索系统为 WorldSciNet，提供 58 种全文电子期刊，涵盖数学、物理、化学、生物、医学、材料、环境、计算机、工程、经济、社会科学等领域。

5. John Wiley 电子期刊数据库（http：//www3. interscience. wiley. com/cgi–bin/home）

提供由 John Wiley & Sons Inc. 出版的 500 多种的电子期刊 1997 以来的全文。这 500 多种期刊中，2005 年以来有一半以上被 SCI、SSCI 和 EI 收录。内容涉及化学化工、生命科学、医学、高分子及材料学、工程学、数学及统计学、物理及天文学、地球及环境科学、计算机科学、工商管理、法律、教育学、心理学、社会学等 14 个学科领域的学术出版物。通过 Wiley InterScience 学术出版物的在线平台提供电子期刊的浏览、检索和全文下载服务。2008 年 3 月，Blackwell 出版社的 1400 多种电子期刊并入该平台，只可以检索到文摘信息。

七、电子报纸查询与利用

（一）概述

电子报纸是指将多媒体技术、网络技术和通信技术应用到报刊出版、发行、利用的全过程。某些单纯使用电子排版技术的报纸，或是以光盘为载体发行的报纸，只是在某个环节上利用了电子手段，并不能称为电子报纸。电子报纸在发布和利用方面有三种主要的形式：一是电子报纸网站；二是基于一种或几种报纸的独立的报纸数据库；三是全文数据库的电子报纸。

1. 电子报纸的特点

(1) 快速性和时效性。出版周期短,不受版面限制,是电子报纸最重要的特点。很多电子报纸都是在线实时更新,减少了运作的中间环节,直接、迅捷地展示在公众面前,充分表现电子化、网络化载体的快速性和时效性。

(2) 传播范围广。电子报纸扩大了传统报纸的影响,原来局限于一定区域发行的报纸,通过网络可以传播到世界各地;

(3) 经济实用。出版者节省了印刷及发行成本,因而费用低廉,网上常有免费电子报纸。

(4) 使用方便。电子报纸表现形式丰富,用户可以方便地浏览、复制和打印。由于存储技术和硬盘技术的发展,使得电子报纸的存储空间无限增大,保存时间也较长,用户对过期电子报纸的获取也较为容易;

(5) 交互性强。用户通过主页专题可以像看电视一样直接了解新闻事件及其发展过程,还可以随时点击相关链接以得到更为全面的拓展信息;在留言板上还可以发表评论,参与信息的传播。

2. 电子报纸的类型

(1) 按载体形式划分。① 网络版电子报纸;② 以光盘或硬盘等载体存储和发行的报纸;③ 新一代的电子纸(E-paper)。是一种全新的电子报纸概念,它融合了报纸、计算机和网络的特点,不是传统意义上的纸张,而是像纸一样可以任意弯曲折叠的"可擦写显示器"。最薄的电子纸厚度只有 0.1 毫米。

(2) 按报纸上网模式(即电子报纸对应其印刷版报纸的关系)划分。① 报纸电子化。在因特网上建立独立的网站,把纸质报刊的内容通过扫描等方式上传到网络,不提供其他新闻和信息服务。② 报纸网站。在因特网上建立独立的网站,上网报纸在提供原有内容的同时,根据报刊的侧重点提供相应的新闻、信息和其他一些服务。此类模式强调自己的板报特色,在提供报纸网络版的内容时,也是经过二次筛选、编辑,挑选精品文章上网,典型的如美国的《华尔街日报》,我国的《广州日报》、《中国青年报》、《科技日报》等。③ 报纸综合网站。在因特网上建立独立的网站,报纸印刷版的内容在该网站中只是一个组成部分,所占空间比例不高;更多地是提供包罗万象的信息服务,目标在于建成综合性的信息平台,如美国的《华盛顿邮报》,我国的《人民日报》、《电脑报》等。④ 新闻网站。由多家报纸联合建立大型的新闻网站,如美国的"新世纪网络"(New Century Network),由美国九大传媒集团与其下属报纸及 200 多家出版社建立,各报内容相对独立,曾是美国最大的网上报纸的枢纽站。我国的"中国金融证券期货类报刊信息检索系统"、"中国体育信息网"、"四川省新闻信息中心"等都属于这种模式。

(二) 报纸检索常用数据库

全文数据库中的电子报纸资源非常丰富,这些电子报纸在全文数据库中的组织方式略有不同,可概括为两种:一种是整份报纸内容收录进全文数据库中,在收录的起止年代内,可按年月日进行浏览,也可利用全文数据库的检索功能进行检索。ProQuest 全文数据库中的电子报纸属于这种方式,著名的有《纽约时报》和《华尔街日报》等;另一种也是将整份报纸内容收录到数据库中,但不能按报纸年月日进行浏览,只能通过检索来查询具体的报纸文章。如:中国期刊网中的"重要报纸数据库"、"中国财经报刊数据库",新华社多媒体信息数据库中的"中文报刊库",中国资讯行中的"中文报刊库"等。

1. 中文报刊数据库

(1) CNKI 中国重要报纸全文数据库(http://www.cnki.net)。中国期刊网中的重要报纸全文数据库(CCND)是一个连续动态更新的数据库。2000 年 6 月至今,每年从国内公开发行的 1000 多种重要报纸中,精选 100 万篇学术性、资料性文献,目前已累积文献 430 万篇。涵盖文化、艺术、体育及各界人物、政治、军事与法律、经济、社会与教育、科学技术等。分六大专辑 36 个专题。网上数据每日更新,光盘每月更新。数据库提供包括全文检索在内的多个检索入口,提供在线浏览与编辑功能。

(2) 慧科讯业报纸数据库(http://uat-es.wisenews.net/ccucn/login.do)。香港慧科讯业报纸数据库(Wise News)收录了中国内地和香港特别行政区 264 种报纸,其中内地报纸 260 种,主要是全国各省市的重要新闻报纸和专业报纸,4 种为香港地区报纸,即《香港经济日报》、《香港商报》、《文汇报》、《大公报》。目前数据累计超过 1000 万条,数据库提供全文检索功能,并自动扩展与检索字相关或同义词汇检索,数据回溯至 1998 年。

(3) 中国财经报刊数据库(http://www.cnnewspaper.com/)。中国金融证券期货类报刊信息检索系统是在中国证券监督管理委员会信息中心组织下,由深圳巨灵信息技术有限公司承建的电子报刊检索系统,是我国金融发展史上第一个以电子数据库方式建立的检索系统。收录 130 多种财经报刊,并回溯到创刊号,全文内容数百万条。该系统包括:词表制作与维护、录入、标引、检索等 4 个子系统。数据结构涉及报刊库、词表库、标引库、信息来源库、股票情况库、基金情况库、经济政策法律法规库等 10 个数据库。特色在于:信息来源专业、多样、广泛、内容完整、准确、及时、检索功能完善、强大、互动性强。

2. 外文报刊数据库

(1) Pro Quest 全文数据库中的 Pro Quest Newspapers。收录了部分国外全文电子报纸,如《纽约时报》(*The New York Times*)、《华尔街日报》(*Wall Street Jour-*

nal)、《华盛顿邮报》（*The Washington Post*）、《基督教科学箴言报》（*Christian Science Monitor*）、《芝加哥论坛报》（*Chicago Tribune*）等，可通过文章名等途径检索。

（2）Gale 数据库中的 The Times Digital Archive 子库。可以访问从创刊（1785年）至 1985 年间的英国《泰晤士报》（*The Times*）电子版全文。

（3）LEXIS - NEXIS 全文数据库。收录世界上许多重要的电子报纸，除了美国的报纸，还包括德文、法文、西班牙文、意大利文及荷兰文等当地各大报纸的当日新闻，如《纽约时报》（*New York Times*）、《华盛顿邮报》（*Washington Post*）、《今日美国报》（*USA Today*）、《华尔街日报》（*Wall Street Journal*）、《泰晤士报》（*The Times*）、《爱尔兰时报》（*Irish Times*）、《国际先驱论坛报》（*International Herald Tribune*）、《圣彼得斯堡时报》（*St. Petersburg Times*）、《日本时报》（*Japan Times*）、《每日新闻》（*Mainichi Daily News*）、《法兰克福汇报》（*Frankfurter Allgemeine*）、《印度时报》（*Times of India*）、《耶路撒冷邮报》（*Jerusalem Post*）等，电子报纸总数近 500 余种。

（4）EBSCO 数据库中的综合性全文报纸（Newspaper Source）数据库。可以浏览近 30 种国外报纸全文以及 200 多种美国报纸的部分全文，如《基督教科学箴言报》（*Christian Science Monitor*）、《星期日泰晤士报》（*Sunday Times*）、《莫斯科时代报》（*Moscow Times*）、《多伦多明星报》（*Toronto Star*）、《曼谷邮报》（*Bangkok Post*）、《新海峡时报（马来西亚）》（*New Straits Times*）等，还有一些美国地方报纸，如：《底特律自由言论报》（*Detroit Free Press*）、《丹佛邮报》（*Denver Post*）、《奥兰多前哨报》（*Orlando Sentinel*）等。该数据库还包含来自电视和收音机的全文新闻副本，如 CBS News、All Things Considered（NPR）、Buchanan & Press（MSNBC）等。

（三）知名电子报纸网站

1. 国内知名电子报纸

（1）人民日报报系检索系统（http://search.people.com.cn）

人民日报是中国共产党中央委员会的机关报，是中国最具权威性、发行量最大的综合性日报，被联合国教科文组织评定为世界十大主要报纸之一。人民日报集团由《人民日报》、《人民日报·海外版》、《人民日报·华东新闻》、《人民日报·华南新闻》、《市场报》、《环球时报》、《证券时报》、《健康时报》、《京华时报》、《中国汽车报》、《江南时报》、《国际金融报》、《讽刺与幽默》，以及《新闻战线》、《大地》、《人民论坛》、《时代潮》、《人民文摘》等报刊组成。这些报刊资源均可通过人民网搜索频道进行检索并可免费获得全文。人民网由人民日报网络版发展而来,已成为因特网上最大的综合性中文新闻网站。目前设有时政、地方、国际、观点、经济、体育、教育、社会、海峡两岸、图片、军事、生活等30几个频道,近50种分类新闻,300多个栏目,拥有2000多个新闻专题和200多亿汉字的资料库,提供普通搜索(图6-15)和高级搜索功能。

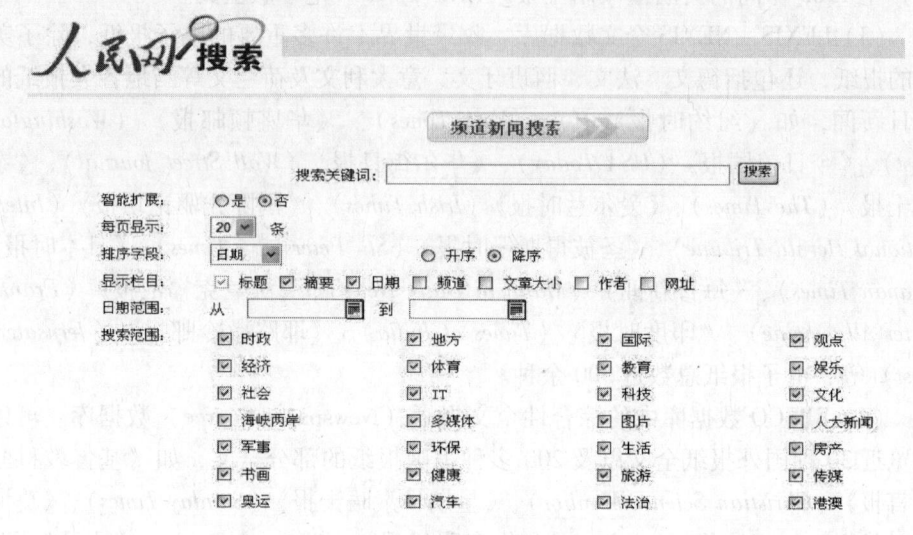

图6-15 人民网高级搜索界面

(2)光明网(http://www.gmw.cn/)。光明网,被称为"知识分子的网上家园"(图6-16)。提供的内容包括《光明日报》、《新京报》、《中华读书报》、《文摘报》、《考试》、《书摘》、《博览群书》等报纸和杂志。提供全文检索和高级检索功能,在高级检索页面提供标题、作者、正文以及日期等检索途径。两种检索范围都为光明网的所有内容,即包括其所属的所有报刊的内容以及网站上的新闻,所有文章均可免费浏览全文。如果要查询某一具体报纸或杂志的内容,点击报刊名称即可进入该报刊的网页。《光明日报》主页有"旧报查询"链接,点击该链接可以按年代查询1998年以来光明日报报业集团8种报纸及杂志的内容。自2004年10月开始,光明日报提供图像格式原版浏览。

(3)解放网(http://www.jfdaily.com/)。解放日报报业集团成立于2000年10月,是以中共上海市委机关报《解放日报》为主组建的一个具有较强核心竞争力和综合实力的媒体集团。集团目前拥有《解放日报》、《新闻晨报》、《新闻晚报》、《申江服务导报》、《报刊文摘》、《人才市场报》、《I时代》、《房地产时报》、《上海学生英文报》9份报纸,《支部生活》、《上海小说》、《新上海人》3份刊物,还有解放日报电子网络版和上海沪剧院,共计9报3刊1网1院。搜索系统有新闻搜索、图片搜索、高级搜索。

第六章 电子期刊、电子报纸检索与利用

图 6-16 光明网主页

(4) 新华通讯社 (http://www.xinhuanet.com/)。新华通讯社(简称新华社)1931年成立于江西瑞金,原名红色中华通讯社(红中社),1937年在延安更名为新华社。1949年新中国成立后,新华社确定为中华人民共和国的国家通讯社。目前新华社所属报刊有:《新华每日电讯》、《瞭望》周刊、《中国记者》、《中国证券报》、《经济参考报》、《国际先驱导报》、《环球》杂志、《中国图片期刊》、《上海证券报》、《世界军事》、《现代快报》、《半月谈》、《中国名牌》、《中国传媒科技》等。通过链接,均能阅读这些报刊的全文。

(5) 新华报业网 (http://www.xhby.net/)。《新华日报》为中共江苏省委机关报。新华报业网主要发布新华日报报业集团所属报刊,包括《新华日报》、《扬子晚报》、《南京晨报》、《江苏经济报》、《江苏法制报》、《扬子经济时报》、《传媒观察》、《精品健康导刊》等。网站提供站内简单搜索和精确搜索功能,精确搜索可以按标题、全文及作者进行检索。《新华日报》主页也提供了关键词检索和"往日查询"的功能,目前"往日查询"回溯到2004年。所有报刊均免费提供全文。

(6) 南方报业网 (http://www.nanfangdaily.com.cn/)。南方报业传媒集团的前身为南方日报报业集团,于1998年5月正式挂牌运作。2005年7月,更名为南方报业传媒集团。南方报业提出"媒体多品牌战略",除品牌报纸《南方日报》外,形成三个子报系列:南方周末报系、南方都市报报系、21世纪报系,成功构筑报纸、期刊和出版社、网络三大平台的立体化组合,呈现出更加丰富的品牌群体架构。南方日报报系的报纸具备按日期回顾浏览功能,如《南方周末》

网站提供了"历史报纸回顾",可以按日期检索以前报纸登载的文章。所有文章均可免费阅读全文。

(7)大公报(http://www.takungpao.com/)。《大公报》是中国香港特别行政区的重要报纸之一,具有百年历史,提供香港、祖国大陆以及世界其他地区的政治、财经、体育、教育等各方面的新闻资讯。

香港地区其他报纸还有:《明报》(http://gb.weather.gov.hk/warmword/warmword 20010613.htm)、《香港商报》(http://pdf.sznews.com/)等。

2. 国外知名电子报纸

(1)USA Today(http://www.usatoday.com/),《今日美国》。进入《今日美国》网站,点击【Search】中的【our sit】,显示图页,可对1999年至今的信息进行检索;点击图中右上角【click here】,可以选择年代进行检索。提供简单检索和高级检索,还提供浏览当日报纸内容的功能,均可免费阅读。

(2)The New York Times(http://www.nytimes.com/),《纽约时报》。美国最有影响的大报之一,创办于1851年,至今已有150余年历史,内容包括全世界政治、经济、教育文化、军事、体育娱乐、科技文化等方面的最新消息和相关的评论。和其他网络上的免费电子报纸不同,《纽约时报》有在线版和电子版,均须付费订阅,订阅的方式可以灵活选择。电子版可供下载,为商务旅行人士提供阅读的便利,每份被下载的电子报纸可供读者阅览一周,不过浏览时需要安装专门的免费阅读软件。

(3)The Washington Post(http://www.washingtonpost.com/),《华盛顿邮报》创办于1877年,也是美国最有影响的大报之一,和《纽约时报》一起并称为美国新闻类报纸的两大高峰。

(4)The Times(http://www.timesonline.co.uk/tol/news/),《泰晤士报》。英国最有影响的媒体之一,也是世界最著名的报纸之一,其电子版的栏目设置和报纸完全一致,包括国内国际政治新闻、经济报道、评论、专题等。

3. 其他

(1)报纸杂志地址查询(http://cehuang.myetang.com/)。该网站罗列了全国报纸杂志的通讯地址、邮编、电话总汇,按省分类,共9700多家,对其中的网络报纸都做了链接;

(2)新闻报刊网站总汇(http://www.uncg.edu/~cecarr/news/)。链接了世界各地许多上网报刊的Web页;

(3)焦点文摘——全国电子报纸(http://www.jdwz.com/dianzibao.htm)。几乎汇集了全国的电子报纸网站,包括所有报纸电子版。

思考题

1. 简述期刊的概念及期刊文献的特点。

2. 期刊电子化和电子化期刊有什么区别?
3. 电子期刊文献有何特点?
4. 简述中国知识资源总库的构成。
5. 中外常用期刊全文数据库有哪些,学科范围有哪些?如何进行全文检索、下载?
6. 什么是电子报纸?电子报纸有何特点?
7. 常用检索报纸的工具有哪些?

第七章 特种文献检索与利用

特种文献是指除普通图书、期刊之外，出版发行和获取途径都比较特殊的文献，包括：学位论文、会议论文、专利文献、标准文献、科技报告、政府出版物、科技档案、产品样本等。它们的发行渠道特殊、形式各异、内容广泛、数量庞大、参考价值高，具有其他文献不能取代的价值。本章主要介绍学位论文、会议论文、专利、标准、科技报告的检索与利用。

一、学位论文检索与利用（Dissertation）

根据国家标准（GB/T7713.1－2006）规定，学位论文是作者提交的用于申请学位的文献。学位论文体式完整、资料翔实、论述严谨科学、学术水准高。作为一类兼具考核功能和资格评审功能的学术文献资源，学位论文与一般的学术文献相比有许多独特的性质：

（1）学术性强。学位论文撰写周期一般都比较长，厚积而薄发，在资深导师的指导和严格的评审制度下，在数年的理论系统学习和专业知识积淀基础上，学位论文都具有浓重的学术色彩：选题明确、内容新颖、阐述深入、论证翔实，甚至很多学位论文的课题直接源于导师所承担的重大课题，往往具有很强理论价值和现实意义。

（2）信息量大。学位论文一般体式完整且篇幅较长，其内容涵盖课题发展时序，完整而翔实，既包括概念、理论、方法、思想的缘起、背景、发展、现状，又包括课题领域的最新成果、最新资料、最新实验观测数据，还蕴含了课题未来的发展、趋势展望。论文中所列举的丰富的图表、数据、参考文献，往往都有一定的广度和深度，材料广泛、体系完备、内容可靠，具有很强学术参考价值。

（3）属于灰色文献。我国每年产生近10万篇学位论文，但多数都不公开出版发行，甚至有一部分论文是具有一定解密期限的保密级学位论文。所有的学位论文原则上由我国近千个学位资格授予单位具体收藏，馆藏地分散，管理、典藏方式复杂，很难集中查检，其真正的学术价值没有充分发挥出来。

(一) 学位论文手工检索工具

1. 国内学位论文手工检索工具

为了提高学位论文的利用效率，几十年来国内外很多有条件、有资源的学术单位或情报机构，专门针对学位论文开发出了相应的检索工具或全文数据库，以下是国内一些知名的学位论文检索工具或数据库情况：

（1）《中国学位论文通报》。由中国科技信息研究所编辑，科技文献出版社出版，1985 年创刊，原为季刊，1986 年以后改为双月刊。是报道我国自然科学领域学位论文的主要检索工具。以题录、简介和文摘结合的形式，报道该所收藏的我国高等院校和科研机构的博士和硕士论文。每期内容包括分类目录、正文和索引。分类目录按"中图法"分类，共设 9 个大类和 18 个子类；正文按"中图法"标引编排；索引部分有"机构索引"和"年度分类索引"。

（2）《中国科学院博士学位论文文摘》。年刊，收录中国科学院所属各研究机构和高校的博士研究生的学位论文。正文按《科图法》分类顺序编排，其后有"作者索引"、"导师索引"、"中图法分类号索引"和"授予学位单位"。

2. 国外学位论文手工检索工具

目前国际上较有影响的检索学位论文的工具书约有 20 多种，其中比较常见的是 University Microfilms International（简称 UMI）公司出版的几种学位论文文摘及索引：

（1）*Dissertation Abstracts International* 简称 DAI，国际学位论文文摘。由美国 UMI 编辑出版，1938 年创刊，是目前世界上检索学位论文使用最广泛的一种检索工具。

（2）*Comprehensive Dissertation Index* 简称 CDI，学位论文综合索引。包括累积本和年度补编，由 UMI 出版。累积本出版于 1973 年，共 37 卷，收录了美国 340 所大学和加拿大 22 所大学在 1861—1972 年间授予的所有博士学位论文 41 万件以上。是一种系统追溯检索美国学位论文的工具。

（3）*Masters Abstracts International* 国际硕士学位论文文摘。由 UMI 出版，1962 年创刊，双月刊。原称 *Master Abstracts*（硕士学位论文文摘），1985 年后改为现称。主要报道美国和加拿大数百所大学的硕士论文，报道范围包括自然科学、社会科学和应用科学等各个方面。每年的第 4 期附有年度累积主题索引和著者索引，第 1—3 期只附有单期著者索引。每隔 5 年单独出版一次累积版。

（4）*American Doctoral Dissertation* 美国博士学位论文，年刊。包括美国和加拿大各大学接受的全部博士学位论文，其中收录有许多 DAI 未摘录的学位论文。自 1957 年起作为《国际学位论文文摘》的附刊出版。正文按分类编排，附有著者索引。

（二）学位论文数据库检索与利用

1. 万方数据知识服务平台——中国学位论文全文数据库
（http：//c. wanfangdata. com. cn/Thesis. aspx）

中国学位论文全文数据库起始于中国科学院科技信息所上世纪 80 年代编制的《中国学位论文通报》和《博士论文文摘》，是我国较早的学位论文数据库，收录自 1977 年以来我国各学科领域的博士、硕士研究生论文，涵盖自然科学、数理化、天文、地球、生物、医药、卫生、工业技术、航空、环境、社会科学、人文地理等各学科领域，内容偏重于科学技术类。截至 2008 年底，《中国学位论文全文数据库》收录全文量已经达到了 130 余万篇，每年增长 15 万篇左右，基本上反映出了我国研究生教育的整体水平和潜力。

万方数据知识服务平台是万方数据资源的基础服务系统，系统针对每一类资源提供简单检索、高级检索、经典检索、专业检索以及单库、跨库检索服务。其中专业检索支持 CQL（Common Query Language），简单直观，又有较强的检索表达力。此外，万方针对各个镜像用户的服务系统是万方数据资源系统针对各种行业的特色服务。

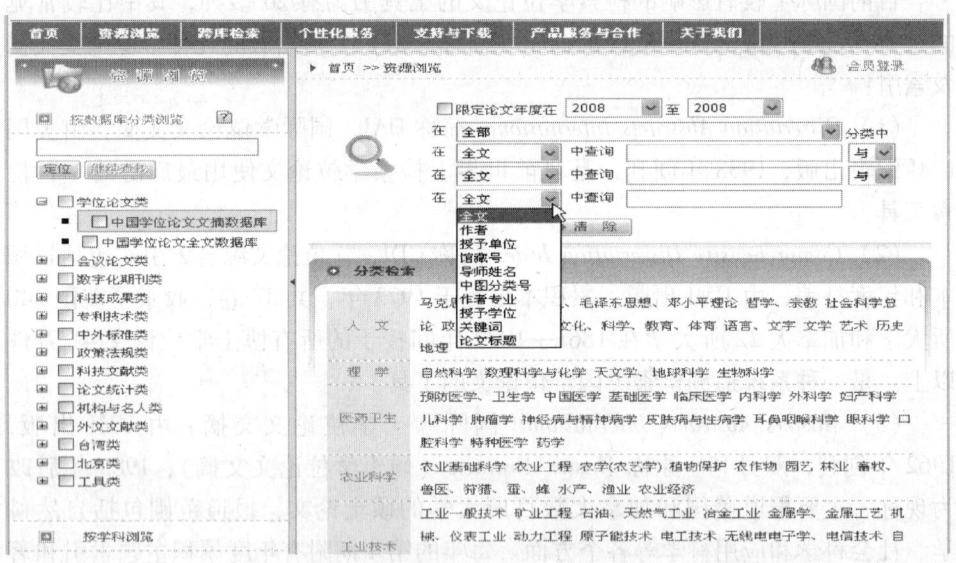

图 7-1 中国学位论文全文数据库标准镜像

（1）学位论文检索与下载。中国学位论文全文数据库检索界面包括三个部分：资源浏览导航区、检索区、分类检索。其中资源浏览导航区主要是从学科、数据库、行业、地区、期刊等几个导航角度对整个数据资源系统所属的全部资源进行浏览；检索区负责检索词（式）输入、限定和检索执行；分类检索主要是从论文主题所属学科分类角度对学位论文进行浏览，分类系统包括人文、理学、医药卫生、农业科学、工业技术五大类。

第一，检索词（式）的输入和限定。

【限定论文年度】：选择检索的起止时间，最早可以上溯到 1977 年。

【……分类中】：选择检索的学科范围，依据"中图法"按大类排序，但医学、农业和工业技术三个类别详细展开至一级子类，这实际上反映了万方数据的资源偏重。

【在……】：选择适当的字段作为检索入口，不同的数据库字段设置有所差别，学位论文主要有全文、作者、授予单位、导师姓名、分类号、专业、学位、关键词、标题等字段。

第二，检索结果浏览。

执行检索后，命中的学位论文以列表形式呈列，用户可对命中记录进行二次检索或者下载题录信息。点击【在结果中检索】，对命中结果进行二次检索；点击【简单信息】，查看论文的概要信息；点击【详细信息】，查看论文详细摘要记录；点击【导出到 XML】，将选中的记录导出为 xml 格式；点击【导出到文本】，将选中的记录导出到文本格式。

第三，详细浏览及全文下载。

在论文详细信息页面，用户可以浏览论文各字段信息内容，并可对文章按指定格式输出、下载，或者由"热链接"查看相应字段扩展信息。点击【查看全文】，可以分章节查看论文的 PDF 格式全文页面；点击【打包下载】，可以将整篇学位论文完整下载下来；点击【hotlink】热链接（一种语义关联的检索），在整个资源系统扩展或解释相应的字段内容。例如作者热链接将详细展示作者名下的学位论文、科技成果、会议论文等等。

第四，全文浏览。

《中国学位论文全文数据库》的论文全文信息主要是依据章节按照 PDF 格式分节存储的，其浏览页面为图 7-2 所示的框架网页，可以点击左侧目录章节标题以逐章逐节浏览或下载论文全文。浏览或下载全文需安装 ACROReader 系列浏览器，全文支持文本识别和拷贝。

（2）万方数据资源系统的其他特种文献数据库。中国学术会议论文全文数据库、中国标准全文数据库、中国法律法规全文库、中国专利全文数据库、科技名人、科教机构、科技成果、企业产品等，在本章后面及第八章"事实与数值数据库"里有详细介绍。

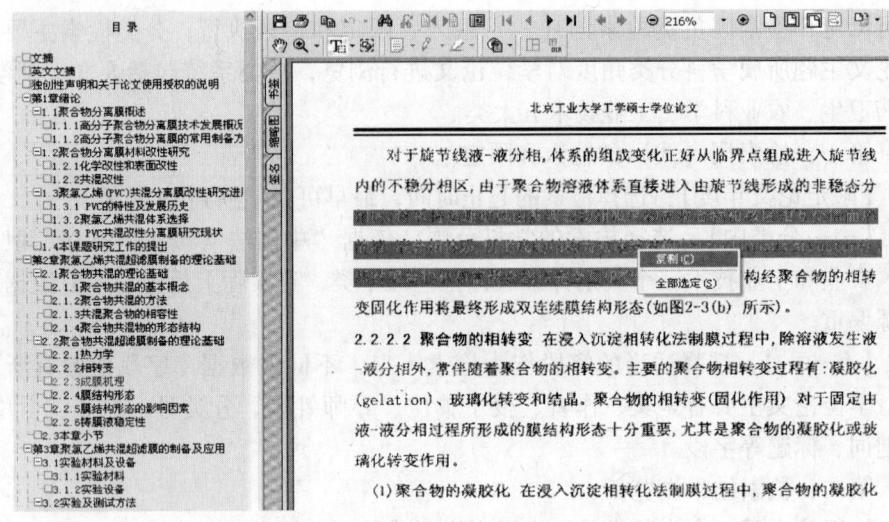

图7-2 万方学位论文全文浏览界面

2. CNKI学位论文全文数据库（CDMD）

（http：//acad.cnki.net/Kns55/brief/result.aspx？dbPrefix=CMFD）硕士

（http：//acad.cnki.net/Kns55/brief/result.aspx？dbPrefix=CDFD）博士

《中国优秀博硕士学位论文全文数据库（CDMD）》是CNKI的重要组成部分，也是目前国内较为完备、收录质量较高、连续动态更新的中国博硕士学位论文全文数据库。在中国知识资源总库中，数据库按照硕士论文和博士论文分为"中国博士学位论文全文数据库"和"中国优秀硕士学位论文全文数据库"。前者收录我国374家博士培养单位1984年以来的10余万篇学位论文，后者收录1984年以来我国515家硕士培养单位70余万篇学位论文。收录范围包括自然科学、农业、医药卫生、文史哲、经济政治与法律、教育与社会科学、电子技术与信息科学。数据库包括文献检索、学位授予单位导航、学位论文电子期刊三个检索层次。

（1）文献检索。"中国博士学位论文全文数据库"检索界面如图7-3所示，包括学科导航、检索模式选择、检索控制选项和检索输入等几个部分：

第一，检索模式。

【快速检索】：单入口检索。

【标准检索】：由检索控制和检索输入共同作用的检索。

【专业检索】：使用检索词、字段代码、通配符、逻辑运算所构造的检索式检索。

【科研基金检索】：检索获相应科研基金支持的学位论文。

【句子检索】：支持同句或同段的位置检索，可以限定检索词在全文中彼此

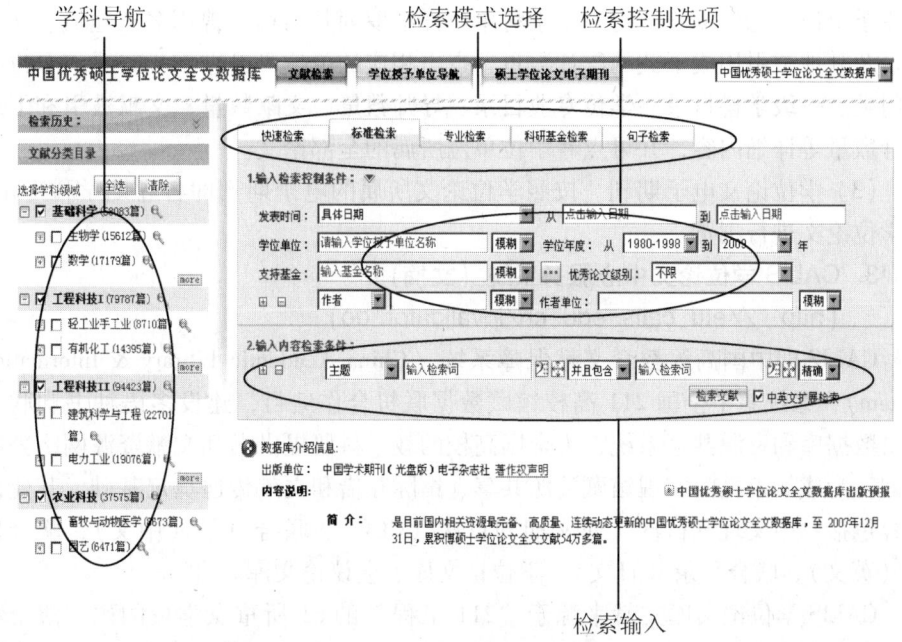

图7-3 中国优秀硕士学位论文全文数据库标准检索界面

的相对位置。

第二,检索控制。是指对学位论文时间范围、作者、导师、学位授予单位、基金、等级等外部特征所做的限定。

第三,检索输入/排序方式。选择检索入口或组合检索入口,并填入相应检索次执行检索。此外,检索输入支持词临近输入、相关扩展和中英文扩展。

【文献分组浏览】:可以按照学科类别、学位授予单位、研究资助基金、导师、学科专业、研究层次、中文关键词等对命中论文进行分类浏览。

【文献排序浏览】:设定文献排序方式,比如发表时间、相关度、被引频次、下载频次、浏览频次、学位授予年度等排序标准。

第四,节点文献浏览及下载。点选命中文献可以打开对应的节点文献页面,该页面实际上就是学位论文的"知网节",列有论文的题录信息、下载链接、文献扩展信息。

【题录信息】:详细罗列论文的各字段题录内容,包括摘要、关键词、发表日期、作者信息、全文快照等,支持追溯检索。

【下载链接】:支持对论文的分页下载、分章下载、整篇下载或在线阅读。

【文献扩展】:展示论文在文献网络中的关联信息。主要包括引文网络展示和相关文献展示。

(2)学科授予单位导航。学科授予单位导航是按照地域或学科专业对所有学科授予单位的总体浏览,每一个学科单位详细罗列其名称、曾用名、地域、文献数量及其他被引用或下载的统计数量,点击相应的单位可以进一步查看该单位学科门类、一级学科目录、学位专业目录、导师数量、文献数量、文献被引和下载统计数量等详细内容,并可点看学位单位所属的全部论文。

(3)学位论文电子期刊。按照学位论文所属的电子期刊即各卷期学科专辑,对学位论文进行浏览。

3. CALIS 学位论文中心服务系统(文摘)

(http://etd.calis.edu.cn/ipvalidator.do)

CALIS 即中国高等教育文献保障系统(China Academic Library & Information System),系统集中全国 211 高校馆藏数据联机合作编目,建设多语种书刊联合目录数据库和资源共享系统,为全国高校的教学科研提供书刊文献资源网络公共查询,为成员馆之间实现馆藏资源共享、馆际互借和文献传递奠定基础。其建设内容包括:中文现刊目次、西文期刊目次(CCC)、联合目录(中文)、联合目录(英文)、联合目录(日文)、学位论文库、会议论文库。

CALIS 学位论文库文献来源于"211 工程"的 61 所重点学校的硕、博士学位论文,数据有 18 万余条,自 1998 年起收录。该库目前是文摘索引型数据库,全文须通过文献传递服务提供。

(1)检索条件。输入检索词,并选择相关的匹配方式、逻辑关系、字段入口,执行检索。

(2)检索限制。设定检索起止时间,指定主题学科类别。

(3)显示设置。设置页面显示长度、排序字段及排序方式。

(4)数据库检索结果。学位论文的题录信息,包括论文篇名、作者、导师、学位机构、保密级别、专业、文摘等信息,并提供论文的馆藏信息以指示馆际互借,还可对题录打印、邮寄、下载。

4. PQDD(ProQuest Digital Dissertations),国际学位论文数据库

(CALIS 集团采购,http://proquest.calis.edu.cn/umi/)

PQDD,即数字化博硕士论文文摘数据库,由美国 ProQuest 公司(原名 UMI 公司)开发。UMI 公司早年编辑出版的学位论文系列检索工具在国际上享有盛名,PQDD 即是在诸多学位论文检索工具的基础上延续、发展起来的,是光盘数据库 DAO(Dissertation Abstracts Ondisc)的网络版。目前,PQDD 已收录超过 160 万条记录,涵盖了从 1861 年获得通过的全世界第一篇博士论文,到本年度本学期获得通过的博、硕士论文信息。数据库中除收录与每篇论文相关的引文外,1980 年后出版的博士论文信息中包含了作者本人撰写的长达 350 字的文摘。1988 年以后出版的硕士论文信息中含有 150 字的文摘。目前每年新增论文条目达 5.5 万多篇。对于 1997 年以后出版的论文提供电子形式的副本,用户可免费浏览这

些论文的前 24 页内容。该数据库有完全版和两个分册版本,即 A 辑和 B 辑。A 辑是人文社科版,B 辑是科学与工程版。

(1)数据库检索。PQDD 有三种检索方式:基本检索、高级检索、资源导航。检索系统支持位置检索、截词检索、固定短语检索、二次检索。

第一,基本检索(Basic Search)。

【The query entered was blank】:输入检索词或检索式。

【Database】:ProQuest 数据库选择。【Select multiple database】可进行多库选择。

【More Search Options】:检索修饰选项,可以指定论文题名(Title)、作者(Author)、高校(School)、主题(Subject)、论文语言(Language)、手稿类型(Manuscript type)、排序方式(Sort result)。另外,作者、高校、主题三个字段配有全库检索词表,点击【Browse……】即可查看对应词表,并可将词表中的词语选入检索式。

【Search Tips】:检索提示。

【Recent Search】:检索历史。

第二,高级检索(Advanced Search)。

高级检索(图 7-4)默认由三个并列输入口构成,点击【Add a row】或【Remove a row】可以增加或减少检索入口。可以输入多个检索式,并分别选择字段入口、一级入口之间的逻辑搭配。

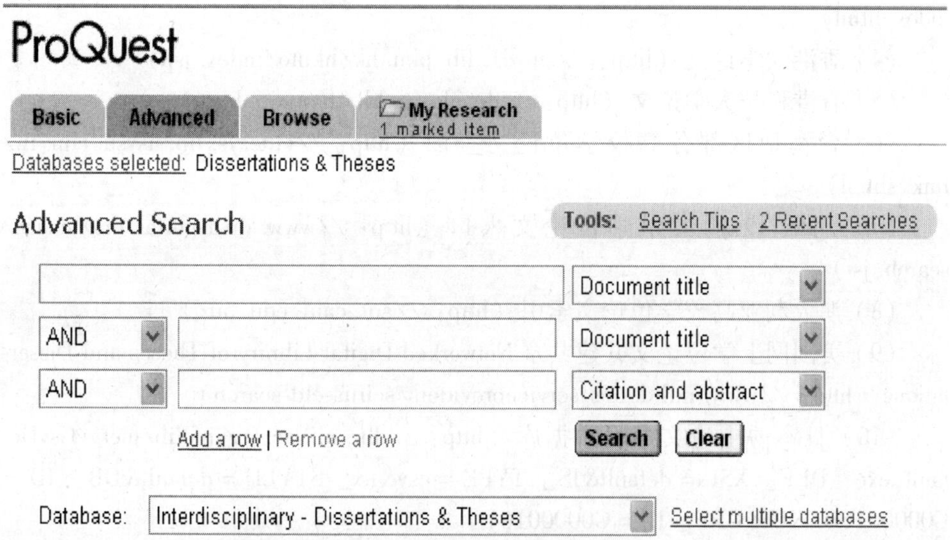

图 7-4 PQDD 高级检索界面

第三，资源导航（Browse）。用户可以按照主题或地区分类浏览所有学位论文资源。

（2）文献浏览和结果处理。用户可以对检中文献下载、邮寄、扩展。

第一，文献下载。点击【Abstract】仅下载文摘；点击【24 Page Preview】下载前24页；点击【Full Text PDF】下载PDF格式全文；点击【Order a copy】订购复印件，原文传递。

第二，结果邮件输出

点击【E-mail】，选择所需文献，可将带有标记的文献按照指定格式，发送至指定电子邮箱；点击"Citation style"指定引文参考文献格式。点击【Format】，指定输出的记录格式，选项有：【Brief citation】含引文、链接；【Document Summary】含引文、索引、文摘、链接；【Full Text】or【Text + Graphics】含引文、索引、文摘、全文、图片、链接；【Full Text PDF】含引文、索引、文摘、链接，并提供PDF格式全文。

5. 其他

（1）中国国家图书馆书目查询系统（博士论文）（http：//res4.nlc.gov.cn/index_lw.jsp? channelid=75008）

（2）中国科学院学位论文数据库（http：//www.las.ac.cn/index_others.jsp? subjectselect=ETD）

（3）国家科技图书文献中心学位论文文摘（http：//www.nstl.gov.cn/index.html）

（4）香港大学论文（http：//sunzi1.lib.hku.hk/hkuto/index.jsp）

（5）香港科技大学论文（http：//lbxml.ust.hk/th/main.html）

（6）台湾地区部分高校学位论文查询（http：//ethesys.lib.nsysu.edu.tw/link.shtml）

（7）北欧17所大学学位论文入口（http：//www.diva-portal.org/smash/search.jsf）

（8）澳大利亚高校学位论文索引（http：//adt.caul.edu.au/）

（9）美国网上学位论文共建共享 Networked Digital Library of Theses and Dissertations（http：//www.ndltd.org/serviceproviders/scirus-etd-search）

（10）日本博士论文书目数据库（http：//dbr.nii.ac.jp/infolib/meta/CsvDefault.exe? DEF_XSL=default&IS_TYPE=csv&IS_STYLE=default&DB_ID=G0000016GAKUI&GRP_ID=G0000016）

二、会议文献检索与利用（Conference Papers）

（一）概述

会议文献是指在各种学术会议上形成的资料和出版物，包括会议论文、会议文件、会议报告、讨论稿等，其中会议论文是最主要的会议文献。据美国科学情报所（ISI）统计，全世界每年召开的学术会议约 1 万个，正式发行的各种专业会议文献有 5000 多种。许多新发现、新进展、新成就以及新研究课题和新设想，都是以会议论文的形式首次发布，会议文献能够更为及时地反映科技发展的最高水平和最新动态。因此，学术会议不仅是交流学术研究的极好场所，也是传递和获取科技信息的重要渠道。"会议"的英文通常用"Conference"、"Congresses"、"Convention"、"Meeting"等表示。

1. 会议文献的特点

（1）信息传递及时。会议是公布新研究成果的重要场所，30% 的科技成果首先发布在科技会议上，对本领域重大事件首次报道率最高。

（2）传递的信息针对性强。学术会议由专业性团体召开，有很明确的主题，因此会议文献的内容也非常集中，具有很强的专业针对性。

2. 会议文献的类型

（1）会前文献（Preconference Literature）。指在会议进行之前预先印发给与会代表的论文、论文摘要或论文目录。

（2）会间文献（Literature Generated During the Conference）。包括会议议程、开幕词、讲演词、闭幕词、讨论记录、会议决议等。

（3）会后文献（Post Conference Literature）。指一些重要会议在会后以不同的方式正式出版的会议文献，是会议文献中的主要组成部分。经过会议的讨论和作者的修改、补充，内容比会前文献更准确，价值更高。会后文献通常以会议录（Proceedings）、会议论文集（Symposium）、学术讨论会论文集（Councils）、会议论文汇编（Transactions）、会议记录（Records）、会议报告（Reports）、会议文集（Papers,）等多种名称出版。

3. 会议文献的出版形式

会议文献主要以图书和期刊的方式出版，也有部分会议文献被编入科技报告。会议常有届次，因此就会有定期或不定期出版的连续出版物。这些文献通常以会议名称作为题名或副题名，并按会议届次编号。会后文献有不少发表在有关学会的期刊上，有些学会如：IEEE 有固定出版的期刊，专门刊登科技会议论文，还有些期刊通过出版专辑或增刊来报道有关会议的重要文献。期刊的报道速度比图书快，有40%的会议论文以期刊的方式出版但内容不如图书形式的会议论文集中、系统和完整，但从期刊着手检索会议论文不失为好方法。

（二）会议文献的手工检索工具

1.《中国学术会议文献通报》

1982年创刊，月刊，中国科技信息研究所编辑，是报道我国各类专业学术会议论文的一种检索刊物。每期以题录、简介或文摘形式报道该所收藏的国内学术会议论文，内容涉及数理科学和化学、医药卫生、农业科学、工业技术、交通运输、航天航空、环境科学管理科学。正文按《中国图书馆图书分类法》（第二版）分类编排。1990年起，将期末主题索引改为年度主题索引，在每年度的最后一期中报道。《中国学术会议文献通报》可通过分类和主题途径检索。目前已建成数据库，可通过中国科技信息研究所的联机系统进行检索。

2.《世界会议》（ (World Meetings，简称 WM)

1963年创刊，季刊。由美国世界会议信息中心（world Meetings Information Center Inc.）编辑，麦克米兰出版公司（Mcmilan Publishing Company）出版，专门预告未来两年内将要召开的国际学术会议信息。报道会议名称、内容、召开日期和地点、主办机构及提交论文期限等。内容涉及自然科学、工程技术、医学和社会科学等学科，是了解有关国际学术会议的主要检索工具。

《世界会议》每期都由正文和6个索引构成。正文部分按照会议登记号的顺序排列，较详细地著录了即将召开的各种会议消息。索引部分包括关键词索引（Keyword Index）、日期索引（Date Index）、地址索引（Location Index）、出版物索引（Publication Index）、截止期索引（Deadline Index）和会议主办单位索引（Sponsor Directory and Index）。检索方法是通过以上这些索引查找到会议登记号，然后根据会议登记号查找相应的正文款目，从而获取会议消息。共有4个分册，都是季刊，而且编排方法和著录格式都相同。

（1）《世界会议：美国与加拿大》（*World Meetings：United States & Canada*），1963年创刊，只预报美、加两国当年和次年将要召开的各种世界性会议；

（2）《世界会议：美国与加拿大以外国家和地区》（*World Meetings：Outside United States & Canada*），1968年创刊，专门预报美、加两国以外国家和地区当年和次年将要召开的各种世界性会议；

（3）《世界会议：医学》（*World Meetings：Medicine*），1978年创刊，专门报导医学方面的国际会议；

（4）《世界会议：社会和行为科学，教育与管理》1971年创刊（*World Meet-*

ings：Social & Behavioral Science，Education & Management）。

3. 科学技术会议录索引（ISTP）和社会科学及人文科学会议录索引（ISSHP）

详见第十章介绍

（三）常用中文会议文献数据库

1. 万方会议论文数据库（http：//ln. wanfangdata. com. cn/Search/）

万方会议论文数据库包括中国学术会议论文文摘数据库、中文会议论文全文数据库、西文会议论文全文数据库、中文会议名录数据库和西文会议名录数据库，总记录数103万多条。同时它还整合了中国医学学术会议论文文摘数据库及SPIE会议文献数据库。除了全文库由各镜像站提供，文摘数据库均可通过万方数据资源系统的网站免费检索。两者检索界面和检索方法基本一致。

（1）中国学术会议论文全文数据库（PACC）

收录1998—2008年间国家一级学会在全国组织召开的全国性学术会议近7000个，每年涉及1000—1500个重要的学术会议。论文全文累计60多万篇，每年增补论文1.5万余篇。论文数据涵盖自然科学、工程技术、农林、医学等27个大类。是目前国内收集学科最全、数量最多、规模最大的国内会议论文全文数据库。分为中文版、西文版两个版本。

中文版学术会议论文全文数据库。主要功能：会议论文的简单检索、高级检索，以及两种分类导航浏览——学科分类、会议主办单位分类。全文库检索界面如图7-5所示。检索入口有会议论文检索、会议名录检索和会议分类浏览。会

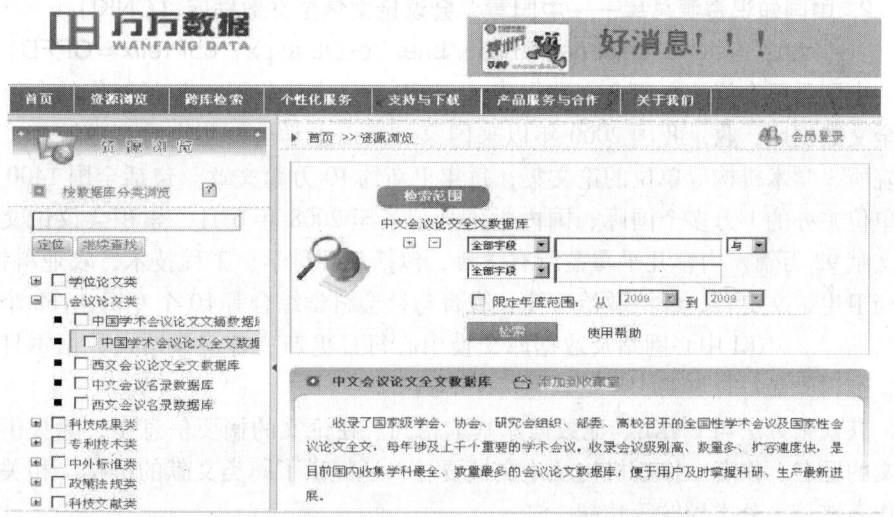

图7-5 中国学术会议论文全文数据库检索界面

议论文检索是直接针对论文信息进行的检索,得到的检索结果为论文文献;会议名录检索是对会议信息进行的检索,检索结果为会议信息,点击会议的名称或点击"查看全文"就可打开该会议上所发表的所有论文文献;会议分类浏览是按学科类别对会议文献进行分类浏览。

西文版学术会议论文全文数据库。收录在中国召开的国际会议的论文,论文内容多为西文。数据来源于国家专门指定的会议论文收集单位——中国科技信息研究所。目前该库收录1998年以来的会议1000多个,10多万篇会议论文全文。内容涉及理、工、农、医、人文、社科各个学科。

(2) 中国医学学术会议论文文摘数据库(CMAC)。是解放军医学图书馆收集建立的医学学术会议文献数据库,是了解国内医学会议及会议信息的重要工具。

(3) SPIE Digital Library (http://www.spiedl.org/),国际光学工程学会数字图书馆会议论文。国际光学工程学会(International Society for Optical Engineering)成立于1955年,是致力于光学、光子学和电子学领域的研究、工程和应用的著名专业学会。SPIE每年召开约80个学术会议,所形成的会议文献反映了相应专业领域的最新进展和动态。SPIE会议录收录自1963年以来由SPIE主办的或参与主办的、超过5500卷的会议论文,汇集了大量第一手的、新颖的、先进的研究记录,具有极高的学术价值。目前SPIE数字图书馆综合了SPIE的会议录(回溯至1990年)和期刊出版物,通过AIP(美国物理联合会)的Scitation平台提供全部会议录和科技期刊的全文服务。通过万方检索的是SPIE会议文献的篇名数据库,覆盖SPIE1400卷以后的所有会议文献中的论文。

2. 中国知识资源总库——中国重要会议论文集全文数据库(CNKI)
 (http://acad.cnki.net/Kns55/brief/result.aspx? dbPrefix = CPFD)

中国重要会议论文集全文数据库(CPCD)是由清华同方公司制作的会议论文全文数据库,收录我国2000年以来国家二级以上学会、协会、高等院校、科研院所、学术机构等单位的论文集,每年更新约10万篇文章。包括全国1400多家单位主办的1万多个国际、国内学术会议。至2008年6月,累积会议论文全文文献92万篇。内容几乎覆盖所有学科,包括基础科学、工程技术、农业科技、医药卫生、文史哲、经济政治法律、教育与社会科学综合等10个专辑,168个专题数据库。CNKI中心网站及数据库交换中心每日更新、各镜像站点数据每日更新,专辑光盘每月更新,年更新量为15万篇。

其检索方法与CNKI其他数据库基本相同。在论文的摘要信息中,除提供了论文的题名、作者、作者机构及论文摘要外,还提供了同类文献的链接、相关文献作者链接、分类导航等功能。

3. 国家科技图书文献中心会议论文数据库

（http://www.nstl.gov.cn/index.html）

（1）中文会议论文数据库。主要收录1985年以来我国国家级协会、研究会及各省、各部委等组织召开的全国性学术会议论文。数据库收藏重点为自然科学各专业领域，每年涉及600多个重要的学术会议，年增加论文4万多篇，每季或每月更新。

（2）外文会议论文数据库。收录1985年以来世界各主要协会、出版机构出版的学术会议论文，学科范围涉及工程技术和自然科学各专业领域，每年增加论文约20余万篇，每周更新。

4. CALIS学术会议论文库（http://www.calis.edu.cn/calisnew/）

收录来自于"211工程"的61所重点大学每年主持的国际会议的论文。据调查，重点大学每年主持召开的国际会议有20个左右，其中大多数会议提供有正式出版号的会议论文集。年更新会议论文总数达1.5万篇以上。检索界面和检索方法与CALIS学位论文库基本相同。

5. 其他会议文献电子资源

（1）中国学术会议在线（http://www.meeting.edu.cn）。教育部科技发展中心主办的最具权威性、公益性、互动性的国家级学术会议交流平台。提供国际国内学术会议预报及在线服务、视频直播、点播、交互式会议系统等功能，已预报1000多场学术会议、发布1000多条会议新闻、219场会议视频报告、近4000篇会议论文以及100多场会议资料。现场直播了10余场高水平的国际学术会议，采集加工了200多场学术视频报告。

（2）上海图书馆上海科技文献情报研究所馆藏专业会议论文题录库（http://www.library.sh.cn/skjs/tzwx.htm）。提供1986年以来原上海科技情报所收藏的50万条会议资料的篇名检索服务，每年新增数据3万条。收录了许多小型会议、地方学术会议论文，可通过题名、作者、分类、会议名称、平片号和索取号等途径进行检索，可在线订购原文。

（3）中国医院数字图书馆会议论文全文数据库（CHKD，http://www2.chkd.cnki.net/kns50/Navigator_chkd.aspx?ID=CHKP）。由中国学术期刊（光盘版）电子杂志社出版的医药卫生类的数据库。收录医学权威学会在国内会议上所发表的有关医药卫生类高水平的学术会议论文。年更新约4万篇文章，现已累计收录文献量约40多万篇。

（四）外文会议文献数据库

1. OCLC PapersFirst与Proceedings（http://www.oclc.org/asiapacific/）

（1）PapersFirst，国际学术会议论文索引。包括在"大英图书馆资料提供中心"的会议录中所收集的自1993年10月以来在世界各地的学术会议（包括代表大会、专题讨论会、博览会、座谈会以及其他会议）上发表的论文，可通过馆际互借获取全文。该库目前包括520万条记录，每半月更新一次。

（2）Proceedings，国际学术会议录索引。PapersFirst中的每条记录对应着Proceedings数据库的某个会议记录，Proceedings是PapersFirst的相关库，收录世界范围内举办的各类学术会议上发表论文的目次。利用该库可以检索"大英图书馆资料提供中心"的会议录，了解各个会议的概貌和学术水平，每周更新两次。

2. ISI Proceedings，会议录索引（http：//isiknowledge.com/Proceedings）

详见第十章介绍

3. ACM Digital Library（http：//portal.acm.org/portal.cfm）

美国计算机协会数据库（清华大学镜像http：//acm.lib.tsinghua.edu.cn）。美国计算机学会创立于1947年，是全球历史最悠久最大的教育科学计算机学会。数据库除包括ACM出版的从1991年至今的全文期刊以外，还涵盖大量的计算机学科核心出版文献的书目引文资料和美国计算机协会的各种会议文献论文资料等，会议录近170种。

4. CSA-Conference Papers Index 剑桥科学文摘会议论文索引

（清华大学图书馆镜像http：//csa.tsinghua.edu.cn/）

收录1982年以来世界上重要会议论文的题录信息，每两个月更新一次。1995年以后的数据集中于生命科学、环境科学及水科学领域，此前还包括物理、材料科学、工程技术等。

5. IEEE/IEE Electronic Library

（简称IEL，http://ieeexplore.ieee.org/Xplore/guesthome.jsp）

美、英电子电器工程师学会会议论文。IEL是美国电气电子工程师学会（IEEE）和英国电气工程师学会（IEE）所有出版物的电子版全文数据库，包括1988年至今IEEE和IEE编辑出版的230多种学术期刊、8500多种会议录和1700多个工业标准的全文信息，数据每周更新一次，每月增加2.5万篇文献。

三、专利文献检索与利用（Patent Document）

（一）专利与专利文献

1. 专利的概念

专利是从法律上保护知识创造发明的一种专有的权利，具体来说就是用法律保护发明人在一定时间内，对其发明创造享有独占创造、使用和销售的权利。包括专利权、专利技术和专利文献三层含义。专利制度是一种为了促进、鼓励和保护发明创造的法律制度。

2. 专利文献的概念

专利文献是实行专利制度的国家及国际性专利组织在审批专利过程中产生的官方文件及其出版物的总称。狭义的专利文献指的是专利申请说明书和专利说明书;广义的专利文献包括申请说明书、专利说明书、专利公报、专利分类表等。

在专利文献的各种出版物中,专利说明书出版量最大,是专利文献的主体,也是专利文献检索的主要对象。世界上每年出版的专利说明书约为 100 万—110 万件,目前专利说明书总累积约 5000 多万件。专利说明书是记载着发明创造的详细内容和受专利法保护的技术范围。目前各国专利说明书已逐渐趋于一致,并形成了固定的格式。中国专利文献有发明专利文献、实用新型专利文献和外观设计专利文献三种类型,专利说明书由扉页、权利要求、发明内容和附图组成。

通过专利文献检索,可以分析现有技术,申请新专利;寻找技术方案,开发新产品;洞察发展趋势,了解行业动向;避免技术诈骗,确保企业利益;帮助寻找证据,处理专利纠纷。

(二)《国际专利分类表》(International Patent classification,简称 IPC)

《国际专利分类表》1968 年正式出版并使用,每五年修订一次,以适应新技术发展的需要。分类表是使各国专利文献获得统一分类的一种工具。基本目的是作为各专利局以及其他使用者确定专利申请的新颖性、创造性,包括对技术先进性和实用价值给予评价,是进行专利文献检索的一种有效检索工具。目前,大多数国家都普遍使用《国际专利分类表》,只有英、美两国仍在采用自己的专利分类表,但在其专利文献上也都同时注有国际专利分类号。国际专利分类号是查找专利文献最有效的方法。

1. 作用

(1)利用本分类表编排专利文献,用户可方便地从中获得技术上和法律上的情报;

(2)是对所有专利情报用户进行选择性报导的基础;

(3)是对某一个技术领域进行现有技术水平调研的基础;

(4)是进行工业产权统计工作的基础,从而对各个领域的技术发展状况予以评价。

2. 内容结构

《国际专利分类表》将全部科学技术领域分成 8 个部,分别用 A~H 大写英文字母表示:

A 部：人类生活必需（Human Necessities）；
B 部：作业、运输（Operations、Transporting）；
C 部：化学、冶金（Chemistry、Metallurgy）；
D 部：纺织、造纸（Textiles、Paper）；
E 部：固定建筑物（Fixed Construction）；
F 部：机械工程（Mechanical Engineering）；
G 部：物理（Physics）；
H 部：电学（Electricity）。

为了方便查找 IPC 分类号，每一版的国际专利分类表都配有一本单独出版的《IPC 关键词索引》（*Official Catchword Index to the International Patent Classification*）。通常，用户在不熟悉所查技术领域的分类情况下，可以借助《IPC 关键词索引》并结合使用 IPC 分类表，确定分类范围和准确的分类号。索引按关键词字顺排列，每个关键词条目后标有 IPC 分类号。在使用《国际专利分类表》时，还要注意查找与专利年代相对应的分类表版本。

（三）专利编号与专利文献种类代码

1. 专利编号

专利编号是指各国专利局为每类专利申请编制在不同场合下使用的各种序号，它包括申请号、文献号两种。专利编号方式：

（1）申请号的编号方式：一是按年编号；一是连续编号。

（2）文献号的编号方式：一是沿用申请号，包括一号多用、延迟审查制中的公开号、沿用申请号等多种情况；二是重新编号，包括连续编号、按年编号、混合编号三种。

2. 专利文献种类代码

由于各种专利审查制度存在差别，专利说明书的种类繁多，为了便于识别和管理，国际上通用一系列代码作为专利文献种类代码。各种文献种类代码一般出现在专利文献号末尾，主要有以下几种：

（1）原始发明说明书的种类代码。用 A 代表第一次出版物，如美国专利说明书、中国发明专利申请公开说明书；用 B 代表第二次出版物，如中国发明专利申请审定公告说明书；用 C 代表第三次出版物，如中国发明专利说明书。

（2）实用新型说明书的种类代码。用 U 代表第一次出版物，如中国实用新型专利申请说明书；用 Y 代表第二次出版物；用 Z 代表第三次出版物。

（3）特殊种类专利说明书的代码。用 E 表示第一次出版物，如美国的再版专利说明书。

(4) 特定的专利说明书的代码。用 M 代表医药专利；用 P 代表植物专利；用 S 代表外观设计专利。

(5) 用 N 代表非专利文献；用 X 代表专利局内部使用的文献。

（四）中国专利文献检索

我国专利文献的检索在经历了手工检索、联机检索和光盘数据库检索之后，现已实现了网络检索。1992 年我国出版了第一批专利文献 CD-ROM 光盘，此后中国专利局又相继开发了"中国专利文献光盘数据库"系列。20 世纪 90 年代后期，中国知识产权部门和专利信息服务机构在网上建立了大量的专利数据库。《发明专利公报》、《实用新型公报》、《外观设计公报》以及《中国专利索引》等检索系统已多达上千种。下面介绍几种中国专利文献的手工检索工具及主要数据库。

1. 《中国专利索引》

为年度累积索引，分为《分类年度索引》和《申请人、专利权人年度索引》两个分册。两个分册均包括发明专利、实用新型专利和外观设计专利三部分，以题录形式进行编排。

2. 《中国专利公报》

是国家知识产权局每周定期公开出版的受理、审查和授权公告的唯一法定刊物，分为《发明专利公报》、《实用新型专利公报》和《外观设计专利公报》三个分册，编排结构基本一致。每种公报均为每年出一卷，每周出一期，内容多时则分上下或上中下出版。1993 年后为适应专利法修订本的需要，调整部分公报的结构。内容集经济、法律和技术信息为一体，反映了在中国申请专利保护的国内外最新发明创造成果。

3. 中国国家知识产权局

（1）中国知识产权网（http：//www.cnipr.com）。该网站由中国国家知识产权局知识产权出版社主办，网上有中国专利、中国商标和中国版权的详细介绍，同时可进行国内外专利信息的检索。其中的中国专利检索系统收录 1985 年以来我国的专利文献，包括发明专利、实用新型专利、外观设计专利。该系统提供了申请/专利号、专利名称、申请日、公开/公告日、摘要、分类号等 18 个检索字段，检索方式有字段检索、二次检索、过滤检索、同义词检索、表达式检索等。

（2）中国专利全文数据库（http：//www.sipo.gov.cn/sipo2008/xxcp/）。由中国国家知识产权局（SIPO）主办，收录我国自 1985 年实施专利制度起到当前一周止的发明专利、实用新型专利和外观设计专利的所有专利公报、专利申请说明书全文、权利要求书及附图等，可浏览到各种说明书全文及外观设计图形。免费提供检索服务。

该系统提供了全部专利、发明专利、实用新型专利和外观设计专利检索等4种检索入口，既可对全部专利进行检索，也可分别对发明专利、实用新型专利和外观设计专利进行检索。检索途径有字段检索和分类（IPC）检索两种。该系统可实行模糊检索，也适于前方一致检索方式，位于词尾的模糊检索符号可省略。各个检索项的特定格式可参阅检索界面上的"帮助"栏。在检索界面的右侧则显示了选中某一类目的专利文献的题名列表，包括专利申请号及专利名称。系统同时提供一个关键词输入框，便于用户在某一类目下用关键词进行二次检索。

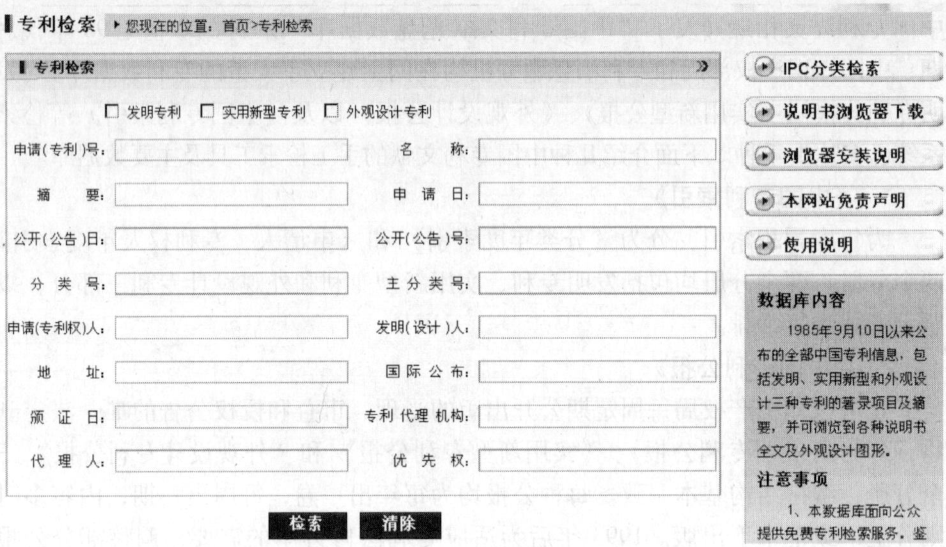

图 7-6 中国专利全文数据库高级检索界面

（3）中外专利数据库服务平台（http://search.cnipr.com/）。由中国国家知识产权局负责开发，提供全部中国专利信息数据库，还包含"六国（美、日、英、法、德、瑞士）、两组织（世界知识产权组织、欧洲专利局）"在内的海量专利数据库，以及经过深度加工标引的中国中药专利数据库和中国专利说明书全文全代码数据库，总量达到千万件以上。平台实现了在同一中文界面下对世界各国专利信息的统一检索和浏览，全部国外数据均采用英文文摘。平台具有表格检索、逻辑检索、智能模糊检索、IPC分类检索和同义词查询等多种检索途径，可以实现屏幕取词、模糊检索、二次检索、过滤检索等功能。

4. CNKI 中国专利数据库（http://www.cnki.net/index.htm）

收录1985年9月以来的所有专利，包含发明专利、实用新型专利、外观设计专利三个子库，根据国际专利分类（IPC分类）和国际外观设计分类法分类，准确地报导中国最新的专利发明。可以通过申请号、申请日、公开号、公开日、专利名称、摘要、分类号、申请人、发明人、地址、专利代理机构、代理人、优先权等检索项进行检索，并下载专利说明书全文。免费检索，免费浏览题录、摘要，下载全文需要付费。与通常的专利库相比，CNKI《中国专利数据库》每条专利提供与该专利相关的最新文献、科技成果、标准等信息，可以完整地展现该专利产生的背景、最新发展动态、相关领域的发展趋势，可以浏览发明人与发明机构更多的论述以及在各种出版物上发表的信息。检索界面和检索方法同 CNKI 其他数据库。

5. 万方专利技术数据库（http：//ln. wanfangdata. com. cn：90/kjxx/index. htm）

万方数据资源系统的"专利技术类数据库"包括：中国发明专利数据库、中国实用新型专利数据库、中国外观设计专利数据库。点击其中任何一类，即可进入检索界面检索相关专利信息。

6. 中国专利网（http：//www. cnpatent. com）

由中国专利技术开发公司创建，是中国最大的从事专利技术与专利产品信息的发布，并为专利供需双方提供全方位服务的权威性网站。该网站具备较强的信息发布与展示功能。

有完善的网络专利检索功能，链接有国内外大型网站的搜索引擎，并通过与世界最大的索引公司 Google 合作，利用先进的网络信息匹配技术，为每一项网上发布的专利都匹配了与之技术或产品相关的生产、科研、贸易、投资、媒体等机构信息。数据库包括中国专利检索数据库和中国专利经济信息数据库两个子库。

7. 其他

（1）中国专利信息中心（http://www. cnpat. com. cn/）

（2）中国专利数据库检索系统（http：//search. cnpat. com. cn/Search/CN/）

（3）中国发明专利技术信息网（http：//www/1st. com. cn/）

（4）中国专利信息（http://www. patent. com. cn/）

（5）国家科技图书文献中心中外专利数据库（http：//www. nstl. gov. cn/index. html）

（6）中国台湾专利资料公报库（http://twp. apipa. org. tw/）

（五）国外专利文献检索

1. 德温特专利文献检索

德温特出版公司（Derwent Publication Ltd.）成立于 1951 年，是英国一家专门用英文报道和检索世界各主要国家专利信息的公司。它以索引和文摘的形式，对世界上 30 多个国家和地区、两个国际性专利组织以及两种技术杂志的专利信息进行分门别类的报导，其一系列出版物已成为查找主要国家专利文献的最权威和最系统的检索工具,所报道的专利信息量约占世界专利公布量的 85% 左右,是世界上最大的专利文献出版公司。

(1) 德温特专利出版物。主要由以《索引周报》(*WPI Gazette Weekly*)、《文摘周报》(*Alerting Abstracts Bulletins*)及各类分册的形式出版。现在出版的有《世界专利索引》(*World Patent Index*, 简称 WPI)、《世界专利文摘》(*World Patent Abstracts*, 简称 WPA)、《化工专利索引》(*Chemical Patent Index*, 简称 CPI)、《电气专利索引》(*Electrical Patent Index*, 简称 EPI)、《优先权周报》、《WPI 累积索引》及按国别出版的专利摘要等。索引系列和文摘系列既独立使用,又可相互配合使用。

在德温特专利出版物里,创刊于 1974 年的《世界专利索引》(WPI)使用最为广泛。其中的《题录周报》每周出版一次。每期 4 个分册,各个分册均有专利权人索引、IPC 分类索引、登记号索引和专利号索引四种索引。GMPI、EPI、CPI 的各分册每期也都含有上述索引中的一些索引。它们和单独出版的《优先案索引》,一起构成了德温特系列出版物的索引体系。德温特公司出版的专利索引体系具有报道国家广、专业面全、出版迅速、检索途径多、文种单一等优点,在世界上各种专利检索工具中占有重要的地位。

(2) Derwent Innovations Index(简称 DII, http://isiknowledge.com/DII)。是由 Derwent 推出的基于 ISI Web of Knowledge 的专利信息数据库,这一数据库将德温特世界专利索引(WPI)与专利引文索引加以整合,以每周更新的速度,提供全球专利信息。DII 收录来自全球 100 多个国家的 40 多个专利机构的 1000 多万条基本发明专利,2000 多万条专利情报,资料回溯至 1963 年。DII 提供专业的专利情报加工技术,还同时提供了直接到专利全文电子版的连接,用户只需点击记录中【Original Document】就可以立刻连接到 Web of Knowledge "Thomson Patent Store (TPS)",获取专利申请书的全文电子版。

第一,资源类型。Thomson Patent Store 提供 DII 所连接的专利全文电子版,包括以下专利机构公布的专利全文:① USPTO(美国专利局,1963 年—);② German Patent and Trademark Office(德国专利和商标局,1968 年—);③ ESP(欧洲专利局,EP - A1978 年— ,EP - B1980—);④ WIPO(世界知识产权组织,1978—);⑤ 日本专利申请书第一页的英文翻译(2000 年—);⑥ 其他国家,如:奥地利、比利时、前东德、丹麦、法国、爱尔兰、意大利、卢森堡、荷兰、西班牙、瑞士、摩纳哥等过专利。

第二,功能。

【快速检索】:用户通过以专利权属人、专利发明人、主题词为简单的检索入口,快速获取基本信息。

【辅助检索工具】:帮助用户迅速找到相关的手工代码(Derwent Manual

Codes) 和分类代码（Derwent Class Codes），点击鼠标直接将相应的代码添加到检索框中，进行检索。

【Derwent 深度索引】：帮助用户增加检索的相关度，避免大量无关记录的出现。

【描述性的标题与摘要】：帮助用户迅速了解专利的重点内容，判断是否是自己所需的资料。

2. **美国专利数据库**（http：//patft.uspto.gov/）

美国专利数据库是美国专利和商标局（United States Patent and Trademark Office，简称 USPTO）的网上专利数据库。该数据库收录自 1790 年以来的全部美国专利。包括 1790—1975 年颁布的美国专利说明书，1976 年后授权的美国专利文摘和说明书，2001 年 3 月 15 日开始增加的美国申请专利说明书的文本及影像文件，数据每周更新。数据库通过 Internet 免费提供 1976 年以来到最近一周发布的美国专利全文库，以及 1790—1975 年的专利全文扫描图像。专利数据库分全文和文献两类：

（1）全文库。用布尔逻辑、关键词和专利号码方式检索，可检索范围扩大到专利的权利要求和专利说明的正文。1790—1975 年间专利只能用专利号和美国专利分类号检索。

（2）文献库。用布尔逻辑、高级和专利号码方式检索。检索规则包括：字段检索时，字段代码在前，检索词在后；词组检索时要用双引号；日期检索时，其格式为月/日/年；使用分类号查找，对于国际分类号码，分类号的空格用数字"0"代替。

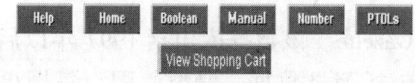

图 7-7 美国专利数据库快速检索界面

3. 欧洲专利局检索系统（http://www.epo.org/）

欧洲专利局（EPO）的esp@cenet从1998年开始向Internet用户提供免费的专利服务，其专利检索系统是综合性的检索网站，也是目前经常使用的免费专利检索数据库。提供包括欧洲专利局和欧洲专利组织成员国出版的欧洲专利数据库、世界知识产权组织WIPO出版的PCT专利数据库、世界专利数据库、日本专利数据库等。可以检索最近两年内的由欧洲专利局和欧洲专利组织成员国出版的专利；提供世界知识产权（WIPO）出版的PCT专利的著录信息以及专利的全文扫描图像；提供1920年以来的世界各国专利信息检索，其中1970年以后收集的专利都有英文标题和摘要。系统提供快速检索、高级检索、数字检索和分类号检索四种检索途径。

4. 世界知识产权组织WIPO（http://www.wipo.int/portal/index.html.en）

世界知识产权组织（WIPO）网上专利数据库收录了1997年以来的PCT国际专利，包括专利说明书扉页的所有内容。1997年1月之前的说明书只能进入欧洲专利局网上专利检索系统的worldwide进行检索。用户在使用前，要先注册，然后才能进行专利检索。数据库每周公开日（周四）及时更新著录项、摘要等内容，扫描图形在公开14天后放入数据库。该数据库检索功能较强，支持布尔逻辑组配及短语；检索字段下拉式菜单提供26种检索字段供用户选择。一次检索结果可选择显示10条、25条或50条记录，点击所选记录可显示该专利扉页中的所有内容，包括文摘及附图。

5. 世界专利数据库（http://www.wipo.int/ipdl/en/）

该库是专利合作条约（PCT）1999年6月在Internet上建立的，收录范围从1998年1月至今，每周更新。网络用户可免费检索，并可浏览检索到专利标题、文摘及其包括附图在内的专利说明书的前页等信息。提供英语与法语两种语言，包括两个数据库：

（1）PCT Electronic Gazette。该数据库包括1997年以后出版的PCT专利申请的首页数据，这些数据包括著录数据、摘要、图，每周更新；包括每周出版的PCT专利公报第一部分专利申请的首页数据。检索结果显示的专利首页页面上有【View Images】按钮，点击它可以查看图形格式的PCT说明书全文。专利全文数据在专利出版14天后才可查阅到。检索入口包括发明名称、发明人、发明人地址、文摘、申请人、专利号、公开日期、申请号、申请日、优先权号、优先权国家、国际专利分类号、语种、说明书全文、权力要求项等。

（2）JOPAL。该数据库包括期刊文章的著录信息（题目、作者、摘要等）。这些期刊都是自1981年以来出版的科学和技术方面最重要的高水平期刊。

6. 其他

（1）俄罗斯联邦工业产权协会联机数据库（http://www.fips.ru/ensite/）

（2）印度知识产权和专有技术信息（http://www.bhoovikas.org）

（3）新加坡知识产权局之门（http://www.surfip.gov.sg/sip_home.htm）

（4）日本专利局（JPO）专利检索数据库（http://www.jpo.go.jp/）

（5）加拿大专利检索（CPD）（http://www.cipo.ic.gc.ca/eic/site/cipointernet internetopic.nsf/eng/Home）

（6）DELPHION 知识产权网（http://www.delphion.com/）

（7）ISI Web of Knowledge 专利数据库 Thomson Patent Store（TPS）（始自1966 年）

四、标准文献检索与利用（Standard）

（一）标准及标准文献概述

公元前 1500 年的古埃及纸草文献中即有关于医药处方计量方法的标准，是现存最早的标准。现代标准文献产生于 20 世纪初，1901 年英国成立了第一个全国性标准化机构。中国国家标准局成立于 1957 年，次年颁布第一批国家标准（GB）。20 世纪 80 年代，已有 100 多个国家和地区成立了全国性标准化组织，其中 90 多个国家和地区制订有国家标准，影响较大的有美国（ANSI）、英国（BS）、日本（JIS）、法国（NF）等。国际标准化机构中最重要、影响最大的是 1947 年成立国际标准化组织（ISO）和 1906 年成立的国际电工委员会（IEC），它们制定或批准的标准具有广泛的国际影响。

1. **标准的概念**

（1）中国定义。标准是重复性事物或概念所做的统一规定，它以科学、技术和实践经验的综合成果为基础，经有关方面协商一致，由主管部门批准，以特定形式发布，作为共同遵守的准则和依据。

（2）国际定义。标准是由一个公认的机构制定和批准的文件，它对活动或活动的结果规定了规则，导则或特性值，共同体反复使用，以实现在预定结果领域内最佳秩序的效益。标准应建立在科学技术和实践经验的综合成果基础上，并以促进最佳社会效益为目的。

2. **标准文献的概念**

狭义的标准文献指按规定程序制订，经公认权威机构批准的一整套在特定范围内必须执行的规格、规则、技术要求等规范性文献。广义是指与标准化工作有关的一切文献，包括标准形成过程中的各种档案、宣传推广标准的手册及其他出版物、揭示报道标准文献信息的目录、索引等。

3. 标准文献的类型

（1）按照标准的性质，可以将标准文献分为：① 基本标准。指那些具有广泛指导意义或作为统一依据的最基本的标准；② 产品标准。指为某类产品的系列、形式、尺寸、性能、检验、维修乃至包装、运输、储存等方面制定的各项标准；③ 辅助产品标准。指工具、模具、量具、夹具、专用设备及其零部件的标准等；④ 原材料标准。指材料分类、品种、规格、牌号、化学成分等的标准；⑤ 方法标准。指为一些通用的试验、检验、分析、抽样等方法等制定的标准；⑥ 经济管理标准。指工资标准、价格标准、利率标准等；⑦ 组织管理标准。指生产能力标准、资源消费标准、组织方式标准。

（2）按照标准的使用范围，标准文献可分为：① 国际标准。是由国际标准化团体批准的标准；② 区域标准。是世界某一区域标准化团体批准的标准；③ 国家标准。是由国家标准化主管机构批准、发布，在全国范围内统一的标准；④ 专业标准。是由专业标准化主管机构或标准化组织批准、发布，在某一专业范围内统一的标准，相当于我国各部标准；⑤ 企业标准。是由企、事业或其上级有关机构批准、发布的标准。

（二）国内标准文献检索

我国各类标准既可以通过标准目录、汇编、年鉴等各种纸质检索工具进行检索，也可运用计算机网络进行检索。检索方法大都是从标准目录中查找。由于标准目录编排方法大致相同，所以检索方法也基本相似，主要有分类和标准号两种途径。

1. 国内标准文献手工检索工具

（1）《中华人民共和国国家标准目录》。该目录原由国家标准局编，现为国家技术监督局标准化司编，中国标准出版社出版。1991年版收录了1990年底前全部现行的国家标准1.6万个，以后逐年出版的国家目录只收上一年度公开发布的国家标准。内容除包括现行国家标准外，还列出了行业标准。目录由正文和标准号索引组成，正文按《中国标准文献分类法》分类，对每个标准著录格式为：专业分类号，标准号，标准名称，制订日期，实施日期。国家标准目录信息已建立计算机数据库，进行实时维护和管理。

（2）《中国标准化年鉴》。该年鉴原由国家标准局编，现为中国国家技术监督局编，中国标准出版社出版，1985年创刊。1985年的年鉴收集了截至1984年9月底国家标准的全部信息，以后每年一册。正文按专业分类编排，并附有标准号索引。

（3）《中国国家标准分类汇编》。由中国标准出版社编辑出版。是一部大型的国家标准全集，收集全部现行国家标准，按专业类别分卷汇编，共有 15 卷。1993 年开始陆续出版。该汇编按照《中国标准文献分类法》分类，其一级类设定为卷（有些一级类合并出版），二级类按类号编成若干分册，二级类号下按标准号排列。

（4）《中国国家标准汇编》。由中国国家标准出版社出版，自 1983 年至今已出版近 200 卷，收录公开发布的全国现行的国家标准，其各卷及正文按国家标准号顺序排列，在已知标准号情况下，可以直接查询到标准全文。

2. 国内标准文献数据库检索与利用

（1）国家科技图书文献中心中外标准检索（http://www.nstl.gov.cn/index.html）。

第一，国外标准数据库。包含国际标准化组织数据库（代码 ISO），国际电工委员会标准数据库（代码 IEC），英国（代码 BS）、德国（代码 DIN），法国（代码 NF）标准化协会数据库，日本工业标准数据库（代码 JIS），美国机械工程师协会标准数据库（代码 ASME），美国电气电子工程师学会标准数据库（代码 IEEE），美国机动工程师协会标准数据库（代码 SAE），美国保险商实验室标准数据库（代码 UL）。共收录标准 11.5 万多条。

第二，中国标准数据库。该库包含中国国家标准数据库（代码 GB），内容涉及科学研究、社会管理以及工农业生产的各个领域。中国国家标准的颁布以国家质量监督检验检疫总局批准，标准化管理委员会发布为准，中国国家标准分为强制性标准和推荐性标准。共收录标准近 1.8 万条。

第三，计量检定规程。以"规程名称"和"规程号"的形式报道我国从 1972 年以来公开发行的 2000 多种计量检定规程、计量检定系统、技术规范及计量基准、副基准操作技术规范等，涵盖已出版的全部国家计量检定规程及一些部门的计量检定规程。学科范围涉及自然科学各专业领域，数据共计 2555 条。

（2）CNKI 标准文献数据库（http://dbpub.cnki.net/Grid2008/Unis/SCPDIndex.aspx?DBName=SMSDIndex）。CNKI 标准文献数据库包括国家标准全文数据库、中国标准库和国外标准库，统一使用"国内外标准数据库（知网版）"检索系统。① 国家标准全文数据库。收录由中国标准出版社出版的，国家标准化管理委员会发布的所有国家标准，占国家标准总量的 90% 以上。收录年限为 1950 年至今，数据每月更新。② 中国标准数据库。收录所有的国家标准（GB）、国家建设标准（GBJ）、中国行业标准的题录信息，共约 8 万条，内容来源于中国标准化研究院标准馆。收录回溯至 1957 年，数据每月更新。③ 国外标准数据库。收录国际标准（ISO）、国际电工标准（IEC）、欧洲标准（EN）、德国标准（DIN）、英国标准（BS）、法国标准（NF）、日本工业标准（JIS）、美国标准（ANSI）、美国部分学（协）会标准（如 ASTM, IEEE, UL, ASME）等题录信息,共约 19 万条。标准分类采用国际标准分类法(ICS 分类)和中国标准分类法(CCS 分类),用户可以根据各级分类导航浏览。收录回溯至 1919 年,数据每月更新。

(3)万方标准文献数据库(http://ln.wanfangdata.com.cn:90/kjxx/index.htm)。万方数据资源系统整合了数十种中外标准数据库,包括:中国国家标准数据库、中国行业标准数据库、中国建材标准数据库、中国建设标准数据、国际标准化组织标准数据库、国际电工委员会标准数据库、欧洲标准数据库以及美国、英国、德国、日本等国标准化组织和其他学会的标准数据库。点击其中任何一类,即可进入检索界面,检索相关标准信息。

(4)中国标准服务网(CSSN)(http://www.cssn.net.cn/index.jsp)。这是由中国技术监督情报研究所和国家信息中心合作开发的标准信息资源网络,是世界标准服务网的中国站点。CSSN 为用户提供标准查询、标准服务、标准出版物、站点转接等服务窗口。标准信息主要依托于国家标准化管理委员会、中国标准化研究院标准馆及院属科研部门、地方标准化研究院(所)及国内外相关标准化机构。中国标准化研究院标准馆收藏有 60 多个国家、70 多个国际和区域性标准化组织、450 多个专业学(协)会的标准以及全部中国国家标准和行业标准共计约 60 多万件。此外,还收集了 160 多种国内外标准化期刊和 7000 多册标准化专著,与 30 多个国家及国际标准化机构建立了长期、稳固的标准资料交换关系。首批数据库包括中国国家标准、中国行业标准、地方标准、国际标准、国外标准、国外学会协会标准、技术法规、标准化期刊等百余种。

检索途径有两种:分类检索,可按 ICS(国际标准分类表)或中国标准分类表分类检索有关标准,逐级点击分类类号和类名,可得到标准号、标准名称等;另一种是高级检索(图 7-8),可通过标准号、关键词、分类号等字段来查询标准信息。该网站还为用户提供世界上一些重要的标准化组织的网站,如 ISO、IEC、ITU、ANSI、BSI、DIN、AFNOR 等的超链接。

(5)其他

中国标准咨询网(http://www.chinastandard.com.cn/index.asp)、国内外标准信息服务网(http://www.fjqi.gov.cn/webtest/access/user/index.asp)等提供标准查询服务,部分服务项目收费。

(三)国外标准文献检索

国际标准是指国际标准化组织(ISO)、国际电工委员会(IEC)和国际电信联盟(ITU)所制定的标准,以及 ISO 为促进《关贸总协定——贸易技术壁垒协议》,即标准守则的贯彻实施所出版的《国际标准题内关键词索引(KWIC

图7-8 中国标准服务网数据库高级检索界面

Index)》中收录的其他国际组织制定的标准。1989年KWIC索引（第二版），共收录了ISO与IEC制定的800个标准，以及其他27个国际组织的1200多条标准。

1. 国际标准化组织及其标准文献检索

（1）国际标准化组织（International Organization for Standardization，简称ISO）。当今世界最大、最权威的标准化机构。它是非官方由各国标准化团体（ISO成员团体）组成的世界性联合会，成立于1947年，其宗旨是在全球范围内促进标准化工作的开展，主要职能是制订ISO国际标准，协调世界范围内的标准化工作。除了电工标准由国际电工委员会（IEC）专门负责，电子电信标准由国际电信联盟（ITU）专门负责以外，其他学科都由ISO制定标准。目前该组织已有90多个成员国。ISO下设技术委员会（Technical Committee，简称TC），在每个技术委员会下设置分委员会（sub-Committee，简称SC）和工作小组（Working Group，简称WG）。ISO国际标准均由TC，SC和WG负责制订，标准制订审批程序十分严密。ISO标准每隔5年就要重新修订和审定一次，使用时要注意选择最新版本。

中国标准化协会（China Association for Standardization，简称CAS）于1978年加入ISO，1982年当选为ISO理事会成员。

（2）《国际标准化组织标准目录》。年刊，英、法文对照，是检索ISO标准的主要工具。检索系统由分类目录、主题分类目录、英文主题索引、法文主题索引、标准号索引、作废标准与代替标准对照索引和国际十进分类号（UDC）与

ISO/TC 类号对照索引七个部分组成。此外，该目录每年还有 4 期补充目录，可供查找最新标准。中国标准出版社不定期地将《国际标准目录》主要部分翻译成中文后出版。内容包括两部分：一是按 206 个 TC 序号编排，二是按 ISO 标准号与 TC 号对照排列。检索方式有主题检索、标准号检索及分类检索等。

2. 国际电工委员会（IEC）及其标准文献检索

（1）IEC 概况。国际电工技术委员会（International Electro Technical Commission，简称 IEC）主要负责电工方面的国际标准化活动，制定标准的范围大致分为名词术语、电路用的图形、符号、单位、文字符号等；在试验方法方面制定产品质量或性能指标，以及有关人身安全的技术标准。IEC 的标准由其专业委员会（TC）及下属的分委会（SC）、SC 下属的工作组（WG）负责制定。目前，已发布电子电工国际标准近 3000 件。我国于 1957 年 8 月加入该组织。

（2）《国际电工委员会出版物目录》。年刊，是 IEC 标准检索工具，由 IEC 中央办公室以英法文对照的形式编辑出版。正文之前是目录表，按 TC 号顺序编排，TC 号后列出标准名称和页码，页码指引到正文的相关标准。正文部分是 "IEC 出版物序号表"（Numerical List of IEC Publications），按 IEC 出版物序号编排。条目著录有 IEC 标准号，标准名称、所属技术委员会的 TC 号和文摘简介。正文后是 "主题索引"（Index of subject Matter），著录有 IEC 标准号和说明语。检索途径有主题和标准号两种，和 ISO 标准类似。该目录对应的中文版《IEC 国际电工标准目录》，由电机部机械标准化研究所出版，其检索方法与《国际电工委员会出版物目录》相同。

五、科技报告检索与利用（Scientific&Technical Report）

（一）概述

科技报告是对科学、技术研究结果的报告或研究进展的记录。所涉及的研究课题可以分为生产技术和基础理论两个方面，其中大量是国家部署和重点支持的高技术研究项目。许多最新的研究成果，尤其是尖端学科的最新探索往往出现在科技报告中，是当代科技人员的一种重要信息资源。世界各国在科技文献信息交流中都将科技报告列于首位，在知识信息传播和利用中起着越来越重要的作用。

1. 科技报告的类型

（1）按内容可分为基础理论研究和工程技术两大类。

（2）按形式可分为：技术报告（Technical Reports，简称 TR）、技术札记（Technical Notes，简称 TN）、技术论文（Technical Papers，简称 TP）、技术备忘

录（Technical Memorandum，简称 TM）、通报（Bulletin）、技术译文（Technical Translations，简称 TT）、特种出版物（Special Publications，简称 SP）等。

（3）按研究进展程度可分为：初步报告（Primary Report）、进展报告（Progress Report）、中间报告（Interim Report）、终结报告（Final Report）。

（4）按流通范围可分为：绝密报告（Top Secret Report）、机密报告（Secret Report）、秘密报告（Confidential Report）、非密限制发行报告（Restricted Report）、非密报告（Unclassified Report）、解密报告（Declassified Report）。属于保密的科技报告大多属于军事、国防工业和尖端技术成果。

2. 科技报告的特点

（1）反映新科技成果迅速。由于有专门的出版机构和发行渠道，科研成果通过科技报告的形式发表通常比期刊早一年左右。

（2）内容新颖、专深具体。科技报告报道的课题大都涉及尖端科学的最新研究成果，对问题研究的论述包括各种研究方案的选择和比较，各种可供参考的数据和图表、成功与失败的实践经验等内容都很具体。

（3）种类多、数量大。科技报告几乎涉及整个科学、技术领域以及社会科学、行为科学和部分人文科学。据统计，全世界每年出版的科技报告数量达 100 万件以上。其中，最多的是美国，约占 83.5%，其次为英国，占 5%，德国、法国各占 1.5%。此外，日、苏、加等国也都有一定数量的科技报告。

（4）出版形式独特。每篇科技报告都是独立的、特定专题的技术文献，独自成册，以单行本形式出版发行。但是，同一单位、同一系统或同一类型的科技报告，都有连续编号，每篇报告一个号码。科技报告一般无固定出版周期，报告的页数多少不等。除一部分技术报告可直接订购外，多数不公开发行。

（二）科技报告的检索

1.《科学技术研究成果》

是代表我国科学技术研究水平的正式科技报告。内容涉及机械、电机、计算机技术、冶金、化学化工、医药卫生、农林等领域。分为"内部"、"秘密"、"绝密"三个保密级别。

2.《科学技术研究成果公报》

创刊于 1963 年，是专门报道和检索《科学技术研究成果》的工具。由中国国家科委科学技术研究成果办公室主办，科技文献出版社出版。报道我国较大的科研成果，由国务院有关部门推荐、经国家科委科学技术成果管理办公室正式登记，以摘要形式在《公报》上公告。著录内容包括科技成果名称、登记号、分类号、部门或地方编号、基层编号及密级、完成单位及主要人员工作起止时间、推荐部门、文摘内容。期刊按分类编排,有农业、林业、工业、交通及环境科学,医药、卫生,基础科学,其他类五个大类。每大类中按《中图法》分类号顺序编排,每年第 12 期是年度分类索引。检索途径有"分类索引"和"完成单位索引"等。

《科学技术研究成果公报》的机读版"中国重大科技成果数据库 STAC",收录和报道 1986 年至今国家级的重大科技成果信息,每季度更新。可以通过中国科技情报所的 TRIP 联机检索系统进行检索。

3. 中国科技成果数据库 (简称 CSTAD)

(http：//ln. wanfangdata. com. cn：90/kjxx/cstad. htm)

万方数字资源系统中的中国科技成果库,原名"中国适用技术成果数据库"(CATAD)。始建于 1986 年,是国家科委指定的一个新技术、新成果查新数据库。收录自 1964 年至今历年经各省市部委鉴定后上报国家科委的科技成果及其他科技成果,范围包括新技术、新产品、新工艺、新材料、新设计等技术成果项目。专业涵盖自然科学各个学科领域及部分社会科学领域。目前收录成果近 40 万条,每年新增 2 万条最新成果。CSTAD 全记录包括 15 个字段。

可在万方数据资源系统的"科技子系统"中选择"成果专利"并点击进入,在界面右侧有"科技成果"标题,其下有"中国科技成果"子类,点击即可进入该库的检索界面。

4. 国家科技图书文献中心国外科技报告数据库

(http：//www. nstl. gov. cn/index. html)

主要收录 1978 年以来的美国政府研究报告,即 AD、PB、DE 和 NASA 研究报告,以及少量其他国家学术机构的研究报告、进展报告和年度报告等。学科范围涉及工程技术和自然科学各专业领域,每年增加报告 2 万余篇,每月更新。

5. 中国科学院院级重大科技成果数据库

(http：//www2. cas. cn/NetOffice/chengguo/cghb. htm)

数据库包括自 1986 年以来,中科院直属单位向院上报登记的院级重大科技成果。按照有关规定,一部分科技成果不予公开。因此,现在提供用户查询的中国科学院院级重大科技成果数据库,只包含公开发布的院级重大科技成果。

6. 美国政府四大科技报告

(1) AD 报告。1951 年开始出版,现由美国国防技术情报中心(Defence Technical Information Center)负责收集整理和出版。资料主要来源于美国国防部所属的陆海空三军的科研单位、公司、大专院校和外国研究机构及国际组织等。内容不仅包括军事方面,也广泛涉及许多技术领域,如航空航天、地球、物理、材料工程技术等。其报告号冠以"AD",A 原为 Armed、D 则为 Document 之意,现在则可理解为入藏报告(Accession Document)。AD 报告的密级包括机密、秘密、内部限制发行、非密公开发行四级。报告号的编号方法起初采取混排，后在 AD 后再加一个字母，以区分不同密级，如：AD – A 表示公开报告、AD – B 表示内部限制发行报告、AD – C 表示秘密、机密报告等。

（2）PB 报告。是美国政府四大报告中发行最早的一种，产生于二战结束之后。当时美国政府为了整理和利用从战败国获得的数以千吨计的绝密科技情报，于 1945 年 6 月成立了一个专门的出版局，即美国商务部出版局（Publication Board），负责收集、整理、报导和利用这些资料。现在美国商务部出版局出版的报告，资料主要来源于美国国内各研究机构的技术报告，已逐步从军事科学转向民用，主要侧重于民用工程技术、城市规划、环境污染和生物医学方面。

（3）NASA 报告。是美国国家航空航天局（National Aeronautics and Space Administration）科技情报处编辑、出版的专业性检索刊物。资料主要来源于美国国家宇航局所属的各研究中心、试验室、合同公司企业以及大学研究所，包括一些国外研究机构。报告内容侧重于航空和空间技术领域，也广泛涉及许多基础学科和技术学科，如物理、化学、机械仪表、电子、材料等，是检索航空航天科技报告的主要工具。

（4）DOE 报告。是美国能源部（Department of Energy）技术情报中心编辑出版的半月刊。原为"美国原子能委员会"的 AEC 报告，1974 年改为能源研究与发展署的 ERDA 报告，1977 年改称为 DOE 报告。资料主要来源于能源部直属机构及合同户，内容主要为原子能及其应用方面，但也涉及其他各门学科。ERA 收录能源部部属科研机构和各大学等一切与能源有关的科技文献，但以科技报告为主。

目前查找美国四大报告的主要检索工具有：《美国政府报告通报与索引》（Government Reports Announcements and Index）、《宇宙航行科技报告》（Scientific and Technical Aerospace Reports）、《能源研究文摘》（Energy Research Abstracts）以及主要的国际联机检索系统。

7. 美国政府报告文摘题录数据库(National Technical Information Service，简称 NTIS)（http://www.engineeringvillage.org/controller/servlet/Controller)

该数据库主要收录美国政府立项研究及开发的项目报告，也少量收录西欧、日本及世界各国（包括中国）的科学研究报告。数据库中 75% 的文献是科技报告，其他文献有专利、会议论文、期刊论文、翻译文献；美国以外的文献约有 25%；90% 的文献是英文文献。专业内容覆盖科学技术各个领域。检索结果为报告题录和文摘。NTIS 在清华大学图书馆已设立镜像服务器，国内高校可以在 EI Village – 2 平台检索。

思考题：
1. 什么是特种文献？包括哪些文献类型？
2. 简述学位论文的特点和作用。
3. 会议文献有何特点？
4. 什么是专利编号与专利文献种类代码？
5. 什么是科技报告？科技报告的特点和重要作用有哪些？

第八章　事实与数值数据库检索与利用

信息检索有事实型信息检索（Fact Retrieval）、数据型信息检索（Data Retrieval）和文献型信息检索（Document Retrieval）三种类型。事实型和数据型信息检索的内容，通常是日常生活和工作中遇到的一些具体的疑难问题，如字词、事件、事实、人物、机构名称、年代日期、公式、常数、规格、方法等，属于非文献型信息检索。相对于文献型信息检索，非文献型信息检索涉及面广，查准率高，检索结果是确定的单一记录，可以直接使用，具有极强的实用性。

一、概　述

（一）事实与事实数据库（Factual Database）

"事实"的英语"fact"一词来源于拉丁文"factum"，意思是"已完成的"。为满足用户查询一些具体问题的需求，把某一学科已知的事实、数据搜集起来建成数据库，就是事实数据库。事实数据库是一种存放某种具体事实、知识数据的信息集合，主要收录人物、机构、原始的事实、数字信息、图谱信息等，是非文献型的数据库。

利用事实数据库可以查找已知事实，或判断未知事实。事实可以是既有数字又有文字的统计资料，可以是纯文字的知识资料或信息资料，也可以是叙述性文献，诸如人物传记数据库、百科知识数据库、自然及社会资源统计数据库、社会调查数据库、公共信息数据库等。事实数据库需要特殊的数据库管理系统（DBMS）支持。其DBMS必须具有自动识别、选择、解释和处理这些数据的能力，并能在一定程度上分析这些数据，抽取有用部分，删去无用部分，并能将关联的数据联系起来，推出有用的结果。

（二）数值数据库（Numerical Database）

数值数据库是一种存放各种数值数据的数据集合，是以数值为主要内容的数据库。除了存储科学技术、社会资源、商业经济、地理环境等数据外，还存储运算公式、图谱、表格等。如金融、证券系统数据库、化学物质结构数据库、生物蛋白质序列数据库等。数值数据库也称为"源数据库"，在科学计算、地质勘探、天文日历与气象预报、数值分析、各类统计计算和经济管理等方面都有广泛的应用。数据库管理系统DBMS有很强的数值数据运算和处理能力，能提供各种功能的数值计算例行程序，能从现有的数据中找出所需的部分，进行必要的数学推理和运算，并且对这些数值数据进行管理、加工、处理，合理地存放和检索，快速方便地提供给用户使用。

（三）事实与数值数据库的主要类型和作用

1. 事实与数值数据库的主要类型

（1）事实与数值科学数据库。主要保存生物、能源、天文、地理、化学化工、医药、材料等领域的实验数据、曲线、图谱、结构、物质命名与性能等各种事实与数值数据。如：中国珍稀濒危植物数据库。

（2）社会科学或综合参考类数据库。如：中国大百科全书数据库。

（3）商情数据库。如：Gale 数据库的商业与公司资源中心（Business & Company Resource Center）。

2. 事实与数值数据库的作用

事实与数值数据库提供特定的事实或数值的检索与利用，能够直接以特定的事实或数字回答用户的查询。从某种程度上说，事实及数值数据库的作用大致相当于传统的参考工具书。在计算机技术没有飞速发展以前，检索事实和数值，通常需要借助于传统的参考工具书。但参考工具书编写和出版周期较长，许多正在发展中的最新事实和数据，如各类产品的最新产销价格、股票和黄金市场的每日涨跌，世界上正在发生的重大事件等，传统的参考工具书不可能很快报道、传播，具有很大的时滞性。大部分事实与数值数据库，其实就是参考工具书的计算机化，借助计算机、网络和信息技术，事实与数值数据库存储量大，内容丰富，更新迅速，功能全面，因而更能及时、快捷地满足用户需求。

二、国内主要事实与数值数据库检索

国内主要事实与数据电子资源有万方数据科技信息子系统的系列数据库、新华社多媒体数据库（高教版）、中国资讯行、中国自然资源数值数据库、国研网、中经网等。

（一）万方数据资源系统（http：//www.wanfangdata.com.cn/）

万方数据资源系统1997年8月创建。是北京万方数据股份有限公司在中国科技信息研究所数十年积累的全部信息服务资源的基础上建立起来的，以科技信息为主，集经济、金融、社会、人文信息为一体的综合性网络化信息资源服务系统。系统目前包含科技信息子系统、商务信息子系统和数字化期刊子系统三个部分，内容涉及自然科学和社会科学各个专业领域，收录文献类型包括期刊、会议、文献、书目、题录、报告、论文、标准专利、连续出版物和工具书等。用户既可以单库、跨库检索，也可以在所有数据库中检索。

万方数字资源的主体是特种文献，系统所属的120多个数据库收录了大量的科技、商务类特种文献，包括学位论文、会议论文、法律法规、中外标准、科技成果、名人机构、企业及产品信息等多种文献类型，其中事实与数值资源基本集中在科技信息子系统中。

1. 万方科技信息子系统（http：//ln.wanfangdata.com.cn/）

（1）科技文献。汇集全国各主要信息机构提供的科技文献信息。包含的信息量大、种类繁多、时间跨度长、收录范围广泛。文献资源包括专业文献、会议论文、学位论文、英文文献等共计37个数据库，总数据量超过960万条。

（2）名人与机构。囊括了我国1.6万多名著名的科学家（含两院院士）、工程师、国家重点科研项目带头人的全面信息；同时收录约1.4万多家科研机构、高等院校、信息机构的详尽信息。栏目共包括10个数据库，3万多条信息，是了解我国科技名人和科研机构情况的重要窗口。

（3）中外标准。包括中国国家标准、建设标准、建材标准、行业标准、国际标准、国际电工标准、欧洲标准以及美、英、德、法国家标准和日本工业标准共12个数据库20万条记录。

（4）科技动态。是国内互联网重要的综合性科技信息资源，是国内信息量最大、更新频率最快的科技动态网点之一。信息来源于国家科学技术部及其他政府部门、有关科研单位、新闻媒体。每天新增信息约200条，采用滚动方式更新，各下级栏目可以查阅过去一周内的内容。此外还不定期开设科技专题子栏目，瞄准当前科技重点问题进行追踪报导，目前数据量已超过10万条。

（5）政策法规。综合性、动态性政策法规类栏目。包括综合政策、国外政策、国内政策、法律法规、人才管理、高新区及科技会讯等8个子栏目。采用滚动方式更新，每日更新100条左右。目前包括6个数据库，总数据量超过1.3万条。

（6）成果专利。收录范围为国内的科技成果与专利，此外还包括国家级科技计划。涉及医药、机械、电力、农林、能源、轻纺、建筑、交通、矿冶等专业的高新技术及实用技术。其中的重大科技成果来源为各地上报国家科学技术部的项目，收录年代从1978年全国第一次科技大会至今，数据总量超过60万项，以滚动方式更新，每日更新量为100—150条左右。

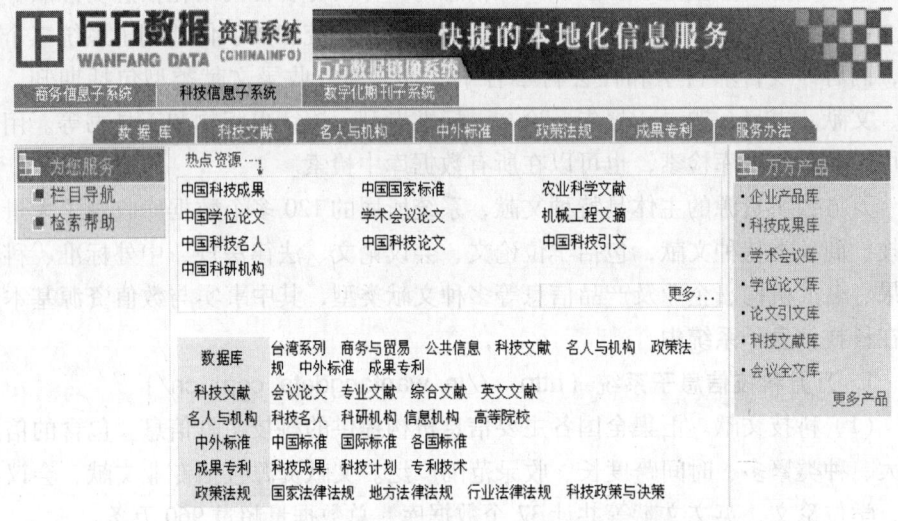

图8-1 万方数据资源系统科技信息子系统界面

2. 万方商务信息子系统（http：//ln.wanfangdata.com.cn/）

面向广大工商、企业用户提供全面的商务信息和解决方案，面向企业用户推出工商资讯、经贸信息、成果专利、商贸活动、咨询服务等栏目。万方数据最新推出企业热线，它是架构于万方数据拳头产品——中国企业、公司及产品数据库（CECDB）之上的综合性商业交易平台，可以进行网上洽谈、发布商务信息，而且还可以通过其独有的自动撮合功能进入一种全新的电子商务模式。

3. 万方数字化期刊子系统（http：//ln.wanfangdata.com.cn/）

万方数字化期刊群，属国家"九五"重点科技攻关项目——科技期刊网络服务系统。整个系统以刊为单位上网，保留了刊物本身的浏览风格和习惯。期刊全文内容采用HTML和PDF两种国际通用格式上网，所有期刊按理、工、农、医、人文等5大类划分，共集纳了70多个类目的2000多种期刊全文内容（绝大部分是进入中国科技论文统计源的核心期刊），继而囊括我国所有科技学术期刊。

4. 万方数据资源系统常用事实与数值数据库

（1）万方常用事实与数值数据库（见表8-1）。

表8-1 万方数据资源系统常用事实与数值数据库

数据库名称	内容简介
中国企业、公司及产品数据库（CECDB）	是我国最具有权威的企业综合信息库，有40余项数据信息。收录年代：1998—2000年（中文版和英文版）。每年更新。
中国百万商务通信数据库（CBML）	收集国内工商企事业单位、学校、医院等机构名录200多万条，是迄今国内同类产品中覆盖单位最多的数据库之一。收录年代：1998—2000年，每年更新。
中国科学技术成果数据库（CSTAD）	是科学技术部制定的成果查新数据库，信息来源于各个省市、部委科技成果管理部门。收录年代：1998~2000年，每年更新。
中国科技论文统计与引文分析数据库（CSRPC）	该库有论文统计和引文统计两张光盘。数据来源于1989—1997年国内1250种主要科技期刊中的论文。每年更新。
中国科研机构数据库（CSI）	收录我国1万多条科研机构的详细信息，是查找我国科技单位的发展现状及科研成就的重要信息来源。收录年代：2000年—（中文版、英文版），每年更新。
中国科技名人数据库（WHO'S WHO）	是我国第一部以CD-ROM形式出版的科技名人录。收录中科院院士、中国工程院院士等我国著名科学家的详细信息。收录时间：2000年—（中文版、英文版），每年更新。
中国科技信息机构数据库（CSTII）	收录我国2000多家科技信息机构和高校信息机构的详细信息，数据项30多个。1—2年更新，收录时间：2000年—。
化工产品供需厂商数据库（CPEDB）	收录2300多种重要化工原料产品生产商的通信信息，以及利用这些化工原料产品进一步生产约2万多种化工产品厂商的最新信息。
中国寻医问药数据库（CMPDB）	包括1万多条疑难病症诊治信息的寻医药数据库和可自行操作的2000余条的特殊疗法数据库。
中国高新技术企业数据库（CHNTE）	收录在国内53个国家级高新技术产业开发区，注册登记的1万多家高新技术企业的详尽信息。

（2）中国企业、公司及产品数据库（CECDB）。始建于1988年，由万方数据联合国内近百家信息机构共同开发。十几年来，CECDB历经20多版的更新和扩充，现收录近百家行业的近30万家企业的详尽信息，是国内外工商界了解中国市场的一条捷径。目前，CECDB的用户已经遍及北美、西欧、东南亚等50多个国家与地区，著名的DIALOG联机系统将CECDB定为中国首选的经济信息数据库，并将其收入该系统向全球数百万用户提供联机检索服务。以该库为基础与美

国 Elite International Group 合作开发的中国商务信息（Chinese Business Information）数据库光盘也面向欧美市场发行。

CECDB 信息全年 100% 更新，提供多种形式的载体和版本。全记录包含：企业名称、负责人、职务、采购部主管、销售部主管、地址、邮编、电话、传真、E-mail、域名、成立年代、法人代表、注册资金、年产值、利润、职工人数、固定资产、营业额、创汇额、技术人数、进出口权、产品出口国家、企业性质、上级单位、企业占地面积、厂房办公面积、机构简介、产品信息（名称、型号、商标、年产量）、经营项目、关键词、行业代码等 30 多个字段。

5. 数据库检索

利用万方科技信息检索系统可以实现一般检索和专业检索。一般检索可以采用字段级检索、全文检索以及高级检索（逻辑检索）；专业检索支持布尔检索、相邻检索、截断检索、同字段检索、同句检索和位置检索等全文检索技术，具有较高的查全率和查准率，具体检索办法可参阅"检索帮助"。

[例1] "中国科学技术成果数据库"成果记录样例
成果项目名称：Opial 不等式的若干研究
研制单位：韶关大学
地址：广东省韶关市
邮编：512005
研制人：李举达
成果鉴定：19930328
项目年度编号：94204275
技术水平：国际先进
中图分类号：O178
关键词：Opial 不等式；数学
成果简介：该成果属于科学理论研究，包含三篇文章……
成果转让：费用面议

（二）中国资讯行（China Info Bank）（http://www.infobank.cn/）

1995 年 10 月在香港成立，专门从事中国商业经济资讯的收集、整理和传播，为客户提供中文商业数据库平台。通过对全国 1000 余家媒体、国外几十家媒体的适时监测，并和国内 60 余家官方和行业权威机构合作，不仅可以提供 194 个行业的原始数据，更可以根据用户需求，提供专业的个性化服务、及时的"信息反馈"。

中国资讯行内容覆盖广，目前已拥有 100 亿汉字总量、近 1000 万篇文献的庞大网上数据库，并以每日逾 2000 万汉字的速度更新。数据来源包括：千余份平面媒体，包括报纸、期刊、杂志、公开出版物、年鉴及工具书以及近百家合作伙伴提供的信息，为现存中文商业数据库之冠。中国资讯行包含 14 个在线数据库，有简易查询和专业查询（图 8 - 2）两种检索方式。

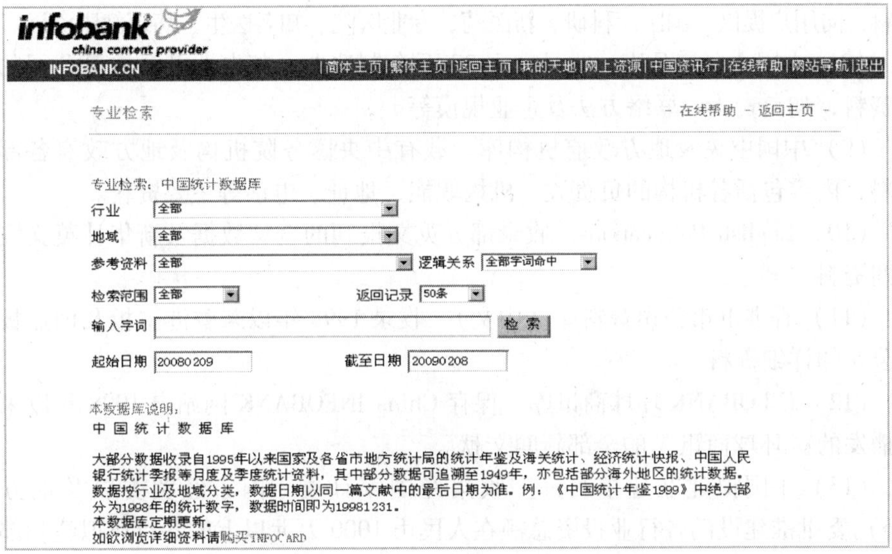

图 8 - 2　中国资讯行（中国统计数据库）专业检索界面

（1）中国经济新闻库。收录 1992 年以来国内及相关的海外商业财经信息，以媒体报道为主。数据来源于中国千余种报纸杂志及部分合作伙伴提供的专业信息，按行业及地域分类。

（2）中国商业报告库。收录 1993 年以来经济学家及学者关于中国宏观经济、中国金融、中国市场及中国各个行业的评论文章及研究文献，以及政府的各项年度报告全文，为用户提供专业的研究资料。

（3）中国统计数据库。大部分数据收录自 1995 年以来国家及各省市、地方统计机构的统计年鉴及海关统计、经济统计快报等月度及季度统计，其中部分统计数据可以追溯到 1949 年，也包括部分海外地区的统计数据。数据按行业及地域分类，数据日期以同一篇文献中的最后日期为准。

（4）中国法律法规库。收录自 1949 年以来中国中央及地方的法律法规，以及各行业有关条例和案例，也兼收其他国家的法律法规文献，为用户提供最及时的法律参考。

（5）中国上市公司文献库。收录沪、深交易所的上市公司（包括 A 股、B 股及 H 股）的资料，搜集深圳和上海证券市场的上市公司各类招股书、上市公告、中期报告、年终报告、重要决议等文献资料。

（6）中国人物库。提供详尽的主要政治人物、工业家、银行家、企业家、科学家以及其他著名人物的简历及有关的资料，数据库来源于中国八百多种公开发行的报刊资料。

（7）中国医疗健康库。收录1995年以来中国100多种专业和普及性医药报刊的资料，向用户提供中国医疗科研、新医药、专业医院、知名医生、病理健康资讯。

（8）中国企业产品库。收录中国27万个制造业、邮电业及运输等公司的综合资料，如负责人、联络方法及企业规模等。

（9）中国中央及地方政府机构库。载有中央国务院机构及地方政府各部门资料，内容包括各机构的负责人、机构职能、地址、电话等主要资料。

（10）English Publications。收录部分英文报刊的全文数据及新华社英文实时新闻资料。

（11）香港上市公司资料库（中文）。收录1998年以来香港主板及创业板上市公司的详细资料。

（12）INFOBANK环球商讯库。保存China INFOBANK网站自1998年以来实时播发的"环球商讯"的全部新闻文献。

（13）中国拟建在建项目库。收集经国家计委、国家经贸委以及地方计（经）委批准建设的各行业投资总额在人民币1000万元以上的各行业拟建和部分在建项目的详细资料。

（14）名词解释库。提供有关中国内地所使用的经济、金融、科技等行业的名词解释，以帮助海外用户更好地了解文献中上述行业名词的准确定义。

（三）国务院发展研究中心信息网（简称国研网）
（http：//www.drcnet.com.cn/DRCNET.Channel.Web/）

国研网由国务院发展研究中心主管、其信息中心主办、北京国研网信息有限公司承办，创建于1998年，2002年正式通过ISO9001：2000质量管理体系认证，是中国著名的专业性经济信息服务平台。为中国各级政府部门和企业提供关于中国经济政策和经济发展的深入分析和权威预测，为海内外投资者提供中国宏观经济和行业经济领域的政策导向及投资环境信息，使投资者及时了解并准确把握中国整体经济环境及其发展趋势，从而指导投资决策和投资行为。是政府、企业、金融机构、高等院校等社会各界在经济研究、投资决策过程中的重要辅助工具。

1. 资源内容

国研网拥有内容丰富、检索便捷、功能齐全的大型经济信息数据库集群，如：国研报告、宏观经济、金融中国、行业经济、世界经济与金融评论、国研财经、区域经济、高校管理决策参考、基础教育等，目前已开发了全文、专题、统计及研究报告四大数据库。

(1) 全文数据库。主要是政府工作、经济运行方面的内参文章或公开发表的文章全文。内容细分为国研视点、宏观经济、金融中国、行业经济、区域经济、世界经济与金融评论、高校管理决策参考、基础教育、发展规划报告、政府工作报告、政府统计公报、中国国情报告、经济形势分析报告等16个栏目。

(2) 专题数据库。主要是以专题为中心，收集整理的内参文章和公开发表的文章全文。内容细分为领导讲话、宏观调控、体制改革、市场与物价、人口与就业、公共管理理论、资源环境、科学发展观、国际贸易、跨国投资、循环经济、国内政府管理创新、国外政府管理借鉴、政策法规等19个栏目。

(3) 统计数据库。主要是对来自于国家统计局、海关、人民银行、行业协会等国家权威机构的经济数据进行整合加工后的产物。内容细分为最新数据、每日财经、对外贸易数据、工业统计数据、产品产量数据、宏观经济数据（月度/季度/年度/专题）、金融数据、世界经济数据、区域经济数据（市级）、教育经费统计数据、信息产业、交通运输、科学技术、能源工业等29个栏目。

(4) 研究报告数据库。主要是内参类的政府调查研究报告。内容细分为金融周评，宏观经济、金融中国、房地产行业、电力行业、通信行业、汽车行业、交通运输行业等的月度/季度分析报告等19个栏目。

2. 检索

国研网检索中心，可选择标题、关键词、作者和全文进行检索；选择全文时，先选择版面，按照时间排序进行检索，系统提供二次检索功能。

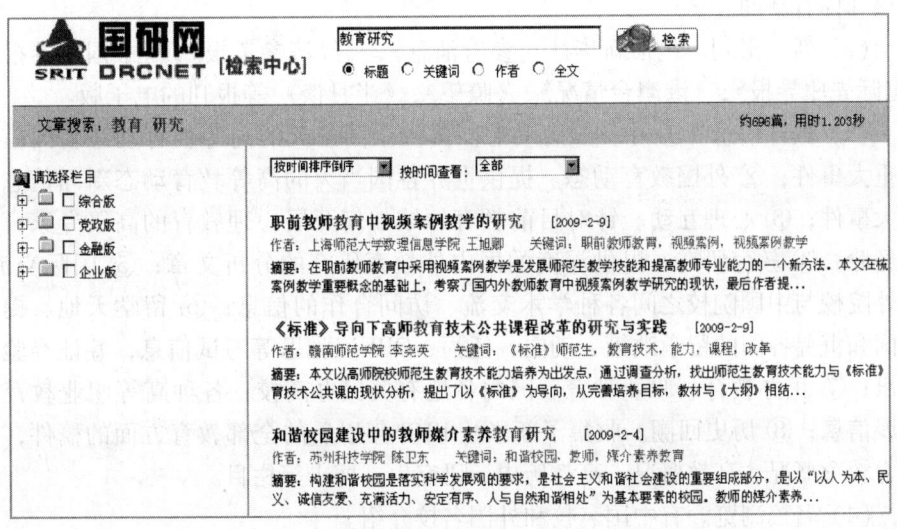

图8-3 国研网检索"教育研究"结果列表界面

（四）新华社多媒体数据库（专供高等教育数据库）

新华社作为有着70多年历史的国家通讯社，是中国最大、最权威的新闻信息采集和发布中心。目前在国内有庞大的客户群并向全球160多个国家和地区提供多种类型的新闻信息服务。新华社多媒体数据库（http：//info.xinhua.org/chn/index.jsp）全面整合新华社的文字、图片、图表、音视频、报刊等全部资源和社会上有价值的新闻信息资源，拥有包括中、英、法、俄、西、阿及中文繁体在内的6个文种，涵盖政治、经济、文化、生活等各个领域、各行各业。内容主要包括新华社实时播发的文字、图片、图表、音频、视频等各类新闻信息产品以及各类新闻信息历史资料，并具有高效、灵活实用的检索、浏览、个性化订制及推送服务等多种功能。目前收录汉字200多亿个、图片170万张、图表4000多张、视音频资料8000小时。

新华社针对高等院校的实际需求，依托新华社多媒体数据库资源，整合所有新闻信息，为高等院校和教育系统提供特供教育信息，于2003年12月推出高等教育多媒体数据库。数据库分为校长版和普通版两种版本，校长版为高校和教育系统的管理者提供具有重要参考价值的新华每日快递、舆情监测、高管信息、参考资料、中外前沿报告等内部资讯和最新的政策制度、教育动向；普通版为广大师生提供教育动态、教育研究高校新闻、学术论文、特别关注、历史回溯等多媒体材料。

1. 普通版资源内容

（1）新华电讯。其内容全部为新华社独有和原创。包括中文新闻稿、英文新闻稿和体育新闻。

（2）新华报刊。包括新华社《参考消息》、《经济参考报》、《中国证券报》、《国际先驱导报》、《港澳台情况》、《瞭望》、《半月谈》等报刊的电子版。

（3）教育信息。① 中国教育动态。提供全国当天的高等教育动态新闻信息和重大事件；② 外国教育动态。提供世界各国当天的高等教育动态新闻信息和重大事件；③ 心理互动。针对目前教育领域如何开展心理教育的高级专家言论和经验；④ 教育研究。提供深度的国内外教育研究的分析文章；⑤ 国际交流。国外院校与中国院校之间各种学术交流、访问合作的信息；⑥ 留学天地。提供中国和世界各国的留学政策、动向，托福、GRE、雅思等考试信息，签证经验等资讯；⑦ 民办教育、职业教育。国内各地有关民办高校、各种高等职业教育的发展信息；⑧ 历史回溯。收集了新华社1948年以后的全部教育方面的稿件，并分为教育概况、高教概况、高教历史、研究生、博士等栏目。

（4）名校浏览。有中国名校和外国名校介绍。

（5）学术论文。① 新华报告。新华社原创的调研报告，具有一定的宏观性、参考性和前瞻性；② 论文银行。为各地高校师生提供一个论文交流、发表的互动平台；③ 论文素材。提供论文写作所需的各方面信息和资料。

（6）人才市场（毕业、就业人才市场）。介绍每年全国高校毕业生去向统计数据以及相关分析，毕业生求职指导，各种招聘会信息，就业实践及体会，各种职业介绍等。

（7）特供数据库。① 法规库。收集中国自1949年以来中央及地方的4.8万条法律法规，以及各行业有关条例和案例；② 人物库（国际人物库、中国人物库）。重点收集国际国内知名人士8万多人的简历、主要业绩、工作和生活活动情况，目前共有12万多篇数据；③ 译名库。收集了90多万个中外译名信息；④ 组织机构库（国际机构库、中国机构库）。系统收集中国和世界100多个国家（地区）的政府机构、政党、社会团体及联合国等国际组织的基本情况和领导人名单；⑤ 背景资料库。收集经过系统编辑加工的关于国际国内政治、经济、文化等领域的各种重要专题资料1.3万多篇。

（8）环球财经。包括中外行业经济、宏观统计数据、行业统计数据。

（9）新华图片。汇集中国照片档案馆中有价值的资料图片和摄影部的日常发稿图片，重点收入了军事、体育、教育、社会、经济等方面图片。

（10）新华视频。将新华社每天最新采编的国内外时政新闻视频，通过宽带网变被动收看为主动点播。

2. 数据库检索

（1）数据浏览。网页左侧列出11个大类目，包括：新华电讯、新华报刊、教育信息、名校浏览、学术论文、人才市场、特供数据库、环境财经、新华图片、新华视频、两会专题，点击可展开其子类，然后逐一查阅。

（2）数据查询。包括简单查询、二次查询、多库查询和高级查询四种途径。① 简单查询。先从左侧类目列表中，选择一子类，在检索框中输入信息，点击【任意词查询】按钮。② 二次查询。可在前一次查询的结果上做进一步限制，方法是在检索框中输入追加信息，点击【二次查询】按钮。③ 多库查询。可实现多库同时检索。在检索框中输入信息，点击【多库查询】按钮，出现13个库的检索结果列表，显示各库文献总量、命中数和备注信息，点击"备注"下的【详细】可查阅具体信息。④ 高级查询。同简单查询，先选择一子类，点击【高级查询】按钮，进入高级查询界面，在标题、日期、来源、分类等8个字段中输入相关信息，点击【检索】进行查询。

检索结果列表提供序号、标题和报道时间信息，按时间由近到远的顺序排列，点击可打开新的页面查看全文，也可以【拷贝】、【另存网页】。

(五) 中国经济信息网 (http://www.cei.gov.cn/)

中国经济信息网简称"中经网",是国家信息中心组建的、以提供经济信息为主要业务的专业性信息服务网络,于1996年正式开通。为政府部门、金融机构、高等院校、企业集团、研究机构及海内外投资者提供宏观经济、行业经济、区域经济、法律法规等方面的动态信息、统计数据和研究报告,帮助其准确了解经济发展动向、市场变化趋势、政策导向和投资环境,为其经济管理和投资决策提供强有力的信息支持。每日更新量达到200万汉字和500兆的视频节目,通过卫星广播、专线传送、在线浏览、E-mail定制、光/软盘、纸介质等方式为用户提供服务,是互联网上最大的中文经济信息库,是描述和研究中国经济的权威网站。

1. 资源内容

有综合篇、行业篇、区域篇、数据库、China Economy、视频篇等栏目。

(1) 综合篇。包括综合专辑、经济动态、经济分析、经济数据、法律法规等;

(2) 行业篇。包括行业动态、行业季度报告、行业数据、各部委法规等;

(3) 区域篇。包括综合主题、地区动态、地区法规和地区报告等。

2. 检索

中经网注册用户可采用分类浏览和全文检索两种方式获得宏观经济、金融、行业经济、地区经济、国际经济等方面的新闻、统计数据、市场预测、专家观点、政策法规、企业产品、行情、商业机会等方面的专业信息。

(六) 中国自然资源数值数据库 (http://www.data.ac.cn/index.asp)

是由中国科学院科学数据库及其应用系统项目支持,中国科学院地理科学与资源研究所承建的中国资源、环境、人口、社会经济等相关数据的集合。内容包括水资源、土地资源、气候资源、生物资源、环境灾害、环境治理、人口劳动力及社会经济等方面的数据。主要为地学、资源环境科学研究、管理决策及其他相关人员提供数据支持。

1. 资源内容

(1) 图形、图像数据库。包括中国自然资源图集、中国自然资源统计图和经济与人口统计图集。

(2) 自然资源数据库。包括土地资源、气候资源、生物资源、森林资源、草场资源、野生动植物资源、农村能源、旅游资源、渔业资源等的数据库等。

(3) 社会经济条件数据库。包括财政、贸易、投资、人民生活、居民消费、农业经济、工业经济、交通运输邮电、建筑业经济、商业经济、物价、农产品价格、城市、科教文卫等数据库。

(4) 人口与劳动力数据库。

(5) 灾害与治理数据库。包括环境污染治理与保护数据库、自然灾害数据库。

2. 检索

该库可以免费注册，数据库提供数值数据下载、遥感数据下载和栅格数据下载。用户可以根据实际需要，选择目录查询、分类查询、选择查询、关键词查询、分省数据查询、分县数据查询、变量数据查询、分类浏览和选择浏览等多种方式进行检索。

(七) 其他

1. 中国宏观经济信息数据库（简称中宏库）

(http://www.macrochina.com.cn/macro_data/index.shtml)

由国家发改委所属的中国宏观经济学会、中宏基金、中国宏观经济信息网、中宏经济研究中心联合研创，是可以根据客户需求进行"一对一"服务的顾问型数据库；内容涵盖上世纪 90 年代以来宏观经济、区域经济、产业经济、金融保险、投资消费、世界经济、政策法规、统计数字、研究报告等方面的详尽内容，分为中国宏观经济形势库、中国经济发展战略与规划数据库（包括人口库、国土资源库、环境库、战略库、规划库、社会保障库）、金融数据库、财政税收数据库、中国国家统计数据库等 19 类大库，74 类中库以及 500 类细分库，数据量超过 100 万条，文字量超过 20 亿字，每日更新量超过 1000 条，为目前门类最全、分类最细、容量最大的经济信息专业数据库。

2. 北大法律信息网（http://law.chinalawinfo.com）

"北大法宝"——中国法律信息总库，由北京大学法制信息中心与北大英华科技有限公司联合推出的智能型法律信息检索系统。同时拥有中国法律检索系统、中国法律英文检索系统、中国司法案例检索系统、中国法学期刊检索系统等多个检索系统，内容全面涵盖法律法规、司法解释、司法案例、仲裁裁决、裁判文书、中外条约、合同范本、法律文书、法学教程、法学论文、法学期刊、参考数据及 WTO 法律文件等中国法律信息各个方面。

3. 中国企业产品数据库（http://www.ceie.com.cn/）

始建于 1988 年，现已建立全国 200 多个地市信息中心组成的信息收集、处理与维护系统，并在上海、广东、辽宁等 26 个省市建立了分库站点，实现了信息的互连、互通与互换。推出的服务有：企业产品信息查询、外资企业库查询、定制企业名录、产品产量、经济指标服务、行业排名、名牌产品、展会信息等。中国企业产品数据库包含：企业产品库、外资企业库、出口企业商品库、进口企业商品库、企业排行、名牌产品、品牌与服务等。数据库采取会员制，非会员只能查询到部分信息。

4. 教育部高校图书馆事实数据库系统

（http：//www. scal. edu. cn/calis/default. asp）

教育部高校图工委建有"高校图书馆事实数据库"网站，通过网络自报的形式，自1999年以来，一直在做高校图书馆事实数据的填报和统计工作。具体内容包括：图书馆基本情况、年度经费情况、文献资源累积量、阅览室、电子资源开放情况、资源利用情况、自建数据库、设备、系统与网络当年增加量。

三、国外著名事实与数值数据库

国外著名的事实与数值数据库主要有Gale出版集团的系列数据库、Lexis-Nexis参考资料数据库、贝尔斯坦与盖墨林数据库、ISI Chemistry、大不列颠百科全书网络版、DAILOG商情数据库以及世界著名的生物信息数据库等。

（一）Gale出版集团（http：//www. gale. cengage. com/）

Gale集团是美国著名出版机构，全球最大的参考书出版商。50多年来在出版人文科学（文学、历史、商业、人物传记等）工具书以及机构名录方面颇具权威性。Gale集团还创建及维护600余个在线、印刷及缩微产品大型数据库，以其精确、权威的参考书内容及全文报纸杂志的智能集成闻名全球。

Gale集团最著名的数据库系列Gale Net（图8-4），核心来自于Gale集团多年来出版的众多参考书系列，内容覆盖了人文社会科学、商业经济、国际市场、人物传记、机构名录等领域，被公认为世界上相应学科中最权威、最全面的参考资料，且为Gale集团独家拥有。

1. 人物传记资源中心（Biography Resource Center）

（http：//infotrac. galegroup. com/itweb/cnxsyu？db = BioRC）

Gale集团50多年以来出版的众多人物传记参考书，是人物传记领域中最权威的参考书。中心的资源包括：

（1）人类历史开始至今的100多万个人物的传记信息。涵盖文学、历史、政治、商业、娱乐、体育和艺术等领域的知名人士和重要事件。这些人物的信息来自于Gale集团出版的135个传记出版物（共1000多卷）、300种全文期刊。可通

图 8-4　Gale 出版集团数据库产品

过人物的生卒年、国别、种族、职业和性别等入口来检索。

（2）50 多年来 Gale 集团独家拥有版权的权威人物传记参考书 800 卷，如 *Encyclopedia of World Biography Contemporary Black Biography*，*Who's Who Among African Americans* 等，其中的传记全部是详细传记。

（3）珍贵、完整的 *Marquis Who's Who* 的人物传记资料。

（4）可链接至超过 1.5 万个人物的网站，这些网站都经过人物传记专家的严格考证，保证其权威性。

（5）每年新增 10—14 万份人物传记。

（6）将 80 个最常被参考的 Gale 著名传记数据库与 250 种以上的全文刊物结合，用户可以方便查到所需人物的详细资料。

2. 商业资源中心（Business and Company Resource Center）

（http：//infotrac.galegroup.com/itweb/cnxsyu? db = BCRC）

内容涵盖商业、经管、财政、金融等专业。目前市场上大部分相关商业数据库都是纯粹的期刊类数据库，此数据库是一站式数据库。资源内容及特点：

（1）包含全球 50 万家公司及 8000 个行业协会的详细信息。包括公司的介绍性资料、产品和商标、价格、企业排名、投资报告、公司的历史记录和大事记等信息。此数据库还可以将某一个公司与同等规模或同行业的公司进行对比。

（2）包含 3400 多份全文商业期刊，回溯期 20 年。该库中的期刊被 ISI 收录共 359 份，其中全文刊 216 份。

（3）来自于摩根斯坦利、花旗集团等 600 家全球顶尖投资银行的 200 万份

PDF 格式的原始投资报告。

（4）Gale 集团出版的众多著名商业参考书内容已被完全整合到数据库中的相关部分中。

（5）内容更新迅速。期刊每日更新、各上市公司的股票行情仅延迟 20 分钟、投资报告等每周更新。

3. 文学资源中心（Literature Resource Center）

（http：//infotrac. galegroup. com/itweb/cnxsyu？db＝LitRC）

此数据库是 Gale Net 100 多个在线数据库的旗舰产品，收录活跃在小说、散文、诗歌、戏剧等文学领域的著名人物的传记、著述及评论性资料信息；囊括众多 Gale 集团 50 年来最引以为荣的著名印刷系列（文学传记、文学评论等），这些系列在相应的文学领域中都是最权威的参考书。如：Contemporary Literary Criticism, Twentieth – Century Literary Criticism, Contemporary Authors 等等。每个系列均已出版一、二百卷，独家版权。资源内容：

（1）包含 300 种全文文学、语言学期刊中的所有 50 万篇全文文章。

（2）4 万篇评论文章；4329 个作品的概述、情节摘要及评论；超过 40 万篇来自于 250 多份核心文学期刊的全文文章；期刊每日更新。

（3）来自于世界语言协会（MLA）的 170 万条书目信息，可直接链接到本数据库中 75% 的全文文章。

（4）可链接至 6000 多个经过专家严格挑选的相关文学专业网站。

（5）1 万条文学术语定义，来自于 Merriam-Webster's Encyclopedia of Literature（韦氏文学大百科全书）。

（6）超过 12 万位作家的详细评论及生平信息，作家获得的主要奖项、主要的文学作品、有报导价值的事件及与作家职业相关的事件被随时加入，平均每年新增加 3000—4000 人。

4. 现代世界历史资源中心（History Resource Center）

（http：//infotrac. galegroup. com/itweb/cnxsyu？db＝History）

该数据库将 Gale 集团 50 多年来独家拥有的珍贵历史参考资料进行无缝整合，涵盖 5000 年世界史。提供全球多文化的，并且是最全面的研究信息，是从事现代历史研究的查询工具，资源内容：

（1）源自 Gale 独家拥有的 1400 种原始历史档案（包含相关介绍资料），是此领域中公认的最珍贵的信息。

（2）Gale 独家拥有的权威参考书内容，取自 Gale 及其旗下的著名品牌：Macmillan Reference USA 及 Charles Scribner's Son's，如：Encyclopedia of European Social History, Encyclopedia of the Holocaust, Encyclopedia of the Vietnam War 等等。

（3）250 种历史学术期刊的全部全文文章。

（4）众多的历史新闻来源，如 Keesing's Record of World Events（1931—1945）等。

（5）1600 多份经权威专家精心挑选的历史地图及地图集。

（6）可与 ISI 人文学科书目索引的历史部分进行链接，带注释的链接可以浏览专门的权威历史研究站点。

（7）历史年代表。

（8）数字化论坛。

（9）对历史教师的指导信息。

5. 相反论点资料中心（Opposing Viewpoints Resource Center，简称 OVRC）

（http：//infotrac.galegroup.com）

OVRC 资料来自 Gale 独家拥有的著名参考书品牌：Greenhaven Press 出版的社会问题系列；*Gale and Macmillan Reference USA* 以及选自 *Bioethics for Students* 的丰富参考信息。提供当今热点问题或事件的事实信息及支持与反对者的各种观点。其 Topic Overviews 使研究人员能够深入了解社会问题的各个层面，从而更加精确地组织研究工作。并与取自 30 多种期刊和报纸的全文文章实现无缝整合。

6. 综合参考工具便览（Gale's Ready Reference Shelf）

（http：//galenet.gale.com/）

从 Gale 的 14 个著名参考指南数据库中精选出 33.5 万条记录。内容主要涉及三大部分：组织/协会，出版商/出版物/广播媒介，电视台及广播电台等各类名录字典和百科全书。

7. 教育参考大全（Educator's Reference Complete）

（http：//infotrac.galegroup.com/itweb/cnxsyu?db=PROF）

该数据库收录超过 1100 份的教育学术期刊及 200 份的教育报告，期刊绝大部分为全文期刊且绝大部分在 ERIC 数据库中有收录，专门针对从事教育教学及研究的教师所设计。该数据库涵盖各个级别的教育资源，从幼儿园学前班教育一直到大学教育以及各式各样的职业教育；还收录学校管理、资金及政策上的资源信息。

（二）LexisNexis 参考资料数据库（http：//www.lexisnexis.com）

莱纳出版公司（LexisNexis Academic & Library Solutions）成立于 1973 年，旗下拥有创建于 1818 年的英国 Butterwort 出版社、成立于 1887 年的美国 Matthew Bender 出版社、法国的 Les Editions du Jurisclasseur 以及 Matthew Bender 等声誉卓著的法律出版集团。该公司专业从事法律、商业、新闻信息的出版服务，拥有 30 多年向学术界与科研机构提供专门服务的丰富经验，可为用户提供数百部法学权威著述的在线阅读。

　　LexisNexis 系列数据库是世界上最大的全文数据商之一，拥有 4.5 万个信息合作伙伴，在全球传递综合性和权威性的法律、税务、商业和政府信息。数据库收录内容丰富，几乎包括所有行业，拥有 1.1 万多个数据资料库以及 3.6 万个资料来源，数据库中的文档信息超过 50 亿笔，并以每年 40% 的速度增长。数据库产品包括 LexisNexis Academic 学术大全数据库及 Lexis.com 数据库等，在世界各地拥有大量的用户。

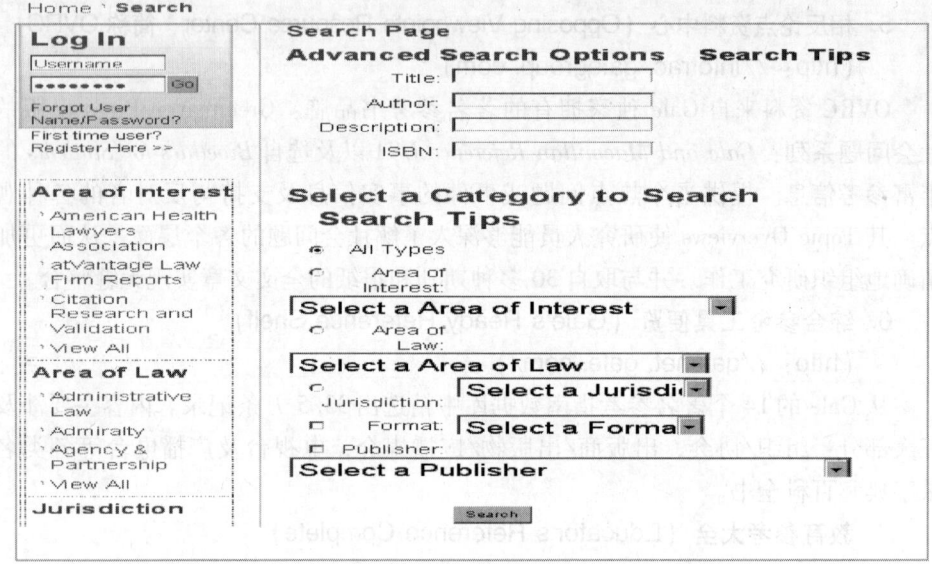

图 8-5　LexisNexis 参考资料数据库高级检索界面

1. 学术大全（LexisNexis Academic）
   （http：//www.lexisnexis.com/academic）

　　LexisNexis 学术大全是世界著名的供学术研究使用的数据库，目前在全世界范围内拥有 640 万以上的订户。提供新闻、财经、法律、医学领域及参考资料等共计 5600 多种出版物，其中 95% 以上的内容为全文，仅有少量为文摘。涵盖美国报纸、杂志、有线服务、联邦和各州法院的观点、联邦和各州的法规等。研究领域包括重要新闻和一般新闻的标题、概要以及详细内容；非英语新闻报道；公司、产业和市场新闻；法律新闻；公司财务信息；会计、审计和税收信息；法律评论；联邦判例法；美国法令以及各州法律研究；普通的医学、健康主题和医学文摘等。新闻信息每日更新，在线服务一天更新数次。

　　其关键词检索能力远优于万维网检索引擎。新用户可使用便利的填空形式查询信息，经验丰富的研究人员则可使用更高级的 LexisNexis 检索引擎。可从三个途径查看结果：书目引用表、全文、关键词的上下文（KWIC）。KWIC 显示用于检索的关键词上下文的 15—25 个词汇，有助于更迅速地判断检索结果的相关性。

2. 美国国会大全（LexisNexis Congressional）
（http：//www.lexisnexis.com/academic）

《美国国会大全》提供美国国会自 1789 年至今的各类资料。其中关于 1970 年后美国国会出版物索引与文摘的可靠资料，使该项服务区别于其他类服务。主要内容包括：

（1）立法和公共服务政策信息。包括：1988 年后的听证会副本和所提交的证词；1989 年后国会委员会的报告；1989 年后的所有法规版本；1989 年后的法案追踪报告；选举委员会 1995 年后的出版物；1995 年后的国会文献；1985 年后的国会记录；1980 年后的联邦统计资料；当前的联邦规章集成；当前的美国法规；1988 年后的公共法律；《美国周刊》和《国会日报》等。可以通过主题、来源委员会、法案编号、国会会议届次、SuDoc 编号、出版物编号、每月编入条目的号码、题名、证人名和会员、公共法律编号、日期、国会图书馆卡片编号等途径检索信息。

（2）《1789—1969 年国会索引》。丰富了数据库中美国国会历史文档的内容，其中包括：《美国政府工作报告索引》、《美国国会委员会听证词索引》、《美国国会委员会未公开听证词索引》、《美国国会委员会报告索引》与《美国参议院议事实录与报告索引》。通过这些索引，研究人员可以检索到公司出版的相应主题的全文缩微平片集。①《美国政府工作报告档案索引》收录有近 200 年来的 33 万余篇国会报告和文档；②《美国国会委员会听证词索引》收录 19 世纪 30 年代到 1969 年来的 4 万余条出版物目录。

3. 当代问题原始资料大全（www.lexisnexis.com/academic）

数据库收录游说集团、专业协会、私立研究所、大学研究所，以及政府机构的大约 3000 种出版物的全文数据。每一个来源机构都附有简介，描述该机构的业务范围和性质。数据库文献类型包括：论文、问题概要、会议论文、国会声明和报告以及机构刊物上的文章，太长的出版物用摘录来代替。覆盖 10 个概括性学科领域：刑事实判、健康、经济与商业、国际事务、教育、人口、环境、科学与技术、政府以及社会问题。其创新性的现代问题一览表提供数百个问题，帮助用户把研究集中在某个问题上，追寻某个问题的所有侧面，发现倾向性，评价不同选择的影响。

用户在每个概括性领域之下可浏览大约 20—25 个学科，然后进入到问题一览表界面，该表由全文原始资料支持。用户也可只在全文中检索一个单词或短语，也可以通过编排好的索引词汇表进行检索和通过来源机构的名称进行检索。

4. Lexis. com 专业法律数据库（http：//www. lexisnexis. com）

以法学文献为特色信息源，是全球领先的专业法律信息数据库，拥有 1.1 万多个数据资料库以及 3.1 万多个资料来源，收录内容丰富，几乎包括所有行业。特别是在法律事务方面，是收录最全的法律资料库之一。内容包括：美国国家和各州的法律法规、案例、判决书、法律评论等；英联邦部分地区的法律和案例数据；涉及 WTO、反托拉斯、知识产权等专题信息；涉及广告、商业、企业等行业的机构名录。该库强大的搜索引擎能按照法律分类系统，能够及时迅速地将判例、专题论文、法律评论和相关的法律新闻检索出来。

（三）贝尔斯坦与盖墨林（Beilstein Gmelin Crossfire）

印刷版《贝尔斯坦有机化学手册》（*Beilstein Handbook of Organic Chemistry*）及《盖墨林无机与有机金属化学手册》（*Gmelin Handbook of Inorganic and Organometallic Chemistry*），这两部工具书有一百多年的出版历史，是化学、化工领域的最重要的参考工具。1951 年开始出版的第五次修订版的贝尔斯坦，除了囊括过去的资料外，还自原始期刊摘录数值事实资料。

贝尔斯坦与盖墨林数据库为当今世界上最庞大和享有盛誉的化合物数值与事实数据库，是目前唯一基于 Web 展开化学结构及反应检索的大型化学信息数据库，除了支持化学结构式、子结构式、化学反应式检索外，还支持立体结构式、化合物的事实数据、文本关键词等检索。化合物、化学反应和引文之间无缝链接。北京大学设有镜像站点。

The CrossFire Database Suite includes:

CrossFire Beilstein	Patent Chemistry Database	CrossFire Gmelin
CrossFire Beilstein is the essential first step in chemistry, making chemists' research faster and cheaper. It is a unique resource for synthetic scientists: everything from a huge pool of physical property data to workflow tools. CrossFire Beilstein covers core organic chemistry since 1771 and patent publications from 1869-1980.	Indispensable in synthesis planning and lead discovery, the Patent Chemistry Database (PCD) indexes reactions, experimental reaction text and substance related information from English language organic chemistry and life science patent documents published since 1976.	CrossFire Gmelin's deep indexing makes it the essential first step in materials science and catalysis research. It is the only comprehensive, electronically searchable source of reactions, structures, properties and citations from inorganic and organometallic chemistry journals, with sources going back to 1772.
» Find out more	» Find out more	» Find out more

CrossFire Commander

CrossFire Commander and CrossFire Server are an integrated client/server application for searching the CrossFire Database Suite. With simple queries, the experimental chemical and physical properties, including electric, magnetic, thermal, crystal and physiological data can be accessed to provide relevant answers to all questions in preparative chemistry.

图 8-6 Crossfire 数据库产品

1. 贝尔斯坦（CrossFire Beilstein）（http://www.beilstein.com/）

CrossFire Beilstein 是世界上最大的关于有机化学事实汇编的数据库，已回溯到 1771 年。由 MDL Information Systems GmbH，Beilstein Chemie Dante and Software GmbH 推出。数据来源为 1779 年至 1959 年《贝尔斯坦有机化学手册》、《Beilstein 有机化学大全》从正编到第四补编的全部内容和 1960 年以来的各种国际性的期刊、专利文献、某些重要的学位论文和会议报告等述及的所有有机化合物的性质和制备方法。用户可用反应式、反应物结构式或其亚结构、产物结构式或其亚结构进行检索，甚至可以用反应条件和化合物参数进行检索；也可以用相关的化学、物理、生态、毒物学、药理学特性以及书目信息进行检索。在反应式、文献和引用化合物之间有超链接。适用于化学、毒物学、药理学、化学生物等相关专业人员。

CrossFire Beilstein 可检索数据包括：

（1）化合物。超过 1031 万种化合物的结构式信息，及其所有相关的科学事实和数据，包括所有相关化学属性数据、物理属性数据、生物属性数据（描述药效数据、环境毒物数据）。

（2）反应式。超过 1070 万条反应式，详细记载了化合物的制备（包括反应物及中间的合成路线）、反应条件，方便用户通过反应式检索选择、研究特定的反应路径。

（3）文献。超过 214 万篇引文、篇目及文摘。

（4）实验数据。超过 3 亿 2 千万个。

2. 盖墨林（CrossFire Gmelin）（http://www.gmelin.com/）

CrossFire Gmelin 数据库为世界上收录数据最全面的有机金属和无机化学的数据库。现在由 MDL Information Systems 发行维护。该数据库的信息来源有：《盖墨林无机与有机金属化学手册》1772—1975 年主要卷册和补编的全部内容；1975 年至今的 111 种涉及无机、金属有机和物理化学的科学期刊。记录包含多种化学和物理数据字段的内容，包括电、磁、热、晶体以及生理学数据。是化学、化工领域重要的参考工具，适用于无机化学、有机金属化学、材料科学、化学工程等专业人员。CrossFire Gmelin 可检索数据包括：

（1）超过 254 万种化合物，包括配位化合物、合金、固溶体、高分子、矿物等。

（2）超过 130 万种结构式，包括有机金属化合物的可检索结构式。

（3）超过 195 万种反应式。

（4）超过 133 万篇引文、篇目及文摘。

（四）ISI Chemistry（http：//isiknowledge.com/）

是专门为满足化学与药学研究人员的需求而设计的事实型的化学数据库。该数据库包括 Index Chemicus（IC）和 Current Chemical Reactions（CCR）两个子库，收录全球核心化学期刊和发明专利的所有最新发现或改进的有机合成方法，提供最翔实的化学反应综述和详尽的实验细节，以及化合物的化学结构和相关性质，包括制备与合成方法。

使用 ISI Chemistry，可以利用书目信息进行主题检索的方式；还可以画出化合物结构或化学反应式，用反应式、反应物结构式或其亚结构、产物结构式或其亚结构进行检索；甚至可以用反应条件和化合物参数进行检索，以迅速准确地发现相关的化学信息。绘制和显示反应式或结构式都需要下载并安装插件 Chemistry Plugin。ISI Chemistry IC 与 ISI Chemistry CCR 目前都集成在 Web of Science 数据库中，提供引文方式的检索途径。

1. ISI Chemistry Index Chemicus（简称 IC）

最快报道新的有机化合物及其生物活性，包括来自国际一流期刊报道的新型有机合成反应的结构与评论数据，是唯一可以用化学子结构检索的信息快讯数据库，也是揭示生物活性化合物和自然产品的有关最新信息的重要资源，并且数据库中的很多全记录展示了从最初原材料到最终产品的整个反应流程。

2. ISI Current Chemical Reactions（简称 CCR）

是第一个在互联网上全面采用结构与子结构检索的化学反应数据库，第一个通过 Web of Science 可以连接至其他信息资源的化学反应数据库。CCR 可以跟踪最新的合成技术，包括了摘自 39 个权威出版机构的一流期刊和专利的单步和多步的新合成方法，每一种方法都提供了完整地反应流程，同时伴有详细精确的图形来代表每个反映步骤；CCR 提供了从 1986—2005 年之间的 75 万个反应，月更新 3000 多条记录。该数据库还包括来自享有极高声望的国家研究所的 14 万多条反应纪录，数据可回溯至 18 世纪。

（五）大不列颠百科全书（Encyclopedia Britannica，简称 EB）
（http：//www.britannica.com）

《大不列颠百科全书》详见第三章介绍。1994 年正式发布的《大不列颠百科全书》网络版（*Encyclopedia Britannica Online*），是互联网上第一部百科全书。以其强大的内容编辑实力及数据库检索技术，成为全球工具书的先驱。

《大不列颠百科全书》网络版除包括印本内容外，还包括最新的修改和大量印本中没有的文章，如韦氏大词典及英语同义字词典（*Merriam-Webster's Collegi-*

ate Dictionary and Thesaurus）；交互式世界地图全集（World Atlas），收录超过 215 个国家，同时链接地图、国旗及各国统计资料；《不列颠百科全书》精选年度参考书（Britannica Books of the Year）；不列颠百科特殊主题深度介绍（Britannica Spotlights）；世界大事记年表（Timelines）等。可检索词条达到 9.8 万个。收录 322 幅手绘线条图、9811 张照片、193 幅国旗、337 幅地图、204 段动画影像、714 张表格等。EB 作者群还精心挑选了 20 万个以上的优秀网站链接，并提供 150 种全文期刊的内容。2008 年的 DVD 版包括 5674 万词，10 万多篇文章，其中包括 7 万多篇《大不列颠百科全书》的文章，以及《大不列颠学生百科全书》中的 1.5 万多篇文章、《大不列颠基本百科全书》中的 2523 篇文章、1993—2006 的年鉴以及过去版本的文章等。

1.《大不列颠百科全书》知识分布

包括生命科学、自然科学、社会科学、工程技术、历史、地理、哲学与宗教、人文艺术、运动与休闲娱乐等知识类别。

2. 检索

（1）全文检索。在输入框输入任何一个字词，点选想要搜寻的知识类别，然后点击【GO】，即可进行百科词条标题及内文的全文检索。

（2）模糊检索。如果想检索一个词条，但对词语的拼法无把握，可以使用模糊检索。选择这一功能后，会得到同询问词对应的一些检索结果，以及具有相似拼法的其他字词。

（3）同音字检索。如果想检索一个词条、但不知道其中某个字的准确写法，可使用"同音字检索"功能，它可帮助找出同音但不同字的相似词条。

（4）分类浏览。百科全书里的词条目都有各自的知识领域分类，用户可浏览这些分类来找出相关词条。第一级分类共有九大类：生命科学、自然科学、社会科学、工程技术、历史、地理、哲学与宗教、人文艺术、运动与休闲娱乐。

（5）世界地图浏览。用户可从世界地图上，一层层浏览到想看的国家地图及其相关词条。

（六）DIALOG 商情数据库

（http：//www.dialog.com/products/openaccess）

Dialog 国际联机检索系统是目前世界上最大的联机检索系统之一，包括各学科的数据库 600 多种。Open Access 是 Dialog 国际联机检索系统的公开网站，在该网站可以免费查找以下各类资源的题录信息：各学科最新研究动态、论文被 SCI、EI 等数据库收录情况、论文在 SCI、SSCI、AHCI 数据库中被他人引用的情况和标准、专利和各种市场商情等题录信息。市场商情有关的题录信息在"Engineering"类目下,点击【Company Information】或【Directories】,可检索到:产品生产厂家、投资报告、消费报告和公司新闻等信息。

(七) 世界著名的生物信息数据库

20世纪80年代末,人类基因组计划(Human Genome Project,简称:HGP)的启动推动了生物信息的产生和蓬勃发展。人类基因组计划的直接结果是获得了大量不连续的数据。美国、日本及欧洲各国已相继在Internet上建立了各自的网络节点管理大型数据库,为研究人员提供研究数据的分析、处理、采集、交换等服务。

1. 核苷酸序列和蛋白质序列数据库 Gen bank(http://www.ncbi.nlm.nih.gov)

Gen bank 由美国国立生物技术信息中心(NCBI,http://www.ncbi.nlm.nih.gov)建立和维护。该数据库包含了所有已知的核苷酸序列和蛋白质序列,以及相关的文献著作和生物学注释。数据涉及7万多个物种,其中56%是人类的基因组序列(所有序列中的34%是人类的EST序列)。数据来源于测序工作者提交的序列、测序中心提交的大量EST序列和其他测序数据。每条Gen bank数据记录都包含了对序列的简要描述、科学命名、物种分类名称、参考文献、序列特征表以及序列本身。序列特征表里包含对序列生物学特征注释,如:编码区、转录单元、重复区域、突变位点或修饰位点等。所有数据记录被划分在若干个文件里,如细菌类、病毒类、灵长类、啮齿类,以及EST数据、基因组测序数据、大规模基因组序列数据等16类,其中EST数据等又被各自分成若干个文件。

Gen bank 每天都会与欧洲分子生物学实验室(EMBL)的数据库和日本的DNA数据库(DDBJ)交换数据,使这三个数据库的数据同步。Gen bank的数据可以从NCBI的FTP服务器上免费下载完整的库,或下载积累的新数据。NCBI还提供广泛的数据查询、序列相似性搜索以及其他分析服务,用户可以从NCBI的主页上找到这些服务。

NCBI的数据库检索查询系统是Entrez(http://www.ncbi.nlm.nih.gov/entrez/)。Entrez是基于Web界面的综合生物信息数据库检索系统。利用Entrez系统,用户不仅可以方便地检索Gen bank的核酸数据,还可以检索来自Gen bank和其他数据库的蛋白质序列数据、基因组图谱数据、来自分子模型数据库(MMDB)的蛋白质三维结构数据、种群序列数据集以及由Pub Med获得Medline的文献数据。

测序工作者可以把自己工作中获得的新序列提交给NCBI,添加到Gen bank数据库。这个功能可以由基于Web界面的BankIt(http://www.ncbi.nlm.nih.gov/BankIt)或独立程序Sequin(http://www.ncbi.nlm.nih.gov/Sequin/)来完

成,Sequin 的使用说明可详见其网页。

2. 核酸序列数据库 EMBL（http://www.ebi.ac.uk/embl/）

EMBL 核酸序列数据库由欧洲生物信息学研究所（EBI）维护的核酸序列数据构成,由于与 Gen bank 和 DDBJ 的数据合作交换,它也是一个全面的核酸序列数据库。该数据库查询检索可以通过因特网上的序列提取系统 SRS（http://srs.ebi.ac.uk/）、SRSWEBIN（http://www.ebi.ac.uk/embl/Submission/webin.html）服务完成。向 EMBL 核酸序列数据库提交序列可以通过基于 Web 的 WEBIN 工具,也可以用 Sequin 软件来完成。

3. 人类生物基因组数据库 GDB（http://www.gdb.org）

GDB 于 1990 年始建于美国约翰·霍普金斯大学,是一个为人类基因组计划（HGP）保存和处理基因组图谱数据的数据库。其中包括全球范围内致力于人类 DNA 结构和 10 万种人类基因序列研究的分析成果,具有重要的参考作用。目前,该库包括以下内容:① 人类基因组。包括基因、克隆、断裂点、细胞遗传标记物、易断位点、重复片段等;② 人类基因组示意图。包括细胞遗传图,关联图,辐射杂交图、综合图等;③ 人类基因组内的变异。包括基因突变和基因多态性;④ 等位基因发生频次等数据资料。

GDB 数据库用表格方式列出基因组结构数据,并可显示基因组图谱,给出等位基因等基因多态性数据库。此外,GDB 数据库还包括了与核酸序列数据库 Gen Bank 和 EMBL、遗传疾病数据库 OMIM、医药文摘数据库 Med Line 等其他网络信息资源的超文本链接。数据库以对象模型来保存数据,提供基于 web 的数据对象检索服务,用户可以搜索各种类型的对象,并以图形方式观看基因组图谱。基因组数据库中目前没有存贮人类序列数据和原始图谱数据,如家谱数据和基因型数据,这些数据可以从其他资源获取,缺点是传输速度受到一定限制。

4. 其他世界著名的生物信息数据库

（1）国际蛋白质序列数据库（PIR 和 PSD）(http://pir.georgetown.edu/)

（2）蛋白质序列数据库（SWISS-PROT）(http://www.ebi.ac.uk/swissprot/)

（3）蛋白质数据仓库（PDB）（RCSB 的 PDB 数据库,http://www.rcsb.org/pdb/)

（4）蛋白质结构分类数据库（SCOP）(http://scop.mrc-lmb.cam.ac.uk/scop/)

（5）蛋白质直系同源簇（COG）(http://www.ncbi.nlm.nih.gov/COG)

（6）京都基因和基因组百科全书（KEGG）(http://www.genome.ad.jp/kegg/)

（7）相互作用的蛋白质数据库（DIP）(http://dip.doe-mbi.ucla.edu/)

(8) 可变剪接数据库（ASDB）（http://cbcg.nersc.gov/asdb）
(9) 日本 DNA 数据仓库 DDBJ（http://www.ddbj.nig.ac.jp/）

四、事实与数值免费电子资源

除了专业信息机构和出版商出版的事实与数值数据库外，网上还有大量的可查询事实与数值的免费电子资源，详见书后"附录B"。

思考题：
1. 什么是事实数据库，主要收录哪些内容？
2. 什么是数值数据库，收录哪些内容？
3. 事实与数值数据库的作用是什么？
4. 结合自己的专业，举例介绍常用的事实与数值数据库。

第九章 国内书目、索引、文摘数据库检索与利用

书目、索引和文摘对文献的报导和揭示不是全文,而是目录(或题录)、摘要等,其作用是能够帮助人们鉴别、掌握文献的主要内容,大大加快数据的检索速度,节约时间;还能够帮助人们迅速获取有关专题的最新学术信息,了解学术发展的动向。

一、概 述

(一) 书目(Bibliography)

1. 书目的概念

西汉刘向编撰的《别录》一书中的《列子目录》,是"目录"一词的最早出处。表示目录的其他名称还有:"略、薄、录、考、书录、题记、总目提要、总录"等。英文"Bibliography"有两个义项:目录学和书目。简单地说,书目著录一批相关的图书或报刊,按一定的次序编排而成,是一种登记、报道和宣传书刊文献的检索工具。目录通常以一个完整的出版单位或收藏单位为基本的著录单位,即以文献的"本"、"种"或"件"(item)为报道单位。它对文献的描述比较简单,每一个条目的著录项(elements)都有书(刊)名、卷(期)数、作者、出版年月、出版地及书(刊)收藏情况等。

2. 书目的作用

书目能反映一定历史时期科学文化发展的概貌,是人们对浩如烟海的文献加以控制的有效手段,也是查阅和利用文献必不可少的工具。书目的具体作用概括起来主要有以下几点:

(1) 推荐作用。针对特定读者,按知识的连续性和发展的阶段性编纂和推荐文献,指导阅读,成为治学的门径。

(2) 检索工具。帮助读者从特定角度去查找资料,例如题名、著者、主题

等。理想的书目应具有分析的功能,满足读者检索某一著作中最小的特殊单元。专科书目根据不同的研究需要选编不同学科内容、不同水平和各文种的资料,分门别类地加以编排,以供查阅,为专业研究提供方便。

(3) 文献工作。用以核对各个著录项目,如著者、题名、版本、日期等。

(4) 提供出处。有助于文献资料的收集选择、编目加工、报道推广和翻译、评介。

3. 书目的类型

书目的种类很多,不同的划分标准构成不同的书目类型。

(1) 美国百科全书将书目分为三类:① 列举式书目(Enumerative bibliography)。对书目信息作简要的描述;② 描述性书目(Descriptive bibliography)。对文献的特征(著者、题名、出版项、页码、书型、插图等)作详细的描述;③ 评论性书目(Evaluative bibliography)。是对著者、成书年代以及版本插图进行考订或物质特征组织资料。

(2) 中国学术界根据编撰方式和时间等方面的特点,一般将书目分成两种:① 古典书目。包括官修书目,如《四库全书总目》;史志目录,如《汉书艺文志》;私撰书目,如《郡斋读书志》;以及版本目录,如《遂初堂书目》等。② 现代书目。按不同的角度可划分更多的类型。

(3) 按编制目的和社会职能分:登记性书目、通报性书目、推荐性书目和书目之书目。

(二) 索引(Index)

1. 索引的概念

索引原指用绳索牵引。宋朝曾巩的《移沧州过阙上殿札子》有云:"航浮索引之国,非有发召……"。在图书出版学中,索引即"索隐",即将文献中具有检索意义的字、词、句、各类名称、主题等著录成简括的条目,注明其出处和卷次页码,按照一定方式有序编排起来,以供查检。信息检索意义上的索引是对一组信息集合的系统化的指引(systematic guide)。索引一般只起指引特定信息内容及其存储地址的作用。索引与目录的区别在于目录只对文献作整体著录,而索引著录文献中的内涵,其揭示事物较深入、全面、明细。

索引条目通常有三个著录项:标识、说明语和存储地址。标识(heading)是索引条目所指示的信息的某方面特征,包括著者名、主题词等;存储地址(location address)是所指示的属性值,对应的特定信息内容在信息集合中的地址,多数是流水号。不同的标识系统构成不同的索引。

2. 索引的类型

索引按所检索的文献类型,可分为书籍索引、期刊索引和报纸索引等;按照

检索的内容或项目,索引又可分为:

(1) 篇目索引。书刊中论文(文章)篇目的索引,又称为题录或论文索引。

(2) 字句索引。书中摘出字、词语、句子编成的索引。主要用于检索古籍的内容。

(3) 主题索引。将书中的全部资料按主题集中编成的索引。

(4) 名称索引。把书中的人名、地名、书名等编排而成的索引。

(三) 文摘(Abstract)

1. 文摘的概念

文摘,又称摘要。原指对文献的主要内容所做的简略而确切的叙述,一般不加评论、补充或解释,或是指选出来的文章片段;从信息检索的角度,文摘是指以精练的语言把文献信息的重要内容、学术观点、数据及结构准确地摘录下来,并按一定的著录规则与排列方式编排起来,供读者查阅的一种检索工具,具有学术性和系统性。1830年创刊的德国《化学总览》、1896年创刊的英国《科学文摘》等都是世界上较早的文摘刊物。

文摘系统地提供关于某学科某专业一定时期内重要文献的内容梗概,使用户尽可能用较少的时间和精力迅速地综观某一学科、某一专业领域的最新文献,了解最新学术动态和科研成果,方便用户对文献的取舍,提高工作效率。

2. 文摘的类型

学术论文的文摘按其摘要的方式,可分为:

(1) 报道性文摘。是原始文献的浓缩品,它摘录原文的基本观点、论证方法、重要理据、主要结论等,客观而全面地报道原始文献的内容,是一种不需阅读原文便可知道文献要点的文摘。

(2) 指示性文摘。通常在原文献的章节、标题、前言、结束语的基础上,介绍原文讨论问题涉及的范围、写作的目的和主要结论等,指示读者在原文中可发现什么,让读者自己判断是否需要阅读原始文献。

(3) 报道-指示性文摘。兼具以上二者特点的文摘。

二、书目数据库检索与利用

国内有名的书目数据库有中国国家图书馆联合公共目录查询系统、CALIS联合目录及西文期刊目次库、中国高校人文社会科学文献中心的高校人文社科外文期刊目次数据库和高校人文社科外文图书联合目录、中科院全国期刊联合目录以及江苏省高校书刊联合目录等。

（一）中国国家数字图书馆书目查询（http：//www.nlc.gov.cn/）

国家图书馆是世界最大的中文文献收藏中心、中文数字资源基地和中国最先进的信息网络服务基地。文化共享工程运用现代科学技术，将中华优秀文化信息资源进行数字化加工和整合，通过共享工程网络体系，以卫星网、互联网、有线电视/数字电视网、镜像、移动存储、光盘等方式，实现在全国范围内的共建共享。截至2008年底，建有电子图书、电子期刊、电子报纸、学位论文、会议论文、参考工具、专利/标准、索引/文摘、数值/事实、特色数据库、音视频库、馆藏目录、搜索引擎等一系列数据库。学科几乎涵盖所有大类，数字资源建设已超过200TB。通过国家数字图书馆资源统一门户，为读者提供数字资源的一站式服务。

1. 国家图书馆联合公共目录查询系统（OPAC）

通过国家图书馆的馆藏目录检索系统可以查询国家图书馆所收藏的外文文献（包括外文联合国资料、外文工具书、西文图书、西文连续出版物、斯拉夫语系文献）和中文文献（包括中文普通图书、学位论文、中文报纸、中文期刊、海外中文图书、缩微文献、中文联合国资料、地方志家谱、民族语文文献、善本古籍文献以及音像电子出版物等）。

（1）进入OPAC系统。进入中国国家图书馆主页，点击【馆藏目录】进入国家图书馆联机公共目录查询系统窗口。

【ID登录】：需要输入读者ID号或国家图书馆读者证号。

【匿名登录】：界面默认为匿名登录，可以直接使用检索查询界面。仅限于检索功能。在"输入检索词"中输入ISBN号或者书名，并在后面的"检索字段"栏目选ISBN或者是书名，点确定就可以检索到所要的信息了。

（2）选择数据库

点击国家图书馆主页的【资源列表】进入数字检索系统。用户可以根据自己的需求选择数据库，也可以根据需要，在"多库检索"界面下，选择子库。

（3）数据库的检索方法

第一，多库检索（图9-1）。提供了数据库的选择功能，数据库选择框为复选框，既可以选择外文文献库总库或中文文献总库，也可以选择总库下的单个库，或者同时选择多个库；提供了一个【检索条件】输入框，检索字段有题名、著者、出版年、出版地、出版者、文献类型、中图分类号、ISSN号和ISBN号等等。系统还提供了一个【词邻近?】的选择功能，词邻近选择为"是"，表示检索词或短语完整地出现在检索字段中。词邻近选择为"否"，表示检索词可以分开位于所检索的字段中。

第二，组合检索。同时提供了三个检索条件输入框，它们之间的逻辑关系为"and"，各检索式输入框中同时支持检索表达式。因此，在高级检索界面下可以实现非常复杂的检索要求。

第三，通用命令语言检索。使用命令语言编写检索表达式，WRD = 任意字段，WTI = 题名字段，WAU = 作者字段，WSU = 主题字段，WPU = 出版者字段，WYR = 出版年字段。检索页面下有使用说明。

第四，简单检索。具有最基本的检索功能。

第五，浏览。按字母顺序浏览，类似于前方一致的检索方法。

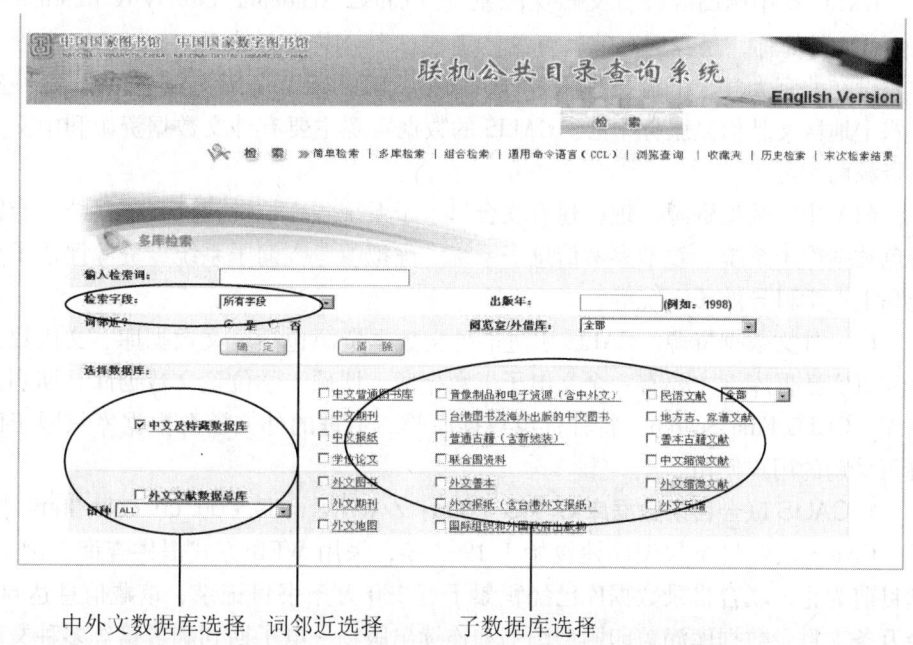

图 9-1　中国国家数字图书馆联机公共目录查询系统多库检索界面

2. 国家图书馆自建数据库

国家图书馆自 2000 年开始进行馆藏资源的数字化加工工作。目前，自建数字资源总量达 130TB，其中全文数据内容已达到 1.2 亿页，具体包括：民国资源库，音视频资源库，地方志资源库，图片数字资源库和国外中国学家数据库。内容涉及中文电子图书、博士论文、民国文献、甲骨实物与甲骨拓片、敦煌文献、金石拓片、地方志、西夏文献、年画、音像资源等。用户可以对多种类型资源跨库检索、在线浏览。

3. 国家图书馆联合编目中心

通过全国图书馆联合编目成员馆合作的方式,在全国范围内组织和管理图书馆联机联合编目工作,实现书目数据资源共建共享。除了提供中文普通图书书目数据以外,中心还提供了包括中、西文期刊书目数据库、台港图书书目数据库、民国图书书目数据库等34个数据库。

(二) CALIS 联合目录及西文期刊目次数据库
(http://www.calis.edu.cn/calisnew/)

CALIS 是中国高等教育文献保障系统(China Academic Library & Information System)的简称,是我国高等教育总体规划三个公共服务体系之一。CALIS 管理中心设在北京大学,下设文理、工程、农学、医学四个全国文献信息服务中心,及八个地区文献信息服务中心。CALIS 的数据资源主要有外文数据资源和中文数据资源两大类。

(1) 中文数据资源。现已建有联合目录子系统、高校学位论文子系统、专题特色数据库子系统、教学参考信息子系统、虚拟参考咨询子系统、资源评估子系统和重点学科导航子系统等。

(2) 外文数据资源。CALIS 引进的外文数据资源包括全文数据库、文摘数据库和事实数据库,主要有:全文电子书数据库、博硕士学位论文数据库、期刊数据库、OCLC First Search、特种资源数据库等。引进的外文资源数据库只限于已集团采购的用户使用。

1. CALIS 联合目录数据库 OPAC(http://www.calis.edu.cn/calis/lhml/)

CALIS 联合目录数据库建设始于1997年,采用 WEB 方式提供查询与浏览。到目前为止,联合目录数据库已经积累了近200万条书目记录,馆藏信息达600余万条。目录数据库涵盖印刷型图书和连续出版物、电子期刊和古籍等多种文献类型;覆盖中文、西文和日文等语种;书目内容囊括了教育部颁发的关于高校学科建设的全部71个二级学科、226个三级学科(占全部249个三级学科的90.8%),并通过 CALIS 联机合作编目中心在华南、华东南、华中、西南等地建立镜像服务站。

(1) 数据库的功能。① 多库分类检索。OPAC 中的数据,按照语种划分,可分为中文、西文、日文、俄文四个数据库;按照文献类型划分,可分为图书、连续出版物、古籍。② 二次检索。可返回检索页面,修改检索条件重新进行检索。③ 排序。检索结果分库显示,单一数据库中的检索结果少于200条,方提供排序。默认的排序优先次序是:题名、责任者、出版社。检索结果超过200条则不提供排序功能。④ 检索历史。保留用户发出的最后10个检索请求,用户关闭浏览器后，检索历史清空。⑤ 多种显示格式。检索结果分为多种格式显示：【简单文本格式】、【详细文本格式】、【MARC 显示格式】。前两种格式对所有用户免费开放，MARC 显示格式只对 CALIS 联合目录成员馆开放，查看或下载 MARC 记录，均按照 CALIS 联合目录下载费用标准收取。⑥ 多种格式输出。对所有用户提供【记录引文】格式、【简单文本】格式、【详细文本】格式的输出。对 CA-LIS 联合目录成员馆还提供【ISO2709】、【MARC 列表】的输出，提供【E-mail】与直接【下载】到本地两种输出方式。⑦ 浏览。提供对题名、责任者、主题的浏览，此外，古籍数据还提供四库分类的树型列表浏览。⑧ 收藏夹。对有权限的用户提供保存检索式与记录列表，该功能暂不对普通用户开放。⑨ 馆际互借。OPAC 系统提供用户直接发送请求到本馆的馆际互借网关，用户无需填写书目信息。

（2）数据库的检索流程。需要说明的是 OPAC 暂不提供普通用户的注册功能，只有 CALIS 联合目录成员馆用户才能登录并使用收藏夹功能。检索界面见图 9－2。

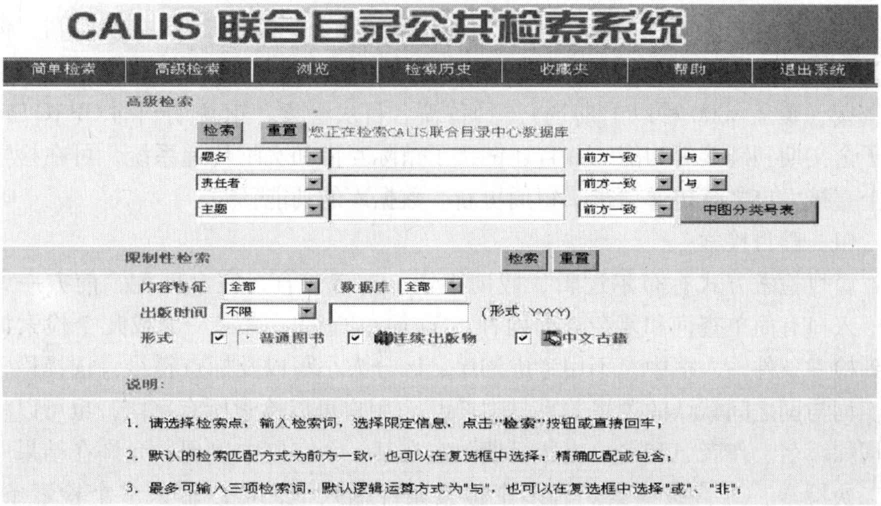

图 9－2　CALIS 联合目录公共检索系统高级检索界面

第一，使用 OPAC 下载多条记录：成员馆用户点击【收藏夹】，输入用户名、密码，登录；查看记录的详细文本格式，对需要下载的记录点击【加入收藏夹】，点击【下载 MARC】时开始计费。完成查询后，点击【收藏夹】，全部选中已收藏的记录，点击【输出】。注意：收藏夹最多只能保留 200 条记录，超过 200 条时，将自动删除最先保存的记录。选择 ISO2709，选择本地系统可以识别的字符集，点击【下载到本地】，删除收藏夹中的所有记录，把下载到本地的文件导入到本地系统。如果使用CALIS的客户端，可以使用"文件"菜单中"数据导入"子菜单。

第二，已在CALIS馆际互借成员馆注册的用户操作流程：查询记录，对需要借阅的记录点击【馆藏】，在记录列表中点击【馆藏】列中的"Y"，在记录显示页面点击【显示馆藏信息】；查看本馆是否有馆藏，如果有馆藏，可以直接到本馆借阅。如果没有，在馆藏列表页面，选择、发送馆际互借请求。选中馆名，点击【请求馆际互借】，进入注册馆的馆际互借网关，输入馆际互借的用户名与密码，直接进入提交页面，填写补充信息，发送馆际互借请求。

第三，未在CALIS馆际互借成员馆注册的用户推荐流程如下：查询记录，对需要借阅的记录点击【馆藏】，在记录列表中点击【馆藏】列中的"Y"，在记录显示页面点击【显示馆藏信息】；查看本馆是否有馆藏，如果有，可以直接到本馆借阅；如果没有，在记录显示页面点击【输出】，把记录的信息保存到本地，然后再发送给本馆的馆际互借员，请求馆际互借。

2. 西文期刊目次数据库（CCC）（http://ccc.calis.edu.cn/）

西文期刊篇名目次数据库（CALIS Current Contents of Western Journals）综合服务系统包含2.3万种西文学术类期刊，涵盖9种著名的二次文献期刊，包括100多个大型图书馆的馆藏数据和15个已在国内联合采购的电子期刊数据库的全文链接（覆盖8000种以上期刊）。具备篇名目次检索、馆藏期刊的OPAC链接、电子全文期刊链接等功能，并且还链接了馆际互借和文献传递系统，可在检索结果上直接发出文献传递请求。每周更新。数据库的功能：

（1）篇目检索

篇目检索方式有布尔逻辑、截词检索、支持包含，完全匹配，前方一致三种。入口有简单查询和复杂查询两种：① 简单查询。确定一个或几个检索词输入到检索条件输入框中，不用考虑词序、区分大小写以及标点符号，选择检索字段。词与词之间默认的逻辑关系是"and"。用户可以检索所有字段，也可以将检索词如篇名、作者、刊名、出版日期限定在某一个字段中出现；允许在结果中进行二次检索。② 高级检索。有多个检索条件输入框，可以输入多个检索条件，实现多个检索字段的组合检索。可检索字段增加了国际统一刊号（ISSN）检索入口。多个检索条件默认的逻辑关系为"and"，点击下拉框，可以根据需要选择"or、not"。通过限制出版日期、限制文献种类，可以把检索结果限制在一定范围内，从而达到快速查准的目的。

（2）刊名浏览与检索。系统收录的期刊包含提供篇目信息的目次刊，CALIS成员馆提交的纸本馆藏期刊，以及CALIS组团购买的全文数据库和文摘数据库中包含的期刊。CCC对这些刊都进行了查重并将其有机整合，所以每一种期刊都有标注是否有目次，是否有纸本馆藏，是否有全文库和文摘库的相关信息。通过

"刊名检索与浏览"可以检索到 CCC 系统收录的所有期刊,通过"篇目检索"只能检索到有篇目信息的目次刊。刊名浏览与检索有三种方式:

【按刊名首字母浏览】:将所有期刊按字母顺序排列起来,用户可以按刊名首字母浏览自己需要的期刊;

【按学科浏览】:目前系统只支持"教育部学位设置分类"的学科浏览,共 12 个大类,89 个一级学科,385 个二级学科。

【按刊名检索】:可以在检索条件输入框中输入刊名关键词或 ISSN,按刊名进行简单检索。然后再选择需要的期刊,按卷、期号浏览。

另外,点击【篇名】后,将显示该篇目的详细内容和用户馆的收藏情况,如果本馆无收藏,在这个页面也可点击【文献传递】,进行馆际互借。点击【刊名】,显示该期刊的详细信息,具体参见刊名浏览中期刊信息标记的内容。

(3)全文库和文摘库浏览。通过浏览可以查看系统收录的全文数据库和文摘数据库的数量。系统目前提供的列表为 CALIS 集团采购的数据库,各馆可以通过菜单中"机构服务"下的"馆藏电子资源维护"来查看和修改,增加或重新提交系统收录的本馆购买电子资源信息。

(4)图书馆馆藏。可以查看其他高校图书馆的期刊馆藏情况。目前系统收录了教育部列出的 1797 个高校图书馆的名单,其中有 35 个馆的纸本期刊馆藏信息,357 个馆的电子期刊馆藏。用户可以通过地域导航或 CALIS 成员馆的属性导航,浏览所有高校图书馆,并且访问它们的主页;点击任何一个图书馆的期刊种数,可以查看指定图书馆的所有期刊信息,期刊列表中的篇目浏览、全文库链接、文摘库链接、纸本馆藏功能与刊名检索和浏览中的功能相同。系统显示的各馆纸本期刊以各馆提交的期刊数据为准。

(5)个性化服务。用户可以注册一个账户,登录后定制个人的检索式,也可以把一篇文章或篇的清单、一种期刊或期刊清单保存到个人收藏夹。并且在【我的检索式】和【期刊收藏夹】,用户可以设置定题服务,系统会自动定期推送定题服务的内容到用户的 E-mail 信箱。

(6)馆际互借服务。用户通过 CCC 进行馆际互借,有两种提交馆际互借申请的方式——通过用户名密码登录馆际互借系统提交申请和通过 E-mail 方式发送给本馆馆际互借管理员,实现馆际互借。

(7)读者如何在本馆所属的馆际互借系统申请账户。如果用户不能找到注册馆际互借账户的网关系统,可咨询本馆的馆际互借管理员。注册用户流程:第一步:访问本馆的馆际互借网关系统,点击【注册新用户】按钮;第二步:点击【注册正式用户】;第三步:点击【下一步】;第四步:填写个人信息;第五步:系统提示"账户注册信息提交成功",随后在注册的邮箱中将收到一封有关注册信息的邮件。馆际互借管理员核对用户填写的信息后,会发确认邮件,用户就可以登录"馆际互借系统",提交馆际互借申请。

(三) 中国高校人文社会科学文献中心 (CASHL)
(http://www.cashl.edu.cn/portal/index.jsp)

中国高校人文社会科学文献中心(China Academic Social Sciences and Humanities Library,简称CASHL),是教育部统一领导的为高校哲学、社会科学教学和研究建设的文献保障服务体系,也是全国性的、唯一的人文社会科学文献收藏和服务中心。CASHL于2004年正式启动,目前已收藏有7500多种国外人文社会科学领域的重要期刊,900多种电子期刊,20余万种电子图书,以及"高校人文社科外文期刊目次库"、"高校人文社科外文图书联合目录"等数据库,提供数据库检索和浏览、书刊馆际互借与原文传递、相关咨询服务等。CASHL采取成员制,目前已拥有200多家成员单位,包括高校图书馆和其他人文社会科学研究机构,个人用户2万多个。

1. 数据库检索与利用

(1) 高校人文社科外文期刊目次数据库。该库收录了9100多种人文社会科学外文期刊,核心期刊3326种,可提供目次的分类浏览和检索查询,以及基于目次的文献原文传递服务。其中带有"核心"标识的为核心期刊。注册用户在该库查询,找到所需文献后,可申请CASHL原文传递服务。检索方式有刊名检索与浏览、篇目快速检索和篇目高级检索:

第一,刊名检索与浏览。刊名检索与浏览又包括刊名首字母检索、按学科列表检索和刊名检索。(图9-3)

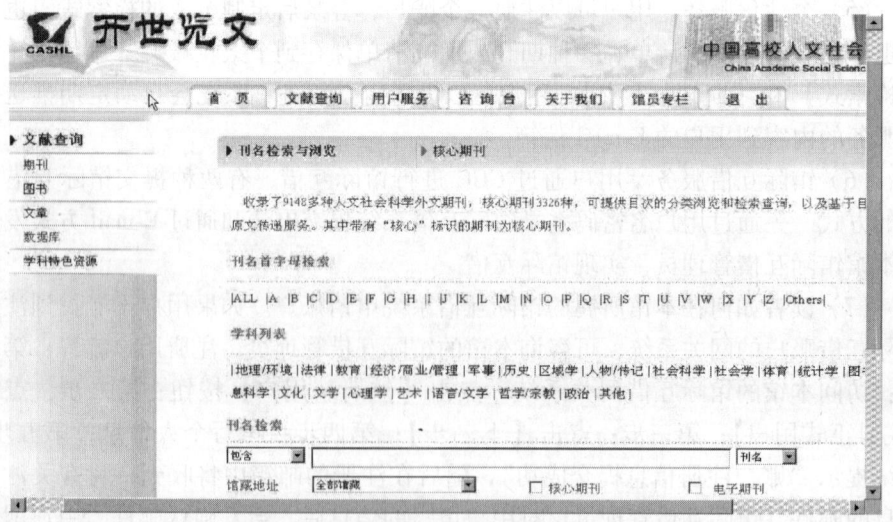

图9-3 CASHL刊名检索与浏览界面

【刊名首字母检索】：将所有期刊按字母顺序排列起来，用户可以按刊名逐卷逐期地直接阅读自己想看的期刊信息；

【按学科列表检索】：将期刊按学科类目分类，每一学科分类的刊名再按字母顺序排列，用户点击某一学科名称即可浏览该学科领域内的所有期刊信息；

【刊名检索】：可以在检索条件输入框中输入刊名关键词，按刊名进行简单检索。然后再选择需要的期刊按卷期浏览。另外，系统提供了二次检索功能。

例如：要查找"Decision sciences"这本期刊的馆藏地，可以按首字母"D"顺序进行查找，或直接输入期刊名"Decision sciences"进行检索。查到刊名后可获得该刊的收录起始年代，点击该刊某一期的某一篇文献，即可知道该篇文献具体馆藏地。

第二，篇目简单检索。提供了一个检索条件输入框和选择检索字段的下拉框，确定一个或几个检索词输入到该文本框中，不必考虑词序和区分大小写。词与词之间默认的逻辑关系是"and"。可检索字段有：篇名、作者、刊名和ISSN。系统提供限制检索功能，包括出版时间和馆藏地址的限制；显示的格式也可按需要进行选择。

第三，篇目高级检索。提供多个检索条件输入框，可以输入一个检索条件进行简单查询或输入多个检索条件实现组合检索，逻辑运算关系为"and、or、not"，可检索字段增加了国际统一刊号（ISSN）、作者关键词（指作者在原文中给出的关键词）、作者单位三个检索入口。辅助功能除时间限定、馆藏地限定、显示格式选择之外，还增加了学科限定。

（2）高校人文社科外文图书联合目录。收录了38.3万种文科专款引进的印本图书和26万种电子图书，提供70所文科院校图书馆的人文社科外文图书联合目录查询。可按照书名进行检索，或按照书名首字母进行排序浏览，还可以按照学科分类进行浏览。检索功能和方法与外文期刊目次库基本一致。目前，外文图书的馆际互借服务正在试运行阶段，服务范围仅限于17家中心馆的高级职称用户。

（3）高校人文社科核心期刊总览。提供北京大学图书馆"国外人文社会科学核心期刊总览"和SSCI和A&HCI收录的核心期刊；有"馆藏"标识的可以提供文献传递服务，有"推荐"标识的可以向系统推荐订购。

（4）重点期刊推荐。重点期刊指未被SSCI及A&HCI收录但在有关学科领域具有一定地位的人文社会科学外文期刊，有"推荐"标识的可以推荐订购。

（5）文献传递服务。用户在该系统中注册后可直接在系统中提交文献的原文传递请求，以获得该篇文献的全文。

（6）电子资源。自2007年起，CASHL出资购买了4个电子资源，采用IP地址控制访问权限，CASHL中心馆用户可直接检索与下载信息，不需支付国际网络通信费；非中心馆用户检索到文献后，可以通过文献传递服务获取全文。4个电子资源是：① JSTOR（http：//www.jstor.org/）全文电子期刊；② PAO（http：//pao.chadwyck.co.uk/），社科全文电子期；③ ECCO（http：//infotrac.galegroup.com/itweb/peking?db=ECCO）），10万余种18世纪电子书；④ EEBO（Early English Books Online, http：//eebo.chadwyck.com/），早期英文图书在线数据库。

2. 学科特色资源

CASHL的资源和服务体系由两个全国中心、五个区域中心和10个学科中心构成。这17家图书馆都各自拥有丰富的特色资源，不一一详述，用户可以登录各图书馆网站查询，如需深度服务可通过咨询台直接联系收藏馆。

（1）CASHL全国中心馆。包括北京大学和复旦大学图书馆。

（2）CASHL区域中心馆。包括武汉大学、吉林大学、四川大学、南京大学和中山大学图书馆。

（3）CASHL学科中心馆。包括北京师范大学图书馆、东北师范大学图书馆、华东师范大学图书馆、兰州大学图书馆、南开大学图书馆、山东大学图书馆、清华大学图书馆、厦门大学图书馆、浙江大学图书馆、中国人民大学图书馆。

（四）中科院全国期刊联合目录（http：//union.csdl.ac.cn/Union/）

是一个全国性、多学科、多语种的综合性数据库。联合目录包括由中国科学院文献情报中心研建的"中西日俄文期刊联合目录数据库"和网上外文期刊,馆藏可追溯至17世纪。揭示国内400余家主要文献机构，包括大型公共图书馆、中科院系统的图书馆、中国社科院系统的图书馆等馆藏中、外文期刊等连续出版物目录，世界3000多种上网外文期刊的目次、文摘及部分全文，西、日、俄文4.6万多种，中文4.5万种期刊；提供世界上7000多种期刊的目次文摘以及世界上近百种期刊的全文的浏览。学科覆盖理、工、农、林、医、军事和社会科学。收录对象为印刷版的期刊、各种连续出版的会议录、年鉴、报告、指南、学会会志、备忘录等，2000年增收连续出版的光盘和网上电子期刊，采取IP地址控制检索的方法提供网上服务。主要功能：查看期刊各期的目次、文摘，数据库已收集3000余种可供查看目次文摘的互联网上的电子期刊；互联网上免费期刊全文的浏览，现有近50种网上免费全文期刊供用户使用。

（五）江苏省高校书刊联合目录（JLIS）
（http：//lib.nju.edu.cn/resource/resource_uniml.php）

JALIS是江苏省高等教育文献保障系统（Jiangsu Academic Library & Information System,即 JALIS)三期建设成果之一,同时也是 CALIS 建设的一个组成部分。JALIS 是一个基于 Web 平台的虚拟联合目录系统,可以查询用户指定学校图书馆的公共查询目录(OPAC),然后将结果集中展示。联合目录可以实时、动态地发掘馆藏书刊的馆藏地、当前状态、是否可以借阅、实际复本等信息,为用户进行馆际互借。JALIS 虚拟联合目录是由江苏汇文软件有限公司和南京优康科技有限公司联合开发的书刊目录一站式检索系统,覆盖江苏省主要的普通高等学校图书馆,同时也覆盖了国内外部分高校图书馆。通过该系统可以同时检索近 200 家国内外知名图书馆的书目信息。

三、索引数据库检索与利用

国内有名的索引数据库或索引检索系统有:ScienceChina 中国科学文献服务系统、中国社会科学引文索引数据库、全国报刊索引数据库、《人大复印报刊资料》索引数据库、中文科技期刊数据库(引文版)等。

(一)ScienceChina 中国科学文献服务系统(http://sdb.csdl.ac.cn/)

ScienceChina 建立于 2002 年,由中国科学院国家科学图书馆主办。它集成中国科学引文数据库、现期目次数据库、中国学科文献数据库等,为用户构建了基于文献检索、引文链接、全文获取、网络咨询为一体的信息服务平台。提供 1985 年以来国内优秀科技期刊论文目次、文摘、引文及全文链接服务,目前文摘数据总量已达 130 多万条,引文总量达 400 万条,并以每年 20 万篇文摘和 100 万条引文的数量增长。学科涵盖化学与化工、工程技术、航空航天、通讯与信息科学、物理、地理、人文与社会科学、计算机、生物、数学等。

ScienceChina 的检索简单易用,其中引文检索、主题词检索以及基金资助检索是其别具特色的检索功能。ScienceChina 提供关键词和分类号等信息定制、定题管理等功能,可以为用户量身订制完全个性化的数字资料档。ScienceChina 采取 IP 地址控制访问权限。

1. 资源基础

ScienceChina 包括现期目次库、中国科学引文数据库、中国学科文献数据库及可通过 OpenURL 开放链接机制链接的外部相关资源。

(1)现期目次数据库。中国科技期刊文献题录、文摘,数据起始于 1989 年,数据量为 100 万条,年增量为 20 万条。可通过网络电子期刊集成目录(http://new.csdl.ac.cn/ejournal/SPT — Home.php)进行查找,提供期刊检索和期刊浏

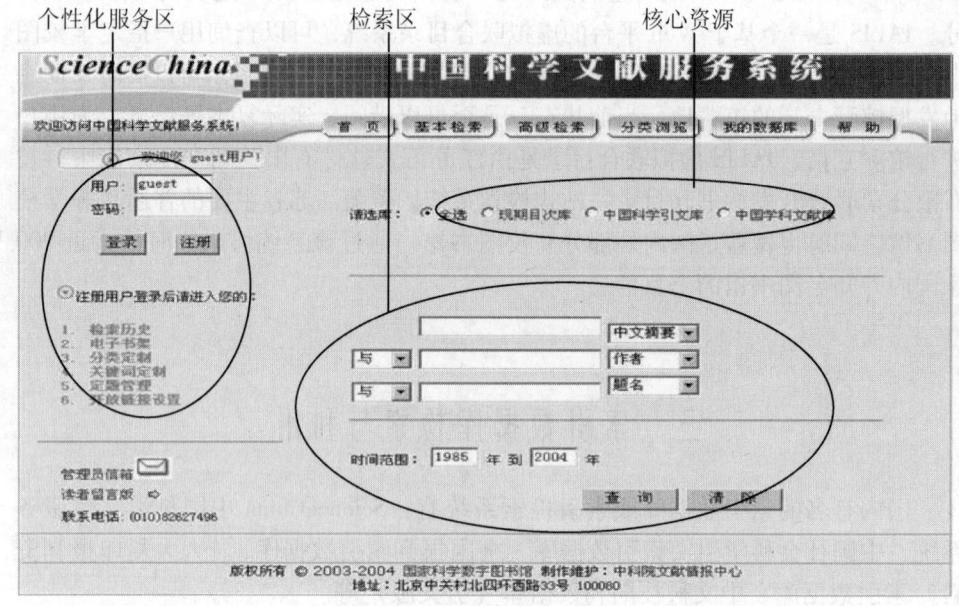

图9-4 ScienceChina 界面

览功能。

(2) 中国科学引文数据库（CSCD）。创建于1989年，是我国第一个引文数据库。1995年CSCD出版我国第一本印刷版《中国科学引文索引》，1998年出版我国第一张中国科学引文数据库检索光盘，2003年推出网络版，2007年与美国Thomson-Reuters Scientific合作，以ISI Web of Knowledge 为平台，实现与Web of Science 的跨库检索，是ISI Web of Knowledge 平台上第一个非英文语种的数据库。

数据库分为核心库和扩展库。核心库的来源期刊经过严格的评选，是各学科领域中具有权威性和代表性的核心期刊。扩展库的来源期刊也经过大范围的遴选，是我国各学科领域较优秀的期刊。中国科学引文数据库共遴选1000多种期刊，其中英文刊40种，中文刊1008种，核心库期刊670种。目前已积累从1989年到现在的论文记录300多万条，引文记录近1700万条。系统除具备一般的检索功能外，还提供新型的索引关系——引文索引，对交叉学科和新学科的发展研究具有十分重要的参考价值。中国科学引文数据库还提供了数据链接机制，支持用户获取全文。

(3) 中国学科文献数据库（CSDD）。建于1985年，收录国内出版的期刊1800余种和200余种国外出版的期刊上发表的研究论文，数据量约100万条，年增量为15万条。学科范围涉及基础研究领域和部分应用技术领域，包括化学、数学与物理、高技术、生物科学、资源与环境5个学科专题数据库。数据著录项目齐全完整，90%以上的数据以中、英双语种著录。提供了内部链接和开放外部链接功能，可以从单篇论文链接到全文或馆藏。

（4）中国科学文献计量指标数据库（CSCD—ESI）。运用科学计量学和网络计量学的有关方法，以 CSCD 及 SCI 年度数据为基础，自 1999 年开始，对我国年度科技论文的产出力和影响力及其分布情况进行客观的统计和描述。从宏观统计到微观统计，渐次展开，展示了省市地区、高等院校、科研院所、医疗机构、科学研究者论文产出力和影响力，并以学科领域为引导，显示我国各学科领域的研究成果，揭示不同学科领域中，研究机构的分布状态。

（5）中国科技期刊引证指标库（CSCD—JCR）。是根据 CSCD 年度期刊指标统计数据创建。该统计数据以 CSCD 核心库为基础，对刊名等信息进行了规范工作，所有指标统计遵循文献计量学的相关定律及统计方法，如实地反映国内科技期刊在中文世界的价值和影响力。从不同角度尤其是从学科论文引用角度揭示、定位期刊影响力。自 2004 年以来，统计指标达到 10 余种。

（6）开放链接数据库，包括第三方书目数据库、文摘类数据库和全文数据库，如重庆维普、IEL、IOP、PQDD 等。

2. 系统服务功能

（1）检索方式。提供基本检索、高级检索、二次检索、简单检索、特定信息点检索。

（2）内部链接。提供特定信息点链接、相关文献链接、被引情况链接、引用文献链接。

（3）外部链接。利用 Ananda Service 系统提供的开放链接机制，提供无缝外部链接服务。包括：全文链接、获取馆藏信息、获取 web 检索（google、scirus）、获取馆际互借和全文传递服务、获取参考咨询服务。

（4）个性化定制："我的数据库"。

（二）中国社会科学引文索引（CSSCI）（http://www.cssci.com.cn/）

科学引文索引是通过对科学文献引文的统计与分析，从文献之间的引证关系上揭示学科研究与发展的基本走向，揭示科学文献之间的内在联系，为科学事业研究与发展提供第一手资料的重要工具。

1997 年南京大学在全国率先提出了"中文社会科学引文索引"（Chinese Social Science Citation Index）的研制计划。2000 年该计划完成了 CSSCI 引文数据库的构建工作，相继研制成 CSSCI 数据库网络版和光盘版，填补了我国社会科学引文索引的空白。已开发的 CSSCI（1998—2007 年）10 年数据，来源文献接近 80 万篇，引文文献 500 多万篇。

CSSCI以中文社会科学期刊登载的文献为数据源,通过来源期刊文献的各类重要数据及其相互逻辑关联的统计与分析为社会科学研究与管理提供科学、客观、公正的第一手资料。CSSCI来源期刊的遴选遵循文献计量学规律,采取定量与定性评价相结合的方法,从全国2800种中文人文社会科学学术性期刊中精选出学术性强、编辑规范的期刊作为来源期刊。并提交全国17所重点高校专家、学者组成的中文社会科学引文索引指导委员会审议,最终确定年度来源期刊。教育部已将CSSCI数据作为全国高校机构与基地评估、成果评奖、项目立项、名优期刊的评估、人才培养等方面的重要指标。

CSSCI提供来源文献、被引文献、优化检索等多种信息检索。主页上提供了两种登录方式:用户名和密码方式、包库用户登录方式。登录后进入数据库选择页。数据库以年为单位,每年一个库,(数据从加工到在网上发布使用,有半年到一年的滞后期。)在检索之前必须先选择数据库。检索内容分为来源文献检索和被引文献检索。

1. 来源文献检索

主要用于查询数据库中所选用的源期刊文章的作者(所在单位)、篇名、参考文献等。其检索选项有:作者检索、机构检索、关键词检索、刊名/篇名检索、基金检索、年代卷期、文献类型、学科类别、学位分类、多项综合检索等十多项。各检索途径之间的逻辑运算关系选择有"and"和"or"两种。

2. 被引文献检索

主要用于查询作者、论文、期刊等的被引情况。检索途径有:被引文献作者、被引文献篇名(词)、被引文献期刊、被引文献年代、被引文献类型和被引文献细节(图9-5)。

图9-5 CSSCI被引文献检索界面

(1) 被引作者检索。了解到某一作者在 CSSCI 中被引用的情况。如查询刘某先生的论著被引用情况，可在此框中输入"刘某"得到结果。

(2) 被引篇名（词）检索。与来源文献的篇名词检索相同，可输入被引篇名、篇名中的词段或逻辑表达式进行检索。

(3) 被引文献期刊检索。主要用于查询期刊被引情况。

(4) 被引年代检索。通常作为某一出版物某年发表的论文被引用情况的查询。

(5) 被引文献类型检索。主要用于查询期刊论文、报纸、汇编（丛书）、会议文集、报告、标准、法规、电子文献等的被引情况。

(6) 被引文献细节检索。该检索具有较强的灵活性，可对文献题录信息进行检索，如输入"李某"的名字，既可以对作者为"李某"的文献进行检索，也可以检索篇名（词）中含有"李某"的文献信息。

（三）全国报刊索引及数据库

1. 全国报刊索引

《全国报刊索引》由上海图书馆编辑出版，创刊于1955年。是国内最早出版发行的大型综合性中文报刊文献检索工具。分哲学社会科学版和自然科学版两种版本。收录报纸2000多种，期刊7000多种，期刊条目收录采取"核心期刊全收、非核心期刊选收"的原则。是国内收录报刊文献数量最大、涉及学科最广、报导速度最快、持续出版时间最长、且与新发表的文献同步发展的检索刊物，是查找新中国成立以来报刊论文资料最重要的检索工具。数据每季度更新，一次更新11万条，年更新量45万条。（月刊每月报导2300多条，年报导40万条以上）。该索引采用《中图法》分类编排，每期附有作者索引和团体作者索引。检索有分类和著者两种途径。

2.《全国报刊索引》综合数据库（http://www.cnbksy.com/ShanghaiLibrary/pages/jsp/fm/ index/index.jsp）

《全国报刊索引》综合数据库是由文化部立项、上海图书馆承建的重大科技项目，由《全国报刊索引》编辑部负责研制和编辑，目前已建成时间跨度从1833年至今一个半世纪、报道数据量超过2500万条、揭示报刊数量达1.5万余种的特大型二次文献数据库。涉及社会科学、自然科学以及工程技术的各个领域，内容包括我国各省、市、自治区党政军、人大、政协等重大政治活动、法规法令、方针政策、社会热点问题、各行各业的工作研究、学术研究、文学创作、评论综述以及国际、国内的重大科研成果等。数据库中收录的报纸约为200多种，包括中央一级的报纸、省市级报纸以及行业报纸三种类型；收录全国各地区

（包括港、台）的期刊9600余种，涉及所有社会科学、自然科学以及工程技术领域。自1993年建库以来，累计数据总量已超过1500万条，年新增数据达350万条。所收录的文献均可通过上海图书馆进行原文传递。提供篇名库、目次库和西文库所收录期刊的刊名检索，用户在浏览篇名库、目次库和西文库命中的记录时可同时查看期刊的详细信息。

（1）《全国报刊索引数据库——篇名库》（原《中文社科报刊篇名数据库》）。1993年开始研制和编辑，1995年完成，2000年改名为《全国报刊索引数据库：社科版》，同年推出《全国报刊索引数据库：科技版》。该库浓缩了国内（包括港台）出版发行的各类报刊中的精华篇目信息，并由专业人员编辑而成。数据著录字段包括顺序号、分类号、题名、著者、著者单位、报刊名、年卷期、所在页码、主题词、摘要等十余项，学科齐全、种类繁多、信息海量。目前该数据库数据已回溯至1833年，年更新量50万条左右，是目前国内唯一揭示中文报刊资源时间跨度最大（近一个半世纪），报道报刊品种最多（1.6万余种）的报刊数据库产品。

（2）《全国报刊索引数据库——目次库》。在原《全国报刊索引数据库》基础上通过整合，2003年起编辑出版《全国报刊索引数据库——目次库》，全面报道中国每年出版的数百万条报刊信息。该目次数据库比原《全国报刊索引数据库》文献信息量多4倍，收录报刊种类近1万种。

（3）《全国报刊索引数据库——西文库》。2003年起编辑出版，收录西文期刊3000余种，每年报道信息量60万条。该数据库提供题名、作者、刊名、卷期号、年份等检索途径，并可进行逻辑组配检索。用户可以检索西文期刊信息，还可以通过上海图书馆进行文献传递。

（4）《全国报刊索引数据库——专题库》。是在篇名库和目次库的基础上整理相关专题信息，并根据需求通过其他途径收集相关信息制作而成。现已编辑出版的有：《音乐专题数据库》、《财经专题数据库》、《WTO专题数据库》、《西部专题数据库》、《戏剧专题数据库》、《电影专题数据库》、《服装专题数据库》等，同时还可根据用户的需要定制各类专题数据库。

（5）《全国报刊索引数据库——会议库》（原《国内专业会议篇名数据库》）。收录1982至2007年间国内一、二级学会组织召开的9000多个专业会议，约65万余篇会议论文，内容涉及社会科学、自然科学、工程技术、交通运输、航空航天、环境科学等学科领域。数据库年更新数据量近6万条，检索点多，查询快捷便利。凡在该数据库中检索到的会议文献，通过文献传递等方式均能提供原文。

3. 数据库检索

数据库提供普通检索、高级检索、学科检索、期刊检索、会议检索和专题数据库检索。数据库检索的默认页面为普通检索界面。

(1) 普通检索。支持字段检索,可在全字段、分类号、题名、著者、单位、刊名、会议名称、年份、期号、基金项目、主题词、摘要中进行检索;

(2) 高级检索(图9-6)。不仅支持字段检索,还支持字段间布尔逻辑检索;

(3) 学科检索。按照中图分类法的类目,通过选择类目作为检索的限定;

(4) 期刊检索。可以采用刊名等多字段的检索,并显示该期刊的详细信息。

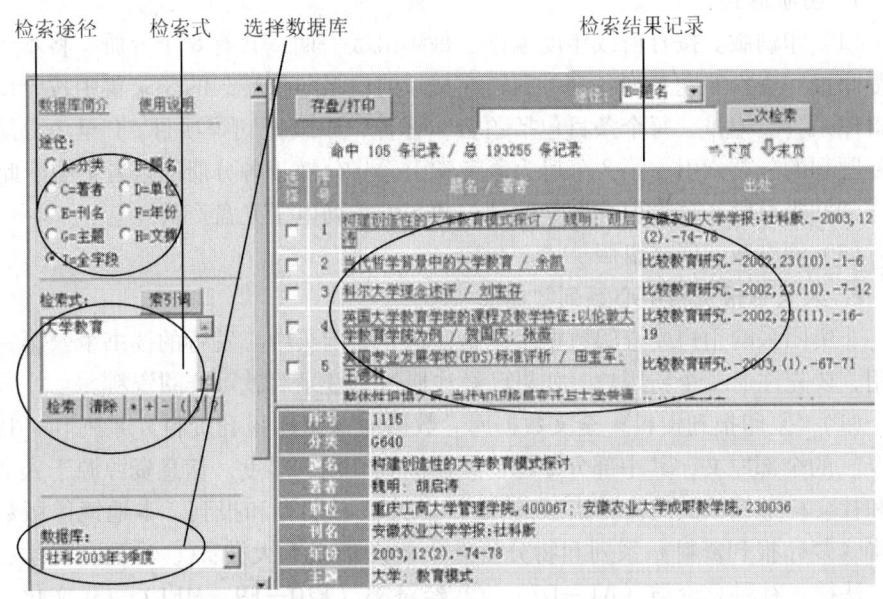

图9-6 全国报刊索引数据库界面

(四) 中国人民大学书报资料中心信息发布系统 (http://ipub.zlzx.org/)

中国人民大学书报资料中心成立于1958年,是新中国最早从事人文社会科学文献搜集、整理、编辑、集成、发布的信息资料提供机构。目前已发展成为兼营期刊出版、网络电子出版、信息咨询等业务的综合性、跨媒体的现代出版机构和信息资源服务机构。书报资料中心是我国权威的文摘资料编辑中心,先后编辑出版了大量高质量、高水平、享誉海内外的学术信息资料,现有148种正式出版物,分为四大系列:"复印报刊资料"、"文摘"、"报刊资料索引"和"原发刊"。

由中国人民大学书报资料中心编选的《复印报刊资料》,以收录国内社会科学、人文科学专题资料为主,涵盖面广、信息量大、分类科学、筛选严谨、结构合理完备，在我国人文与社会科学领域很有影响力，是国内最具权威的社会科学、人文科学专题文献资料宝库，它的转载量是人文社科期刊领域中类似于核心期刊的一个重要评价标准。该系列刊每年所刊登文章的目录按专题和学科体系分类编排，从 1995 年开始，分为 100 多个专题出版。近年来，为适应数字化发展需要，书报资料中心开始了数字出版和网络出版，目前已有 5 大系列电子光盘产品，2008 年书报资料中心的网络出版已经正式启动。

1. 出版形式

（1）印刷版。按月份或年度编排，每年出版一期，共有 8 个分册。将本年度内复印报刊资料专题系列各刊每期转载文献的目录与未转载的题录集中按专题和学科体系分类编排。每个条目包括题名、著者、原载报刊等项目。1 至 7 分册为各专题刊的分类索引；第 8 分册为著者索引，将分散于各分册的著者集中于此。

（2）光盘版。分索引和全文两种，共 5 大系列电子光盘产品。

（3）网络版。同光盘版。

2. 人大书报资料中心系列数据库

非集团采购用户要查阅数据库信息，首先要购买中心发行的读书卡。第一次使用，要先注册一个新用户。如果已经注册过，登录后就可查阅资料。

（1）《复印报刊资料》全文数据库。数据为《复印报刊资料》系列刊（1995 至今）的全部原文，其中部分专题已经回溯到其创刊年度。信息资源源于人文科学和社会科学领域国内公开出版的 3000 多种核心期刊和报刊。本地镜像版数据库将《复印报刊资料》系列刊物分所选收的文章成 5 大类：① 马列、哲学、政治、法律、社科总论类（A1—D7）；② 经济类（F10—F9、MF1）；③ 文化、教育、体育类（G0—L1）；④ 中学数学、物理、化学教与学类（G35—G37）；⑤ 语言文字、文学、艺术、历史、地理及其他类（H1—Z1）。

（2）数字期刊库。将人大书报资料中心的热门专题刊物制作成回溯性专题数据库，使数据从创刊年延续至今，保证了数据的完整性。可供用户检索、全文阅览、下载（需购读书卡）。

（3）《中文报刊资料摘要》数据库。是人文社科文献要点摘编形式的数据库。该数据库收集了哲学、政治、法律、经济、教育、语言、文艺、历史、地理等方面的 18 种专题文摘，文摘内容是经过专业人员提炼和浓缩的学术资料。自 1993 年建库，至今数据累积 5 万多条，每期更新。数据库提供任意词等常见字段检索、主题词表等辅助工具以及专家检索。对于分类号、作者、主题词、关键词、期刊等均具备无限链接功能。

（4）《中文报刊资料索引》数据库。将《复印报刊资料》系列刊每年选登的目录和未选印的文献题录按专题和学科体系分类编排而成。每条数据包含多项信息：专题代号、类目、篇名、著者、原载报刊名称及刊期，复印专题名称及刊期等。该数据库汇集了自 1978 年至今的百余个专题刊物上的全部题录 430 多万条，是一个数据量宏大，信息覆盖面广泛的索引型数据库，具有多种检索途径。

（5）《复印报刊资料》目录索引数据库。是题录型数据库，将《复印报刊资料》系列刊每年所刊登文章的目录按专题和学科体系分类编排而成。汇集了自 1978 年至今的《复印报刊资料》各刊的全部目录，累计数据 90 万条以上。每条数据包含多项信息：专题代号、类目、篇名、著者、原载报刊名称及刊期，选印在《复印报刊资料》上的刊期和页次等。该数据库为订购《复印报刊资料》系列刊物的用户提供了查阅全文文献资料的工具。具有多种检索途径如：专题号、分类名、作者、报刊名称、出版地、出版年份、出版期号、任意词、复合检索等等。目录索引数据库的作用：① 利用索引从原来要大量查阅纸质文献，到只需点击几个按键就能获取准确的信息，其功能大大超过传统的索引，并比传统索引有更多的检索功能；② 对于《复印报刊资料》整体数据的收藏和应用起到了重要的向导作用；③ 累积专题索引为科研工作提供详尽的资料，可以从中归纳出该专题的历史研究规律和趋势。

（6）专题研究库。分为 20 几个专题，涉及政治、金融、国学、司法等领域，目前已建成精神文明数据库。收录从 1995 年至 2008 年的《精神文明导刊》、《马克思主义、列宁主义研究》、《伦理学》、《社会学》、《中国共产党》、《中国政治》、《青少年导刊》、《思想政治教育》八种期刊中涉及精神文明建设方面的全部数据，同时将中国精神文明建设十多年来的成果集中收录，全方位地展示了精神文明建设发展历程。

3. 《复印报刊资料》目录索引数据库信息服务功能

目录索引数据库具有方便快捷的检索系统和多种检索途径如：专题号、分类名、作者、报刊名称、出版地、出版年份、出版期号、任意词、复合检索等，检索结果还可以打印、拷贝。

（1）检索

选择数据库。根据检索时间可以选择全部子库；选择检索方法。主要检索方式有任意词查询、高级查询和资源辅助检索工具，此外，还可以对检索结果通过组配检索进行调整。① 任意词查询。可以在输入框内输入检索词，并可选择检索词在文献中的位置（任意词、标题、正文）的一种检索。② 高级查询。可以检索所有字段，并可选择检索词之间的逻辑组配关系（图 9-7）。在高级查询中，逐一在所需检索字段后的输入框内输入检索词，并选择检索词之间的逻辑运算符，再点击"向下"箭头或【添加】按钮，系统会自动将它们转换成系统可接受的命令，最后点击【查询】按钮执行检索。③ 资源浏览。可以浏览数据库中的所有记录。点击需要浏览的某个专题或某个年份的数据库，在此界面右侧会直接显示选定数据库中的文献标题，点击文献标题，即可查看此文献的题录信息。④ 组配检索。可以通过组配检索对检索结果进行调整，直至检索到满意的结果。组配检索有在结果范围内再检索和高级检索中的"再次查询"两种方式，需要说明的是组配检索只能在某一个数据库中进行。

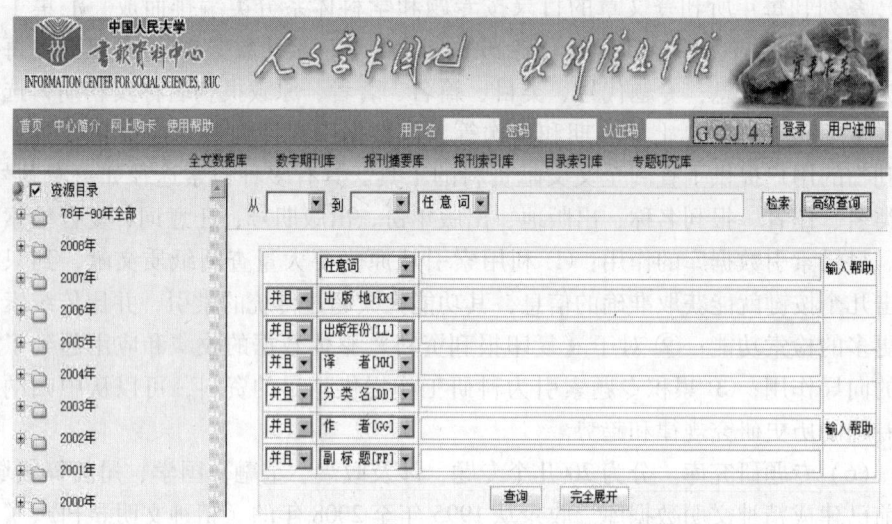

图9-7 《复印报刊资料》目录索引数据库高级查询界面

（2）检索结果。复印报刊资料索引数据库对检索结果的处理提供结果浏览、标记记录等功能，还可对检索结果进行保存、打印。

（3）个性化服务：用户定制。可以通过用户定制实现标题定制和排序功能来改变检索结果显示格式。其中标题定制功能用于查看检索结果时，可改变标题的显示格式（系统默认只显示检索结果的标题）。此外，还可对显示的字段、字体及其大小、底色、每页显示记录篇数等进行设置；排序功能则可以对检索到的命中记录或资源浏览中的记录进行排序。

（4）辅助功能。辅助功能包括检索历史、数据上载和修改密码。检索历史中涉及的库均用代码表示。检索策略用命令方式表示。在检索历史中，有【清理cookies】按钮。需将浏览器中的"Cookies"设置为浏览器可接受的"Cookies"；删除了浏览器中"Cookies"，也就删除了【清理cookies】中的保存信息。

（五）维普中文科技期刊数据库（引文版）

以全文版为基础开发而成，主要检索1989年以来国内8000多种重要期刊（含核心期刊）所发表论文的参考文献，是目前国内检索期刊种类最多的引文数据库。学科涵盖社会科学、自然科学、工程技术、农业、医药卫生、经济、教育和图书情报，源文献482万余篇，参考文献2000余万篇，数据每周更新。

引文检索平台包括两个检索界面：源文献检索和参考文献，两个检索界面可互相切换。用户通过检索参考文献获取源文献，也可以直接检索源文献所引用的参考文献。用户可以查看参考文献的参考文献，越查越老，或参看引用文献的引用文献，越查越新，实现文献关联漫游，提高知识获取的效率。

（六）国家科技图书文献中心国际科学引文数据库 DISC
（http：//citation. nstl. gov. cn/index. jsp）

是国家科技图书文献中心（NSTL）投入建设的集文献发现、引文链接、原文传递为一体的服务系统。DISC 收录了全球出版的 3000 余种核心期刊，覆盖自然科学、医学、工程技术各领域，在全国范围内为用户提供参考文献检索、原文传递服务。DISC 自 2006 年开始建设，目前引文数据已累积 2400 万余条。数据库提供期刊浏览、快速检索、来源文献检索、引文检索和扩展检索等检索途径。

四、文摘数据库检索与利用

（一）维普中文科技期刊文摘数据库

中文科技期刊数据库（文摘版）源自中文科技期刊篇名数据库，是国内最大的综合性文献数据库，由重庆维普资讯有限公司从 1989 年开始建设，1992 年推出了世界上第一张中文光盘。包含 1989 年至今的 8000 余种期刊（核心期刊 1810 种）刊载的 2000 多万篇文献，中心网站数据日更新。涵盖社会科学、自然科学、工程技术、农业、医药卫生、经济、教育和图书情报等学科。所有文献分为 8 个专辑：工程技术、医药卫生、农业科学、自然科学、图书情报、教育科学、经济管理、社会科学。每个专辑又细分为 28 个专题。

1. 特点

（1）科学标引与人工质检。主题标引参照《汉语主题词表》（1980 年版）、《机械工程叙词表》、《化工汉语主题词表》等学科主题词表，并依据《检索期刊条目著录规则》（GB/T3793－1983）等标引规则进行主题标引；由专业质检人员对题录文摘数据进行检查修改（包括标引和录入错误），确保了原始文本数据的质量。定期进行刊期统计并作增补，数据完整率达到 99% 以上。

（2）独有的复合检索表达方式。可以通过简单的等式来限定逻辑表达式中每个检索词的检索入口，实现字段之间组配检索。如要检索作者"张三"关于林业方面的文献，只需利用"a=张三*k=林业"这样简单的检索式即可实现。

（3）同义词检索。以《汉语主题词表》为基础，参考各个学科的主题词表，编制了规范的关键词用代词表（同义词库），实现高质量的同义词检索，提高查全率。

（4）丰富的检索功能。可实现二次检索、逻辑组配检索、中英文混合检索、繁简体混合检索、精确检索、模糊检索，可限制检索年限、期刊范围等。检索入口多、辅助手段丰富。文摘版还是《中文科技期刊数据库》（全文版）的索引，能独立工作也可建立本地或远程全文下载连接。

（5）个性化的"我的数据库"功能。使用者可以通过注册个性化的标识名，使用该功能，包括期刊定制、关键词定制、分类定制、保存检索历史以及查询电子书架等功能。

2. 检索

《中文科技期刊数据库》提供五种检索方式：快速检索、传统检索、分类检索、高级检索、期刊导航。

（1）快速检索。通过首页的输入框，输入简单检索条件，按任意字段进行查询。进入结果显示页面，可实现题录文摘的查看或下载，同时，也可进行检索条件的再限制检索或重新检索。

（2）传统检索。可进行文章题录、文摘的浏览、下载及全文下载。

（3）分类检索。根据《中国图书馆分类法》（第四版）制定，由专业标引人员对每条数据进行分类标引，点击该链接，用户可按学科类别逐级进入，获取检索结果。相当于传统检索的分类导航限制检索，分类细化到最小一级。

（4）高级检索。提供向导式检索和直接输入检索式检索两种方式。运用逻辑组配关系，查找同时满足几个检索条件的篇目。向导式检索为用户提供分栏式检索词输入方法。可选择逻辑运算、检索项、匹配度（精确&模糊），最大程度地提高了查准率。"模糊"和"精确"检索功能，只有在选定"关键词"、"刊名"、"作者"和"第一作者"和"分类号"这五个字段进行检索时才生效。系统默认"模糊"检索，用户可选"精确"。向导式检索的检索操作严格按照由上到下的顺序进行。

（5）期刊导航。根据期刊名称字顺或学科类别对维普收录的所有期刊进行浏览，或通过刊名或ISSN号查找某一特定刊，并可按期查看该刊的收录文章，同时可实现题录文摘或全文的下载功能。① 期刊查找。按期刊名的第一个字的首字母字顺序进行查找；② 按学科分类进行查找。点学科分类名称即可查看到该学科涵盖的所有期刊。按学科分类还可限制"核心期刊"、"核心期刊和相关期刊"，选择"核心期刊"，只能查看到所选学科类别下涵盖的核心期刊；③ 按刊名进行搜索查找。提供刊名和ISSN号的检索入口，ISSN号检索必须是精确检索；

刊名字段的检索是模糊检索；期刊搜索提供二次检索（在结果中检索）功能。

（二）维普外文科技期刊文摘数据库

《外文科技期刊数据库》（文摘版）是重庆维普资讯有限公司联合了国内数十家著名图书馆，以各自订购和收藏的外文期刊为依托，于1999年成功开发。该库满足了国内科研人员对国外科技文献的检索需求，同时还提供文献的馆藏单位及联系地址，让用户可轻松获得外刊原文。该库收录1992年至今30多个国家，11300多种外文期刊，800多万条外文文献，数据每周更新。涵盖理、工、农、医及部分社科专业，所有资源被分为7大专辑：自然科学、工程技术、农业科学、医药卫生、经济管理、教育科学、图书情报，每个专辑细分为24个专题。

1. 特点

（1）每篇文献的标引字段中，刊名和关键词均进行汉化，帮助检索者充分利用外文资源。

（2）强大的原文传递服务。联合国内20余个著名图书情报机构提供方便快捷的原文传递服务，邮寄在5个工作日内、传真在2个工作日内，即可获取所需的一次文献（付费）。

（3）检索结果显示以下信息：标题、作者、刊名、ISSN号、刊号、出版国、文摘、馆藏（提供该篇文章在国内的馆藏单位及联系方式）（图9-8）。

（4）提供基本检索、二次检索、逻辑组配检索、分类导航检索等多种检索方式。

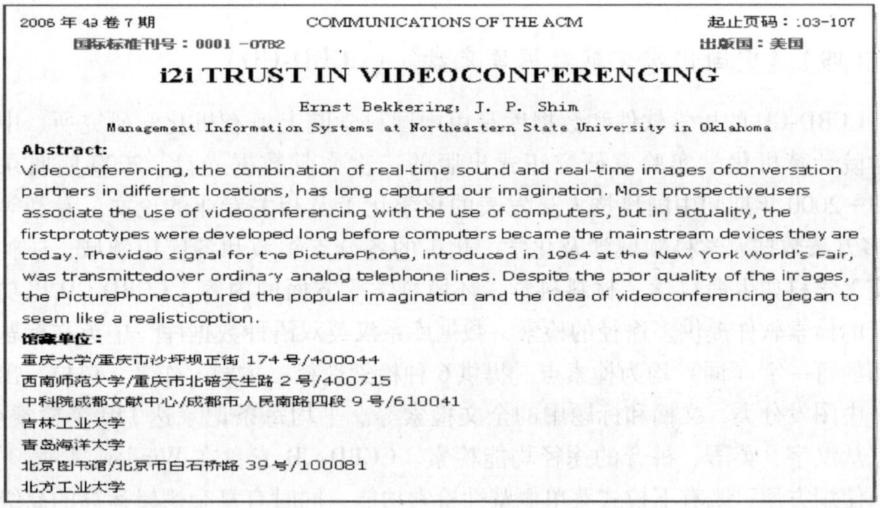

```
2006年43卷7期        COMMUNICATIONS OF THE ACM        起止页码：:03-107
国际标准刊号：0001-0782                               出版国：美国

                    i2i TRUST IN VIDEOCONFERENCING
                         Ernst Bekkering; J. P. Shim
        Management Information Systems at Northeastern State University in Oklahoma
Abstract:
Videoconferencing, the combination of real-time sound and real-time images of conversation
partners in different locations, has long captured our imagination. Most prospective users
associate the use of videoconferencing with the use of computers, but in actuality, the
first prototypes were developed long before computers became the mainstream devices they are
today. The video signal for the PicturePhone, introduced in 1964 at the New York World's Fair,
was transmitted over ordinary analog telephone lines. Despite the poor quality of the images,
the PicturePhone captured the popular imagination and the idea of videoconferencing began to
seem like a realistic option.
馆藏单位：
重庆大学/重庆市沙坪坝正街174号/400044
西南师范大学/重庆市北碚天生路2号/400715
中科院成都文献中心/成都市人民南路四段9号/610041
吉林工业大学
青岛海洋大学
北京图书馆/北京市白石桥路39号/100081
北方工业大学
```

图9-8 《外文科技期刊数据库》（文摘版）检索结果界面

2. 资源来源

资源来源于 30 多个国家、11300 多种外文期刊，按照国别收录情况见下表：

表 9−1 《外文科技期刊数据库》（文摘版）按国别收录期刊情况

国别	期刊数	国别	期刊数	国别	期刊数	国别	期刊数
美国	3224	英国	2415	荷兰	1023	德国	753
日本	238	瑞士	209	法国	214	印度	176
加拿大	138	澳大利亚	104	新加坡	75	……	……

（三）中国生物学文摘数据库（CBA, http：//www.cba.ac.cn/）

由中国科学院上海文献情报中心于 1987 年研建，是目前国内容量最大的生物学文献综合性文摘数据库。该数据库收录中文生命科学期刊近 800 种以及专著、会议录、专利等文献，年文献报道量 1 万条左右，累计数据量近 14 万条，数据年限为 1985 年至今，网络版数据库每两周更新一次，光盘版每季度更新。内容涉及普通生物学、细胞学、遗传学、生理学、生物化学、生物物理学、分子生物学、生态学、病毒学、微生物学、植物学、动物学、昆虫学、药理学及其相关科学技术领域。文献内容包含中文与英文两种语言，标引特色明显。目前已具备分类标引——中图分类与 CBA 分类和主题标引，其中主题标引依据国内唯一的、较权威的《生物学主题词表》进行加工。

（四）《中国化学文献数据库光盘》（CCBD-CD）

CCBD-CD 的检索软件和数据库是由中国科学院上海有机化学研究所、中国科学院计算机化学实验室研究正式出版的二次文献数据光盘。2000 版收录了 1983—2000 年期间中国科技人员发表的化学化工及相关专业的论文、专利等共 30 多万条数据。学科领域涉及化学、化工的各分支领域和各应用领域，还补充了交叉学科如生命科学、材料科学、环境科学等方面的内容。CCBD-CD 以功能丰富的检索软件提供多途径的检索，数据库系汉英双语种数据库，中英文标题和文摘的每一字（词）均为检索点。提供 6 种检索途径：主题、作者、单位、出版物、中图发分类、文摘和标题中的全文检索等。平均每条记录达 150 个检索点，并且从汉字、英语、拼音的途径均能检索。CCBD-CD 光盘在 Windows 环境下运行，使用方便，既有下拉式菜单概览性检索功能，同时有复杂逻辑运算的高级检索功能。

（五）国内医药文摘型数据库

1. 中国生物医学文献数据库（CBM）

（http：//sinomed. imicams. ac. cn/index. jsp）

是中国医学科学院医学信息研究所开发研制的综合性生物医学文献数据库，1994年出版，题录和文摘混合（1994年以后逐步有文摘）。收录1978年以来1600多种中国生物医学期刊，以及汇编、会议论文的文献，年增长量约40余万篇，数据总量达350余万篇。学科范围覆盖基础医学、临床医学、预防医学等生物医学的各个领域。该库包括30多个可检数据项，检索系统与MEDLINE光盘及相应Internet检索系统相兼容。

2. 中国药学文摘数据库（CPA）

（http：//www. cpi. gov. cn/cpi/jsp/Database. jsp？flag＝ssss）

收录1982年至今国内外公开发行的700余种医药学及相关学科期刊中的药学文献，以文摘、简介等形式报道。内容丰富，涵盖药学各个领域，有49万多条数据，并以每年3万多条数据递增。提供网络及电子信息服务。采用全新的系统结构和快速检索的新标引法，实现了库、刊、网为一体的服务系统，即可全文检索，又可从文献类型、主题词、关键词等入口检索、查询。

3. 中国生物医学期刊数据库（CMCC）

是解放军医学图书馆研制开发的中文生物医学文献书目型数据库。收录1994年以来国内正式出版发行的生物医学期刊和一些自办发行的生物医学刊物1100余种的文献题录和文摘。累计文献量130余万篇，并以每年25余万篇的速度递增，30％以上的文献有中文摘要，数据更新周期为2周，涵盖生物医学的各个领域。提供的检索途径有自由词、作者、作者单位、刊名、字段、表达式检索等。

4. 中国生物医学期刊引文数据库（CMCI）

是解放军医学图书馆数据库研究与开发部开发的新信息产品，是我国第一个专业引文数据库。收录1995年以来的中文生物医学期刊1000余种，涵盖该领域所有的核心刊和重要刊，含有200万条来源期刊文献和200余万条期刊引文数据。以光盘方式提供单机版和局域网络版服务，数据每月更新。

5. 中国生物医学期刊引文数据库（CMCI/CMCC整合版）

对CMCC与CMCI数据全面整合，收录1994年以来中文生物医学期刊1600余种，累积期刊文献400万篇，并含有参考文献。每月更新，一年出版12期光盘。检索系统更加集成化、简约化，方便用户一次性查找到所需文献的全面信息，包括文摘题录信息、文献引证与被引证信息、相关文献信息等。文献检索结果可以直接显示出其参考文献数、被引次数、相关文献数以及存在的全文链接。

思考题：
1. 书目、索引和文摘对文献的揭示有何特点和作用？
2. 名词解释：书目、索引。
3. 什么是文摘？文摘按照摘要方式有哪几种类型？
4. 按照检索项目划分，索引可分为哪几种？
5. 结合自己的专业，举例介绍几种常用的书目、索引和文摘数据库。

第十章 国外著名大型检索工具

一、世界著名三大引文索引检索工具

（一）概述

1. 引文索引

引文索引是一种全新的索引形式，即利用文献引证关系检索相关文献的一种索引。引文索引通过对文献引证关系的标引，使文献之间构成前后相继、承前启后的"引文网络"。一方面，克服了传统主题索引和分类索引难以选定主题词或分类号的缺点，提供一种方便而实用的检索途径；另一方面，标引时无需进行主题分析，便于计算机自动处理。引文索引多用于新兴学科、交叉学科及其他复杂课题的文献检索。引文索引内容一般包括引文索引、轮排主题索引、来源索引三个部分。

（1）引文索引（The Citation Index）。根据文献中所附的参考文献的著者（Cited Author）姓名字顺组织编排文献，每一篇参考文献就构成引文索引中的一个被引款目，而每个被引款目又导引出与它有关的引用款目。因此，一个著者无论在过去什么时候发表的文章，只要被他人在发表的文章中参考引用，这个著者的姓名就会出现在引文索引中。引文索引是 SCI 的主索引，能协助用户了解他人引用自己的研究工作的情况，掌握同行或竞争对手的研究动向，分析研究工作的学术影响力，了解某一研究领域的专家，掌握学术机构的研究情况。

（2）来源索引（The Source Index）。根据引用著者姓名查找引文题目等的索引，按引用著者姓名的字顺编排。在每个著者下列出完整的著录项目如：合著者、文章标题、刊名缩写、卷、期、页次、出版年份、参考文献篇数，第一著者的地址；如一篇文章有两个或两个以上的著者，在非第一著者姓名下只作"参见"并列出原文出处。来源索引是 SCI 的辅助索引。

（3）轮排主题索引（The Permuterm Subject Index）。按所选文章题目中的所有关键词的字顺编排，以数字开头的关键词放在索引的最后。一篇文章的题目中选出若干个关键词，其中任意一个关键词轮排放在首位时，称为主要词，其余关键词排列在主要词之下，称之为配合词。当用户对所需检索的文献毫无线索，又不知有关著者姓名，则可利用轮排主题索引根据课题内容的关键词来查找。

20 世纪 50 年代，美国 E. 加菲尔德受 1873 年美国出版的供律师查阅法律判例的检索工具《谢泼德引文》启发，研制出用计算机辅助编制的引文索引。他主办的费城科学情报研究所（ISI）先后创办了《科学引文索引》（SCI）、《社会科学引文索引》（SSCI）和艺术与人文科学引文索引（A&HCI）等引文索引刊物，并建立了引文索引数据库。此后加菲尔德和美国科学史专家 D. J. de S 普赖斯又在引文索引的基础上研制出引文分析技术。通过引文分析，可以揭示一些重要科学发现之间的内在联系，预测科学技术的发展方向。

SCI 与 EI、ISTP 是世界上最著名的三大科技文献检索系统，也是国际公认的进行科学统计与科学评价的工具，其收录论文的状况是评价国家、单位和科研人员的成绩、水平的重要依据之一。其中，SCI 收录的科技期刊比较全面，集中了各个学科高质量科研成果的精粹，最能反映基础学科研究水平和论文质量，是世界科技界密切注视的中心和焦点。

2. 引用与期刊影响因子

论文之间的相互引证，是指论文观点、材料和结论之间的借鉴、应用、发展以及互相参照，能够促进学术研究之间的交流与联系，促进科学研究和学术研究的发展和进步。

（1）引用、引文和自引。在文献 A 中提到或描述了文献 B，并以文后参考书目或注释的形式列出了文献 B 的出处，其目的在于指出信息的来源、提供某一观点的依据等。这时，便称文献 A 引用了文献 B，文献 B 被文献 A 引用，文献 B 为文献 A 的引文，文献 B 和文献 A 的关系为引用关系或引证关系。一般只将文献后列出的参考文献称为该文献的引文；文献在引用的行为中，限于主体本身范围内的引用称为自引。

（2）期刊评价指标。影响期刊评价的指标有期刊载文量、期刊被引量、期刊平均引文率、期刊平均被引率以及影响因子。

影响因子（Impact Factor）是一个国际上通行的期刊评价指标，它是美国科学情报研究所的（ISI）期刊引证报告（JCR）中的一项数据。即某期刊前两年发表的论文在统计当年的被引用总次数除以该期刊在前两年内发表的论文总数。该指标是相对统计值，可克服大小期刊由于载文量不同所带来的偏差。一般来说，一种刊物的影响因子越高，即刊载的文献被引用率越高，说明这些文献报道的研究成果影响力越大，该刊物的学术水平高。按照影响因子数值的大小排列可以确定核心期刊。

（二）Science Citation Index（简称SCI），科学引文索引

1. SCI 概述

SCI 于 1961 年创刊，由美国科学情报研究所（Institute of Scientific Information，简称 ISI，网址：http://scientific.thomsonreuters.com/index.html）编辑出版。它是综合性的科技引文检索工具，以《期刊目次》（Current Content）作为数据源，收录的文献以期刊为主，另外还收录图书、会议文献、专利文献、科技报告等。SCI 报道学科超过 100 个，范围广泛，主要涉及农业、生物及环境科学，工程技术及应用科学，医学与生命科学，物理及化学，行为科学等学科的核心期刊约 3500 种，其中以生命科学及医学、化学、物理所占比例最大。SCI 的核心内容不是原始文献，而是原始文献所附的参考文献，SCI 索引主要由"引文索引"（Citation Index），"来源索引"（Source Index），"轮排主题索引"（Permuterm Subject Index）等部分组成。收录文献的项目包括作者、题目、源期刊、摘要、关键词，按文献之间的引用关系来编辑和检索文献。

ISI 有严格的选刊标准和专家评审制度，期刊来源每年略有增减。所选期刊具有一定的客观性，全面覆盖全世界最重要和最有影响力的研究成果，较真实地反映了研究成果的水平和质量。所谓最有影响力的研究成果，指的是报道这些成果的文献大量地被其他文献引用。为此，SCI 设置了独特的"引文索引"（Citation Index），即通过先期的文献被当前文献的引用，来说明文献之间的相关性及先前文献对当前文献的影响力。引文索引表现出独特的科学参考价值，在学术界占有重要地位，也使得 SCI 同 CA（化学文摘）、BA（生物学文摘）、EI（工程索引）、SA（科学文摘）有着明显的区别。引文索引的作用是：将一篇文献作为查找的线索，通过收录其所引用的参考文献和跟踪其发表后被引用的情况，来掌握该研究课题的来龙去脉，用户不仅可以从文献引证的角度评估文章的学术价值，还可以迅速方便地组建研究课题的参考文献网络。

SCI 不仅作为一部文献检索工具使用，而且成为科研评价的一种依据。根据 SCI 收录及被引证情况，可以从一个侧面反映学术水平的发展情况，尤其能反映自然科学研究的学术水平，SCI 每年均对其收录期刊的影响因子进行客观地评估，影响因子越高，说明该期刊中的论文被引用的机会越大，影响力也越大。此外，每年一次的 SCI 论文排名，成了判断一个单位科研水平的重要标准。SCI 同时也是大学、科研机构和科学工作者绩效评估的最重要的尺度。国内上世纪 80 年代末由南京大学最先将 SCI 引入科研评价体系。

经过 40 多年的发展完善，SCI 已从开始时单一的印刷型发展成为功能强大的电子化、集成化、网络化的大型多学科、综合性的检索系统。SCI 从来源期刊数量划分为 SCI 和 SCI – E。SCI 指来源刊为 3500 多种的 SCI 印刷版和 SCI 光盘版

(SCI Compact Disc Edition，简称 SCI CDE)；SCI – E (SCI Expanded) 是 SCI 的扩展版，收录了 5600 多种来源期刊，可通过国际联机或因特网进行检索。SCI 出版形式分为四种，见表 10 – 1。

表 10 – 1 SCI 出版形式

版本名称	出版周期	收录期刊数
印刷版 (SCI)	双月刊	3500 种
联机版 (SCI Search)	周更新	5600 种
光盘版 (带文摘) (SCI CDE)	月更新	3500 种
网络版 (SCI Expanded)	周更新	5600 种

2. ISI Web of Knowledge 检索平台（http://isiknowledge.com/）

ISI 于 1997 年推出的 Web of Knowledge，是一个基于互联网建立的新一代学术信息资源整合体系，以 Web of Science 为核心，凭借引文检索机制和交叉检索功能，有效地整合了学术期刊 (ISI Web of Science, Current Contents Connect)、发明专利 (Derwent Innovations Index)、会议录文献 (ISI Proceedings)、化学反应 (Current Chemical Reactions, Index Chemicus)、学术专著 (Current Contents Connect)、研究基金 (ISI eSearch)、Internet 学术资源 (External Collections)、学术分析与评价工具 (Journal Citation Reports, Essential Science Indicators)、学术社区 (ISI Highly Cited.com) 及其他多个重要的学术信息资源 (BIOSIS Previews, INSPEC, FSTA, PsycINFO)。提供了自然科学、工程技术、生物医学、社会科学、艺术与人文等多个领域中高质量的学术信息，兼具知识检索、存取、管理、分析和评价功能。目前拥有全球 81 个国家的 2000 万用户。收录 2.2 万多种期刊、2300 多万专利、1.2 万多个会议记录、5500 多个网站、5000 多本书、200 万种化学结构以及通过"Web Citation Index"集成的学术性网络内容和"Century of Science"收录的 100 多年的回溯数据，涵盖 230 多个学科领域。

3. 期刊引证报告 (Journal Citation Reports 简称 JCR)

SCI 每年出版期刊引用报告。JCR 是一个综合性、多学科的期刊分析与评价报告，对包括 SCI 收录的 3500 种核心期刊在内的全球学术期刊之间的引用和被引用数据进行统计、运算，并按每种期刊的影响因子等评价指数加以报道，提供自 1997 年以来的期刊引文统计分析数据，是对世界权威期刊进行系统客观评价的有效工具。JCR on Web 收录世界上最具影响的 8000 多种期刊，涵盖 200 多门学科。JCR on Web 分为两个版本：JCR (Science) 收录 6100 多种期刊，JCR (Social Science) 收录 1800 多种期刊。

4. Web of Science

(http：// isiknowledge. com 或 http：//www. isiwebofknowledge. com/)

1997 年，ISI 推出了 SCI 的 Web 版——Web of Science，它整合了三大引文索引数据库 SCI、SSCI 和 A&HCI 和两个化学数据库 CCR、IC，以 ISI Web of Knowledge 作为检索平台。内容涉及多门学科，着重提供高质量、高价值的文献，回溯至 1997 年。中文网站为：http：// www. thomsonscientific. com. cn。

Web of Science 数据库收录了 9000 多种世界权威的、高影响力的学术期刊，内容涵盖自然科学、工程技术、生物医学、社会科学、艺术与人文等多学科领域。与其他检索工具不同的是，Web of Science 还收录了论文中所引用的参考文献，并且按照被引作者、出处和出版年代编制成索引。数据库允许用户通过被引作者或被引文献的出处展开检索，通过独特的引文检索，用一篇文章、一个专利号、一篇会议文献或者一本书的名字作为检索词，检索这些文献的被引用情况，了解引用这些文献的论文所做的研究工作，用户可以回溯某一研究文献的起源与历史，追踪其最新的进展，揭示科学研究之间隐含的联系，即可以越查越旧，也可以越查越新，越查越深入，全面掌握有关某一科研课题的过去、现在与将来。

(1) Web of Science 数据库资源情况（见表 10 - 2）。

表 10 - 2 Web of Science 数据库资源情况

数据库名称	资源数量	学科领域	资源范围	回溯年代
Science Citation Index Expanded	150 多个学科约 6400 多份	自然科学工程学生物医学	当前和回溯的信息、文摘和引用的参考文献。	1975—
Social Sciences Citation Index	50 多个学科约 1800 份	社会科学学术期刊	当前和回溯书目信息、文摘和引用的参考文献以及从约 3300 多份主要科技期刊中选择出来的相关内容。	1975—
Arts & Humanities Citation Index	1130 份	艺术、人文科学期刊	当前和回溯书目信息、文摘和引用的参考文献以及从约 7000 多份主要科技和社会科学期刊中选择出来的相关内容。	1975—
Current Chemical Reactions (CCR - EXPANDED)	65 万多条相关信息	化学期刊专利	最新的合成方法；提供完整的反应图解、反应条件、书目数据以及作者摘要。	1986—

续表 10-2

数据库名称	资源数量	学科领域	资源范围	回溯年代
Index Chemicus (IC)	200多万个数据，每周更新3500多条资料。	化学期刊文献	1991年以来报道的新化合物的结构和关键数据。提供完整的化学机构图示、生物活性、书目数据以及作者摘要。	1993—

(2) Web of Science 的检索选项

第一，普通检索（General Search）。用于检索特定的研究主题，检索某个作者或机构发表的论文，检索特定期刊特定年代发表的文献等。在一个或更多栏目框中输入检索词。如果在多个检索框中输入检索词，Web of Science 自动应用"and"逻辑来组合栏目。可利用布尔运算符（and、or、not）及"same"算符在同一栏目框中组合检索词。

注意：选择检索字段为"作者"（Author）时，输入作者的姓+空格，然后输入名字的首字符（最多5个名字首字母缩写）。建议在第一个首字母缩写后截断。还可仅输入姓氏，而不输入名字首字母。支持截词算符"*"、"$"及布尔逻辑算符的使用。

如：输入 Reyes M* and Link J*，可以检索作者 Reyes M 和 Link J 共同完成的论文记录。

如果不熟悉作者的姓名，可在"Author Finder"中查找特定作者发表的文章，帮助区分具有相同姓氏和名字首字母的作者，此外还能够通过学科领域和机构缩小查找范围。

第二，引文检索（Cited Reference Search）。

被引文献检索简称引文检索（图 10-1）。第1步：输入被引用作者、被引用著作或者被引用年份，以浏览被引用文献的索引；第2步：从该索引中选择文献并单击【Finish Search】以检索引用选定文献的文章记录。

【被引用作者】（Cited Author）：输入被引用论文第一作者的姓+空格，接着输入名字首字母缩写（最多3个）。建议在第一个首字母缩写后截词，而不局限于第一作者姓名。可在被引用作者姓名索引（Cited Author Index）中查出被引用作者姓名。支持逻辑算符。

【被引用文献】（Cited Work）：如果要检索某期刊或者某篇期刊文献的被引用情况，在 Cited Work 一栏中输入期刊刊名缩写；如果要检索某本书被引用的情况，输入书名中第一个或数个有意义的单词；如果要检索某份专利被引用的情况，输入不带国家代码的专利号。可在被引用著作索引（Cited Work Index）中

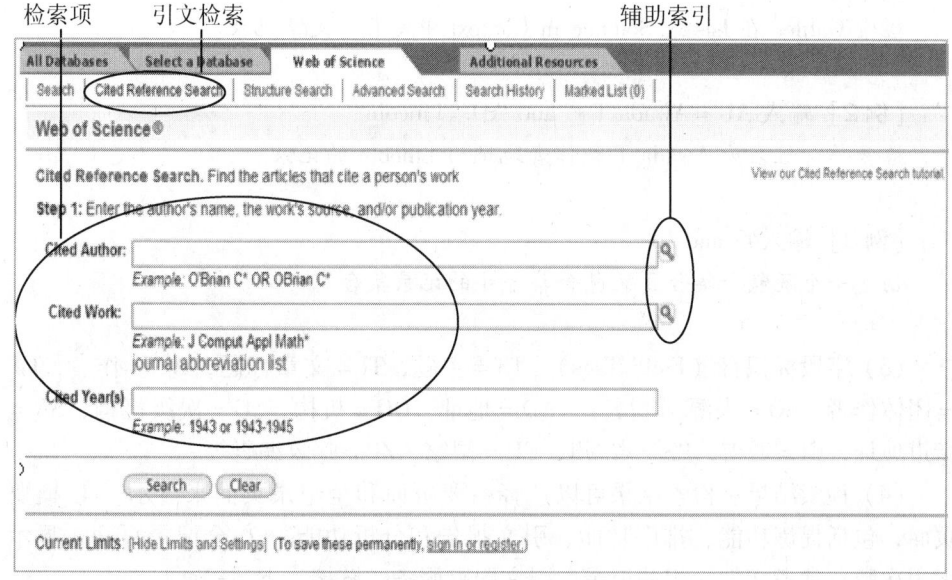

图 10-1　Web of Science 引文检索界面

查出被引用文献的缩写。

如：输入 J Biol * Chem *，可以检索引用了 Journal of Biological Chemistry 的文献。

【引用年代】（Cited Year）：输入一个 4 位数年份，利用"or"算符或一个连字符来表明一个年份范围。推荐在不指明引用年份的情况下检索引文。如果检索到太多条目，然后回到检索页面指明引用年份。

第三，化学结构检索（Structure Search）。

如要进行化学结构检索，首先选择 Index Chemicus 及 Current Chemical Reactions 数据库。还需要在计算机上安装结构画图插件程序。在结构画图窗口中，画一个化合物或反应。然后单击结构画图窗口中的【Back】按钮（不是浏览器的 Back 按钮），以便将结构图转移到检索框上。向下滚动页面输入可选项化合物及或反应数据。还可以用化合物和反应数据检索而不必画结构图。

第四，高级检索（Advanced Search）。

高级检索供有经验的用户使用。高级检索需要在检索词前加双字符的字段标识符，并可以利用布尔运算符组合检索词。可以用括号来改变逻辑运算的次序，还可以通过检索结果集合的编号来参考以前的检索。

[例1] 输入 TS = Galileo AND SO =（Isis or Science in Context）
检索 Galileo 在 Isis 或 Science in Context 中发表的文章记录。

[例2] 输入 AU = Awada T * and AD = Lincoln
检索作者姓名为 Awada T 和作者地址为 Lincoln 的记录。

[例3] 输入#3 and #4
创建一个既包含集合3又包含集合4的记录集合。

（3）字段标识符（Field Tags）。TS = 主题，TI = 文章标题，AU = 作者，GP = 团体作者，SO = 来源（刊名），AD = 地址，OG = 机构，SG = 次级机构，SA = 街道地址，CI = 城市，PS = 省/州，CU = 国家，ZP = 邮政编码等。

（4）检索结果。检索结果可以选择概要页面和全纪录页面来显示。① 概要页面，包括提炼功能、排序功能、引文报告和分析功能。② 全记录页面，显示引用次数、参考文献、相关记录、引文跟踪服务、链接、下载等。

（5）分析功能。Web of Science 提供了按照学科（Subject Category）、期刊名称（Source Tide）、作者（Author）、作者机构（Institute Name）和出版年代（Publication Year）等项目进行分析的功能。

（6）管理功能。① 检索式的管理和定题服务。提供对检索式进行标记、组配的功能，可以保存检索式并建立跟踪服务。RSS Feed 可以将检索式的网址 Copy 到用户的 RSS 浏览器，用户可以直接通过它查看 Web of Science 中收录的最新记录。② 参考文献的管理。既可以管理文献信息，也可以帮助作者规范论文写作格式。收集参考文献的方法包括：手动输入（New Reference）、联机检索其他数据库（Online Search）、把文本格式的数据导入数据库（Import References）。【格式化】按钮可以帮助用户规范论文的格式。

5. Century of Science

于 2005 年面世的 Century of Science 是 Web of Science 数据库的回溯文档。由汤姆森科技信息集团（Thomson Scientific）出版。它将 SCI 回溯到 1900 年，包含 1900 年至 1944 年最有影响力的学术期刊文献及其引文信息。汤姆森科技在 1945 年以来的 Web of Science 中展开引文分析，从中挑选出被引频次居高不下的 1900—1944 年间发表的学术论文，进一步分析、遴选出 200 多种高影响力的学术期刊。将其中 85 万篇科学文献编成引文索引，内容涵盖人类自 1900 年以来所出版的重要学术文献的书目、参考文献和被引用的信息，用户可以完整地了解一个多世纪以来世界科学发展的轨迹和脉络。

(三) Engineering Index（简称 EI），工程索引

EI 创刊于 1884 年，美国工程信息公司（Engineering Information Inc.）编辑出版，是工程技术领域内的一部综合性检索工具，也是全世界最早的工程文摘来源。EI 名为索引，实为文摘，文摘比较简短，一般是一两百字的指示性文摘，指明文章的目的、方法、结果和应用等方面，不涉及具体的技术资料。EI 选用世界上 50 多个国家和地区的 3500 多种工程技术类期刊和 2000 多种会议录、科技报告、标准、图书等出版物，不收录专利文献，年报道文献量 16 万多条。90% 的文献语种是英文，侧重于北美和欧洲等地区的国家，尤其以美国为主。EI 数据库名为索引，实为文摘类检索工具，以文摘的形式报道文献。主要收录工程技术领域的论文，涵盖生物工程、交通运输、化学和工艺工程、农业工程和食品技术、计算机和数据处理、应用物理、电子和通信等多学科领域。具有综合性强、资料来源广、地理覆盖面广、报道量大、报道质量高、权威性强等特点，对检索全世界范围内工程与技术文献、跟踪与评价技术新成果非常有用。系统提供的检索方式有多种，相应的检索功能也非常完备。

1992 年开始 EI 收录中国期刊，1998 年美国工程信息公司在清华大学图书馆建立了 EI 中国镜像服务站（http：//www. lib. tsinghua. edu. cn/chinese/EI－village/Eiopen2. html）。2002 年底又开通了 EI Chin（http：//www. ei. org. cn/）。

1. 出版形式

自 20 世纪 60 年代末以来，EI 在其手工检索工具书的基础上，陆续增加了磁带版、光盘版和网络版（EI Compendex Web）。

（1）印刷版。① 月刊（EI Monthly）。创刊于 1962 年，每期文摘约 1.5 万条，附有主题索引与作者索引。报道时差为 6 至 8 周，报道较为迅速，但不便于追溯检索。② 年刊（EI Annual）。创刊于 1906 年，收录的文献量较大，每年文摘约 18 万条，便于追溯检索，但出版时差要大于一年，年度索引增加了作者单位索引。③ 累积索引（EI Cumulative Index），多为每 3 年出版一期，用于手工回溯检索。④ 专题印刷型出版物。自 1993 年以来，为适应特定技术领域用户检索需要，工程信息公司按月发行一些专题性印刷型出版物。如 EI 能源文摘、生物工程与生物技术、计算机与信息系统等。

（2）机读磁带（EI Compendex Plus）。发行于 1906 年，每月一盘，收录 1970 年以来的文献，既可用于计算机检索，也可进行联机检索系统使用。

（3）《工程索引》缩微胶卷（EI Microfilm）。1970 年起出版，主要为多年累积索引。

（4）光盘版。① EI Compendex，双月刊，收录 2600 种期刊。② EI CDE（带文摘），周更新，收录 5000 种期刊。

光盘数据库发行于 1989 年,收录的时间从 1987 年至今,按季追加新记录。另外,EI Page One 在 EI Compendex 基础上扩大收录范围,共收录 5400 种期刊、会议录、技术报告等的题录信息。

(5) 网络版(EI compendex Web)

1990 年以来,EI 提供网络版电子数据库 EI Compendex Web,是 EI Compendex 和 EI PageOne 合并而成的 Internet 版本,无文字版和光盘版。EI Compendex Web 包括 1980 年至今的 EI Compendex 数据和 1990 年至今的 EI PageOne 数据,每年新增约 50 万条工程类文献。数据来自约 5600 多种工程期刊、会议文集和技术报告,其中约 2600 种有文摘(EI Compendex 部分)。20 世纪 90 年代以后,该数据库又新增了约 2500 种文献来源。数据每周更新。

(6) EI 工程信息村(Engineering Information Village)。一个以 EI Compendex Web 数据库为核心的集多种数据库检索、多种信息服务为一体的基于 Internet 平台的大型信息检索集成系统。提供有价值的网上地址和资源,并提供与世界范围内大量数据库的平滑链接,在世界范围内收集、筛选和组织工程类型的网络信息资源,使大量无序的信息增值后成为产品,向用户提供服务。EI Village 所集成的信息资源包括著名的《工程索引》(EI Compendex Web)和类似的其他 40 个数据库,还包括专利和标准以及分布于世界各地的 1500 多个网络信息站,并提供了多种期刊与会议论文的全文数据等,目前有数据 700 万条,每年新增 50 万条工程类文献。数据来自 5100 种工程期刊、会议文集和技术报告,其中 2600 种期刊来自 Ei Compendex,2500 种来自 EI PageOne。2000 年底,EI 推出功能强大的 EI Village-2 新版本,对文摘录入格式进行了改进,首次将文后参考文献列入 EI Compendex 数据库。

2. EI 收录论文的两个层次

(1) EI Compendex 标引文摘(核心数据)。数据的内容全面,主要包括:论文标题(Ti),作者(AU),作者单位(AF),英文文摘(Abstract),论文所在期刊名称(ST),卷、期(IS,VO),论文页码(XP),分类号(LL),主题词(MH、CV)等。其中分类号和主题词需要专业人员单独给出。

(2) EI PageOne 题录(非核心数据)。数据内容主要包括:论文标题(Ti),作者(AU),作者单位(AF),论文所在期刊名称(SE),卷、期(IS、VO),论文页码(XP)等,不需要任何专业人员再做工作。没有主题词和分类号,绝大部分数据无文摘。

(3) Compendex 数据和 Page One 数据的区别。数据中是否有分类号(LL)和主题词(MH、CV),有这两项内容的数据是 Compendex 数据,反之是 Page One 数据。有没有主题词和分类号是判断论文是否被 Compendex 数据库正式收录的唯一标志,带有文摘不一定算做正式被收入 Compendex 数据库。

3. EI 来源期刊的三个层次

被 EI 数据库收录的期刊分为核心期刊、选做期刊和扩充收录期刊。核心期刊的所有正文都要做文摘和标引；选做期刊只选择部分正文做文摘标引；扩充收录期刊只收录正文的题目、作者和作者单位，部分收录文摘，不做标引。

（1）核心期刊。Compendex 数据库收录重点是下列主要工程学科：化学工程，土木工程，电子/电气工程，机械工程，冶金、矿业、石油工程，计算机工程和软件。核心期刊约有 1000 种，每期所有论文均被录入 Compendex。

（2）选做期刊。下列领域的期刊有选择地收录：农业工程，工业工程，纺织工程，应用化学，应用数学，应用力学，大气科学，造纸化学和技术，高等学校工程类学报等。选做期刊约 1600 种，中国入选期刊大多数为选做期刊。

（3）扩充期刊，只收录题录（EI PageOne），约 2800 种期刊。

4. EI 网络版（EI compendex Web）

EI 网络版 EI Compendex Web，是 *EI Compendex* 和 *EI PageOne* 合并而成的 Web 版本。数据来自 5600 种工程期刊、会议文集和技术报告，其中 2600 种有文摘（Ei Compendex 部分），每年新增 50 万条工程类文献，数据每周更新。

（1）Compendex 数据库。Compendex 数据库是目前全球最全面的工程检索二次文献数据库，收集工程和应用科学领域的文献，数据来自全球 50 多个国家。每年增加近 20 万条文摘，包含选自 5100 多种工程类期刊、会议论文和技术报告和超过 70 万篇论文的参考文献和摘要。该数据库涵盖的学科广泛，侧重提供应用科学和工程领域的文摘索引信息，其中化工和工艺的期刊文献最多，约占 15%，90% 的文献是英文文献。在网上可以检索到 1970 年至今的文献，每年增加超过 175 个学科的新记录，周更新。文献涵盖机械、土木工程、环境工程、电工电子、结构学、材料科学、固体物理和超导、生物工程、能源、化工、光学等多学科领域。

该数据库电子出版物主要有《工程索引》光盘（EI Compendex CD-ROM）和专业分类检索光盘，如：EI 化学专业盘（EI ChemDisc）、EI 电工电子和计算机专业光盘（EI EEDisc）、EI 能源/环境专业光盘（EI Energy/Environment Disc）、EI 制造和加工工艺专业光盘（EI Manufacturing Disc、EI 机械工程专业光盘（EI MechDisc）和 EI 土木工程专业光盘（EI CiviDisc）等。可通过分类号、题目、刊名、作者、作者单位、受控词、自由词等进行检索。

（2）PageOne 数据库。该库每年收集约 32 万条文献的题录，来自世界范围内约 5400 种期刊、会议论文和技术报告，该数据库一般只收题录，绝大部分数据无文摘。该数据库无文字出版物，其光盘出版物有两种：一种在 Windows 环境下运行（EI PageOne Windows），另一种在 DOS 环境下运行（EI PageOne on Disc），可通过刊名、自由词、作者姓名、单位来检索文献。

5. EI 检索

(1) EI compendex Web 检索。

第一，基本检索（Basic Search）。这是系统默认的检索方式。两个检索输入框，二者间的逻辑关系可以通过下拉菜单来限定。检索单元可以是单词或词组，但系统将词组视为用位置算符 NEAR 连接的检索词。

通过【Select Fields】下拉菜单选择检索字段。用 All Fields、Title Words 和 Abstracts 字段检索时，自动进行词根运算。如：输入"manager"，可以检索到 managers、management 和 managerial 等。

对于 EI 主题词（EI Subject Terms）、作者（Authors）、作者单位（Author Affiliations）和刊名（Serial Titles）4 个字段，系统提供了相应的【索引词典】，供检索使用。在词典中一次可以选择多个检索词，系统将词间的关系默认为逻辑"or"，可视需要改为逻辑"and"或"not"。

用 Lookup 第二次查找检索词之前，要将第一次选定的检索词作 Paste To Search 操作。用户如果只想检索 EICompendex 的数据，不需要 EI PageOne 的记录，可在【Document Type】栏中选择【Abstract Only】。

第二，高级检索（Advanced Search）。用户可限定在某一特定字段中进行检索。系统支持的检索算符有：逻辑算符、位置算符（near）、通配符（*）、词根符（$）。其中，词根符（$）用于检索出与该词根具有同样语意的词。系统严格地按照输入的检索式进行运算，不自动进行词根运算；用"within"规定检索字段时，应将检索界面上的字段选择菜单设置为默认值【All Fields】。完成检索后要点击【Clear】进行清除再进行下一次检索，否则会受干扰。

第三，二次检索。对任何一种检索方式，可进一步用二次检索缩小检索范围。

第四，检索结果的显示。检索结果最多允许显示命中的 400 条文献，分为 20 组，每组一次显示 10 条文献。点击【NEXT】或【BACK】按钮，可显示一组的前 10 条或后 10 条。可选择：

【Abstract】：显示此条的文摘。

【Format】：下拉菜单，选择【Ei Tagged】格式或【Abstract】格式，使所有检出的文献均按选择的格式显示。

【Range】：下拉菜单，选择显示结果范围。

【□】：对选择的文献做标记。然后使用下拉菜单选择显示格式，点击界面上部的【select】键显示选中的文献。

(2) EI Village-2 检索。EI Village-2 平台除了能检索 Compendex 外，还能检索 INSPEC 和 NTIS 等数据库。检索程序简便、直观，提供了四种检索方式：简单检索（Easy Search）、快速检索（Quick Search）、专家检索（Expert Search）、字典检索（Thesaurus Search）。

第一,简单检索(Easy Search)。EI最新开通的检索平台。一个检索输入框,检索单元可以是单词或词组。也可以填写2—3个检索选项,支持布尔逻辑算符。可以选择检索范围。

第二,快速检索(Quick Search)。系统默认的检索界面。可以直接输入检索词在选定的途径中进行检索,对于多个检索词还可以使用简单的逻辑操作,另外还允许通过下拉菜单选择进行多个限定,包括作者姓名、期刊名称、出版者等。检索界面如图10-2所示:

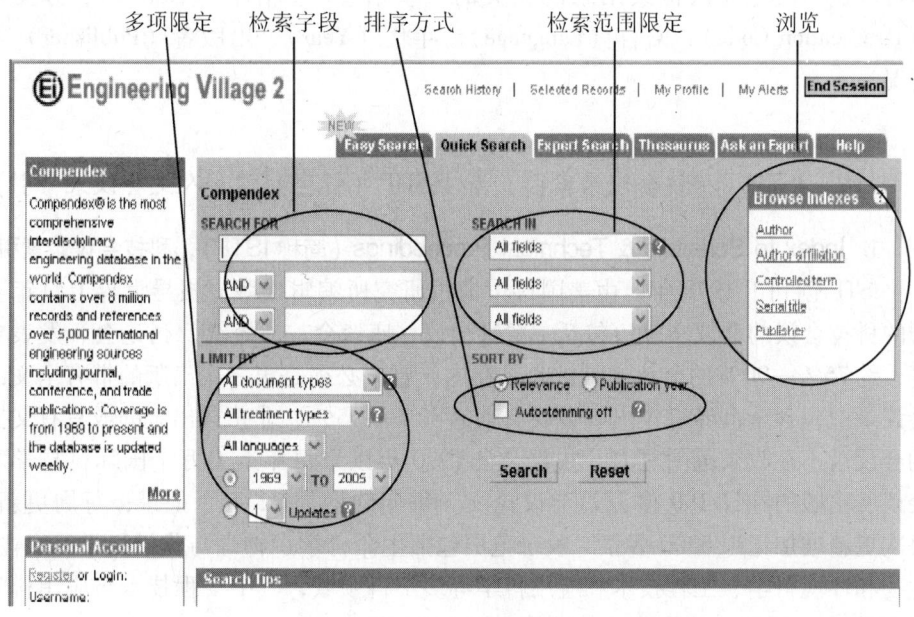

图10-2 EI快速检索界面

第三,专家检索(Expert Search)。有一独立的检索框,用户采用"within"命令(wn)和字段码,可以在特定的字段内进行检索,还可以在表达式中可以采用布尔运算符(and, or, not),同时,可使用括号指定检索的顺序,另外还可以把"词根"、"截词"等检索方法运用在检索表达式中。

第四,字典检索(Thesaurus Search)。允许专业检索者通过叙词进行检索。

【Search】:在检索框中输入EI检索词,然后进行选择Search进行提交,显示结果为用户所输入的检索词的在叙词表(受控词表)中的位置,及其上位词、下位词和相关词。

【Exact term】:在检索框中输入用户知道的叙词(受控词),然后进行选择Exact term,进行提交,显示结果为用户所输入的叙词在叙词表(受控词表)中的位置,及其上位词,下位词和相关词。

【Browse】：在检索框中输入用户检索词，选择 Browse，然后提交，系统将会按字母顺序扫描叙词表，显示结果为含有检索词的条目。

第五，专家咨询（Ask Expert）。指检索过程中有问题可以进行咨询的途径。有咨询图书管理员（Ask a Librarian）和咨询工程师（Ask an Engineer）两种方式。

第六，检索结果。EI 显示结果可分为两类：一类是传统的平台显示方式，另一类就是 Easy Search 平台提供的显示方式。Easy Search 在显示结果窗口的右边可以显示出与此次检索结果的相关的一些信息，如作者（Author）、分类号（Classification Code）、语言（Language）、年代（Year）、出版者（Publisher）等情况。

（四）ISTP（科技会议录索引）和 ISSHP（社会科学和人文会议录索引）

1. Index to Scientific & Technical Proceedings（简称 ISTP），科技会议录索引

ISTP 创刊于 1978 年，由美国科学情报研究所编辑出版。报导世界上每年召开的科技会议的会议文献，包括一般性会议、座谈会、研究会、讨论会、发表会等，约 75%—90% 的会议文献被收录在内，要求必须是第一次出版的带有全文的会议录，包含全世界每年出版会议文献的 80%—95%，非正式出版的或只有文摘的会议录不在收录范围之内。共收录自 1990 年以来每年近 1 万个国际科技学术会议所出版的共计 190 多万篇会议论文。每年约增加 22 万个记录；每周更新，每次更新增加记录 5300 多条。收录范围包括生命科学、物理与化学科学、农业、生物和环境科学、工程技术和应用科学等多学科领域，其中工程技术与应用科学类文献约占 35%，其他涉及学科基本与 SCI 相同。

ISTP 出版形式包括印刷版、光盘版和网络版。光盘版以滚动形式出版，时间范围为五年，每季度更新，最近的一季度代替上张光盘的最早的一季度，每季度更新时增加 1100 多个会议。

表 10-3　ISTP 出版形式

版本名称	出版周期	收录文献源
印刷版（ISTP）	月更新	每年报道 4700 多种会议录
光盘版（1STP）	季度更新	每年报道 10000 多种会议录
网络版（WOSP-S/T）	周更新	同光盘版，增加了文摘

2. Index to Social Science & Humanities Proceedings（简称 ISSHP），社会科学和人文会议录索引

ISSHP 创刊于 1994 年，收录自 1990 年以来每年近 2800 个国际学术会议出版的共计 20 多万篇会议论文；每年增加约 2 万个记录，提供自 1997 年以来的会议录论文的摘要。涵盖社会科学、艺术和人文科学的所有领域，具体包括：心理学、社会学、公共健康、管理、经济、艺术、历史、文学和哲学等，每年 2800 多个会议录。资源形式包括专著、期刊、报告、增刊及预印本等。

3. Web of Science Proceedings（简称 WOSP 或 ISI Proceedings），会议录索引

基于 ISI Web of Knowledge 检索平台，将 ISTP 和 ISSHP 两大会议录索引集成为 Web of Science Proceedings（简称 WOSP）（网址 http://isiknowledge.com/Proceedings），ISTP 和 ISSHP 数据库既可以独立进行检索也可以同时检索。WOSP 汇集了世界上最著名的会议、座谈、研究会和专题讨论会的会议录资料，文献来源包括专著、期刊、报告、学会协会或出版商的系列出版物以及预印本等，覆盖 250 个学科。WOSP 收录 350 多万条记录，来自于 6 万多个会议上发表的 200 万篇论文。每年增加 38.5 万多条记录，其中 66% 是以图书形式出版的会议录，其他的 34% 来自于期刊，期刊论文和会议录论文占了主要部分。数据最早回溯至 1990 年，每周更新。用户可以直接检索国际上主要的自然科学、工程技术、社会科学和人文学术会议录信息。WOSP 同时还收录了 1999 年至今的文后参考文献，其中 90% 以上的记录都含有参考文献，除此以外还包括来自 740 多个专题的会议摘要。

（1）版本、功能。① 科学与技术版（ISTP）。涵盖所有科学与技术领域，包括：农业与环境科学、生物化学与分子生物学、生物技术、医学、工程、计算机科学、化学与物理等。② 社会科学与人文科学版（ISSHP）。包含来自于社会科学、艺术、与人文领域的所有学科：心理学、社会学、公共健康、管理学、经济学、艺术、历史、文学与哲学。

与光盘版的 ISTP 相比，WOSP 最明显的特点是：增加了包括来自 740 多个专题的会议摘要信息；增加了社会科学及人文科学会议录索引部分。

（2）检索。

第一，快速检索（Quick Search）。可以检索文章标题，作者摘要和关键词。可以使用布尔逻辑算符连接词或者词组，一次性可检索最多达 50 个词或词组。

第二，普通检索（General Search）。通过输入由布尔逻辑算符和位置算符所连接的关键词或词组来检索某个特定主题的信息，主题检索将自动检索标题、摘要和关键词字段。

【作者】（Author）：在 Proceedings 中检索作者姓名的方式是：先输入姓 + 空格，之后再输入不超过 5 位的名字的首字母。也可以利用作者索引选择并添加到

检索框中。对于比较复杂的姓名或姓名中含有特殊符号情况,应检索该姓名可能的各种写法。

如:查找 M. D'Angelo,可输入:dangelo m* 或 d angelo m*。

【来源文献】(Source Title):该字段采用词组索引方式,为方便检索,先查询刊名全称列表(Full Source Titles List),或者输入刊名的单词的前几位字母并利用通配符来检索。

如:查找 Journal of Nursing Education,可输入:journal of nursing ed*。

【会议信息】(Conference):会议检索字段包括会议标题、召开地、主办者以及召开日期。

如:要查找 2004 年在 Joensuu,Finland 召开的 4th IEEE International Conference on Advanced Learning Technologies 的会议论文,可输入:CONFERENCE = learning technol* and finland and 2004。

第三,高级检索(Advanced Search)。允许用户使用两个字符的字段标识符和集合号创建一个复杂的检索式。注意,不可以在同一个检索式中同时使用字段标识符和集合号。

• 使用字段标识符组配检索。如:要查找在 2003 年 Washington D.C 召开的 82nd Annual Meeting of the Transportation Research Board 会议的有关 intelligent transportation systems 的会议录,可输入:ts = intelligent transport* and cf = (transport* and washington and 2003)。

• 利用检索集合号组配检索。在同一个检索进程中,每次成功检索的检索式和检索结果将会出现在检索历史中,可利用集合号进一步检索。

(3) 分析检索结果。Proceedings 中可供分析的字段有 8 个:作者、会议标题、国家区域、文献类型、语种、文献出版年、来源文献、主题分类,对于用户了解检索结果非常有帮助。高级检索中的"分析检索结果"功能可对上述 8 个分析结果进行重新排序。

二、ISI 其他检索工具

(一) Social Science Citation Index(简称 SSCI),社会科学引文索引

SSCI 创刊于 1969 年,数据回溯至 1956 年,是社会科学领域重要的期刊文摘索引数据库,也是用来对不同国家和地区的社会科学论文的数量进行统计分析的大型检索工具。收录全球 1840 多种主要的社会科学期刊论文,共涉及 50 多个学科领域,涵盖历史学、政治学、法学、语言学、哲学、心理学、图书情报学、公

共卫生等社会科学领域。每年重新审查更新，平均每年增加12.5万条记录。ISI每年审核的各科期刊大约2000种，其中只有10%—12%期刊可以被列为符合ISI收录要求的期刊。收录文献类型包括：研究论文、书评、专题讨论、社论、人物自传、书信等。

与一般索引不同，SSCI在提供文献的书目与文摘信息的同时，还提供该文献所引用的所有参考文献信息以及由此而建立的引文索引，揭示了学术文献之间承前启后的内在联系，能够帮助科研人员发现该文献所研究主题的起源、发展以及相关研究，提供课题的全貌。SSCI不仅是索引工具，也是评估社会科学研究成果的辅助依据。此外，数据库还具有分析检索结果的功能。通过分析功能，帮助学者深刻把握一个课题的总体画面，并且分析出研究领域的核心文献。透过整体的把握非常清楚了解该领域研究中有哪些缺失环节、研究中的相互矛盾之处，目前迫切需要解决的问题等。SSCI由引文索引、来源索引、轮排主题索引三种索引组成，三种索引各有用途，查找时要联系起来使用。

（二）Arts & Humanities Citation Index（简称A&HCI），艺术与人文科学引文索引

创刊于1976年，是艺术与人文科学领域重要的期刊文摘索引数据库。收录全世界1100多种一流的艺术人文期刊，涵盖考古学、建筑学、艺术、文学、哲学、宗教、历史、音乐、舞蹈等社会科学领域，每周更新。同时还从ISI收录的8000多种科技与社会科学期刊中，筛选出与艺术人文相关的学术文献。每年增加10万条新记录。

由于艺术与人文领域研究的特殊性，A&HCI提供以下独特的标引：

（1）文献标题加强。根据文献具体内容，撰写描述性的文献标题。

（2）标引出"暗引"文献或作品。艺术与人文领域内的文献如果述及某些作品，往往并不在参考文献脚注或尾注再加注明，ISI将这些在文中直接提及的作品也加以标引，可以直接被检索。

（3）"See also（另参见）"标引项。直接标引相关的文献或主题。

（三）Index to Scientific Reviews（简称ISR），科学评论索引

创刊于1974年，半年刊。每年收录200多种综述出版物和3000多种期刊中的综述类文献。学科范围与SCI基本相同，涵盖自然科学、医学、工程技术、农业和行为科学等100多个学科。目前只发行印刷本。ISR收录的论文，主题内容高度浓缩，可读价值较高，高质量的评述文章能够提供本学科或某个领域的研究

发展概况、研究热点、主攻方向等重要信息，是极为珍贵的参考资料，给用户全方位了解和掌握某一学科领域的概况和发展动态，提供了捷径。ISR收录的文献来源有两个方面：一是评论性期刊和出版物，收录其中全部文献条目。二是普通期刊中的综述性的文献条目，是从SCI数据库中通过计算机自动抽提出来的。这种抽提出来的文献除一般意义的综述外，还包括另外两种"综述型"文献，即文献主题中含有关键词"发展"（Advances）、"综述"、"评论"（Review）和"进展"（Progress）等的文献；以及列有55篇以上参考文献的文献。

（四）Current Contents Connect（简称CCC），期刊题录快讯数据库（http：//isiknowledge.com/ccc）

全球学术界颇具影响的期刊题录快讯数据库。记录来源于全球范围内的8000多种学术期刊和2000多种最新出版的各类专业书籍、会议文献以及4000多个精选的学术网站及评述，涵盖200多门学科。数据每日更新。提供题名、作者、刊名、地址等多途径检索，检索结果包括文献题录、作者、作者单位、来源期刊及文摘等。还提供ISI eSearch，用户可以在检索学术出版物的同时，了解某一研究课题相关的研究基金（Funding）、预印本（Pre-Print）、研究活动，并阅读相关的全文。CCC包括7个分册和2个合集。7个分册：农业、生物与环境科学（ABES）、社会与行为科学（SBS）、临床医学（CM）、生命科学（LS）、物理、化学与地球科学（PCES）、工程、计算机与技术（ECT）、艺术与人文（AH）。2个合集：商业（Business Collection，简称BC）、电子与通讯（Electronics & Telecommunications Collection，简称EC）。

三、专业外文文摘检索工具

（一）Science Abstracts（简称SA），《科学文摘》

Science Abstracts创刊于1898年，由英国电气工程师学会（IEE）、电气工程学会以及英国物理学会联合编辑出版，原名为《科学文摘：物理与电工》（简称PEE），1903年起改用现名。SA所报道的文献主要来自英国电气工程师学会情报服务处，来源包括世界各国出版的各种文字的期刊、科技报告、会议资料、专利和图书等，收录范围广，是检索物理学、电气工程与电子学、计算机与控制方文献的主要工具。1977年后不再收专利文献。文摘按分类编排，配有主题、著者、图书、参考书目、会议和机构等6种索引。

1. 出版形式

（1）印刷版 Science Abstract。包括文摘本、半年度累积索引和多年度累积索引本以及 INSPEC 叙词表等。月刊的正文部分按分类编排，包括：分类目次表、主题指南、正文部分及辅助索引部分。半年度累积索引和多年累积索引按主题索引、著者索引及引用期刊目录分别出版。文摘本中除 SA 的各分册文摘外，还出版专题文摘本，专门用于收录一些重点领域的热门主题。

（2）缩微胶卷 INSPEC。

（3）光盘版 INSPEC Ondisc。1989 年推出，按季度更新记录，每年累积为一张光盘，每张光盘覆盖的文献时间跨度大约 5 年。提供的检索方法有直接检索、浏览检索和叙词检索三种模式。

（4）电子版 INSPEC（http：//isiknowledge.com/inspec）。包括联机版、光盘版和网络版。联机版早在 1973 年就投入使用，基于 ISI Web of Knowledge 的网络版创建于 1991 年，覆盖了全球 80 多个国家和地区，相关学科领域的 3500 多种科技期刊，2000 多种会议录、报告、图书等，内容包括：物理、电气工程、电子、通讯、控制工程、计算机和计算科学以及信息技术等科技文献。数据量达 700 多万条书目信息，每周更新，回溯至 1969 年。ISI Web of Knowledge 平台为 INSPEC 数据库提供了强大的检索平台（图 10-3），除了主题、作者、来源刊名、地址外，还有检索 INSPEC 叙词表的控制词索引、分类索引以及更为简便易用的数值数据索引、化学物质索引和天文对象索引。

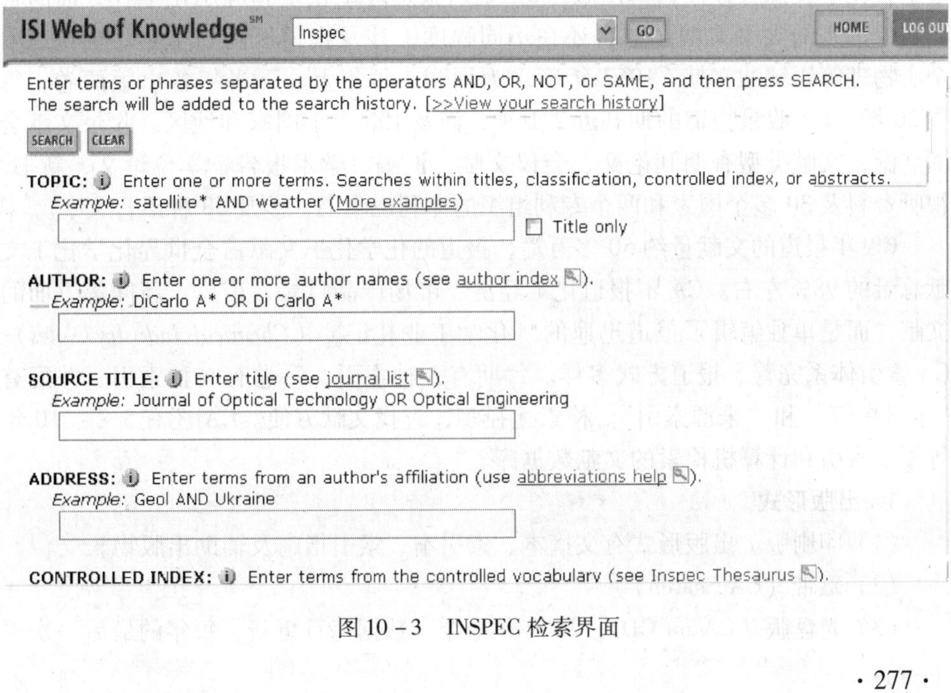

图 10-3　INSPEC 检索界面

2. 资源构成

分为 4 个专辑，各辑内容不同，但编排体系基本一致。除以期刊形式出版外，还出版有（INSPEC）缩微胶卷版和磁带版。

A 辑：物理文摘（*Physics Abstracts*，简称 PA），报道范围涉及理论物理、核物理、原子分子物理、天文学及天体物理等内容，年报道量达 18 万余篇，半月刊。

B 辑：电气与电子学文摘（*Electrical and Electronics Abstracts*，简称 EEA），报道电气与电子工程、电路、磁性材料、光学材料、通信、仪表的特殊应用及动力系统的应用，年报道量达 10 万余篇，月刊。

C 辑：计算机与控制文摘（*Computer and Control Abstracts*，简称 CCA），报道内容涉及计算机系统与控制理论、控制技术、计算机硬件、软件及应用，近年又增设了多媒体、INTERNET、数字技术及其应用内容，年报道量达 9 万余篇，月刊。

D 辑：信息技术（*Information Technology Abstracts*，简称 ITA），主要报道信息技术方面的文献，月刊。

（二）Chemical Abstracts（简称 CA），《化学文摘》

美国《化学文摘》（*Chemical Abstracts*，简称 CA）创刊于 1907 年，由美国化学学会化学文摘服务社编辑出版。CA 是以报道理论化学和应用化学各方面的科研成果为主的大型文摘杂志，还在不同程度上涉及报道医药、生物、轻工、冶金、物理等领域的文献。1967 年确立为周刊，每年上、下半年各出版两卷，每卷 26 期。CA 收录报道的期刊近 2 万种，涉及 190 多个国家和地区。收录文献全面广泛，文献类型有期刊论文、会议文献、汇编、学术报告、学位论文、新书、视听资料及 30 多个国家和两个专利组织的专利说明书，涉及 58 种语言文字。

CA 年报道的文献量约 50 多万篇，报道的化学化工文献占全世界化学化工文献总量的 98% 左右。CA 不报道化工经济、市场产品目录、广告、新闻等方面的文献，而是单独编辑了报道迅速的《化学工业札记》（*Chemical Industry Notes*）。CA 索引体系完善、报道方式多样。每期有 3 种索引，每卷有 6 种索引，并配有"索引指南"和"来源索引"。检索途径多，查找文献方便。CA 还有 5 年、10 年等累积索引和计算机检索的文献数据库。

1. 出版形式

（1）印刷版。出版形式有文摘本、索引本、索引指南及辅助出版物。

（2）磁带（CA Search）。

（3）光盘版（CA on CD）。1999 年至今，数据每月更新，每年的最后一次更新版,为年度索引。光盘数据库由美国化学学会制作,属文摘型数据库,内容对应于书本式《化学文摘》。广泛使用的有由美国化学学会制作的"CA on CD"光盘和 Compact Cambridge 科学文献服务社制作的"化学文摘累积索引及文摘"光盘两种。收录世界范围内有关生物化学、物理化学、无机、有机化学等众多化学及化工方面的科技文献,年文献量达 77 万多条,其中约 12 万多条专利。CA on CD 提供四种基本检索途径:浏览检索、词条检索、化学物质名称等级检索和分子式等级检索。

(4) 网络版(SciFinder, https://chemabs.cas.org/ca/login-page)。由联机数据库(CA SEARCH)发展而来,是世界最大的化学化工方面的文摘型数据库,也是目前世界上应用最广泛、最为重要的化学化工及相关学科的检索工具。收录从 1967 年至今的所有 CA 印刷本的化学文献,报道内容几乎涉及与化学化工相关的所有领域,其中除无机化学、有机化学、分析化学、物理化学、高分子化学外,还包括冶金学、地球化学、药物学、毒物学、环境化学、生物学以及物理学等诸多学科领域。该数据库在主要的国际联机系统中均有收藏,如 DIALOG、ORBIT、STN、ESA/IRS 等。

2. 索引系统

从出版形式的角度分,CA 的索引系统包括:

(1) 期索引。附在每期文摘之后,是检索该期文摘的索引工具,包括关键词索引(Keyword Index)、著者索引(Author Index)、专利索引(Patent Index)、双期的刊名变化表。

(2) 卷索引。每卷单独出版,是检索当卷各期中全部文摘的重要索引,包括普通主题索引(General Subject Index)、化学物质索引(Chemical Substance Index)、著者索引(Author Index)、专利索引(Patent Index)、分子式索引(Formula Index)、环系索引(Index of Ring Systems)。

(3) 累积索引。原来每 10 年单独出版一次,1957 年后每 5 年累积出版一次,是卷索引的累积本。

(4) 其他索引。"登记号手册"(CASRegistry Handbook),"索引指南"(Index Guide)和"CAS 来源索引"。

(5) 辅助索引(Auxiliary Index)。

(三) Biological Abstracts(简称 BA),《生物学文摘》

创刊于 1926 年,1964 年起由美国生物科学信息服务社(BIOSIS)编辑出版,是世界上最大的关于生命科学的文摘索引数据库。学科范围涵盖与生命科学研究研究相关的各个领域,除包括传统的动物学、植物学和微生物领域外,还包括生物医学工程及仪器等一些边缘学科和相关领域，回溯至1969年。共收录1926年以来的1800万条记录，数据来源于90多个国家出版的5000多种期刊、1500多种会议录以及图书和专利说明书等出版物。数据库每周更新，每年新增记录约56万条。1972年起为半月刊，1998年起，一年一卷，每卷出一套累积索引。出版形式有：

（1）印刷版。出版物主要有文摘本和来源期刊目录。1965年开始出版"生物研究题录"，现更名《生物学文摘/报告、评论、会议》（Biological Abstracts/Reports、Reviews、Meeting，简称BA/RRM），半月刊。

（2）数字版（BIOSIS Previews）。基于Web of Knowledge，将Biological Abstracts和Biological Abstracts/RRM（报告、评论和会议）有机整合在一起，提供全球的生命科学和生物医学信息，是生命科学领域重要的数据库。该数据库收录来自90多个国家的超过1300多万条记录，每年添加来自5000种期刊和非期刊文献的约56万条新记录，每天有大约2.8万条参考信息引自美国专利，包括生物学文摘所收录期刊以及生物研究题录所收录的会议、报告、评论、图书、专论等多种文献。数据每周更新，回溯至1969年。

提供多种检索方式，包括高级检索、联合检索，同时可以对深入的标引项进行检索：如生物上位分类、主概念、概念代码/标题、专利代理人或编号、会议信息和相关索引等。新增加的检索辅助功能可以阅览作者姓名、标题、叙词、BIOSIS Previews分类，以及生物上位分类。

（四）其他外文文摘检索工具

（1）*Cambridge Scientific Abstracts*（简称CSA），《剑桥科学文摘》。是美国*Cambridge Scientific Abstracts*（CSA）公司出版发行的综合性网络数据库。数据库按学科分为10类，包括60多个数据库，覆盖约4000种期刊、报告、会议记录等，检索结果为文献的题录文摘信息。

（2）SCOPUS。是Elsevier公司的文摘索引数据库，收录来源于许多著名出版商出版的科技、医学和社会科学方面的，超过1.5万多种期刊。可以检索到1966年以来的3000多万条摘要和题录信息，以及1996年以来所引用的参考文献。

（3）PsycINFO（简称PI），《心理学文摘》。由美国American Psychological Association（APA）出版，收录心理学和相关学科领域内的200多万篇学术期刊文章、书刊章节、书籍和论文的引文及概要，最早回溯至1887年。97%的文献经过同行评审。内容包括从25多种语言的近2000种期刊中精选的国际资料。

（4）*Metals Abstracts*（简称MA），《金属文摘》。1968年创刊，由美国金属学

会和英国金属学会共同编辑出版,2001 年后由 CSA 出版。《金属文摘》体系包括 5 种单独出版的刊物,《金属文摘》是 MA 系统的文摘本,月刊。文摘条目按金属专业分类编排,共分 33 个类目。

(5) Mathematical Review(简称 MR),《数学评论》创刊于 1940 年,月刊,由美国数学学会编辑出版。收录范围主要包括纯数学和应用数学领域中发表的所有数学文献,也包括物理、运筹、工程、计算机科学、生物和其他学科中包含的新的有意义的数学文献。姐妹刊《最新数学出版物》(Current Mathematical Publications)。

(6) CAB Abstracts,《农学和生命科学摘要》。由 CABI 出版机构出版。数据来自 140 多个国家、50 种语言的出版物中的 400 万条记录,每月更新,95% 的记录有英语摘要,回溯到 1973 年。提供来自全球期刊、学术书籍、会议发表的论文、会议录、公告、专论和技术报告。

四、国际联机检索系统

国际联机检索是指用户利用检索系统的终端设备,通过国际卫星通信网络,与计算机数据库检索系统的主机进行人机对话,并从主机数据库中查找出所需信息资源的过程。联机网络和检索终端几乎遍及世界所有国家和地区,使得国际联机信息检索的发展达到了相当高的水平,国际著名的大型联机检索系统有:DIALOG、ORBIT、ESA – IRS、STN、Data – Star 等。联机检索系统具有检索范围广、检索功能强、内容全面、检索速度快等特点。一般来讲,联机检索系统由以下几个部分组成:

(1) 联机检索中心。是联机检索系统的核心部分,由中央计算机及外围设备、联机数据库、数据库检索与管理软件三部分组成。数据库是文献和文档索引储存的地方,同一数据库可以在不同的联机检索系统中使用。

(2) 通信网络。通信网络是连接检索终端与中央计算机的桥梁,通过数据传输网将各个计算机连接起来,确保信息高速、可靠地传输。每个计算机成为网络中的一个节点,每个节点可以含一个或多个数据库,网络上的每个节点和其终端只要有授权均可对网络中的数据库进行访问,实现资源共享。

(3) 检索终端。是一种连接在通信线路上的输入/输出设备,是用户与中央计算机进行人机对话的装置,最常见的就是微机终端。

(一) DIALOG (http://www.dialog.com)

DIALOG 系统始建于 1963 至 1964 年间,从 1972 年起投入商业运营,向全球的图书馆和研究人员提供各领域的论文、会议文集、新闻、统计等信息的在线服务。是当今世界上最大的综合性的联机检索系统,资源最丰富、数量最多,功能最强大。信息海量达9兆兆位,60亿页,现有600多个数据库。专业内容涉及自然科学、社会科学、工程技术、人文科学、时事报道和商业经济等数十个学科领域,其中市场、商业经济资源最多。DIALOG系统绝大部分数据库都是由专门的数据库商提供的机读版数据库,再由DIALOG对其进行加工处理,制成格式统一、便于用户检索的DIALOG数据库,数据库种类齐全,主要有书目、全文、名录、数值、图像、事实和混合型等类型。

DIALOG有四个分支系统:Dialog系统、DataStar系统、Profound系统、NewsEdge系统。

系统功能很多,除联机检索外,还有光盘检索、原文订购、电子邮件、商界链接、全文检索、多文档检索、用户培训等。系统检索功能强、响应速度快、更新及时、查询质量高。一般来说,高质量的课题对Dialog有较强的需求。

1. 信息资源

(1)按照内容分。① 科技和专利技术:科学技术、专利技术;② 知识产权及商标资源:商标和版权类;③ 市场及动态资源:商业类、政府和法律类、新闻类;④ 其他资源(社科、图书等):社会科学和人文学类(包括文学、艺术、体育、教育及心理学)、全学科类。

(2)按数据类型分。① 题录文摘型数据(Abstract),主要是科技、专利类信息;② 名录手册型数据库(Directory),主要是各种工商企业名录、百科全书、各种专用、手册、药典;③ 全文型数据(Full-text),主要是市场行业报告、分析报告和工业报告、新闻报道、期刊报纸;④ 数值类信息(Numeric),主要是各种统计,如价格、进出口数据,生产、销售数据等。

2. DIALOG检索界面

DIALOG系统在Web上为不同的用户设计了风格不同的检索界面。

(1)DialogWeb界面——综合性检索界面(http://www.DialogWeb.com)。DialogWeb收录了近乎所有的DIALOG数据库,可以利用Web直接上网检索。提供的检索方式有:对象检索(Targeted Search)、引导式检索Guided Search(能方便地进行对话框方式检索,图10-4)、指令式检索(Command Search,检索费用最低)、动力学检索(Dynamic Search)。还提供了DialIndex预检功能,可以浏览、选择最佳数据库,帮助查看检索词或检索策略在所选每个数据库中命中的记录数,且不收任何费用。

(2)DialogClassic界面——速度最快的检索界面(http://www.DialogClassic.com)。特别为专业人员推出的检索界面。在Web界面下提供一个命令窗口,可以输入检索指令。Dialog提供最快最好的通讯线路,检索速度快。检索过程所

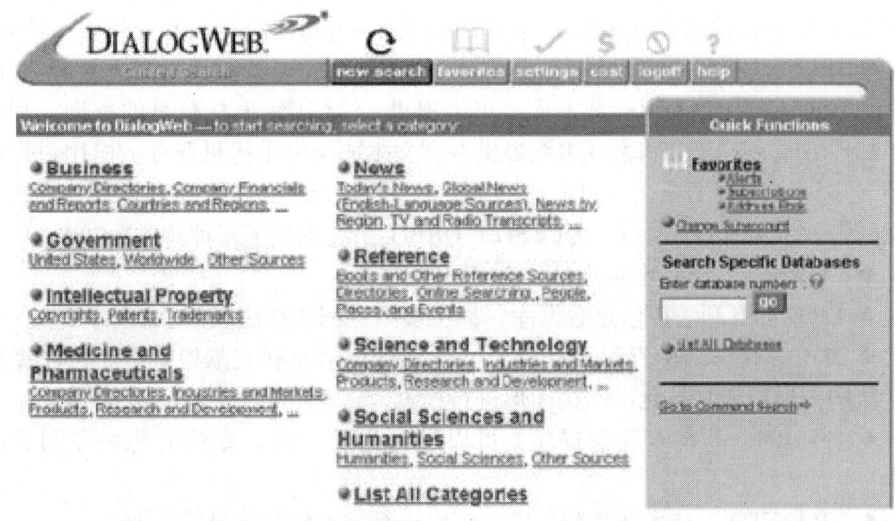

图 10-4 DialogWeb "Guided Search" 检索界面

有信息均保留，可一次性复制。

（3）DialogSelect 界面——"傻瓜"检索界面功能（http://www.DialogSelect.com）。该界面主要针对最终用户而非专业检索人员而设计，类似于常见的数据库 Web 检索界面，可检索 250 个数据库。其中的 Dialog Open Access，浏览检索无需 Dialog 账号，免费浏览。

（4）DialogLink 界面（http://www.DialogLink.com）。检索员预先将账号、口令等存入软件中，将检索式输入检索缓冲区内。联机时，这些指令可根据需要自动发送出去，并且在主机处理这一指令时，可以同时对下一条指令进行修改或删除，可大大缩短联机时间。

（二）Online Retrieval of Bibliographic Information Time-shared
（简称 ORBIT，http://www.questel.com/en/index.htm）

美国系统发展公司与美国国防部 1963 年共同开发的大型国际联机检索系统，1973 年投入商业性运营。1986 年被兼并，现为 Questel-Orbit。Questel-Orbit 系统约有 120 个数据库，数据库类型有书目数据库、指南数据库和词典数据库。内容涵盖自然科学、社会科学、工程技术、商业和经济等学科领域。

该系统专利信息丰富，覆盖面广，可以提供一步到位的检索服务。Questel-Orbit 系统报道的专利信息量居世界第一位。该系统中原收录了 29 个独立的专利数据库，又在 2000 年底推出 Pluspat 数据库，该数据库是将欧洲专利局的数据库与系统中的其他专利数据库进行合并而形成的一个超大规模的数据库，可以同时检索世界 69 个国家及组织公布的专利文献信息，并可以进行专利法律状态检索，提供多国专利法律状态变化信息。另外对部分国家专利，还可以进行引用专利的检索。系统还包括数个商标数据库，可以提供 35 个国家商标信息的查询。利用电子邮件方式，对部分国家及组织提供专利文献原文电子拷贝服务，向用户提供专利（申请）说明书全文（PDF 压缩格式），可以方便、快捷地进行专利说明书全文的索取，但有范围限定。QUESTEL ORBIT 系统提供了多种特色数据库：

◆ COMPAT。数字数据处理系统美国专利；

◆ EPAT。专利法律信息数据库，提供多国专利法律法规信息检索；

◆ MMS。化学结构索引数据库，可以进行化学专利文献检索，还可以提供化学结构图形或者是从化学结构图形进行检索。

◆ PHARM。药物专利数据库，可以进行比较深入、专业的药物专利文献检索；

◆ TRANSTIN。技术转让数据库，可以进行技术转让信息的查询；

（三）Europe Space Agency Information Retrieval System
（简称 ESA-IRS，http://www.esa.int/home-ind/）

ESA-IRS 系统是欧洲的联机信息检索系统，仅次于美国的 DIALOG 系统和瑞士的 Data-Star 系统。于 1966 年建立，1979 年由欧洲航天局信息检索服务中心负责运营。该系统拥有数据库 200 多个，多数为文献数据库，存储 7000 多万篇文献记录。内容涉及航空航天、宇宙学、天文学、天体物理、环境与污染、自然科学、工程技术、医学、商业等领域。该系统有近半数的数据库与 DIALOG 系统的重复，但对欧洲的文献收录较全，可弥补 DIALOG 系统之不足。特色数据库有：

◆ ChemAbs。美国化学数据库；

◆ Coputer PAT。计算机专利；

◆ DATALINE。金融数据库；

◆ INFOMAT BIS。介绍经济和开发方面情况的商业信息；

◆ INDUSTRIAL MARKET LOCATIONS。报道英国制造业情况，工业市场信息；

◆ NEWSLINE/NEXTLINE。提供欧洲国家公司财政信息，公司金融文档；

◆ PRICE-DATA。原材料价格数据库。

（四）Data-Star（http://www.datastarweb.com/）

Data-Star 系统是当今欧洲最大、全球第二的联机情报检索系统，由瑞士无线电有限公司开发，建于 1981 年。1982 年该系统有 250 多个数据库，涵盖商业新闻、市场研究、金融信息、贸易统计、商业分析以及化学、石油化工、生物医学技术等学科范围，在欧洲电子信息服务方面处于领先地位。该系统目前拥有 350 多个数据库，着重于欧洲的商业、医疗、药物等方面的信息服务，还在欧洲报纸、公司目录、法律文件等方面有很强的服务能力。尤其是在以下几个方面更为突出：

- ◆ 生物、医学、药品、制药和保健情报；
- ◆ 会议情报；
- ◆ 汽车工业和技术情报；
- ◆ 欧洲公司情报；
- ◆ 欧共体法规情报；
- ◆ 报刊新闻和产业情报；
- ◆ 商业贸易机会和国家报告；
- ◆ 世界贸易统计。

（五）the Scientific & Technical Information Network International（简称 STN，http：//stnweb.fiz-karlsruhe.de/html/english/）

STN 系统是国际著名的科技信息检索系统，由德国卡尔斯鲁厄能源、数学专业情报中心与美国哥伦布化学协会和化学文摘社和日本国际科技信息中心合作，于 1983 年 9 月建立。提供完全的国际性的科技信息领域的在线服务。目前有 220 多个数据库，每个数据库都是本专业领域内的权威数据库，如：生物学文摘 BIOSIS、化学文摘 CA 英国科学文摘 INSPEC、日本科技速报 JICST、美国医学文摘 MEDLINE、美国政府四大报告 NTIS、科学引文索引 SCI、世界专利索引 DERWENT 等。数据库类型有书目、数值、名录和全文数据库，有部分数据库为用户提供免费服务。系统收录涵盖多个基础学科领域和综合技术应用领域，其中化学化工信息、材料特性信息、专利信息、日本和德国的科技文献等是该系统的特色。

上世纪 90 年代，STN 推出了多个 Web 网站提供网络检索，如：STN Easy、STN Express with Discover、STN on the Web、STN International 等。利用 STN on the Web 可以进行化学物质结构图形检索。此外，STN 系统还提供免费资源：STN WEB 预检功能和 STNEASY FREE DEMO。STN 系统主要的特色数据库有：

- ◆ ANABSTR。分析化学文摘；
- ◆ BABS。伯恩斯坦文摘数据库；
- ◆ BIOTECHNO。生物技术数据库；
- ◆ CAPLUS、HCAPLUS、ZCAPLUS。美国化学文摘；
- ◆ CEABA-VTB。化学工程和生物技术文摘；
- ◆ CHEMISTRY（Chemical Literature Cluster）。化学文献类；
- ◆ CONF。世界科技会议预报；

- GFI。格美林化学分子式索引；
- REGISTRY：化学物质结构图形数据库；
- RUSSCI。俄罗斯科学新闻。

（六）Online Computer Library Center
（简称 OCLC，http：//www.oclc.org）

OCLC 联机计算机图书馆中心创立于 1967 年，总部在美国。是大型的提供文献信息服务的机构，也是面向图书馆、成员关系的计算机网络服务和研究组织的非赢利性机构。实行会员制，在世界范围内 112 个国家和地区的有超过 6.9 万个成员图书馆，在使用 OCLC 的服务查询、采集、出借和保存图书馆资料以及为其编目。OCLC 与其成员图书馆共同合作，提供和维护 WorldCat——OCLC 联机联合目录（OCLC Online Union Catalog）。OCLC 亚洲太平洋部门是 OCLC 的一个分部，向亚太地区 2000 多所图书馆提供对 OCLC 产品与服务的使用。

OCLC 的联机检索服务系统 FirstSearch 于 1991 年发行，已有近 2 万个机构成员。1999 年 First Search 推出新版本 New FirstSearch。新系统的检索功能强大、界面友好、操作简便并易于获取全文。目前利用 FirstSearch 可以检索到 80 多个数据库，其中有 30 多个全文库，总计包括 6000 多种期刊的联机全文和 2000 多种期刊的联机电子镜像，达 600 多万篇全文文章。这些数据库绝大多数由一些美国的国家机构、联合会、研究院、图书馆和大公司等单位提供，并高频率地进行更新。数据库的记录中有文献信息、馆藏信息、索引、名录、全文资料等内容。数据库分成 15 个主题，覆盖学科广，信息量大，更新及时，费用低廉。资源类型包括图书、期刊文章、会议录、图书评论等。OCLC Firstsearch 的主要数据库包括：

- Article1st。1.6 万多种学术期刊的文章引文及目录索引；
- Contents1st。1.25 万多种期刊的目次页；
- Ebooks。世界各地图书馆联机电子图书目录；
- ECO。联机电子出版物；
- ERIC。教育专题的期刊文章和报告；
- GPO。美国政府出版物
- MEDLINE。医学文献数据库；
- NetFirst。OCLC 的 Internet 资源的数据库；
- PapersFirst。国际学术会议论文索引；
- Proceedings。国际学术会议录索引；
- UnionLists。OCLC 的期刊联合列表库；

- ◆ WilsonSelectPlus。科学、人文、教育、工商等学科全文文章；
- ◆ WorldAlmanac。世界年鉴数据库；
- ◆ WorldCat。世界范围图书馆的图书和其他资料，包括 3900 多万条记录。

思考题：
1. 什么叫期刊的影响因子？有什么作用？
2. 引文索引的内容一般由哪几个部分组成？
3. 世界三大著名的引文索引分别是什么？各自有什么特点？
4. 试评述 SCI 在科研评价体系中的价值。
5. 列举世界范围内的文摘类检索工具。
6. 什么是国际联机检索？举例说明有哪些著名的国际联机检索系统。

第十一章 信息资源综合利用

一、信息资源的搜寻与利用

在信息传播手段和方式日益发达、传播内容日益丰富、传播范围日益广阔的今天,选择合适的信息工具,有计划、有步骤地在海量信息源中获取所需的有用信息,并将其合理高效地组织到我们的知识结构中来,对于我们的学习、研究甚至生活都相当重要。因此,信息意识和信息素质教育是信息时代高等教育的重要内容,1998年全美图书馆协会和美国教育传播与技术协会专门制定了评价学生信息素质的标准。归结起来,对信息的收集和处理的能力由四个基本面构成:信息的搜集汇聚能力、信息的甄别筛选能力、信息的分析整合能力、信息的增值再生能力。这实际上也是信息加工流程的四个基本环节。

(一)信息的搜集与汇聚

信息资源作为当今社会的基础资源,其存量规模庞大、结构复杂。丰富的资源一方面为我们提供了足够广阔的知识空间,另一方面也增加了我们利用资源的难度,我们所需要的特定的有用信息总是离散地分布在各种类型信息资源中,将这些离散分布的有用信息高效、准确、全面地搜集、汇聚起来是信息活动的首要环节。信息搜集与汇聚方式大致有三种:信息的长期定向积累、信息的批量专门检索、信息实况调查。

1. 信息积累

信息长期定向积累,是指围绕一定的主题或专业方向,习惯性、连续性地记录、搜集、整理相关信息,并长期积累的信息行为。长期定向积累是科学研究中知识累积的一种重要手段,它要求研究者对专业领域的信息保持适度的敏感,并随时留心所能利用的各种途径、各种媒体上相关信息的传播发布情况。信息累积主要有三种形式:系统累积、跟踪累积、点滴累积。包括学习笔记、研究日志、文摘卡片、专题剪报、日记等活动以及定题服务、跟踪调研等具体的累积方式。通过信息累积所获取的资料具有良好的时序性,能够清楚反映出课题领域在一个时间段里的发展和演变情况，且资料因时因地采集，一手资料的比例大，具有很高的档案价值。选择合适的信息源，持续、细致、敏锐地搜集各类型信息，并定期予以汇集和整理是提升信息累积质量的关键。

2. 信息检索

信息的批量专门检索，是指为了满足特定的信息需要而采取的有目的、有组织、有计划的信息检索活动。高效的信息批量检索可以在短时间内汇集大量专业信息，是科研活动中大批量信息获取的主要手段。批量信息检索的效率和质量，主观上取决于检索者对检索主题的解读和领悟、对检索系统及工具的选取和认识、对检索基本知识和技能的掌握以及相关经验、知识结构和心理品质等诸多因素；客观上则受制于检索工具、检索时间及环境等物理因素。对于不同领域的课题和不同的检索系统和工具，具体的检索方式也有所差别，检索者必须综合考虑多方面情况尽量采取最有效、最便利、最合理的检索方式。以下是几种在科研工作中较为常见的检索方式：

（1）广度优先。优先满足查全率要求，在尽量大的范围内过滤出所有与检索主题相关的信息，将其巨细无遗地汇集起来以待进一步加工。需要强调的是，广度优先并不意味着单一追求广度而放弃深度，经过广度搜索所得的信息集合需要进一步甄别、筛选和分类等深度加工。应用广度优先的方式进行检索，第一步是对检索主题所属学科的文献信息进行全局浏览和全面调查，剔除明显与主题无交集的条目，形成初步的检索集，然后将检索集中的信息依据主题或学科类别划分为若干专辑，最后对专辑中的信息逐条评价，按照与检索主题的相关程度筛选出核心信息、相关信息、外围信息等层次结构。广度优先可以比较全面反映检索主题相关信息的整体情况及其分布、结构，这样的搜索结果往往具有一定的提示性和启发性，研究者可以依据各专辑的学科分布和结构反过来检视和调整自己的课题内容。广度优先的缺点是检索量比较大，信息处理过程比较耗时。

（2）引文跟踪。文献之间的参考引证关系在一定程度上揭示了文献间的内在联系，有时候这种联系具有很高的学术价值。引文跟踪就是利用文献所附的参考文献、相关书目、推荐文章及引文注释等线索由近及远地查找相关文献。引文跟踪所获得的文献资料往往包含了与起始文献相似观点、思路、方法，具有启发意义，并且具有很强的时序性，能够清楚反映出学术研究的历史情况及发展脉络。由于引文跟踪所获的文献资料往往呈现一查十、十查百的指数增长趋势，因此，循着引文线索进行文献查找，不仅可以了解文献的历史情况，还可以在较短的时间内迅速、高效地聚集一批相关文献资料。引文跟踪的最明显的缺点是，跟踪过程中所获得的文献资料越来越老旧，文献内容越来越分散。另外，起始文献的选择对引文跟踪质量至关重要，一般尽量选择综述、述评或质量较高的专著作为起始文献，它们所附的参考文献往往经过了严格筛选，并附有相关评论，质量比较好。

(3) 逐层扩展。与广度优先相对，逐层扩展的检索方式优先考虑检索深度，即首先在满足查准率的条件下获取一批核心的文献信息，然后在核心信息的基础上，通过对文献内容的分析，确定相关主题及所需的外围资料，进一步检索相关主题及外围主题，逐步获取相关信息及外围信息。与广度优先的方式相比，逐层扩展的检索量相对较小，所得的信息集合层次分明并利于加工和利用。但逐层扩展的检索方式与引文跟踪一样，对初始文献信息有很大依赖性。初始文献范围过窄，检索结果就不足以反映主题信息全貌，甚至会遗漏一些关键信息。

(4) 多重归并。对同一主题采用不同检索系统或者不同的检索途径分别进行检索，然后对检索结果进行对比和归纳，去除重复条目后将结果合并在一起。由于不同的检索系统、检索工具以及检索途径有着不同侧重，广泛使用各种检索工具进行检索，并对结果进行归并，可以较好地保留各个检索系统或途径的优点，同时又能克服各自的缺点，全面反映检索主题的完整情况，对于综合性检索以及多系统、多途径检索是必须的。多重归并的检索量相对较大。

以上几种常见的检索方式各有优劣，实际的信息检索一般会交替、混合使用多种检索方式，以获取质和量都比较令人满意的结果。例如，当我们着手一项全新的课题时，常常首先选择一个典型常用的检索系统进行广度优先检索，以获取对课题文献的初步了解，然后对核心文献进行研读，并就部分重要文献通过引文跟踪以回溯其历史状况，进一步分析相关或外围主题，并选择其他类型或载体的检索系统对文献进行相关扩展，反复交替直到得到高质量的结果。同时，在检索中我们还要注意利用一些文献计量学的知识、原理和方法，以对检索结果有比较客观、比较深刻的评价和认识。

3. 信息调查

实况调查是汇聚信息的又一重要途径。所谓实况调查，包括现场调查、参观、访问、座谈、函调等具体调查活动。实况调查与其他信息汇聚手段相比，有着自身的特点：所获取的信息原始、充分、直观，具有很强的针对性；良好的信息反馈有助于澄清讹误，排除疑问；资料内容新颖，且往往包含尚未形诸文献的全新信息；渠道和形式广泛多样，调查结果涉及面较广。实况调查要取得良好的效果必须坚持一定的原则，即调查活动应力求客观、全面、深入，如实地反映事实和事物的真实情况，广泛了解调查对象各层次、各阶段的历史和现状、经验和教训、优点和缺点等全方位情况，并能透过纷繁复杂的表象深入了解事实及事物的本质情况。

(二) 信息的甄别与筛选

搜寻汇聚的初始信息资源必须经过进一步的甄别和筛选，去粗取精、去伪存真,排除信息集合中的"噪音",提升信息集合的品质。信息的甄别与筛选,要求在尽量提高信息效用、降低无用信息比重的同时,不能遗漏有用信息,特别是具有重要情报价值的有用信息。对信息的筛选主要依据信息的质量以及与主题的相关程度来进行:

1. 可靠性判断

信息的可靠性主要表现在信息的科学性和真实性方面。可靠性判断主要是依据信息的外部特征、内容性质以及引文参考情况来确定信息的价值。

(1)信息的外部特征。如作者、出版者、体裁、来源等信息的外部特征,往往可以昭示信息内容的价值。由名家、学者、专业人士撰写,由著名科研机构、高校、出版团体出版的信息,质量相对较高。专业性体裁的信息如专著、档案、科技报告、图纸等,也是相对比较可靠的。由官方机构或专业团体发布的信息,要比一般的企业机构、社会团体更具可信性。当然,信息的外部特征仅仅是可靠性的参考性指标,只能作为信息可信度相对粗略的判别。

(2)文献信息的内容性质。内容性质是信息可靠性的直接判别依据。论点鲜明、结构严谨、论据充分、数据翔实的文献信息显然应被优先选取。同时,信息内容的其他属性,如所处阶段、法定地位等也是可靠性的重要判据。同是科技报告,最终报告要比阶段性报告更全面、更翔实、也更可靠;正式标准要比标准草案或试行标准更权威。

(3)参考引证关系。参考引证关系可以反映文献信息在学科文献网络中的关联情况,同时对文献的参考和引证情况进行统计和了解,也是文献评价的重要方式。对参考引证关系的考察本质上是借助其他文献来评价目标文献。文献在撰写过程中如果大量引用了各种权威、准确的参考资料,那么文献本身的研究基础就比较雄厚,文献可信度也就比较高;同时,如果一篇文献频繁的被多篇文章所引用,那么就意味着这篇文献的价值被学术同行广泛认可。

2. 先进性判断

所谓先进性是指文献信息所反映的内容、事实是某一领域的新观点、新发现、新理论,或者对专业领域的创新具有启发和指导作用。文献信息的先进性主要依据三个方面来评判:

(1)文献信息撰写或发表的时间。一般来说,文献信息总是伴随着时代的进步和科学技术的发展而不断成长和更新。因此,文献撰写或发表时间往往体现了文献内容在学科发展链中的位置,最近发表的文献信息一般都会关注学科最新热点和进展。但需要注意的是,不同学科文献更新及"老化"速度不太一样,文献发表时间对先进性体现也不完全一致。

(2)文献信息的生产者。世界各国、各地区以及各个不同研究机构,其科学技术研究及发展水平各有长短不尽相同。来自权威机构、或学术发达地区的文献信息一般都比较先进。比如来自美国的管理科学和信息科学文献，来自日本的工业技术信息，来自高水平科研院所的科技报告，来自著名高校优势学科的研究论著等。

（3）文献信息既有的实践效果和所属学科的发展情况。实践是检验真理的标准。文献信息所讨论的课题不是一蹴而就的，而是一个循序渐进的实践过程。依据课题进程所取得的实践效果以及学科最新进展，可以直接对文献信息的先进性进行评判。如文献信息所包含的理论、假设是否触及学科原有的理论体系，能否更好地与实验、实践相符合；文献信息提出的技术、方法是否是对原有技术、方法的改进，能否有效提升产量、质量、利润、生产率等经济指标。

3. 适用性判断

适用性是指文献信息对检索课题的适合程度和对需求用户的适用程度，也即文献信息对相应的检索课题和用户的满足度。以需求为导向是信息汇聚的首要原则，能否满足用户的信息需求，是信息筛选的重要标准。文献信息对于课题和用户的适用性，可以从文献信息的条件、背景、效果三个方面予以考察，即文献信息的实用条件是否合乎用户需求，文献信息的背景情况是否与课题相关，文献信息的实践效果对课题及用户是否有益。比如理论性的文献信息，要求对学科建设要有现实或长远意义；政策性文献信息则要看它是否符合社会、经济、政治背景；技术性文献信息看它是否能为用户顺利实施，为课题或者工程带来经济效益和社会效益，如此等等。

（三）信息的分析与整合

经过筛选的信息应作进一步的细致分析、整理和深度加工，使其条理化、系统化、结构化。信息的分析与整合是在对信息资料细致深入地阅读、分解、摘记的基础上，由此及彼、由表及里，逐步深化地对资料所包含的知识内容进行重组和归并。信息分析与整合又可以细分为前后相继的三个环节：

1. 资料的阅读和摘记

信息资料搜集和遴选完成后，用户一般对资料的整体情况已经有了一定的把握，接下来就需要对每一个条目或篇目的信息资料进行精细阅读，提取其中所包含的各类知识单元，并对每一个知识单元进行摘记、制卡。这个阶段实际上就是将文献分解为若干知识单元的过程。分解过程中要注意摘记和提炼，所有知识单元单独制卡。

2. 知识单元的分类与整序

通过阅读和摘记所获得的知识单元集合往往是杂乱无序的，必须对其进行科学合理的分类、整序。知识单元整序有多种方式，常见的有：形式整序、分类整序、主题整序、数据整理、时序整理等。形式整序是指按照知识单元的一些外在形式如字顺、笔画等进行整序；分类整序则是按照知识单元的学科性质进行整序；主题整序是以知识的内容特征为整序依据；数据整理是对数值型的知识进行比较、订正、统计、制表、制图等处理；时序整序是以知识的时间坐标为整序依据。由于知识单元集合通常都涵盖比较广泛的内容，在实际整序过程中，需要首先对知识单元按知识性质粗分为若干块，然后对每一块使用不同的整序方式，比如将知识单元集合划分为理论性知识单元、事实性知识单元、数据型知识单元三个子集，然后分别按分类整序、时序整序加形式整序、数据整理来处理。

3. 知识内容的重组与归并

知识单元序化之后，是对知识单元集合的深度整合。即对同类知识单元进行比较，由此及彼地横向归并，然后对各类归并知识进行重组，以形成一个有机的、系统化、结构化的整体。

上述信息分析与整合的三个环节实际上就是对文献信息的分解→整序→归并流程，这一阶段的主要目标就是通过对信息资料的深加工、精加工形成知识密集型的信息集合。

（四）信息的增值再生

所谓信息的增值再生，就是利用整理好的信息集合，通过深入、系统的分析、综合、归纳、对比，运用各种科学方法和研究工具，形成完整的概念或判断、得出正确的结论或规律、做出科学的预测或解释。也即将有用信息集合通过研究和分析再生为新的知识，并将其纳入到既有的知识结构中的信息知识化过程。同一信息集合使用不同研究工具及分析方法、从不同的角度加工处理，可以获得不同方向的再生知识，也就是说信息的知识化依据加工处理的目的和过程而具有明显的倾向性。就研究的目标和任务而言，常见的信息知识化方向包括信息相关性分析、信息评估和信息预测等。

1. 信息相关性分析

所谓信息相关性分析，是指对信息之间的关联关系进行定性的、定量的或者定性与定量相结合的研究和归纳。信息及事物之间的关联大致可以分为三类：相似关系、相关关系、因果关系。相似关系是指信息在表象或外部形态上比较接近，而实际上并无本质联系；相关关系是指信息之间彼此影响、相互制约，存在一定程度的依存关联；因果关系是指信息之间严格地前后相继、彼此制约的关联。这三种关系关联程度逐步递进，具有相似关系的信息之间在本质上并无联系，相关的信息之间彼此有一定程度的关联但不是严格的必然联系，因果关系则是严格意义上的引起和被引起的必然性、规律性联系。科学研究中出现的失误，多是由于混淆了这种三种关系，比如将相似关系误认为相关关系甚至因果关系而得出不存在的规律，或者将相关关系看成了因果关系而形成片面结论，或者反过来将因果关系误作相似关系而错过了重要的发明或发现。

信息相关性分析就是要准确地寻找并确定信息之间的关联及其性质，以揭示和描述信息背后的真实规律。就研究范围及侧重而言，信息相关性分析包括性质相关分析、结构相关分析、数值相关分析、变量相关分析、内容相关分析等。相关性指标参数是衡量信息之间相关性的量化标准。不同的研究领域所采用相关性指标参数也不一样，如相关系数、关联系数、耦合强度、交叉影响概率等等。常用的信息相关性分析方法包括对比、估测、归类这样的定性方法，以及参数拟合、散点图、关系矩阵、聚类分析等定量及拟定量方法。

2. 信息评估

评估是科学研究以及经济、政治决策领域的一项基本活动。按照评估对象或评估内容，评估可以分为：效用评估、技术评估、价值评估、可行性评估等各种类型，但无论哪个领域的评估工作，都是建立在信息分析、综合、比对的基础上，所以都是信息评估。信息评估的首要问题是确定评估标准，研究者可以在既有的信息资源基础上综合考虑多因素、多目标，尽量以定量的、可测的、客观的方式建立起一个科学的、规范的、可比性好、操作性强的评价准则或指标体系，或者利用已获得公认的成熟的评价体系。常用的评估方法有等级评估法、综合评分法、加权指标体系、矩阵评估法等，可以根据评估对象及信息资源选择适合的评估技术。信息评估的目的在于详细了解评估对象的现状，明确评估对象优势及缺陷，以供进一步决策。因此，信息评估过程必须始终围绕评估的预订目标而进行，评估结果要有足够的反映力和指标性。

3. 信息预测

信息预测是指在既有的信息资料基础上，运用适当的预测工具和方法，通过分析、比较、归纳、统计等方式对某一事物或某一领域的未来发展趋势做出科学合理的描述。信息预测按照预测对象可以分为经济预测、社会预测、科学预测、技术预测和军事预测等；按照时间跨度可分为短期预测、中期预测和长期预测；按照预测前提条件可分为无条件的探索性预测、有前提的规范性预测。信息预测中经常结合使用定性和定量方式，目前常用的预测方法主要有三种类型的预测：

（1）德尔菲法。也即专家意见法，是一种经典的定性预测方式，由美国兰德公司于1946年创立。德尔菲法的预测程序包含四个基本流程：组织专家→调查提问→逐轮汇总预测意见并匿名回馈给各个专家→综合汇总和整理。德尔菲法作为一种有效的主观、定性的方法，不仅可以用于预测领域，而且可以广泛应用于各种评价指标体系的建立和具体指标的确定过程。

（2）时间序列法。即将既有的信息或观测数据按照时间先后排列，形成时间序列，然后通过定性外推或者定量拟合的方式预测信息即数据的未来发展情况。采用不同的外推方法和拟合模型，时间序列分析又可分为趋势线性外推法、移动平均法、指数平滑法、多项式拟合、指数拟合、生长曲线拟合、包络曲线拟合、时序分解法等多种类型。具体采用什么样的外推方法及拟合模型，应视预测对象的情况以及预测目的而定，也可以参照以往同类预测案例。

（3）回归分析法。回归分析是一种数理统计方法，它以事物发展中各变量之间的统计关系为分析对象，选择适当的回归模型，依据数理统计方法计算出具体的回归曲线，以此预测变量的发展趋势。回归分析法与时间序列法存在本质的差别是，回归分析采用数理统计工具，回归结果可以严格计算出置信度及置信区间，并可对变量进行重要性进行判断。回归分析除了用于信息预测外，还可用于信息相关性分析。

无论采用哪种信息预测方法都必须要注意两个问题：预测的实用条件和范围、预测的准确性及意外情况。

二、学术论文及学位论文的写作

学术论文有时又称为科学论文或科技论文，它是对实验性、理论性或观测性的科研成果以及已知成果在实际应用中进展情况的系统、科学描述，是科学研究的书面成果。学术论文撰写是发表学术观点、获取学术认可、促进学术交流的重要手段，当今世界80%以上的科研成果都是以学术论文的形式予以公布的。学术论文按照撰写功能侧重点的不同可以分为三类：科研论文、课程论文、学位论文。

（1）科研论文。广泛产生于人文社会科学、自然科学以及应用科学各研究领域，撰写目的在于公布学术成果或观点、开展学术交流和讨论。科研论文选题广泛、体裁多样，常见的科研论文体裁有期刊论文、会议论文、科技报告、教研论文、综述述评等。科研论文有一定的创新性要求，撰写要求观点鲜明、结论科学、论证充分、结构严谨。

（2）课程论文。是高等学校各专业学生根据专业培养目标或课程教学目标而撰写的作业性命题性论文，撰写的目的主要是为了深入学习和掌握专业技能和课程知识。课程论文一般都是在专业范围或课程内容范围统一命题，撰写所依据的材料多分布于相应的专业教材或参考文献中，论文创新性要求相对较低。

（3）学位论文。是学位申请者为了获取相关学位而提交的考核性、资格性学术论文，其撰写的目的主要是证明申请者有获取相关学位的学识、水平和能力。学位论文集中全面地反映了撰写者的专业素质、研究能力和学术贡献，其写作要求体式完整、资料翔实、论述严谨科学、学术水准高。

(一) 学术论文的特点

学术论文不同于一般的议论文体，它是一种有着规范体例，严谨结构，严密论证的高级论说文体，它承担着成果描述、观点论驳、问题分析等学术职能，与一般文体相比，具有五个显著特点：

（1）学术性。又称为理论性，是学术论文区别于一般议论文体的根本特质。学术论文是一种学术论理文献，它只能以学术问题为讨论范畴，以学术成果为表述对象，以学术观点为论证核心。学术论文的撰写要求运用科学的原理和方法，对特定研究对象和研究领域进行抽象、概括、分析、说明，以揭示事物的内在本质和发展规律，将感性认识提高到理性认识阶段。因此学术论文都具有强烈的理论色彩，其所能达到的理论高度及深度往往正是衡量论文学术水平的重要标准。

（2）科学性。学术论文本质上是科学研究及其成果的书面形态，科学性对于学术论文来说至关重要。一篇学术论文无论语言多么精炼，表述多么充分，资料多么翔实，如果其内容不科学，甚至是伪科学、反科学的，那么文章就没有任何价值。学术论文的科学主要体现在论据、论点和论证三个方面，即：① 材料真实而准确。论文所采用的论据材料和研究资料必须是客观真实、准确可靠的。为了支撑观点而臆测或杜撰假造材料是绝对不允许的。同时，研究过程中必须对来自第三方的理论、数据、事实等资料进行认真鉴别、核实，确保准确无误。② 结论可重复、可检验。结论或结果的可重复、可检验是科学性的重要标准。需要注意的是，这里的可重复是指结果在相同条件下可以复现，而可检验则有两层含义：一是指结果或结论经得起考验和鉴证，一是指结果必须在原则上可以排中性的证伪或证实。无法证实或无从检验的结论不是科学结论。③ 论证过程逻辑严谨。严谨的逻辑性是学术论文论证的基本要求，也是科学研究思维过程所必须遵循的准则。论证严谨就是要求论证过程必须严格遵循已获得公认的逻辑规范和科学范式，不能狡辩、诡辩、强辩。所有的结论都应该由论据材料"自然"的综合、分析、归纳、演绎而成，而不能主观臆断、以点概面、以偏概全，或者东拉西扯、上纲上线。

（3）创造性。又称为创新性、创见性、独创性、原创性，它是衡量学术论文价值的根本性标准之一。科学研究本质上是在已有的知识及信息基础上获取新知识、新信息的创造活动，创造性是科学研究活动及论文写作的基本要求。不同领域，不同体裁的学术论文，创造性要求不尽一致，科研论文、学位论文创造性要求较高，课程论文、教研论文、综述述评类论文创造性要求相对较低。但这种差别也是相对的，所有的学术论文原则上都要有一定的独创性，这里独创性并不是要求有重大的空前绝后的全面创新，而是要求论文必须包含作者在专业范围内的真知灼见，即论文应该能够体现撰写者独立思考、独立研究所获得的内容，未经任何独立思考或研究，实际上也就没有撰写论文的必要。

（4）实用性。是指学术论文必须具有一定的应用价值或指导意义。这里所谓的实用并不局限于论文技术价值、实践价值，也包括理论指导意义，即论文对于社会进步、经济发展、技术改进、理论研究的有用性和价值。完全不具有社会意义、经济效益、理论价值的学术论文只能是虚论空谈，毫无意义。不同类型、不同领域、不同体裁的论文，其实用价值各有侧重，基础科学领域的学术论文主要是通过解决重大理论问题、完善基础理论体系、确立专业范式、发展学科基本方法体现出高屋建瓴的理论价值和指导意义；应用科学领域的学术论文则侧重于解决实际或实践问题、开发和改进各类技术、研制和发明各型产品功能等，体现出显著的实践价值和实用价值。

（5）规范性。学术论文发展到今天，已经形成了固定的撰写体例和规范，并成为科学研究范式的重要组成部分。论文撰写规范化、标准化，一方面是为了促进学术表达的统一、协调和规范，避免歧义、含混及撰写形式所导致的不必要的误读；另一方面则主要是为了促进学术交流和知识传播，统一、规范、协调一致的学术论文有利于提高文献信息加工、处理、检索、传递的效率。世界主要国家，尤其是学术发达地区都制定通行的论文撰写编辑的国家标准或专业规范，国际标准化组织（ISO）也制定了一系列国际标准，如 1983 年颁布的《文献工作——科学报告编写格式》。我国先后在 1986 年和 1987 年颁布施行了《科学技术报告、学位论文的编写格式》（GB7713 – 87）、《文献编写规则》（GB6447 – 86）、《文后参考文献著录规则》（GB7714 – 87）。

（二）学术论文写作的知识准备

（1）专业知识。专业知识是论文撰写者的基本知识结构，也是论文知识背景。专业知识包括专业领域的一般知识、课题专业知识、相关专业的相关知识。专业领域的一般知识是指专业中已有的、成熟的、获得公认的通用知识，它是论文的理论基础，是每一位专业研究者必须具备的素养性知识，包括专业基础理论、专业研究范式、专业学科发展史等。课题专业知识是指课题直接对应的理论、方法、数据、现状、趋势等信息知识，是论文研究和讨论的直接范畴，撰写相关课题的论文自然要求对相关课题有深入理解、认识和研究，这也是论文撰写者原则上最为精熟的知识部分。相关专业的相关知识是指与课题所涉及的其他专业的与课题本身有密切关联的知识，这些知识往往是论文课题研究所必需的背景资料、工具方法、对比对象等，每一位成就者都有宽广的学科视野，通晓相关学科的基本知识。

（2）信息查检与利用知识。信息检索与利用知识是学术论文撰写过程所必备的工具性知识。任何科学研究都是建立在翔实的、充分的、广泛的信息资料基础上的，无论是专业知识还是相关信息、数据、文献，往往都散布于各种类型、各个年代的信息资源中，必须花费一定的精力和时间予以专门搜集和整理。一般来说，信息查检、文献调研、课题综述是学术论文撰写的必经阶段。学习和了解信息检索的基本理论，熟练掌握信息查检的基本技术的同时，还要具备信息分析、整合、提炼、升华等能力，也即要求论文撰写者善于将查检到的信息内容创造性地利用起来。

(3) 论文体例及文本编辑知识。学术论文有规范的体例格式，撰写人应该严格按照国家规定或学术机构所要求的标准体式进行写作。同时撰写者应该了解掌握一些常见的编辑知识，一方面可以提升所撰写论文的文本效果，另一方面有助于论文的公开发表，公开出版物在学术论文的收录上都明确的文本编辑细则要求。

(4) 一定的文字功底。学术论文不要求文学、艺术加工，语言风格上追求严谨、客观、朴素、准确，但这并不表示学术论文摒弃一切修辞手段。实践证明，必要的文字润饰、语言加工、篇章调整有利于增强学术论文的可读性、条理性和流畅性。这就要求论文撰写者应具备一定的文字功底，语言凝练、行文晓畅、表述清晰、论证有力。

(三) 学术论文的篇章格局

学术论文就整个篇章格局而言，大致包括两个部分：辅文部分和正文部分。

1. 辅文部分

辅文是指论文正文以外的结构，主要用以辅助揭示、说明、标引、附载学术论文的外部特征及内容要义，一般都具有较强的检索意义。辅文部分在信息检索中又称为辅文信息，主要包括：题名、署名、文摘、关键词、类识标号、目次、参考文献、附录等（如图11-1）。

$$
辅文部分 \begin{cases} 题名 \\ 署名 \\ 文摘 \\ 关键词 \\ 分类号、文献标识码等 \\ 目次（视情况而定） \\ 符号、缩略语等注释表（视情况而定） \\ 致谢 \\ 参考文献 \\ 附录（视情况而定） \\ 页眉页脚（视情况而定） \end{cases}
$$

图 11-1 学术论文辅文部分结构

（1）题名。即论文的篇目标题，它是论文的主旨和精髓，是论文内容的高度概括，一般由文中特定的核心概念通过适当的逻辑关联缔合而成，或者概括论文的主题范围、学科属性，或者揭示论文主旨，或者提出论文论述的中心问题。拟定题名要注意以下几个细节问题：①题目要简明、恰当、准确、醒目。字数尽量控制在17个字以内，至多不能超过20个字，对应的英语题名不超过12个单词或100个书写单位。题目过长、题名层次较多难以简化时，可以用副题名进行补充。②题目只能是短语，且必须符合语法规则。整句、标语式排比等都不能用做题目，题目中尽量不要添加标点符号。③未被公认的缩略词、生僻字符、代号、公式等不能出现在题目中。④拟题时，尽量不要采用一些评价性语言，如"浅议"、"初探"、"新的"等。

题目拟定大致可以采用预拟反复的方式，即先预拟题目方向或若干题目选项，待论文完成后再根据全文内容推敲出最为切合的题目。

（2）署名。即参与论文撰写或课题研究工作的所有人员身份签署和说明。学术论文的署名要求使用具有法律意义的真实姓名，参与过论文课题研究、设计、实验、观测、推导、撰写等工作的人员都可以署名，原则上署名的先后按照学术贡献排序。署名时还应标注作者所在机构、地区、邮编。许多期刊还要求稿件署名提供性别、籍贯、生卒、学力、职称等个人简要信息。

[例1] 署名样例

张××

（中国科学院研究××研究所，北京，1000××）

（3）文摘。指不加注释和评论，是对论文内容不加注释和评论的简短陈述，对文献内容的精确和扼要的表达。文摘本身是应文献检索需要而编制的，一般说明研究工作目的、方法、结果、结论等，具有相对独立性和自含性。摘要内容应包含与论文等同量的主要信息，以便于读者快速概览和了解论文的整体情况。

文摘编写要注意以下几个问题：①文摘要简明、扼要。文摘是论文的提要信息，因此要在忠于原文的前提下尽量压缩一些非必要内容，字斟句酌，细细推敲。文摘字数一般不超过400字，相应的英文摘要长短要控制在250个实词以内。②文摘不能带有评论色彩。编写时尽量采用第三人称，客观准确地摘叙论文的主要内容，无须评判文章价值、贡献，或者与其他研究进行评比。文摘中不应出现图表、公式、化学结构式等。③文摘必须具有独立性和自明性。文摘是一个独立完整的组成结构，可以单独使用或引用。文摘编写过程中不宜举例，不宜引用参考文献，不宜使用公式、图表、化学结构式等。也即要求读者阅读文摘时，不使用其他任何资料或工具就能完整的了解论文的主要内容，这就是文摘自明性。

（4）关键词。是从论文中抽取、提炼出来的，最能反映论文基本内容，并在文中出现频数较多的典型概念。关键词主要用于文献标引和信息检索，它必须是论文中具有足够代表意义、足够典型的名词术语。抽取关键词须注意以下几点：① 关键词要具有较强的典型性。一篇论文中的关键词一般为3—5个，最多不要超过8个，英文关键词与中文关键词要——对应，且数量要完全一致。② 关键词要具有检索意义。一般采用较定型的、得到公认的名词术语，并要保持原型而非缩略语。未被普遍采用的名词或缩略语以及化学式、数理符号不能用作关键词。③ 关键词要具有一定专指性。意义太泛，或者没有特定专业指向、无检索价值的词语不能用作关键词，比如"问题"、"方法"、"理论"这一类中性词语。

（5）分类识标号。指分类号、文献标识码、文章编号等用于论文标定的符号系统。① 中图分类号。一般来说国内发表的学术论文统一要求注明"中图分类号"，具体可查阅《中国图书馆分类法（第四版）》。② 文献标识码。是按照《中国学术期刊检索与评价数据规范》规定的分类码，其作用在于对文章按其内容体裁进行归类，以便于文献的统计、期刊评价、确定文献的检索范围，提高检索结果的适用性等。文献标识码具体如下：

A：理论与应用研究学术论文（包括综述报告）；

B：实用性技术成果报告（科技）、理论学习与社会实践总结（社科）；

C：业务指导与技术管理性文章（包括领导讲话、特约评论等）；

D：一般动态性信息（通讯、报道、会议活动、专访等）；

E：文件、资料（包括历史资料、统计资料、机构、人物、书刊、知识介绍等）。

不属于上述各类的文章以及文摘、补白、广告、启事等，不加文献标识码。

（6）参考文献。学术论文篇末附录参考文献是学术研究的传统惯例，一方面是对他人研究成果的尊重与认可，另一方面也是对论文内容的学术缘起、背景知识的忠实记录，可供读者查考，同时参考文献也反映了作者写作论文所阅读资料的范围和水平。参考文献在文献分析和评价工作中具有重要意义，因此在附录参考文献时要求尽可能详细地列举对论文有启发、有帮助或关系密切的文献。一般学术论文参考文献都在10—15条左右，综述述评类参考文献应在30条以上。参考文献注意事项：① 作者本人阅读过并且所选用文献的主题与论文密切相关，有启示或帮助。② 必须是在文中引用和标注过的，且标号与文后参考文献序号相一致。③ 优先引用最新发表的同等重要的论文，可适量引用高水平的综述性论文以概括一系列的相关文献。④ 避免过多地，特别是不必要地引用作者本人的文献。⑤ 以原文、原著为主，未找到原文者，可引用被公开发行的文摘期刊录用的文献。⑥ 内部文件、尚未发表的稿件、私人通信等读者无法查证的文献不列入参考文献。⑦ 参考文献的著录按照《文后参考文献著录规则》（GB7714

—87)进行标注（表 11 - 1）。

- 文献类型的标志代码

  普通图书 M，会议录 C，汇编 G，报纸 N，期刊 J，

  学位论文 D，报告 R，标准 S，专利 P，

  数据库 DB，计算机程序 CP，电子公告 EB。

- 电子文献的载体类型及其标识

  〔CP/DK〕——磁盘软件（computer program on disk）

  〔DB/MT〕——磁带数据库（database on magnetic tape）

  〔DB/OL〕——联机网上数据库（database online）

  〔EB/OL〕——网上电子公告（electronic bulletin board online）

  〔J/OL〕——网上期刊（serial online）

  〔M/CD〕——光盘图书（monograph on CD - ROM）

表 11 - 1　各类参考文献著录实例

文献类型	著 录 实 例
专著	[1] 余敏. 出版集团研究 [M]. 北京：中国书籍出版社，2001：179 - 193 [2] 昂温 G，昂温 P S. 外国出版史 [M]. 陈生铮，译. 北京：中国书籍出版社，1988：12 - 15 [3] 赵耀东. 新时代的工业工程师 [M/OL]. 台北：天下文化出版社，1998 [1998 - 09 - 26]. http://www.ic.nthu.edu.tw/info/ie.newie.htm（Big5）
专著中析出的文献	[1] 程根伟. 1998 年长江洪水的成因与减灾对策 [M]. 见：许厚泽，赵其国. 长江流域洪涝灾害与科技对策. 北京：科技出版社，1999：32 - 36
文集中析出的文献	[1] 马克思. 关于《工资、价格和利润》的报告札记 [M]. 马克思，恩格斯. 马克思恩格斯全集：第 44 卷. 北京：人民出版社，1982：505
连续出版物中析出的文献	[1] 李晓东，张庆红，叶瑾琳. 气候学研究的若干理论问题 [J]. 北京大学学报（自然科学版），1999，35（1）：101 - 106 [2] Caplan P. Cataloging internet resources. The Public Access Computer Systems Review，1993，4（2）：61 - 66

续表 11-1

文献类型	著录实例
会议录析出的文献	[1] 郑忠臣. 乙腈萃取丁二烯溶剂杂质排除措施. 见：中国石油化工总公司合成橡胶技术开发中心. 全国合成橡胶行业第七次年会论文集, 吉林, 1986: 36-39
学位论文	[1] 李德英. 锅炉供暖系统故障诊断专家系统（BHSFDES）的应用研究 [D]. 哈尔滨：哈尔滨建筑大学, 1995
报纸析出的文献	[1] 丁文祥. 数字革命与竞争国际化 [N]. 中国青年报, 2000-11-20 (15).
电子文献	[1] 江向东. 互联网环境下的信息处理与图书管理系统解决方案 [J/OL]. 情报学报, 1999, 18 (2): 4 [2000-01-18]. http://www.chinainfo.gov.cn/periodical/gbxb/gbxb99/gbxb990203. [2] Online Computer Library Center, Inc. History Of OCLC [EB/OL]. [2000-01-08]. http://www.oclc.org/about/history/default.htm.
专利	[1] 姜锡洲. 一种温热外敷药制备方案：中国, 88105607.3 [P]. 1989-07-26

（7）致谢。一般来说一项研究工作或多或少都会需要有关部门、团体及其他学者的支持和支援。论文撰写完毕之后，作者应以简洁的文字对课题研究和论文撰写过程中曾经给予辅助、指教、审阅、建议的部门、专家、学者表示谢意。一方面，致谢是对别人的劳动和贡献的尊重；另一方面，致谢信息如基金支助情况、名家学者的指导情况等也在一定程度上反映了论文课题的价值和水平。致谢言辞应诚恳得当，实事求是，但不能过分谦虚，更不可无中生有地借用一些名家学者来抬高身价。

（8）附录。学术论文写作时，对于部分具有完整篇幅的材料，为了不影响行文的流畅性和条理性，在不危及论述完整性的前提下，可以将其作为学术论文补充项目附载于文后。附录主要是与文章密切相关的复印材料，文中个别定理、命题的展开说明和推导，或者研究过程中产生的重要材料，如原始数据、数学演算、程序代码、图纸、统计图表等等。所有附录材料必须按照顺序标号为：附录A、附录B、附录C……即使只有一个附录也要标号为：附录A，并在目次体现出来。附录不是必须的。

2. 正文部分

正文部分是学术论文的主体，占据论文的绝大篇幅。学术论文的正文部分主要由各个相对独立而又连贯的部分构成（如图 11-2）。各个组成部分要求结构清晰、层次分明、体系完备，按照行文顺序包括：引言、主体、结论三个部分。其中主体部分展开为若干章节，内含大量图表、材料、论证、推导等。就格式方面而言，正文所有的章节、图表、公式、代码等都要给予统一、系统、连贯的标号，章节之间的分级标识采用国际惯用的点系统。从论述功能和流程的角度，可将主体勾画为材料、方法、结果、讨论四个递进的环节。这四个环节连同引言和结论两个部分构成了正文完整的论证流程：引言导入→材料列举和说明→特定方法及工具的运用→得出结果→对结果进行分析和讨论→最终结论。

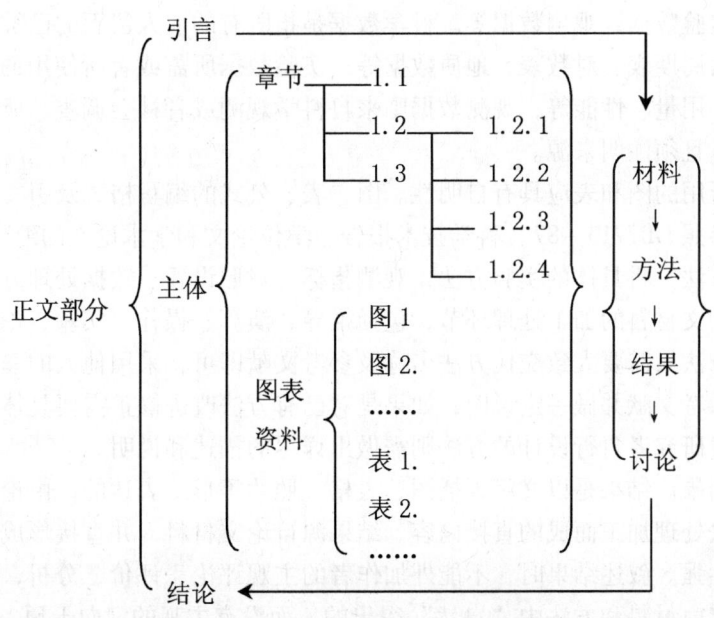

图 11-2　学术论文正文部分结构

（1）引言。又称为前言、绪论等，是论文的开端，长度约占正文 1/10—1/8，回答"为什么研究"，介绍论文总纲、背景，引导读者进入主题。引言是论文叙说的逻辑起点，需要紧贴正文主体，主要包含以下内容：① 清楚定义、描述课题的性质、范围、基础原则等；② 简要交代课题研究的背景，突出课题意义；③ 对重要文献进行综述，对已有成果进行回顾、点评；④ 提供先导性的理论分析和依据；⑤ 提出研究设想、方法和实验观测手段；⑥ 预测主要的结论或结果。

上述内容不全是必须的，具体写作中须依据论文性质和课题内容而定，但在引言写作过程要注意几点：一是引言的语言要扼要专业，叙述客观、评论中肯，二是引言不能与摘要重复。在篇幅不长的论文中"引言"小标题一般省略，但引言内容不能省略。三是引言不介绍人所共知的普通专业知识，或教科书上的材料；不推导基本公式；不对论文妄加评论，夸大论文的意义，避免使用自夸性词语如"填补了某空白"、"达到了领先水平"等。

（2）材料。材料是论文立论或驳论的基础。论文中的材料包括研究对象、理论材料、事实材料、数据材料等多种类型。① 理论材料。是指论文所涉及的原理、定律、公式、思想、学术观点等既有的成熟的理论依据，其正确性已获得公认。② 事实材料。包括历史事件、时事资料、人物事迹经历、案例等。事实材料要具有真实性、系统性和完整性，即材料应该尽可能详细真实地反映事件的起因、经过、结果、所涉及的人物、所造成的影响等情况。③ 数据材料。包括科学数据、实验数据、观测数据等。科学数据是指既有的前人留下的已被公认的数据，如元素周期表、对数表、地质数据等；实验数据所需或者所使用的物品、工具的规格、用量、性能等；观测数据则来自科学观测或者社会调查。所有材料要真实可靠，且须注明来源。

文中所用的图和表应具有自明性。图、表、公式的编写格式及引文和注释的标注格式参照 GB7713-87《科学技术报告、学位论文和学术论文的编写格式》。

（3）方法。将具体的实验方法，观测指标、对照设置、数据处理方法等交代清楚，是论文材料的加工处理环节，包括推导、演算、操作、实验、论证等。一般的通行方法只需要大致交代方法名称及参考文献即可，采用他人的非常规方法则需列出参考文献并做一定说明，如果是对已有方法改进修正需要具体说明修改理由，而对研究者自行设计的方法则需做出详尽的描述和说明。

（4）结果。结果是以文字、插图、表格、照片等形式表达的，由论文材料通过具体方法处理加工而成的直接内容。结果源自论文材料，并直接形成于方法操作，客观性强。叙述结果时，不能外加作者的主观评论、评价、分析，也即要求结果是直接由材料和方法中"自然"得出的，而没有主观的定向干预。

材料、方法、结果共同构成一个完整的功能单位，在一篇论文中可以出现一个或多个这样的单位，但最好控制在一到两个单位即可。

（5）讨论。对论文实验、调查、观测、演算、推导的结果进行分析和综合，即通过逻辑推理、理论分析、价值评估从结果中归结出科学合理的结论。讨论的书写内容主要包括：① 实验或观测结果的理论解释和讨论；② 本次结果与其他研究结果的比较分析，对比异同并实事求是地做出评估；③ 公布本次研究结果中的新发现、新发明，并分析成因；④ 分析本次研究不足，并提出进一步研究的方向和设想，讨论一般是论文中比较精彩的部分，但在讨论过程中，一定要确保讨论的客观性、严谨性和逻辑性，尽量使讨论实事求是、顺理成章、严谨深刻。

（6）结论。由论文结果经过理论抽象或分析讨论所获得的总结性判断。结论撰写需要注意以下几个问题：① 结论由文中的主要结果归结，主要回应论文的基本主题或假设；② 结论简明扼要，文中有多个结论的可以以小条目形式罗列，原则上每个条目须自成段落、相对独立；③ 必须说明结论的实用范围，对于研究的局限可以提出适当建议；④ 可以强调论文的新发现、新发明，可对论文的意义做出恰当的评价；⑤ 研究中不能肯定、不能明确的内容，不能写入结论；⑥ 观点鲜明，语言简练、明确，避免"可能"、"大概"这样模糊的语词；⑦ 不要与文摘重复。

（四）学术论文的语言风格

语言是人类思想交流、信息传播的基本工具。新颖的观点，深刻的主题，严谨的论证，准确的数据，科学的结论，都必须通过语言及符号系统才能表达成规范、统一、可理解的形式。语言的组织和表达直接影响论文的表现力和可读性，读者阅读论文不单为了了解论文的学术观点、成果，还会通过行文品评和感受作者的学术思想、治学精神。论文语言风格应以内容的科学性、概念的准确性、判断的严密性、推理的逻辑性、用词的规范性为主要特征。

1. 用词准确，涵义明确

学术论文是科研成果的载体，忠实、准确地展示和反映成果结构、功用、价值、意义及研究过程是学术论文第一要旨。这就要求论文写作时，选词上要严谨务实，行文中力求概念准确、语义明晰，杜绝语句歧义、概念含混的现象，具体的写作表达中可以尽量选择一些含义明确、专指性很强的词语。对于一些较难表述清楚的对象，可以先尝试勾画其轮廓，再逐步刻画其细节，并从多角度微调词义和修正语句，直至表述效果达到最优。另外，文中的数量表述要尽可能精确，不使用"可能"、"也许"、"大概"这一类猜测性、估计性语词。

2. 简洁明快，朴素直接

学术语言讲求微言大义、言简意赅。因此，论文的语句组织要求简洁明了、坦率直接，用最少的字句把意思说清楚。学术论文无须刻意地文艺加工，写作中不宜有过多的文字铺陈、辞藻堆砌，故作高深，只需直入题旨、清楚表达即可。当然，语词简约是以语义完整为前提的，要求行文简明并不是要简省所需表达的基本语义和主要内容。

3. 用语专业，行文规范

论文用语具有很强的规范性，无论是自然语言组织还是人工符号语言的运用都要符合相应语义标准、语法规则、语用规范。自然语言组织方面要求遣词造句符合基本的语法、文法，句式完整，没有语病；文义表达尽量选用语义严谨、用法规范的专业性用语，多用书面语言，少用口头、习惯、俚俗用语。人工语言如数理公式、程序代码、专业名词、缩略语、计量单位、特殊符号等，要严格按照公认的、标准的专业定义使用，并在形式和用法上遵守国家或国际相关规定和标准：

（1）GB2808-81《全数字式日期表示法》

（2）GB3358-8《统计学名词及符号》

（3）GB3860-33《文献主题标引规则》

（4）GB3100-86《国际单位制及其使用》

（5）GB3101-86《有关量、单位和符号的一般原则》

（6）GB7713-87《科学技术报告、学位论文和学术论文的编写格式》

（6）GB7714-87《文后参考文献著录规则》

（7）GB8170-87《数值修约规则》、《关于出版物上数字用法的试行规定》

4. 条理清晰，论叙透彻

学术论文特别注重行文结构的条理性，以及论述语言的叙说力度。因此学术论文的段落结构要求布局合理、层次分明、详略得当，段落中每一个语句都要担当一定的表达功能，各司其职、结构严谨。可以用独立性和连贯性两个指标来考查和衡量段落及语句的条理性和表达力度。

（1）独立性。是指每个段落或语句在段意和句意方面都有着独立的功能和作用，用独立性来考查每一个段落及语句是否达到相应表现力，是否称职，是否有必要加强或削弱；

（2）连贯性。是指段落或语句彼此间具有特定的关联关系。用连贯性来衡量段落及语句结构是否合理，是否需要彼此协调。

段落和语句调整须紧扣论文提纲进行，具体写作时可以将论文提纲映照到文章段落及语句上，并按段落语句逐步细描提纲，彼此印证检验。

（五）学术论文论证方法

论证，即运用论据材料对论点进行证明或论述的过程。在前文中我们将论证视为由材料导引出结果的诸多方法之一，即与推导、演算、操作、实验等并列为学术论文的方法环节。实际上论证作为一种基本方法和功能，广泛地存在于各类学术论文尤其是基础学科的理论论文中，严谨科学的论证是学术论文逻辑性的重要体现。

1. 论证的基本原则

（1）逻辑严密，论证科学。逻辑，即思维表达的规律、规则，是论文论据处理、论点组织的基本范式。学术论文的逻辑要求是不容商榷的，所有的推理过程都必须合乎相应的逻辑规则，经得起推敲。逻辑性是科学性的重要组成部分，强辩、狡辩、诡辩这一类背离逻辑准则的论证在论文中应力避。科学论证要求遵循逻辑的四个基本规律：同一律、矛盾律、排中律、充足理由律。由翔实准确的论据紧扣论点展开严密客观的分析和演绎，论据准确、论证规范、论点正确。

(2) 前后一致，严谨统一。一致性是学术论文写作的基本要求之一。在保证语言风格、篇章结构、行文格式的一致、统一的基础上，还需进一步保持论证的一致性和协调性。论证的一致、协调主要是指概念约定、条件适用、基本观点、论据材料等在整篇论文中口径一致、标准统一，不能出现前后抵触、偷换概念、漂移论点、转移条件、材料区别对待或随意加工等问题。高品质的论证应该是环环相扣、一以贯之的。

(3) 考辨周详，透彻全面。学术论证必须具有相当广度和深度，要综合考虑各种因素条件，要深刻了解论证对象的本质，以辩证的视角全面、联系、发展地看待和分析事物对象，摒弃形而上学的论证方式。考辨周详主要是指在论据材料处理和结果的预测上要秉持全面、准确、真实的原则，同等地考虑正面材料和负面材料、正面情况和负面情况；透彻全面则是指论证必须深入本质，并能覆盖所有可能的情况。

2. 论证的方法体系

按照对论点证明的方式，论证可以分为立论和驳论两类方式。所谓立论就是利用论据直接、正面地确立和证明自己的论点。立论是一种常规的论证方式，符合正向的、常规的思维，是论文命题组织的基本方法。立论论证重视求真、求新、求实，要求在充分的论据材料基础上，通过严谨科学的具体论证方法获得正确的结果或结论。立论的具体手法有：归纳、演绎、比较、分析等。

而驳论就是以错误的论点为对象，从侧面及反面批驳其谬误、指摘其缺陷、澄清其虚妄。驳论一般都带有强烈的论辩色彩，是一种比较有针对性和战斗力的论证形式。驳论论证包括三种基本论辩手法，即反驳论点、反驳论据、反驳论证。

立论和驳论相互对立，但又是相互联系，相互统一的。立论中通常包含驳论因素，求真、求新、求实往往需要去伪存真、破旧立新、除妄求实。驳论也离不开立论手法，在批驳中确立与批判对象相对或相反的立场及观点贯穿于驳论始终。论文的具体论证过程一般是有破有立、破立结合，立论文和驳论文的区别仅在于立驳的侧重不同，难以截然区分。无论是驳论还是立论，所用的论证基本手法都是交融相通的。

```
                          ┌ 归纳法    ┌ 完全归纳（数学归纳法等）
                          │          └ 不完全归纳（例证法）
                          │ 演绎法    ┌ 直接推理（引证法）
              ┌ 立论论证   │          └ 选言推理（排他法）
              │           │ 比较法    ┌ 类比法
              │           │          └ 对比法
  论                      │          └ 喻证法
  证 ┤                    └ 分析法    ┌ 量质分析
  方                                  └ 因果分析
  法                      ┌ 驳论点    ┌ 直接反驳（另行证明）
              │           │          └ 间接反驳（反证法、归谬法）
              │           │ 驳论据    ┌ 驳事实论据（例证法）
              └ 驳论论证   │          └ 驳理论论据（分析法、引证）
                          │          ┌ 驳循环论证
                          └ 驳论证    │ 驳矛盾论证
                                     └ 驳其他逻辑错误
```

图 11-3　认证方法体系

（1）归纳法。从具体的、个别的事例对象归结出一般的、普遍的规律和结论。完全归纳法主要用于自然科学领域，如情况讨论、完全枚举、数学归纳法等皆属此类。非数理类归纳论证经常使用不完全归纳，以概括事物对象的一般情况和大致趋势。归纳法强调以事实为依据、循循善诱、举一反三。所举事例要具有典型性和代表性，要能辐射、覆盖绝大部分对象和情况。需要强调的是，即便是不完全归纳，只要所枚举的事例典型且真实，那么其结论在指定精度或范围内依然不失严谨。归纳论证的质量关键在于枚举事例的品质，因此事证方面需要精挑细选。

（2）演绎法。与归纳法相对，演绎是由通行的原理、普遍的规律、公认的真理出发，推演出具体对象或特定范围的结论。大前提→小前提→结论的"三段式"推理是论文中通行的演绎形式。大前提一般是原理、公理、定律、定理等被公认的命题，小前提则是具体对象或讨论范围对公认命题的从属性关联，结论是公认命题在具体对象和范围中的应用。需要强调的是演绎推理的关键在于小前提与大前提关系的确认和一致性检验，偷换概念、转移条件、滥用原理等演绎论证中的典型问题往往就是由似是而非的小前提造成的。

（3）比较法。将两种以上相似或相关事物、现象、问题，进行对照分析，从中概括归纳出彼此联系和区别，即为比较论证法。按比较对象或对象比较面的相互关系，比较法可分为类比和对比两种方式。① 对比。是对相互对立的事物，或者事物相互对立的层面进行正反比较，以借助强烈的反差增强论点的说服力。② 类比。是将性质、特点相同或相近的事物进行比较，以强调其性质、特点的共通性、普遍性。

类比和对比不是泾渭分明的，有时候我们会列举相互对立事物的相同性质以证明该性质是普遍的，或者在相近对象的比较中寻找出差别以进行细致刻画等。

（4）喻证法。即比喻论证，是一类比较特殊的比较论证，本质上从属于类比论证，但喻证和类比的比较形式和表达功能不完全相同。参与类比的事物一般都处于对等地位，而喻证所比较的事物则有本体和喻体之分。喻证的主要目的在于借助比较熟悉、比较贴近的喻体来对相对生疏、复杂、抽象、难以解释的本体做相应的说明，喻证实质是类比加迁移。好的喻证能够深入浅出、巧妙生动地解说复杂深奥的对象。但在运用过程中，有两点必须了解：一是本体和喻体在比喻面上贴合紧密、貌离而神似，不可貌似而神离的穿凿附会；一是喻证仅是论证中一种表现手法和技巧，不是所有复杂、抽象的对象都能喻证的。

（5）分析法。将事物、现象、概念、问题等研究对象分解为若干组成部分，进而找出对象的本质属性和内部联系，就是分析论证。分析论证的主要目的是剖析对象，探寻事物的深层次联系，并以命题、概念、范畴、规律的形式将这种联系表达出来。分析包括量质分析和因果分析。① 量质分析。实际上就是定量分析和定性分析。定量分析，以准确、科学、全面的数量测度为基础，主要揭示对象内部的数量关系；定性分析，主要以事物的本质属性为基础，通过对事物性质及变化的关注获得本质性认识。定量分析和定性分析不是截然分开的，定性分析需要依赖具体的定量得以精确，定量分析需要定性分析指导操作、测量方向。量质分析的哲学基础是唯物辩证法中的质量互变原理。② 因果分析。是分析事物发生、发展和消亡中所包含时序性、必然性的内容。因果关系是事物之间广泛存在的一种基本关系，"凡事皆由因，凡事皆有果"。因果分析正是利用有因有果、因果相循的普遍原理执果索因、由因推果、因果对比。因果分析推理直接、逻辑性强，且富有思辨色彩，可以清晰地揭示事物的内在关联及发展演变，是一种相当常用的论证方法。但在具体运用中，要注意因果关系的严格性，不要被"拟因果"、"伪因果"所蒙蔽，更不能出现因果倒置、错位的情况。对于一果多因或一因多果的情形，要进一步分析和对比，确定因果关系适用的具体条件和范围。

（6）反证法。即通过证明反面或对立命题的荒谬性来确立正面命题和论点，是一种典型的驳论型间接论证手法。使用反证法要注意的是，正反命题必须严格符合排中律，非此即彼、非正即反，也就是说正反命题应该是互斥的、不可并立的，对于非排中、可并立的正反命题不可滥用反证法。反证的具体方式很多，如反例法、归谬法等。① 反例法。即用反例来驳斥对立的命题和错误观点。具体论证有两种情况：一种是针对全称性正面的、正确的命题，列举一个明显不相符的事例以表明命题的虚妄性；另一种是针对局域性命题，列举与之相符的，反面的、不正确的或者有缺陷的事例，以通过该事例局限表明命题的局限。后一种反例接近于事实归谬。② 归谬法。是另一种重要的反证技巧。是从对立命题出发，经过合理引申导出更加荒谬的结论。归谬法是一种生动、犀利、论诘色彩浓烈的反证方式。具体论证有三种归谬形式：一种是从对立命题中引申出典型的假命题；一种是从对立命题出导出矛盾面或矛盾命题；一种是从对立命题中导出与其自身相悖的结果。归谬法在运用中需要注意两个方面问题：一方面我们的引申过程必须是合理的，没有断章取义，没有肆意夸大，也没有故意歪曲；一方面导出的命题必须是显而易见的假命题，或者有明显的自相矛盾、相互抵触。

（7）排除法。又称排他法，即针对所研究的问题，列举出所有可能的方式或命题，然后将不正确的方式或命题一一淘汰，以确立正确的结论。排除法实际上是反证法的推广，其所列举的可能命题彼此间应该是互斥的、不可并立的，并且所有命题应该能覆盖所有情况，不可以故意遗漏重要情况、重要命题。排除法也是一种重要的思维方法，常用于多元对象或方案的评估和决策过程。

（六）学位论文写作流程

学位论文的写作和答辩是大学及研究生学习与生活的终场演绎部分，是对多年所学的专业知识、专业技能的一次综合展示，是专业性、理论性、学术性和实践性相结合的一次总检验和总演练。顺利完成学位论文的写作和答辩也就标志着在专业素养与学识积累上达到了新的水平和层次。从这个意义上来说，每一个学位论文撰写者都应该将论文写作视为一次具有人生意义的专业锻炼，从高、从严要求自己，尽洒胸中文墨，以慰平生所学。

学位论文写作是一个渐进的流程，从选题、开题报告到最后答辩包括多个环节：

1. 选题

选题是论文写作的起始点，确定选题就是解决"写什么"的问题。选题包括双重含义：论文题目的拟定和研究课题的选择。实际上我们首先要确定的是研究课题的方向，论文题目一般都是在论文完成后再推敲拟定。学位论文的研究课题一般都是专业领域内正确的、新颖的、深刻的、具有一定科学性、应用性、并切实可行的项目。选题常见的具体方法主要有：

（1）经验积累。在实习、实验或实践中，通过经验积累、积极思考，发现实际问题、寻找改进创新方向，主要适用于应用型课题选择。

（2）文献分析。搜集相关文献，通过分析他人的研究成果，找出相应的理论问题，如结论不正确、研究不充分、体系不完善等，作为自己的研究方向。

（3）趋势分析。通过专业学习和认识，分析理论或实践的发展态势及其未来方向，从中选出自己的研究主题。

（4）研究对比。比较国内外学术研究的特点、进展、成果，追踪发达国家的学术趋势。

（5）交叉定题。在学科交叉领域寻找有价值有意义的课题。

选题方式没有定例、不拘一格，上面所述及的只是比较典型的选题方法。具体写作中，研究的主题要难易适度、大小适中、量力而行，选题既不能虚漫无际、又不能过于狭窄，要兼顾创新性、科学性和应用性。

2. 开题报告

开题报告是学位论文撰写的解题阶段，主要提供给指导教师用以说明课题理由、价值、研究方法、写作进度等内容，是对整个课题研究的总体规划。一般要包括以下几项内容：

（1）课题意义。向指导教师说明选择该课题的理由。开题报告可以阐明课题的理论意义，如对学科发展或理论完善的贡献；描述课题的应用价值，即对经济发展、或社会进步、或企业经营等实践领域的贡献；提出课题的时代意义，如解决一些具有时代特征的问题；指出课题的方法价值，如对特定方法的发展或完善具有贡献。

（2）文献综述。系统搜集并综合描述课题的相关研究文献，包括文献整体情况、文献主要观点、文献作者及机构分布、文献所反映的研究情况。学位论文强调文献综述主要是为了使撰写者对专题领域的研究的现状、进展、存在的问题、发展的趋势有一个全面的了解，对课题领域的核心研究人员以及权威研究机构有一个基本的掌握，对选题领域所存在的空白点、难点有一个深入的认识，在这个基础上，撰写者可以进一步拟定研究的基本问题和假设。

（3）研究纲要。即拟定课题研究的内容要略，主要以大纲的形式展示出来，并突出研究内容的难点和创新点。研究纲要是课题内容的总体规划，这一个部分须做细致的、全盘的考虑，整个大纲体系要求科学、完善、可行。

（4）研究方法。依据研究课题方向及课题内容纲要，确定所需的具体的研究方法，并阐述使用相应研究方法的理由。选题不同，研究方法各有差异，常见的研究方法包括：调查法、案例法、模型法、比较法、统计法等多种类型。

（5）进度安排。通盘考虑课题研究各个阶段的进度排列，预先按照各阶段的任务难度、目标情况拟定各阶段日程。

3. 资料的收集与整理

资料是学位论文的研究起点和物质基础，资料的搜集与整理意味着课题研究的正式开始，这本身将是一个长期、反复、细琐的过程，这一过程几乎占据并贯穿了整个研究过程，在一定程度上就是研究的主体内容。材料一般分为两种：一种是直接的，即在科研或实验中获得的第一手材料；另一种是间接的，即他人的劳动成果，包括他人的论文，他人的实验数据、实验结论等等。对于资料的具体搜集、整理的方法、技能，本书在各章节中已有反复细致的讲述。总体而言，科学研究实质就是对各类信息资料，理论资料，事实资料及数据资料的综合搜集和系统整理、开发并再生的过程。学位论文课题研究要求我们在专业信息与基础知识长期积累的基础上，进一步广泛深入地调查研究第一手资料，系统全面地检索各种信息资源，并将占有的信息资源科学地、合理地、创造性地运用到课题中来，求真、求实、求新，以得到高质量的、有价值的课题成果。

4. 中期报告

研究周期相对较长，研究课题较复杂的，在研究进行到一定程度时，须撰写中期报告。中期报告主要是总结和评估研究的进展情况、呈报研究中的难点和面临的问题、通报前一段研究中的新发现、新设想（包括意外发现），规划后一阶段的研究工作。

5. 论文初稿

组织研究成果，整理研究资料，总结研究过程，形成书面形式的学位论文初稿。论文初稿主要是对课题研究的全面回顾和描述，要求完整准确地反映课题研究的成果及支持成果的相关材料。

6. 论文定稿

论文初稿形成后，撰写者还需进一步订正、审校。首先是修正语词、调整段落、完善论述、考校资料、订正数据、统一符号、修改格式这一类勘校工作。然后撰写相应的辅文信息，包括推敲题目、编写中英文文摘、抽取关键词、编制目次索引、编辑附录材料、审查和编辑参考文献条目等。最后是按照学位论文的格式要求对整篇文章进行全面、综合地审查和编辑，形成定稿。

7. 论文答辩

答辩是学位论文的最后验收阶段，主要是由学位颁发机构组织相关的专业人士对论文进行评审，并在评审的基础上对撰写者做现场问诘和交流，以全面考查学位论文质量和撰写者的学术水平。学位论文的质量考查主要着眼于以下几方面内容：

（1）在总结前人的研究成果上，是否提出了新的观点，且言之成理；
（2）对已有定论的学术问题，是否能进行新的补充或新的诠释；
（3）对有关学科的研究情况及发展趋势，是否能公允地评述；
（4）课题是否具有积极的现实意义；
（5）体式是否完整，结构是否平衡；
（6）论辩是否清晰，逻辑是否严密，语言是否规范；

论文答辩流程一般有包括三个基本环节：论文作者的自我陈述→答辩委员会提问→答辩委员会论文评定。一般来说论文作者有15分钟左右的自述时间，自述内容包括自我介绍和论文研究的概述。在叙述论文的研究和撰写过程时要详细介绍选题背景、意义、论文主要观点、材料、论证过程、设想和建议，要注意突出论文的创新点。答辩委员会的提问一般会要求答辩者就论文主要观点或创新点做出说明，对论文中不清楚、不详细、不完善或不正确的部分做出解释，对自己的文章做出评价，或者提一些与课题相关的专业知识，以考查答辩者对课题背景的了解、治学态度和专业水平。

  在论文答辩前，撰写人应该细致地复习论文，并详细整理相关资料，包括一些外围资料，充分准备答辩提纲，在提纲里罗列答辩委员可能会提及的问题及答案。答辩过程中，要自信大方、礼貌得体、注意倾听，回答简洁明了、条理清晰，并要注意把握分寸，既要坦率直言又不能强辩诡辩，面对难题要冷静沉着、巧妙梳理、迂回应对，以尽量争取提问老师的提示。另外，要注意把握自述时间。

思考题

1. 科研活动中信息资源检索的方式有哪些？
2. 学术论文的特点是什么？
3. 学术论文的论证方法有哪些？
4. 简述学位论文的写作流程。

附录 A 网络学术信息资源发现途径

（一）网络学术资源导航

1. 网络学术资源导航的内容

（1）学术搜索引擎
- http：//scholar google.com，Google 学术高级搜索
- scirus（http：//www.scirus.com/），科技搜索引擎
- Ixquick（http：//www.ixquick.com），连接搜索引擎和网络用户的信息中介
- http：//vivisimo.com/，内容分类搜索
- PhysLink（http：//physlink.com），物理学搜索引擎
- Chemie.de（http：//www.chemie.de/search/？language = e），化学搜索引擎
- The SociWeb（http：//www.socioweb.com/），社会学搜索引擎
- Freeality（http：//www.freeality.com/biograph.htm），传记资料搜索引擎
- cnpLINKer（http：//cnplinker.cnpeak.com/），中图链接服务，查阅国外期刊文献
- http：//guoxue.baidu.com/，百度国学搜索
- http：//so.guoxue.com/，中华传统文化检索引擎

（2）学术网站
- 国学网 http：//so.guoxue.com/
- 社会学人类学中国网 http：//www.sachina.edu.cn/
- 中国学术论坛 http：//www.frchina.net/
- 智识学术网 http：//www.zisi.net/
- 学术批评网 http：//www.acriticism.com/
- 学术交流网 http：//www.annian.net/
- 欧亚学研究 http：//www.eurasianhistory.com/
- 中国高校人文社会科学信息网 http：//www.sinoss.com/zh－cn/index.jsp
- Social Science Research Resources，http：//polsci.colorado.edu/RES/research.html

◆ Social Science Research Network，http：//www.sowang.com/SEARCH/scholar_search.htm

（3）网上有名的数字资源平台

◆ 中国知网数字出版平台（http：//www.cnki.net/index.htm）

◆ 万方数据资源服务平台（http：//www.wanfangdata.com.cn/）

◆ 超星数字图书馆（http：//www.ssreader.com/）

◆ Apabi 数字资源平台（http：//ebook.lib.apabi.com/Default2.asp? lang = gb）

◆ EBSCO Information Services – China（http：//www.ebsco.com.cn/）

（4）主题网关或学科信息门户网站

◆ 英国牛津大学的生命与健康科学门户 BIOME（http：//biome – ac – uk）

◆ 英国诺丁汉大学、德国国家医学图书馆等医学门户 OMNI（http：//omni.ac.uk）

◆ 英国经济与社会研究协会、欧盟社会科学门户（http：//www.sosig.ac.uk）

◆ 澳大利亚新南威尔士大学化学门户 MetaChem（http：//metachem.ch.adfa.edu.au/）

◆ 澳大利亚教育部和高等教育机构教育门户（http：//www.edna.edu.au）

◆ 美国宾州大学、新泽西大学等计算机与信息技术门户（http：//www.citidel.org）

◆ 美国教育部的教育门户 ERIC（http：//ericir.syr.edu）

◆ 美国国会图书馆法律门户 Global Legal Information Network（GLIN）（http：//www.log.gov/law/glin/GLIN V1）

◆ 社会学 Academic INFO Sociology Gateway（http：//www.academicinfo.net/soc.html）

◆ 中国国家科学数字图书馆的系列学科信息门户（共 10 个），如：

• 化学学科信息门户（http：//chin.csdl.ac.cn/）

• 物理数学学科信息门户（http：//phymath.csdl.ac.cn/）

• 图书情报学科信息门户（http：//www.tsg.net.cn/）

• 生命科学学科信息门户（http：//www.lifesciences.cn/）

（5）专家学者的个人主页或 Blog

◆ 马大猷（中科院院士，物理学家），http：//madayou.qzone.qq.com

◆ 倪光南（中国工程院院士），http：//niguangnan.qzone.qq.com

◆ 张五常（经济学家，香港大学经济金融学院院长），http：//zhangwuchang.blog.sohu.com/

◆ 茅于轼（经济学家），http：//maoyushi.blog.sohu.com/

◆ 余秋雨（著名作家），http：//blog. sina. com. cn/yuqiuyu

◆ 易中天（厦门大学人文学院教授），http：//blog. sina. com. cn/yizhongtian

（6）国内、外著名的大学与科研机构的网址（略）

（7）学科专业论坛

◆ 中国生命科学论坛（http：//bbs. bioon. com/bbs/viewthread. php？tid=288266#）

◆ 图书馆之家（http：//bbs. libhome. cn/home. php）

◆ 丁香园—医药生命科学交流平台（http：//www. dxy. cn/cms/）

◆ 中国数学在线（http：//www. mathfan. com/）

◆ 育路—中国教育第一社区（http：//bbs. yuloo. com/）

◆ 考研论坛（http：//bbs. kaoyan. com/）

◆ 中国教育论坛（http：//www. 001en. com/）

◆ 北大中文论坛 http：//www. pkucn. com/

（8）学术期刊的网络版和电子版

◆ 美国《科学》杂志（Sicine）中国门户电子版 http：//china. sciencemag. org/）

◆ 美国《社会学杂志》（American Journal of Sociology）（http：//www. journals. uchicago. edu/AJS/journal/home. html）

◆ 美国《现代语言学》Modern Philology（http：//www. journals. uchicago. edu/toc/mp/current）

◆ Journal of Artificial Intelligence Research（http：//www. jair. org/）

◆《中华临床医师杂志》（http：//www. clinicmed. net/）

◆《中外管理》（http：//www. zwgl. com. cn/）

◆ 清华大学校报（http：//tsinghua. cuepa. cn/show_more. php？doc_id=44143）

2. 国外著名网络学术资源导航系统

（1）美国加州图书馆的 LII 导航系统（http：//lii. Org）

著名的图书馆员因特网索引——Librarians' Internet Index，简称 LII，是国外最早的网络学术资源导航，由美国加州图书馆创建。内容丰富，包括艺术人文、商业金融、政治法律、教育、新闻媒体、社会学专题等 14 个大类、上百个子类的学科导航，收集超过 1.4 万个高质量、有学术意义的 Internet 站点，经过严格的选择、评估，并制定有相应的选择和评估标准。提供关键词检索，还提供主题词表和分类两种浏览方式。

（2）英国的图书馆公告板网络化知识库（http：//bubl. ac. uk/）

Bulletin Board for Libraries, Libraries of Networked Knowledge, 简称 BUBL

Link,1990年由英国斯特莱斯克莱德大学数字图书馆研究中心建设。是一个以图书馆学和信息科学信息资源为主,同时涵盖各个学科领域的 Internet 资源的网络资源目录。网站为用户提供了多种方式浏览资源,如学科分类、所属国家、资源类型、题名字顺。

(3) Inpomine(http://infomine.ucr.edu/)

1994年由加利福尼亚大学、底特律－麦西大学等多家大学或学院图书馆联合建立的网络学术资源虚拟图书馆,提供 Internet/Web 学术信息资源导航服务。收藏丰富,包括各种重要的数据库、电子期刊、电子图书、公告板、讨论组、图书馆联机目录、教科书、会议论文集、研究人员的论文和名录及其他类型的信息。分为生物、电子期刊、教育资源、物理、计算机和数学等12个数据库。检索界面友好,对所有用户免费开放。

(4) 万维网虚拟图书馆 The WWW Virtual Library(http://www.vlib.org.uk/)

由超文本标记语言和万维网技术的创立者 Tim Berners-Lee 首先建立的一种网页或网站的目录。"虚拟图书馆"是由一批志愿者们组成的松散联合体所构建和维护的,这些志愿者大都是某一学科领域的专家,他们把针对某一特定学科的重要链接编辑成网页,从而组成高质量的网络信息资源指南。在英国、瑞士和阿根廷等地设置了镜像站,有英语、法语、西班牙语和中文四种语言。

(5) 英国网络资源发现门户 Intute(http://www.intute.ac.uk/)

Intute 的前身是 Resource Discovery Network(简称 RDN),是英国于1999年10月份正式启动的大型网络学术资源导航联合建设项目,目前由英国70多个教育和研究机构共同参与建设。RDN 整合了8个有名的学科信息资源门户,于2006年更名为 Intute。Intute 涵盖生命科学、数学、物理、计算机科学、地学和环境科学、人文科学等学科/专题领域的联合项目,按照主题分类链接超过8万个专业网站资源,提供10万多个教育和研究方面的网络链接服务,分为科学技术、人文艺术、社会科学、健康与生命科学四个服务模块。

(6) 网上公共图书馆(http://www.ipl.org/)

网上公共图书馆(Internet Public Library,简称 IPL)创始于1995年,是美国密歇根大学信息管理学院的教师及该校的图书馆员开发的虚拟图书馆。它将传统图书馆的职能、服务等与先进的信息技术结为一体,从而实现网上资源的利用与共享。面向普通公众的 IPL 收藏范围极其广泛,提供不同的入口进行检索、浏览和阅读。

(7) 国外大学网络资源导航系统

◆ 英国公共机构及大学联合学术虚拟网站(http://www.eevl.ac.uk/)

◆ 英国利物浦大学化学资源导航(http://www.liv.ac.uk/Chemistry/Links/

links. html）

◆ 美国加州大学伯克利分校的网络学术资源导航（http：//www. lib. berkeley. edu/Catalogs/list. html）

◆ 美国加州理工大学图书馆化学资源导航系统（http：//library. caltech. edu/collections/chemistry. htm）

◆ 美国韦斯利恩大学社会学心理学网络资源导航（http：//www. socialpsychology. org/）

3. 我国著名网络学术资源导航系统

（1）CALLS 重点学科网络资源导航门户（http：//navigation. calis. edu. cn/cm/）

中国高等教育文献保障系统（CALIS）在"九五"期间启动了"重点学科网络资源导航库"项目。目前导航资源覆盖 77 个一级学科，包含 14 万多条记录，这些记录都是面向学术研究的、专门标引的高质量网络信息资源，将因特网中相关重点学科的最优秀的网站信息提供给用户，帮助其快速、准确地获取所需的相关机构、出版物、专家、学术动态等信息。

（2）国外著名大学和重点学科信息镜像（http：//www. bjnet-pku. edu. cn/jingxiang. htm）

是国家"211"工程高等教育服务体系建设项目的重要组成部分，目标是将国外重要的高等教育和重点学科公共信息集中起来，使用户能够方便快捷地寻找到所需要的信息和资源，减少国际通信费用。现有资源主要包括两部分，即各地区网络中心镜像资源和学科信息镜像资源。目前已建成包括美国、日本、加拿大、南欧等地区的 7 个网络中心镜像资源和 9 个学科信息资源镜像。

（3）中国高等教育文献保障系统（CALIS）（http：//www. calis. edu. cn/calis-new/）

中国高等教育文献保障系统（CALIS）是我国高等教育总体规划中三个公共服务体系之一。从 1998 年开始建设以来，CALIS 中心引进和共建了一系列国内、外文献数据库，包括大量的二次文献库和全文数据库。服务项目包括公共目录检索系统、文献传递服务、中文资源导航和西文数据库导航等。

（4）中国教育和科研计算机网（http：//www. edu. cn/）

由国家投资、教育部管理，清华大学等高等学校承担建设和管理运行的全国性学术计算机互联网络，主要面向教育和科研单位，是全国最大的公益性互联网络，1996 年被国务院确认为全国四大骨干网之一。收录内容以中国教育、科技信息为主，具体包括教育资源、科研机构、网络服务、教育人博客、特色资源、学习中心等内容。

（5）中国国家科学数字图书馆（CSDL）学科信息门户网站

国家科学数字图书馆是中国科学院知识创新工程重大建设项目之一，于2001年12月正式启动。CSDL从开放数字信息服务机制出发，建立多个分布的学科信息门户网站，提供权威和可靠的学科信息导航，整合学科信息资源与服务系统。CSDL学科信息门户按学科大类组建，目前已建成并投入使用的有数学物理学科、化学学科、生命科学资源环境学科等10个学科信息门户。

（6）国家科技图书文献中心（NSTL）网络导航（http：//www.nstl.gov.cn/index.html）

网络导航为用户提供国内外主要科技机构和科技信息机构的网站介绍及导航。广泛搜集、整理了有代表性的研究机构、大学、学会、协会以及公司的网站资源，并对这些网站进行了有组织的揭示，帮助用户从总体上把握各学科领域科技机构和科技信息机构的发展现状、资源特色和资源获取途径，分为"资源指南"、"分类导航"和"机构导航"三个部分。

（7）中国科学院国家科学图书馆网络信息资源导航

（http：//www.csdl.ac.cn/others/Resource Navigation.jsp? SubFrameID = 1068）

中国科学院国家科学图书馆于2006年3月由中国科学院所属的4个机构整合而成，总馆设在北京。已开通数据库71个，通过借助国家平台开通数据库25个，集成开放获取资源1个，有国外博、硕士论文近14万篇、会议录1.6万卷。网络信息资源导航提供5个主题的网络资源导航，包括社会科学网络资源导航。

（8）中国社会科学院图书馆（http：//www.cendi.cass.org.cn/index.jsp）

中国社会科学院是中国哲学社会科学研究的最高学术机构和综合研究中心。图书馆社科网络资源组织了政治法律、经济、文学艺术、语言、史地、文教等8个类别的国内外网络资源导航。此外中国社会科学院现有研究所31个，研究中心45个，各个研究所一般都有专业数据库和专业资源库，如学术著作数据库、研究论文数据库、学术刊物等，为社会科学研究提供了高水平的信息资源以及专业领域研究的最新进展信息。

（9）国内部分大学图书馆学科导航系统

◆ 北京大学图书馆重点学科导航（http：//202.117.24.168/cm/main.jsp）

◆ 北京大学图书馆INTERNET学术资源学科分类导航（http：//162.105.138.207/is/Navigation/index.htm）

◆ 清华大学重点学科导航库（http：//infoweb.lib.tsinghua.edu.cn/default.htm）

◆ 中国人民大学图书馆学科导航（http：//www.lib.ruc.edu.cn/old/daohang/calis/index.php? table = marxism）

◆ 武汉大学图书馆重点学科导航库（http：//www.lib.whu.edu.cn/xkdh/index.asp）

◆ 香港科技大学图书馆学术资源导航（http：//library.ust.hk/res/beyond）
◆ 香港大学图书馆知识导航中心 Knowledge Navigation Centre（简称 KNC）（介绍见：http：//lib.hku.hk/techsupport/knc.html）

（二）开放存取（Open Access）资源

1. 大学 OA 仓储

◆ 剑桥大学机构知识库（http：//www.dspace.cam.ac.uk/）
◆ 美国加利福尼亚大学机构收藏库（http：//repositories.cdlib.org/escholarship）
◆ 澳大利亚阿德莱德大学仓储库（http：//digital.library.adelaide.edu.au/dspace/）
◆ 丹麦奥尔堡大学电子收藏库（http：//www.aub.aau.dk/phd/）
◆ 台湾静宜大学硕博论文系统（http：//ethesys.lib.pu.edu.tw/ETD-db/）
◆ 香港科技大学机构 Dspace（http：//repository.ust.hk/dspace/）
◆ 香港大学论文库（HKUTO）（http：//sunzi1.lib.hku.hk/hkuto/index.jsp）
◆ 厦门大学学术典藏库（XMU IR）（http：//dspace.xmu.edu.cn/dspace）

2. 开放存取的外文电子资源

（1）HighWire（http：//intl.highwire.org/lists/freeart.dtl）

HighWire Press 是全球最大的提供免费全文学术文献的出版商之一，1995 年由美国斯坦福大学图书馆创立。目前已收录电子期刊文章 497 万多篇，其中超过 200 万篇文章可免费获得全文，数据每日更新。HighWire Press 出版的期刊中，占据了世界被引用率前 200 名中的 71 个。其中有著名的《科学》（Science）、《美国科学院院刊》（PNAS）和《美国医学协会期刊》（JAMA）等。

（2）Directory of Open Access Journals（DOAJ）（http：//www.doaj.org）

由瑞典 Lund 大学图书馆和学术出版与学术资源联盟创建，收录的均为学术性、研究性的开放存取同行评审期刊，范围涵盖农业及食品科学、生物及生命科学、化学、健康科学、语言及文学等 17 种学科主题，共收录 3700 多种期刊目录，可以检索到其中 1300 多种期刊的 22 万多篇文章，收录期刊和文章篇数每日更新。

（3）Open Science Directory（http：//www.opensciencedirectory.net/）

收录 1.3 万多种开放存取期刊目录。其中有 DOAJ、Open J-Gate、BioMed Central、HighWire Press、PubMed Central（PMC）等著名的 OA 期刊目录，以及一些专门的免费期刊，如：健康科学研究计划跨网存取（HINARI）、环境科学成果在线存取（OARE）等。

（4）科学公共图书馆（Public Library of Science，简称 Plos），（http：//www.plos.org/）

成立于 2000 年 10 月，是一家由众多诺贝尔奖得主和慈善机构支持的为科技人员和医学人员服务的非赢利性学术组织，致力于使全球范围内的科技和医学领域的文献成为可以免费获取的公共资源，推广世界各地的科学和医学领域的最新研究成果。PLoS 出版了 8 种生命科学与医学领域的国际顶级水平的开放存取期刊，可以免费获取全文。

（5）Open J-Gate（http：//www.openj-gate.com）

由 Informatics（India）Ltd. 公司于 2006 年创建，提供基于开放存取期刊的免费检索和全文链接。收集约 4500 多种学校、研究机构和行业期刊，其中 2400 多种学术期刊经过同行评议。

（6）世界数字图书馆（World Digital Library，http：//www.worlddigitallibrary.org）

于 2009 年 4 月 21 日正式启用。这一构想最初由美国国会图书馆长詹姆斯·比林顿（James Billington）首创，由教科文组织及 32 个合作的公共团体共同成立，美国国会图书馆主导开发。提供全球读者免费使用珍贵的图书、地图、手稿、影片与照片等服务，收录内容由世界各国图书馆和档案馆提供，设有包括中文在内的 7 种文字的搜索引擎。

（7）其他外文开放存取资源

◆ ArtsEdge（http：//artsedge.kennedy-center.org/），肯尼迪艺术中心下属网站。负责为全美各类学校老师学生提供艺术教育网上内容。

◆ BioMed Central（http：//www.biomedcentral.com/home），收录英国伦敦生物医学中心的近 200 种免费全文期刊，主题为生命科学领域的生物化学、微生物学、遗传学、免疫学、毒物学等相关资料。

◆ Educators Reference Desk 教育工作者参考网（http：//www.eduref.org/），提供超过 100 万个有关教育研究、理论和实践的资料。

◆ CiteSeer（http：//citeseer.ist.psu.edu/），通过引文链接检索文献，主要涉及计算机科学领域。

◆ In the First Person（http：//www.inthefirstperson.com/firp/index.shtml），人物传记索引，免费提供全球人物的信件、日记、回忆录、自传、口述历史、记录文件等。

◆ PubMed Central（http：//www.pubmedcentral.nih.gov/）美国国家生物技术信息中心（NCBI）于 2000 年创建的生命科学期刊文献的数字化存档库，主要提供免费使用的生命科学、医学相关期刊索引，收录多种生命科学的免费全文期刊。

◆ Scirus（http：//www.scirus.com/），强大的综合性学术搜索引擎，信息资源主要有网页和期刊，包括几乎所有的国外知名 OA 数据库及 4.5 亿与科学有关的网页。

◆ ADS（The SAO/NASA Astrophysics Data System，http：//adswww.harvard.edu/）美国国家航空和宇宙航行局天体物理学数据系统，联机提供免费学术论文全文，主要的学科内容为 Physics、Astrophysics、Instrumentati。文献类型有图书、期刊、会议录、电子预印本等，有 4 个书目数据库，320 余万条记录。

3. 我国免费学术电子资源

（1）预印本系统

◆ 奇迹文库（http：//www.qiji.cn）

是由一群年轻的科学、教育与技术工作者创办的非赢利性质的网络服务项目。为中国研究者提供免费、方便、稳定的 e-print 平台，并宣传和提倡开放共享理念。目前奇迹电子文库设有数学、物理学、化学、生命科学和计算机科学等学科分类，主要收录中文科研文章、综述、学位论文、讲义及专著（或其章节）的预印本，同时也收录作者以其他语言写作的资料。

◆ 中国科技论文在线（http：//www.paper.edu.cn/）

是我国教育部科技发展中心主办的科技论文网站。目前有各类文献超过 10 万篇，其中同行评议的有 1 万多篇，各类期刊论文 7 万多篇，能免费下载全文。此外还鼓励学者积极投稿，收藏作者的预印本，并提供发表时间的证明，并允许作者同时向其他专业学术刊物投稿。

◆ 中国预印本服务系统（http：//prep.istic.ac.cn/eprint/index.jsp）

由中国科学技术信息研究所与国家科技图书文献中心联合建设。是一个实时学术交流系统，以提供预印本文献资源服务为主要目的，由国内预印本服务子系统和国外预印本门户（SINDAP）子系统构成。系统提供用户自由提交、检索、浏览预印本文章全文、发表评论等功能。

◆ Arxiv 中国镜像（http：//cn.arxiv.org/）

e-print Arxiv 是 1991 年 8 月由美国洛斯阿拉莫斯（Los Alamos）国家实验室建立的电子预印本文献库，是最早的电子预印本库，主要涉及物理学、数学、非线性科学、计算机科学，四个学科共 17 万多篇预印本文献，可全文下载。

（2）开放存取电子期刊

◆ Socolar 开放存取一站式检索服务平台（测试版）（http：//www.socolar.com）

中国教育进出口公司建设的 OA 资源检索和全文链接服务的公共平台，为非赢利性项目。收录 OA 期刊 8200 多种，OA 仓储 1000 多个，收录文章总计 1500 多万篇。

◆ oajs，开放阅读期刊联盟（http：//www.oajs.org/）

是国内几家重点大学学报，包括西安交通大学、西安电子科技大学、东南大学等数十家大学学报发起的开放阅读项目。网站提供全文免费阅读，或应读者要求在3个工作日之内免费提供发表过的论文全文。

◆开放存取的中国期刊（http：//www. oalib. com/Html/OAziyuan1/cangchuku_486_13. html）

"开放存取资源图书馆"网站（http：//www. oalib. com. cn/Index. html）根据目前网络上公开的OA资源，整理的部分开放存取期刊，包括理工类、医学类、农业类等，可以免费从其主页上进行全文下载。

(3) 开放存取机构库

◆中国科学院科学数据库（http：//www. csdb. cn/）

是目前国内信息量最大、学科专业最广、服务层次最高的综合性科学信息服务系统。内容涵盖了化学、生物、自然资源、环境、动物、水生生物等多种学科。上网数据库包括生物与生命科学、物理与化学、地球科学、天文与空间、能源与环境等46个主体数据库，500多个专业子库。

◆国家科技图书文献中心（NSTL）（http：//www. nstl. gov. cn）

NSTL是成立于2000年6月的一个虚拟的科技文献信息服务机构。收录内容涵盖所有基础科学、工程技术、农业科技和医药卫生领域的科技文献信息。文献类型包括中外文科技期刊、中外会议文献、中文学位论文等，文献总量5885万多条。NSTL提供预印本服务，包括中国预印本中心和国外预印本门户（SINDAP）两个栏目。国外预印本门户（SINDAP）汇聚了世界知名的17个预印本系统，实现了国外预印本文献资源的一站式检索。目前该系统已累积约70万条预印本文献记录。

（三）FTP（File Transfer Protocol）资源，文件传输协议

1. 国外FTP搜索引擎

（1）http：//www. philes. com

（2）http：//www. alltheweb. com

（3）http：//www. filesearching. com

（4）http：//www. lycos. com/

（5）http：//www. ftpsearch. net/

（6）http://sourceforge. net/projects/parker

2. 我国部分高校FTP搜索引擎

（1）北大天网搜索引擎（http：//bingle. pku. edu. cn）

（2）清华大学FTP搜索引擎（http：//search. ipcn. org/）

(3) 北邮人 FTP 搜索联盟（http：//u. byr. edu. cn/）

(4) 中国科大 TooOOold FTP 搜索（http：//search. ustc. edu. cn/）

(5) 中国科大 Grid 搜索（http：//grid. ustc. edu. cn/）

(6) 复旦大学歪酷搜索（http：//www. ycool. org/）

(7) 华中科技大学文件挖掘者（http：//www. fdigg. net/？source = so. hustonline. net）

(8) 华中科技大学在线 FTP 搜索（http：//www. hustonline. net/#）

(9) 华南农业大学 FTP 搜索引擎（http：//bingo. scau. edu. cn/search. html）

(10) 中山大学逸仙搜索（http：//202. 116. 74. 5/）

(11) 哈尔滨工业大学 SF 超高速 FTP 搜索引擎（http：//sf. hit. edu. cn/）

(12) 西安交大思源搜索（http：//search. xjtu. edu. cn/index. htm）

(13) 兰州大学 FTP 搜索（http：//ftp. lzu. edu. cn/）

(14) 星空搜索（http：//sheenk. com/ftpsearch/search. html）

（四）隐形网络（Invisible Web）资源

1. 专业目录

(1) Direct Search（http：//www. freepint. com/gary/direct. htm）

最具权威的检索隐形网络资源的大型目录，拥有数量庞大的 Invisible Web 资源链接。分类表中包括 14 个类别，索引的数据库涵盖多个专业领域。

(2) InfoMine（http：//infomine. ucr. edu）

由加利福尼亚大学图书馆、加利福尼亚州立大学图书馆等机构建立的虚拟图书馆，提供 12 万多个学术站点的链接。内容分为商业与经济、政府信息、人文社会科学、生物、农业与医药等 9 大类，资源类型包括数据库、电子期刊、电子图书、BBS、邮件列表、论文、在线图书目录等。

(3) FindLaw（http：//www. findlaw. com/）

世界著名的法律网站，是查找法律 Invisible Web 的常用工具。资源极其丰富，其中的"For Legal Professionals"为用户提供了一系列免费数据库和与法律相关的主题信息。

(4) Academicinfo（http：//www. academicinfo. net/）

学术资源主题指南。以"Subject Gateway"区分知识领域，利用知识树的方式细分主题，每个主题下汇集该门学科包括数据库等的各种相关网络资源，而不仅仅是网站的链接。该目录以图书馆和学术单位的电子资源为主，主题的分类和内容指引清晰易寻。

(5) CompletePlanet（http：//www. completeplanet. com）

BrightPlanet 公司经营的网站，包括 7 万多个可以检索的数据库及专用搜索引擎，用于从数据库查找不能够被普通搜索引擎索引的文件。

（6）About．com（http：//www．about．com/）

内容广泛，查询主题数以万计，包括众多隐形网络资源，并有精选新闻和评论，输入"Invisible Web"可以找到很多隐形网页链接，如："Visible versus Invisible Web"（从可见网到"隐形网络"）等，可作为搜索"Invisible Web"的指南。

2. 专业搜索引擎（specialized search engines）

（1）Scirus（http：//www．scirus．com/）

是目前互联网上最全面、综合性最强的综合性科技文献搜索引擎之一，也是迄今为止采用 FAST 技术创建的最大的科学搜索引擎，由 Elsevier 科学出版社开发。Scirus 提供超过 1.67 万个具体的科学网页，是表面网内容和隐形网络内容的有效结合。

（2）LexiBot（http：//www．Brightplanet．com）

是一种定向查询、功能强大的专业搜索引擎，可对所有类型的文件或网站进行检索。用户既可以限制到所查资源的专业领域，也可以限制重复 WWW 资源的出现。全面智能搜索，经过后台的过滤、分析，将检索结果返回到客户端软件界面，并将文件的文本部分下载到用户硬盘里。

（3）Incywincy（http：//www．incywincy．com/）

以 Net Research Server（NRS）技术为核心的 Invisible Web 搜索引擎，其目录是由 DMOZ（http：//dmoz．org/）提供的 Open Directory Project，其 spider 程序仅抓取 ODP 中的隐形网页。

3. 主题数据库

（1）Librarians' Index to the Internet（http：//lii．org）

经过图书馆员筛选的含有 1.4 万多个网站的主题目录。该网站包括可见资源和隐形网络资源。在查询框输入一个宽泛的主题词加上"and databases"就可以进入相关的"Invisible Web"资源，如输入检索词"biology and databases"（生物和数据库），就可找到普通搜索引擎无法索引的有关生物方面的数据库资源。

（2）PubMed（http：//www．ncbi．nlm．nih．gov/entrez/）

提供 MEDLINE（美国国家医学图书馆的文献数据库）1400 多万全文和相关资源的检索，还可以浏览美国国家生物技术信息中心（NCBI）的数字化生命科学期刊文献馆（PubMed Central（PMC））中 160 多种专业期刊全文和《书架》（Bookshelf）数据库中不断增长的生物医学工程图书的全文。还提供目前世界上最大的生物分子数据库 NCBI 的 Entrez 数据库检索系统，以此为入口可以检索更多的生命科学方面的数据库。

（3）Educator's Reference Desk（http：//www．eduref．org/）

该网站始终链接着 AskERIC 网站上的 2000 多个教学计划，3000 多种在线教育信息链接和 200 多件咨询档案。该网站提供"ERIC 教育研究数据库"——世界最大的教育资源数据库和美国教育部的 GEM（Gateway to Educational Materials）的检索入口。

（4）LookSmarts Find Articles（http://www.findarticles.com/）

LookSmart 管理的一个免费全文数据库，可提供 900 多种出版物的 5500 万篇文章的全文免费检索和打印。

4. 普通搜索引擎

（1）BASE（Bielefeld Academic Search Engine），（http://www.base-search.net/）

德国比勒费尔德（Bielefeld）大学图书馆开发的一个多学科的学术搜索引擎，提供对全球异构学术资源的集成检索服务。整合了德国比勒费尔德大学图书馆的图书馆目录和大约 160 个开放资源（超过 200 万个文档）的数据。

（2）Vascoda（http://www.vascoda.de/）

是一个交叉学科门户网站的原型，集成了图书馆的收藏、文献数据库和附加的学术内容，更注重特定主题的聚类，是消除学术隐形网络的一种可供选择的模式。

（3）Turbo10（http://turbo10.com/cgi-bin/showdeepnet.cgi）

提供一个查找隐形网络资源的元搜索引擎，列出了数千个隐形网络搜索引擎。

（4）其他：Google、Yahoo!、Gigablast、Altavista 等。

参 考 文 献

1. 开放存取资源图书馆［EB/OL］．http://www.oalib.com.cn/Index.html/2008 - 11 - 16
2. 南京大学图书馆［EB/OL］．http://202.119.47.3/resource/resource_tuijian.php#5/2008 - 12 - 18
3. 阮海红，王志华．信息传播与文献检索［M］．杭州：浙江大学出版社，2006
4. 陈树年主编．大学文献信息检索教程［M］．上海：华东理工大学出版社，2006
5. 董文鸳．深网及其查找途径探新［J］．图书与情报，2005（6）：75 - 77
6. 易斌．重视深网资源挖掘，提升信息检索技能［J］．现代情报，2008（8）：69 - 74
7. 刘宏军，李胜．信息导航系统中隐蔽网络资源的采集与整合［J］．现代情报，2007（4）：79 - 82
8. 陈红勤．学术隐蔽网络和学术搜索引擎［J］．现代情报，2008（7）：117 - 119
9. 中文搜索引擎指南．http://www.sowang.com/SEARCH/scholar_search.htm/2009 - 02 - 19
10. 本节所涉及的所有网站

注：本节收录网址的链接验证及网站资源数据均截至 2008 年 11 月 15 日—20 日。

附录B 事实与数值免费电子资源

(一) 字典、词典

(1) 汉语大词典（http：//www.ewen.cc/hd20/）。《汉语大词典》，大型多卷本汉语语词词典。1998年9月4日，《汉语大词典》光盘问世。最新的《汉语大词典》汉语大辞典 V6.10 普及版包含：一本成语词典（成语49500条）、一本新华字典（汉字20973）、一本中华辞海（词语380580条）、一本中华诗词（诗词93535首）、一本英汉词典（英汉词语580000条）、一本灯谜大全（谜语40790条）、一本对联欣赏（对联5399幅）、一本歇后语大全（歇后语16648条）、一本同义反义别名词典（同义词2036组、反义词3282组、别名近1000组）、一本名言词典（妙言警句13752条、俗语1929条、谚语1200余条）、一本古文词典（各级教材文言和译文，以及古文词语、文言虚词的解释）、一本拼音专家。

该版本还支持"拼音码"、"五笔码"、"部首"与汉字互查；支持"同韵字"；支持成语接龙，能在几分钟内首尾相接6700多条成语而无重复；支持寓教于乐，如成语填字游戏、成语速记游戏；支持诗词配韵等功能，内含写作技法、写作范例等内容；支持在线中英文互译；支持屏幕取词；支持真人语音朗读功能，可以朗读任意汉语内容；支持智能升级。其丰富的内容和功能难予尽述。附录中可查"万年历、历史上的今天"等等。

(2) 当代汉英词典（http：//humanum.arts.cuhk.edu.hk/Lexis/Lindict/）。林语堂编辑，香港中文大学在线提供。

(3) 中华在线词典（http：//www.ourdict.cn/）。可查汉字、成语、近义词、反义词、歇后语、谜语、名言警句等。

(4) 汉字字典（http：//www.chinalanguage.com/dictionaries/ccdict/）。包含汉字、客家话、粤语、国语、中文字谱、闽南语、佛教用语、易经及汉韩日语等多语种网上字典。

(5)《粤语审音配词字库》（http：//humanum.arts.cuhk.edu.hk/Lexis/lexi-can/）。由香港中文大学提供，可以查粤语、普通话发音，以及汉字的英文意义。《粤语审音配词字库》保留了《韵汇》和《集成》网页原来的优点，还具有自己的特点。

(6) 词霸在线（http：//wz.iciba.com/）。由金山公司推出，以现代英汉词典、现代英汉综合大词典、简明英汉词典等为基础，是一个便捷的英汉、汉英、日汉等在线查词工具。已收录国内外近7000家精品学习站、英美知名媒体网站、国外知名机构网站等，涵盖翻译、口语、听力、教学、培训、出国、文化休闲等多领域英语资源，是目前国内收录同类网站最多最全的。

（7）韦氏词典网络版 Merriam Webster Online（http：//www.m-w.com/dictionary.htm）超链接词典，支持截词检索，提供联机帮助和读音指南。

（8）OneLook Dictionary Search（http：//www.onelook.com/）。可同时查找几百部不同的词典，或选某类专业性词典（如计算机、科技、商业、体育、宗教、缩略语等）进行查找。输入检索词后可以获取所有包含此词的在线词典的网站地址列表，继续单击可以链接到某一在线词典的该词条。

（9）Your dictionary（http：//www.yourdictionary.com/）。有关世界各国语言的词典索引，可链接世界上150多种语言的800多种网上字典。

（10）英语、德语、西班牙语词典（http：//www.gmsmuc.de/look.htm）

（11）英汉医学词典（http：//www.esaurus.org/）。网上英汉医学词典。收录逾1万个医学名词，附加医学图像。

（12）汉英字典、英汉字典（English — Chinese Online Dictionary）（http：//www.tigernt.com/）

（13）联机双向翻译字典：英语—法语（Online Dictionary English — French）（http：//www.freedict.com/onldict/fre.html）

（14）联机双向翻译字典：英语—日语（Online Dictionary English — Japanese）（http：//www.freedict.com/onldict/jap.html）

（15）吕氏网上字典（http：//www.lexiconer.com）

（16）洪恩双语词典（http：//www.hongen.com）

（二）年鉴

（1）中国年鉴信息网（http：//www.chinayearbook.com/）。中国年鉴信息数据查询最大的门户网站，设有研究报告、中国年鉴、地方年鉴、统计年鉴、宏观经济、行业名录、工具图书和最新图书书目下载栏目。

（2）中国年鉴篇名数据库（http：//olcc.nlc.gov.cn/proserv-sjkjs-gtzgnjpmsm.html）

由中国国家图书馆创建，收录其馆藏综合性年鉴、统计性年鉴及经济特区年鉴230余种，选录其中1981至1999年全部或部分年卷的统计资料、法律法规、特载专文、图书评介等方面的内容。现有数据21万余条，为读者提供题名、著者、地区、出处、年卷号、页码、关键词、馆藏信息等检索点。

(3) 中国年鉴网（http：//www.china-almanac.org.cn/）
(4) 年鉴图书网（http：//www.bojianbook.com/）
(5) 中国信息年鉴（http：//www.cia.org.cn/）
(6) 中国商务年鉴（http：//www.yearbook.org.cn/）

（三）统计数据库

(1) 中国国家统计局（http：//www.stats.gov.cn/）
(2) 中国统计信息网（http：//web.tongji.edu.cn/~yangdy/data/link2.htm）
(3) 中国统计网（http：//www.sta8.cn/）
(4) 中国统计数据（http：//www.china.com.cn/ch-company/）
(5) 中国科技统计网（http：//www.sts.org.cn/）
(6) 中国教育统计网（http：//www.stats.edu.cn/）
(7) 中国证券市场数据库（http：//www.ccerdata.com/datalink/）。由中国经济研究服务中心提供有关数据。
(8) 道琼斯中国指数（http：//chinaindex.dowjones.com/gb/today-data.asp）
(9) 美国统计摘要 Statistical Abstract of the United States。（http：//wwwcensus.gov/compendia/statab/）

（四）名录

1. 人物

(1) 中华艺术家名人大辞典（http：//www.chinese-artists.net/name/name.htm）。收集古代艺术家3万多人资料，包括艺术家人名、艺术史、艺术论著，可以交叉搜寻、正反搜寻。一般查找只要输入人名，就可以知道此人的字号、籍贯、年代、著作等详细资料。

(2) 中国传统文化信息库（http：//www.shtvu.edu.cn/ccwindows/page/renwu.htm）。

(3) 人名录（http：//www.takming.edu.tw/lib/ind.htm）。内容包括全球华人艺术家名录，当代文学史料影像全文系统，研究人才资料库，科学名人堂，台湾人物志资料库。

(4) 微软人立方关系搜索（http：//renlifang.msra.cn/）。用户给定任意搜索关键词，人立方关系搜索从超过十亿的中文网页中自动地抽取出人名、地名、机构名。此外，人立方关系搜索还提供基于人名的新闻浏览功能，可视化关系搜索功能等。

(5) 古今中外人物（http：//www.1-123.com/index1.asp）。按时代和学科分为18类，介绍近2000位中外名人，资料来源于网络文献。除按时代和学科检索外，其"古代人物索引"、"现代人物索引"、"外国人物索引"还提供人名音序检索。

(6) 传记中心（http：//www.biography-center.com）。多语种传记索引，收录了27867位人物的传记资料，其中英文传记1万多篇，按姓名字顺查找，也可分语种进行关键词检索。

(7) Biography.com（http：//www.biography.com/）。收录古今2.5万位杰出人物传记，所有资料来自《剑桥百科全书》数据库、《美国传记剑桥词典》和《A&E传记》，可按姓名和关键词检索，也可按姓名字顺浏览查找。

(8) infoplease.com：Biography（http：//www.infoplease.com/people.html）。按姓名、职业、学科或地区分类检索全世界3万多位古今新闻人物的传记。资料来源于哥伦比亚百科全书、Infoplease词典和Infoplease年鉴。

(9) 名人在线（http：//www.eonline.com）。

(10) 人物春秋（http：//www.renwu.net）。

(11) The Nobel Prize Internet Archive（http：//nobelprizes.com/nobel/nobel.html）历年诺贝尔奖得主介绍，包括主要成就、出生日期、教育背景、联系地址、E-MAIL、著述和相关资源链接，可按学科查找和关键词快速检索。

(12) Refdesk.com（http：//www.refdesk.com）。重要的参考咨询网站，收录了Columbia encyclopedia（收1.7万个人物）Biography.com两个网站。

(13) 123people（http：//www.123people.com/）。是一款能够全面搜索人物相关信息的搜索引擎，搜索结果包括：图片、视频、Email、电话号码、IM、微博客、博客、社会化网络、网页、新闻、文档以及相关标签等信息。

2. 机构

(1) 中国商品网（http：//www.cbg.org.cn/cbg/sjmj/sjmj.html）。提供各种商品、世界进口商名录、公共商务信息等。

(2) 彼得森研究生指南（Peterson'S Guide）（http：//www.petersons.com/）。

(3) 全球高校名录（http：//www.univ.cc/）。联合国教科文组织"世界被认可的高校名录门户网站"于2008年5月开始试运行。公布世界各国认可的高等院校名单，以进一步加强国际合作，增强跨境高等教育的透明度，为学生、政府、高等教育机构、质量保证机构、认可机构、专业机构和用人单位提供准确的跨境高等教育信息。同时，中国政府认可的中国高校名单也已通过该网站向世界各国学生公布，为国际学生来华留学提供了权威信息来源。

(4) 国外大学信息（http：//www.petersons.com/）。

(5) 加拿大高校名录（http：//oraweb.aucc.ca/showdcu.html）。由加拿大高

校协会提供，提供对加拿大92所公立或私立高校的信息查询。

（6）美国机构名录（http://dirline.nlm.nih.gov/）。由美国国家医学图书馆提供，主要收集了美国约1.7万个政府机构、研究机构、公司、学术机构等信息。

（7）康帕斯世界企业、产品名录（http://www1.kompass.com/kinl/zh/）。由瑞士的康帕斯公司提供的一个在线专业搜索引擎，康帕斯全球企业名录可随时提供75个国家2300多万种产品和360多万企业负责人的服务信息，包括1800多个行业，覆盖超过5000多种产品和服务，并推出包括中文在内的22种语言界面。需要注册，部分服务需要付费。

（五）百科全书

（1）中国大百科全书（网络版）（http://www.ecph.com.cn/）

（2）加拿大百科全书电子版 Canadian Encyclopedia Online（http://www.the-canadianencyclopedia.com/）

（3）哥伦比亚百科全书（第六版）Columbia Encyclopedia, 6ed.（http://www.bartleby.com/65/）

（4）世界各国百科全书网络版 Country Reports（http://www.countryreports.org/）。可查世界各国的商业、旅游、求学等信息。

（5）东方百科全书 Encyclopedia of the Orient（http://i-cias.com/e.o/）。北非和中东国家的网络百科全书。

（6）世界图书百科全书网络版 World Book Encyclopedia（http://www.worldbook.com/）

（7）天文学和天体物理学百科全书 Encyclopedia of Astronomy and Astrophysics（http://nature.calis.edu.cn/eaasearch.asp）

（8）生命科学百科全书 Encyclopedia of Life Science（http://nature.calis.edu.cn/elssearch.asp）

（9）维基百科（http://www.wikilib.com）。基于Wiki技术的内容开放的知识库。

（10）计算机科学技术百科全书（http://computer-book.db66.com/）。内容涉及计算机科学理论、计算机组织与体系结构、软件、硬件、人工智能等。

（11）文学百科全书 Literary Encyclopedia（http://www.litencyc.com/）。包括传记、文学作品、文学术语等。

（12）奥林匹克百科全书（http://www.olympicnets.com/）。与奥林匹克出版社合作而建成的与奥林匹克运动有关的知识性网站。由"知识在线"

（www.db66.com）推出。该网站记录了北京申办2008年奥运会的最新动态及奥林匹克运动的历史风貌、起源与发展等，形成了奥运项目、奥运明星、奥运纪录、奥运图库、奥运奖牌、奥运轶事、悉尼奥运、北京申奥等众多栏目组成的线上奥林匹克百科全书。该网站分为检索和浏览两个系统。

（13）多种字典和百科全书 The Free Dictionary by FARLEX（http://columbia.thefreedictionary.com/）。

（六）年表、地理信息等

1. 年表

（1）中国历代纪年表（http://www.guoxue.com/tools/tool.htm）。中国历代帝王纪年表和历代帝王年号索引等。

（2）中国家谱网（http://www.china-stemmata.com/）

（3）电子万年历（http://www.525jia.com/xinxi/sec/rili00.htm）。万年历查询、世界各地时间、农历及纪念日标注。

（4）中国文化网历史年表（http://www.culturalink.gov.cn/cnstatic/review/review.htm）

2. 地图

（1）国家测绘局网（http://www.sbsm.gov.cn/gjbt.php?col=397&file=3921）。可查世界地图、中国地图、地形、交通、水系等资料。

（2）中华地图网（http://www.hua2.com/mapworld/nicemap.asp）。可以查找中国及世界各地的地图。

（3）图行天下（http://www.go2map.com/）。包罗国内各地的地图。

（4）搜狗地图（http://map.sogou.com/）

（5）微软地图（http://local.live.com/）

（6）雅虎地图（http://ca.maps.yahoo.com/）

（7）Google 地图（http://ditu.google.cn/）

（8）百度地图（http://map.baidu.com/）

（9）地图网站大全（http://www.sowang.cn/JIAOTONG.HTM）

（10）Columbia Gazetteer of the World（http://www.columbiagazetteer.org）。提供行政区划、自然地理、特殊地区三方面地理资料。提供的检索方式有地名类型检索、地名检索和词检索（即全文检索）。

（七）法律法规

（1）中国法网（http://chinalawlib.com/）。法律数据库，收录法律法规、

部门规章、地方法规、背景案例等免费全文数据库。

（2）中国法律大全（http://www.jincao.com/t1.htm）。法律专题数据库，可阅读全文。

（3）中国法律信息网（http://www.law-star.com/）。以中国第一套法律检索软件"法律之星"命名的中国法律信息网，拥有领先的中国法律法规数据库和法律论文专业库，提供最新及时的各种法律信息。

（4）中国法治网（http://www.sinolaw.net.cn/）。

（5）中国律师网（http://www.chinaeselawyer.com.cn/）。

（6）英国法律在线（http://www.justis.com/）。英国和欧盟的法律、官方和商业方面的法律，免费全文。

（7）美国国际法学会（http://www.asil.org/index.html）。其主要数据库有"美国国际法学会出版物数据库"和"国际经济法基础文献数据库"。文献类型有条约、报告、案例、图书、论文等。提供免费服务。

（8）国际人权网站 Rights International（http://www.rightsinternational.org/）。提供国际人权保护方面的免费资料和国际著名人权委员会和法庭的相关文献。文献类型有法律、法规、条约、论文等。

（八）黄页

（1）中华大黄页（http://www.chinabig.com.cn/）。中华大黄页信息有限公司于1997年底在香港成立，推出第一家服务于国内企业的专业黄页网站，完全按照国际黄页标准模式制作黄页产品。中华大黄页网站和《联通黄页》印刷版提供以中国内地为主，包括港、澳、台大中华地区在内的近310多万家工商企业信息，具有全面高度智能搜索、强大的关键字查询功能，可方便快捷地根据公司名称、产品分类、公司地址等多种方式进行查询，更可以用中文简体、中文繁体、英文三种版本随时转换查询。

（2）中国电信黄页（http://www.yellowpagemall.com/）。由中国电信集团黄页信息有限公司负责开发、运营和维护，是中国电信最具专业性和权威性的黄页信息查询网站，也是中国首个本地专业搜索引擎。检索功能强大、分类科学，提供城市黄页、全球黄页、黄页书店等服务。

（3）中国网上114（http://www.114chn.com/index.htm）。中国114黄页（114chn.com）是北京互联星空文化传播有限公司推出的全球最大的中文黄页门户网站，目前拥有超过1300万条有效黄页信息。除了具备传统网络黄页的功能外，还增加了产品黄页、供求黄页、资讯黄页、招商黄页等多种围绕企业应用的增值服务，极大拓展了普通网络黄页的应用范围，用户可以方便的查询企业和商户的基本信息资料以及有关的产品信息、供求信息、资讯信息和招商信息。还同时提供商务指南、网址分类、网站建设以及实用小工具等多种相关增值服务。

参考资料

本节中涉及的所有网站。

附录C 美国高等教育信息素养能力标准（节选）

Information Literacy Competency Standards for Higher Education

（一）信息素养定义（Information Literacy Defined）

信息素养是指个人"能认识到何时需要信息和有效地搜索、评估和使用所需信息的能力。"由于环境变得愈渐复杂，个人在学习、工作和生活中面临着多样化的，丰富的信息选择，信息素养在当代科技迅速发展和信息资源极其丰富的环境下变得越来越重要。越来越多的未经过滤的信息的出现使得它们失去了真实性、正确性和可靠性。另外，个人很难理解和评估以图片、声像和文本的形式存在的信息。信息的不可靠性和不断增加的数量对社会形成威胁。如果缺乏有效利用信息的能力，大量信息本身并不能使大众从中汲取知识。信息素养为一生学习奠定基础。它适用于各个学科、各种学习环境和教育水平。可以让学习者掌握内容，扩展研究的范围，有更多主动性和自主性。有信息素养的人应能做到以下几点：

（1）决定所需信息的范围。
（2）有效地获取所需信息。
（3）严格评价信息及其相关资源。
（4）把所选信息融合到个人的知识库中。
（5）有效运用信息达到特定目的。
（6）运用信息同时了解所涉及的经济、法律和社会范畴，合法和合理地获得和利用信息。

（二）信息素养和信息技术（Information Literacy and Information Technology）

信息素养与运用信息技术的技能有关。但对个人、教育系统和社会而言，又有着更广的内涵。信息技术的技能使个人通过对电脑、软件、数据库和其他技术的运用，从而实现各种各样学术性的、工作上的或个人的目标。具备信息素养的个人必然需要发展一些信息技术的技能。

信息素养虽然与信息技术的技能之间表现出显著的重复性，但却与之有区别而且是范围更为广泛的能力。信息技术的技能会越来越多地与信息素养交织并支持信息素养。信息素养强调内容、交流、分析、信息搜索和评估；而信息技术的"熟练性"则强调对技术的深入了解从而获得越来越多的应用技能。从另一方面讲，信息素养是理解、搜索、评估和使用信息的智能框架。虽然这些活动可以部分通过熟练掌握信息技术，部分通过正确的研究方法完成，但最重要的是通过判断思维和推理完成。通过会利用技术而又独立于技术的能力，有信息素养的人启动、维持和延伸毕生的学习。

（三）信息素养和高等教育（Information Literacy and Higher Education）

培养毕生的学习习惯是高等教育的主要目标。通过培养个人推理和批判的能力，通过帮助他们建立学习方法的框架，高等院校为他们将来在事业上继续发展，做有知识的公民和社区成员奠定基础。信息素养是毕生学习的重要组成部分。信息素养能力把学习延伸到课堂之外，在个人开始实习，接受第一个职位，在生活中担负更多的责任的过程中得到练习。把信息素养融合到大学课程、学科与服务和管理中要求教员、图书管理员和学校领导之间的协作。教员通过讲课和引导讨论创造学习环境。他们也会鼓励学生探索未知世界，指导学生满足信息需要，并且观察学生的进展。大学图书馆员协调智力资源的评估和挑选；整理和维护图书馆馆藏并提供多种信息搜索工具；教授学生和教员信息搜索的技巧。学校领导应为这种协作和所有启动信息素养课程的人员培训和发展创造条件，筹划和维持信息素养课程。

（四）标准、表现指标和成果（Standards, Performance Indicators and Outcomes）

标准一：
有信息素养的学生有能力决定所需信息的性质和范围。
The information literate student determines the nature and extent of the information needed.
表现指标：
1. 有信息素养的学生能定义和描述信息需求。成果包括：
（1）通过与老师交流、参与课堂讨论、学习小组、网上论坛来确定研究课题和所需信息。

（2）草拟一个主题，根据信息需求列出相关问题。

（3）通过浏览广泛的信息来源来熟悉课题。

（4）限定或修改信息需求以抓住重点。

（5）确定可以描述信息需求的概念和术语。

（6）认识到现有信息可以结合原有的想法、试验和/或分析来产生新的信息。

2. 有信息素养的学生可以找到多种类型和格式的信息来源。成果包括：

（1）了解信息是怎样正式或非正式地产生、组织和散布的。

（2）认识到把知识按学科分类可以影响获取的信息方式。

（3）找出以多种格式（例如多媒体、数据库、网页、数据、声像和书籍）存在的潜在资源的价值和不同之处。

（4）找出潜在资源的目的和用户，例如大众化的或是学术性的，当代的或历史性的。

（5）区分主要来源和次要来源，并认识到他们在不同学科有不同的用处和重要性。

（6）认识到信息有时要从主要来源的原始数据综合而来。

3. 有信息素养的学生权衡获取信息的成本和收益。成果包括：

（1）决定所需信息是否存在，并根据情况扩大信息搜索范围（例如图书馆际互借，利用其他地方的资源，获得图片、音像和文本）。

（2）研究为了搜集所需信息和理解上下文而学习一种新的语言或技巧（例如外语或学科性的）的可行性。

（3）拟定一个现实的计划和时间表来获取所需信息。

4. 有信息素养的学生重新评估所需信息的性质和范围。成果包括：

（1）重新评估所需信息来澄清、修改和改进现有问题。

（2）描述用来做信息决策和选择的依据。

标准二：

有信息素养的学生可以有效地获得需要的信息。

The information literate student accesses needed information effectively and efficiently.

表现指标：

1. 有信息素养的学生选择最适合的研究方法或信息检索系统来查找需要的信息。成果包括：

（1）确定几种适宜的研究方法（例如实验、模拟和实地调查）。

（2）研究不同研究方法的好处和适用性。

（3）研究信息检索系统的规模、内容和组织。

（4）挑选可以有效地从研究方法或信息检索系统获取所需信息的方法。

2. 有信息素养的学生能构思和实现有效的搜索策略。成果包括：

（1）草拟一个与研究方法相符的研究计划。

（2）确定所需信息的关键字、同义词和相关术语。

（3）挑选适用于学科或信息检索来源的控制性词汇。

（4）运用恰当的信息检索命令构建搜索策略（例如对搜索引擎要用逻辑算子、截断舍位、接近性；对书籍要用索引）。

（5）在不同的信息检索系统中实现这个搜索策略。这些信息检索系统拥有不同用户界面和搜索引擎和使用不同的命令语言、协议和搜索参数。

（6）用适合于学科的研究方法实现搜索。

3. 有信息素养的学生运用各种各样的方法从网上或亲自获取信息。成果包括：

（1）运用不同的信息检索系统检索格式不同的信息。

（2）运用不同的分类法和其他系统（例如图书编号号码或索引）在图书馆查找信息资源或确定要亲自去查找的地点。

（3）利用所在机构的专业化的网上或面对面的服务来获取信息（例如图书馆际互借、文件交付、专业组织、研究机构、社区资源、专家和行家）。

（4）运用调查、写信、采访和其他的查询方式来获取主要的信息。

4. 有信息素养的学生改进现有的搜索策略。成果包括：

（1）评估搜索结果的数量，质量和相关性来决定是否应该运用其他的信息检索系统或研究方法。

（2）找出现有信息的不足之处，然后决定是否应该修改现有的搜索策略。

（3）运用改进后的搜索策略重复以前的搜索。

5. 有信息素养的学生摘录、记录、管理信息和它的出处。

（1）在不同的技术中挑选最合适于析取所需信息的技术（例如复制/粘贴软件、复印机、扫描仪、声像设备或探索仪器）。

（2）建立一个信息组织系统。

（3）区分引用出处的类型，熟悉不同出处的引用的组成部分和正确语法

（4）记录所有相关的引用出处以备将来参考。

（5）运用不同的技术来管理经过挑选和整理的信息。

标准三：

有信息素养的学生评估信息及其出处，然后把挑选的信息融合到自己的知识库和价值体系。

The information literate student evaluates information and its sources critically and incorporates selected information into his or her knowledge base and value system.

表现指标：

1. 有信息素养的学生从收集到的信息中总结要点。成果包括：
（1）阅读原文，汲取要点。
（2）用自己的语言重述原文思想，然后准确挑选数据。
（3）确定适合于引用的文字。
2. 有信息素养的学生清晰表达并运用初步的标准来评估信息和它的出处。成果包括：
（1）检查和对比来自不同出处的信息旨在评估信息的可靠性、准确性、正确性、权威性、时间性、观点或偏见。
（2）分析论点或论证方法的结构和逻辑。
（3）找出偏见，欺诈和篡改。
（4）找出信息产生时的文化的、物质的或其他背景信息，并认识到上下文对诠释信息的影响。
3. 有信息素养的学生综合主要思想来构建新概念。成果包括：
（1）认识到概念之间的相关性，初步把它们组合成有论据支持的语句。
（2）如果可能，扩展初步分析，在更高抽象层次上建立新的假设。新的假设可能需要更多的信息。
（3）运用计算机和其他技术（例如电子表格、数据库、多媒体和声像设备）来研究新概念和其他现象的相互作用。
4. 有信息素养的学生，通过对比新旧知识来判断信息是否增值，或是否前后矛盾，是否独具特色。成果包括：
（1）确定信息是否满足研究或其他信息需要。
（2）运用有意识地选择的标准来决定信息是否抵触或证实来自其他出处的信息。
（3）在总结所收集的信息的基础上得出结论。
（4）运用适合学科的方法（例如模拟器和实验）来检验现有的理论。
（5）通过质疑数据来源，信息收集工具和策略的不足以及结论的合理性决定大概的准确度。
（6）把以前的信息和知识和新信息融合起来。
（7）选择可以为主题提供论据的信息。
5. 有信息素养的学生决定新的知识对个人的价值体系是否有影响，并采取措施消除分歧。成果包括：
（1）研究在文献中遇到的不同观点。
（2）决定是否接受新的观点。
6. 有信息素养的学生通过与其他人、学科专家或行家的讨论来验证对信息的诠释和理解。成果包括：

(1) 参与课堂和其他讨论。
(2) 参与以鼓励有关课程的主题讨论为目的的电子论坛（例如电子邮件、电子公告、聊天室）。
(3) 通过多种机制（例如采访、电子邮件、电子邮件清单）征求专家意见。
7. 有信息素养的学生决定是否应该修改现有的查询。成果包括：
(1) 决定信息是否满足原先的需求，还是需要更多的信息。
(2) 评估搜索策略，适当地融合其他的概念。
(3) 评估现有的信息检索出处，如果需要可以包括其他信息来源。

标准四：
不管个人还是作为一个团体的成员，有信息素养的学生能够有效地利用信息来实现特定的目的。

The information literate student, individually or as a member of a group, uses information effectively to accomplish a specific purpose.

表现指标：
1. 有信息素养的学生能够把新旧信息应用到策划和创造某种产品或功能中。成果包括：
(1) 重新组织信息使得它能支持产品或功能的用途和样式（例如提纲、草稿、摘要）。
(2) 清晰明白地说明以往经验中可以帮助策划和创造某种产品或功能的知识和技巧。
(3) 融合新旧信息，包括引用和直译，使得它能支持产品或功能的用途。
(4) 如有需要，修改电子文本、图像和数据的位置和格式，使得它们适合新的上下文。
2. 有信息素养的学生修改产品或功能的开发步骤。成果包括：
(1) 把与信息查询、评估和传播过程有关的活动载入日志。
(2) 总结以往的经验，教训和其他可以选择的策略。
3. 有信息素养的学生能够有效地与别人就产品或功能进行交流。成果包括：
(1) 选择最适合产品或性能和受众的通讯媒体和形式。
(2) 运用一系列的信息技术应用软件来创造产品或功能。
(3) 结合设计和传播的原理。
(4) 采用一种最适合受众的风格与别人清楚地交流。

标准五：
有信息素养的学生熟悉许多与信息使用有关的经济、法律和社会问题，并能合理合法地获取信息。

The information literate student understands many of the economic, legal and social issues surrounding the use of information and accesses and uses information ethically and legally.

表现指标：

1. 有信息素养的学生了解与信息和信息技术有关的伦理、法律和社会经济问题。成果包括：

（1）找出并讨论印刷和电子出版环境中与隐私和安全相关的问题。

（2）找出并讨论与免费和收费信息相关的问题。

（3）找出并讨论与审查制度和言论自由相关的问题。

（4）显示出对知识产权、版权和合理使用受专利权保护的资料的认识。

2. 有信息素养的学生遵守与获取和使用信息资源相关的法律、规定、机构性政策和礼节。成果包括：

（1）按照公认的惯例（例如网上礼仪）参与网上讨论。

（2）使用经核准的密码和其他的身份证来获取信息资源。

（3）按规章制度获取信息资源。

（4）保持信息资源、设备、系统和设施的完整性。

（5）合法的获取、存储和散布文字、数据、图像或声音。

（6）了解什么构成抄袭，不能把他人的作品作为自己的。

（7）了解与人体试验研究有关的规章制度。

3. 有信息素养的学生在宣传产品或性能时声明引用信息的出处。成果包括：

（1）始终如一的使用一种适宜的引用格式。

（2）如有需要，使用受专利权保护的资料时要显示版权及免责声明。

作者：美国大学和研究图书馆协会标准委员会

翻译：白健（普林斯顿大学图书馆）

来源：http://www.dxy.cn/portal/knowledge/36/112.html/ ［2008－12－26］

参考文献

一、期刊论文

1. 董文鸳.深网及其查找途径探新.图书与情报,2005（6）:75-77
2. 易斌.重视深网资源挖掘,提升信息检索技能.现代情报,2008（8）:69-74
3. 刘宏军,李胜.信息导航系统中隐蔽网络资源的采集与整合.现代情报,2007（4）:79-82
4. 陈红勤.学术隐蔽网络和学术搜索引擎.现代情报,2008（7）:117-119
5. 刘颖.网络信息资源的类型与检索策略.辽宁教育行政学院学报,2004（6）
6. 张文波,齐艳丽.浅述网络信息资源组织.现代情报,2004（7）

二、图书

1. 中国大百科全书编辑部.中国大百科全书.北京:中国大百科全书出版社,1992
2. 赖茂生等.科技文献检索.北京:北京大学出版社,1985
3. 徐天秀主编.信息检索.北京:科学出版社,2006
4. 赵丹群.现代信息检索原理、技术与方法.北京:北京大学出版社,2008
5. 袁世全,冯涛主编.中国百科大辞典.北京:华夏出版社.1990
6. 阮海红,王志华.信息传播与文献检索.杭州:浙江大学出版社,2006
7. 张基温.大学信息检索.北京:中国水利水电出版社,2004
8. 陈树年.大学文献信息检索教程.上海:华东理工大学出版社,2006
9. 南京航空航天大学图书馆.网络信息采集与应用.北京:清华大学出版社,2005
10. 国务院学位委员会办公室.图书馆、情报与档案管理学科综合水平全国统一考试大纲及指南。北京:高等教育出版社,2003
11. 国家技术监督局.GB/T 7714-2005 文后参考文献著录规则［S］.北京:中国标准出版社,2005
12. 国家质量监督检验检疫总局.GB/T7713.1-2006 学位论文编写规则［S］.北京:中国标准出版社,2007
13. 郝风素,李莉,曹彩英等.信息资源组织与检索.北京:机械工业出版社,2005
14. 郭太敏.信息资源检索与利用.徐州:中国矿业大学出版社,2002
15. 尚晓航,陈强.计算机局域网与 Windows NT 实用教程.北京:清华大学出版社,2001
16. 谭浩强.计算机网络教程.北京:电子工业出版社,2003
17. 肖珑.数字信息资源的检索与利用.北京:北京大学出版社,2006
18. 符绍宏,雷菊霞,邓瑞丰等.因特网信息资源检索与利用.北京:清华大学出版

社，2005
19. 吴贤奇. 现代文献信息检索. 南京：东南大学出版社，2007
20. 华薇娜. 网络学术信息资源检索与利用. 北京：国防工业出版社，2002
21. 严大香. 社会科学信息检索. 南京：东南大学出版社，2006
22. 许忠锡，姚中平. 信息检索与利用新编教程. 杭州：浙江大学出版社，2007
23. 彭一中. 网络信息资源检索. 长沙：湖南大学出版社，2002
24. 章云兰，万跃华，舒炎祥. 数字资源检索教程. 北京：科学出版社，2006
25. 张辉. 信息检索与利用. 济南：山东人民出版社，2006
26. 叶继元. 核心期刊概论. 南京：南京大学出版社，1995
27. 朱贵玲，王洪礼，杨祖国等. 电子期刊信息源：SCI、SSCI、EI 主要源期刊. 天津：天津大学出版社，2003
28. 李雪，张立惠. 科技期刊编辑学理论与实践. 哈尔滨：东北林业大学出版社，2004
29. 黄晓鹂. 科技期刊工作研究. 北京：中国科学技术出版社，1997
30. 赵燕群. 连续出版物工作. 北京：北京图书馆出版社，2001
31. 孙燕君等. 期刊中国. 北京：中国社会科学出版社，2003
32. 曾建勋. 数字化期刊手册. 北京：科学技术文献出版社，2003
33. 袁正平. 中文工具书实用教程. 成都：四川大学出版社，1998
34. 詹德优. 中文工具书导论. 武汉：湖北教育出版社，1994
35. 朱天俊，李国新. 中文工具书基础. 北京：北京图书馆出版社，1998
36. 邵献图. 西文工具书概论. 北京：北京大学出版社，1998
37. 李炎清. 论文写作导引. 福州：福建教育出版社，2002
38. 高小和. 学术论文写作. 南京：南京大学出版社，2002
39. 艾思同，王宪昭，张廷兴. 论文写作概要. 济南：山东人民出版社，2005
40. 邹志仁. 情报研究与预测. 南京：南京大学出版社，1990
41. 卢泰宏. 信息分析. 广州：中山大学出版社，1998

三、电子文献

1. 汪成为：对计算机技术创新发展的思考. http：//news. ccidnet. com/art/1032/20061026/932937_ 1. html/2008 – 10 – 01
2. 中国科技论文在线：网络学术信息资源的定向查询. http：//www. paper. edu. cn/hq_ dxcx. php/2008 – 11 – 21
3. 中国科技论文在线：会议文献及其检索. http：//www. paper. edu. cn/xxzy_ hyzy_ hy-wxjqjs. php/2009 – 02 – 01
4. 影响因子. http：//www. istp. net. cn/if. htm/2008 – 12 – 01
5. 文献检索. http：//www. urino. cn/article/2008 – 12 – 01
6. Web of Science. PDF. http：//scientific. thomsonreuters. com/media/scpdf/wos7_ qrc_ ch_ 1204. pdf/2008 – 12 – 04
7. http：//www. thomsonscientific. com. cn/files/ISI%20Proceedings. pdf/2008 – 12 – 05
8. 徐家力. 论网络知识产权保护/http：//www. netlawcn. net. cn/second/content. asp？no = 16/2009 – 01 – 20

9. 论知识产权与计算机网络的关系/http：//www.zlunwen.com/computer/network/19894.htm/2009-01-20
10. 北京大学、清华大学、浙江大学、武汉大学、南京大学、复旦大学、山东科技大学（泰安校区）、华中科技大学、华东师范大学、南京师范大学等高校图书馆网站。
11. 本书中提及的数据库（网站）的检索指南、帮助；百度知道、百度百科、百度读书吧、Google 高级搜索、雅虎知识堂等知识搜索网站。